# 《中华人民共和国监察法实施条例》

## 解读与适用

### 第二版

秦前红　主　编
刘怡达　副主编

法律出版社
LAW PRESS·CHINA
北京

## 图书在版编目（CIP）数据

《中华人民共和国监察法实施条例》解读与适用／秦前红主编；刘怡达副主编. -- 2版. -- 北京：法律出版社，2025. -- ISBN 978 - 7 - 5244 - 0453 - 8

I. D922.114.5

中国国家版本馆CIP数据核字第2025AJ2068号

| | | |
|---|---|---|
| 《中华人民共和国监察法实施条例》解读与适用<br>《ZHONGHUA RENMIN GONGHEGUO JIANCHAFA SHISHI TIAOLI》JIEDU YU SHIYONG | 秦前红 主　编<br>刘怡达 副主编 | 责任编辑 董　昱<br>装帧设计 汪奇峰 |

| | | | | |
|---|---|---|---|---|
| 出版发行 | 法律出版社 | 开本 | 710毫米×1000毫米 | 1/16 |
| 编辑统筹 | 法规出版分社 | 印张 | 29 | 字数 565千 |
| 责任校对 | 裴　黎 | 版本 | 2025年7月第2版 | |
| 责任印制 | 耿润瑜 | 印次 | 2025年7月第1次印刷 | |
| 经　　销 | 新华书店 | 印刷 | 三河市兴达印务有限公司 | |

地址:北京市丰台区莲花池西里7号(100073)

网址：www.lawpress.com.cn　　　　　　　销售电话:010 - 83938349

投稿邮箱：info@lawpress.com.cn　　　　　客服电话:010 - 83938350

举报盗版邮箱：jbwq@lawpress.com.cn　　 咨询电话:010 - 63939796

版权所有·侵权必究

书号:ISBN 978 - 7 - 5244 - 0453 - 8　　　　　定价:80.00元

凡购买本社图书,如有印装错误,我社负责退换。电话:010 - 83938349

# 第二版前言

作为一部对国家监察工作起统领性和基础性作用的法律,《监察法》的有效实施离不开与之配套的法律法规。正因如此,十三届全国人大常委会第十四次会议2019年10月26日作出《全国人民代表大会常务委员会关于国家监察委员会制定监察法规的决定》,赋予国家监察委员会制定监察法规的职权,以期通过监察法规细化《监察法》中的概括性规定。于是,国家监察委员会2021年9月20日公布了首部监察法规《监察法实施条例》,《监察法》中的大量原则性规定由此得到了具体化。

实践发展永无止境,纪检监察体制改革处在持续深化的过程中。为确保重大改革于法有据,并进一步固化改革成果,十四届全国人大常委会第十三次会议2024年12月25日对《监察法》进行修改。在此背景下,同《监察法》相配套的《监察法实施条例》亦应进行相应的修改。鉴于此,国家监察委员会全体会议2025年4月27日对《监察法实施条例》进行修订。2025年6月1日,国家监察委员会发布第2号公告,公布了修订后的《监察法实施条例》。若从修改幅度上来看,此次修订使《监察法实施条例》的条文由287个增加至329个,这使得《监察法》新增的制度设计更具可操作性。

在《监察法实施条例》颁行后,我们曾组织编写《〈中华人民共和国监察法实施条例〉解读与适用》一书,对《监察法实施条例》进行逐条解读并梳理实务难点。随着《监察法实施条例》迎来首次修改,我们同步对该书进行了全面修订,以期有助于大家学习和理解新《监察法实施条例》。本书的修订之处主要有三:一是对《监察法实施条例》新增或修改的内容进行阐释;二是体现近年来纪检监察工作的新实践和新经验;三是订正了书中原有的讹误。

本书是集体创作的成果,撰稿人有秦前红、陈旻媛、张晓瑜、张文博、蔡炜铃、孙旭辉、陶依琳、雷巧巧、刘怡达。全书由秦前红负责确定编写提纲并统稿。

由于时间仓促及水平有限,本书难免存在疏漏和错误,敬请读者批评指正。

秦前红

2025 年 6 月 16 日

于武汉大学纪检监察研究院

# 目　　录

**第一章**　　第一条　【立法目的和依据】／1
**总　则**　　第二条　【指导思想】／3
　　　　　　第三条　【纪检监察合署办公原则】／4
　　　　　　第四条　【监察工作基本要求】／6
　　　　　　第五条　【一体推进"三不腐"方针】／8
　　　　　　第六条　【民主集中制原则】／9
　　　　　　第七条　【尊重和保障人权原则】／10
　　　　　　第八条　【配合制约原则】／12
　　　　　　第九条　【提请有关部门协助配合】／15

**第二章**　　第一节　领导体制／18
**监察机关及其职责**　　第十条　【双重领导体制】／18
　　　　　　第十一条　【上级调用所辖监察人员】／20
　　　　　　第十二条　【监察派驻和派出】／21
　　　　　　第十三条　【监察机构、监察专员职责权限】／23
　　　　　　第十四条　【监察再派出】／25
　　　　　　第二节　监察监督／26
　　　　　　第十五条　【监督职责的总体规定】／26
　　　　　　第十六条　【政治监督】／28
　　　　　　第十七条　【对公职人员的教育】／30
　　　　　　第十八条　【日常监督】／31
　　　　　　第十九条　【谈心谈话、教育提醒】／32

第二十条 【专项监督】/33
第二十一条 【基层监督】/35
第二十二条 【以案促改、以案促治】/37
第二十三条 【运用信息化手段】/39
第二十四条 【形成监督合力】/40

**第三节 监察调查** / 41

第二十五条 【调查职责的总体规定】/41
第二十六条 【职务违法的内涵和外延】/42
第二十七条 【调查、处置其他违法行为】/44
第二十八条 【职务犯罪调查职责】/46
第二十九条 【调查涉嫌贪污贿赂犯罪具体范围】/47
第三十条 【调查涉嫌滥用职权犯罪具体范围】/51
第三十一条 【调查涉嫌玩忽职守犯罪具体范围】/53
第三十二条 【调查的徇私舞弊犯罪具体范围】/55
第三十三条 【调查涉嫌重大责任事故犯罪具体范围】/57
第三十四条 【调查涉嫌其他犯罪具体范围】/59
第三十五条 【监察机关移送违法犯罪线索】/61

**第四节 监察处置** / 62

第三十六条 【对违法公职人员的政务处分】/62
第三十七条 【监察问责】/64
第三十八条 【移送审查起诉】/65
第三十九条 【提出监察建议】/66

**第三章 监察范围和管辖**

第一节 监察对象 / 68

第四十条 【监察全覆盖】/68
第四十一条 【公务员及参公人员具体范围】/69
第四十二条 【管理公共事务组织中从事公务人员具体范围】/70
第四十三条 【国有企业管理人员具体范围】/71
第四十四条 【公办教科文卫体单位管理人员具体范围】/73
第四十五条 【基层群众性自治组织管理人员具体范围】/74
第四十六条 【其他依法履行公职的人员具体范围】/75
第四十七条 【集体违法责任追究】/78

第二节　管辖/79
　　第四十八条　【分级负责制】/79
　　第四十九条　【级别管辖】/80
　　第五十条　【提级管辖】/82
　　第五十一条　【指定管辖】/83
　　第五十二条　【监察机构、监察专员管辖范围】/86
　　第五十三条　【商请管辖】/88
　　第五十四条　【互涉案件由监察机关为主调查】/89
　　第五十五条　【司法工作人员职务犯罪的管辖】/90
　　第五十六条　【退休、离职、死亡公职人员的管辖】/91

## 第四章　监察权限

第一节　一般要求/93
　　第五十七条　【采取监察措施的总体要求】/93
　　第五十八条　【合理采取监察措施】/94
　　第五十九条　【不同监察措施的适用阶段】/94
　　第六十条　【调查取证同步录音录像】/96
　　第六十一条　【商请其他监察机关协助调查取证】/97
　　第六十二条　【采取监察措施时的告知通知义务】/98
　　第六十三条　【采取监察措施时的见证人资格】/99
　　第六十四条　【监察措施因变更而自动解除】/100
　　第六十五条　【公安机关协助采取监察措施】/101

第二节　证据/102
　　第六十六条　【监察证据的种类和法律效力】/102
　　第六十七条　【证据收集和证明标准】/104
　　第六十八条　【审查认定证据】/106
　　第六十九条　【职务违法案件证据标准】/107
　　第七十条　【职务犯罪案件证据标准】/108
　　第七十一条　【严禁非法取证】/111
　　第七十二条　【非法证据排除】/112
　　第七十三条　【非法取证调查核实程序】/115
　　第七十四条　【保管证据材料及扣押的财物】/117
　　第七十五条　【行政机关收集的证据作为证据使用】/118

第七十六条　【刑事诉讼中收集的证据作为证据使用】/120
### 第三节　谈话 / 122
第七十七条　【采取谈话措施的总体规定】/122
第七十八条　【谈话处置一般性问题线索】/123
第七十九条　【谈话处置问题线索工作要求】/124
第八十条　【初核阶段与被核查人谈话】/126
第八十一条　【立案后与被调查人谈话】/126
第八十二条　【"走读式"谈话】/128
第八十三条　【与被限制人身自由人员进行谈话】/128
第八十四条　【谈话时长】/130
第八十五条　【谈话笔录制作要求】/130
第八十六条　【被调查人自行书写说明材料】/132
第八十七条　【初核谈话规则适用】/133
### 第四节　讯问 / 133
第八十八条　【采取讯问措施的总体规定】/133
第八十九条　【在留置场所进行讯问】/134
第九十条　【讯问具体要求】/135
第九十一条　【谈话的要求适用于讯问】/137
### 第五节　询问 / 138
第九十二条　【采取询问措施的总体规定】/138
第九十三条　【询问证人地点和陪送交接】/139
第九十四条　【询问具体要求】/140
第九十五条　【询问未成年人、聋哑人等人员】/142
第九十六条　【如实作证和不得干扰调查活动】/143
第九十七条　【保障证人、鉴定人、被害人及其近亲属安全】/145
第九十八条　【谈话的要求适用于询问】/147
### 第六节　强制到案 / 148
第九十九条　【强制到案措施适用情形】/148
第一百条　【强制到案期限】/149
第一百零一条　【对被强制到案人员进行谈话或讯问】/150
第一百零二条　【强制到案期满结束】/151
### 第七节　责令候查 / 152
第一百零三条　【责令候查措施适用情形】/152

第一百零四条 【采取责令候查措施具体要求】／154

第一百零五条 【采取责令候查措施后的通知义务】／155

第一百零六条 【责令候查执行机关及其职责】／156

第一百零七条 【被责令候查人员不得擅自离开居住地】／157

第一百零八条 【被责令候查人员离开居住地批准程序】／158

第一百零九条 【违反责令候查规定的具体情形】／159

第一百一十条 【申请变更为责令候查措施】／161

第一百一十一条 【解除责令候查措施】／162

第一百一十二条 【责令候查措施自动解除】／163

### 第八节 管护／164

第一百一十三条 【管护措施适用条件】／164

第一百一十四条 【管护措施程序性要求】／165

第一百一十五条 【将被管护人员送留置场所】／165

第一百一十六条 【采取管护措施后的通知义务】／166

第一百一十七条 【对被管护人员进行谈话或讯问】／168

第一百一十八条 【管护时间及其延长】／169

第一百一十九条 【解除或变更管护措施】／171

第一百二十条 【将管护变更为留置】／172

### 第九节 留置／174

第一百二十一条 【采取留置措施具体情形】／174

第一百二十二条 【"可能逃跑、自杀"的具体情形】／175

第一百二十三条 【"可能串供或者伪造、隐匿、毁灭证据"的具体情形】／176

第一百二十四条 【"可能有其他妨碍调查行为"的具体情形】／177

第一百二十五条 【不得采取留置措施人员】／178

第一百二十六条 【采取留置措施具体要求】／179

第一百二十七条 【采取留置措施后的通知义务】／180

第一百二十八条 【对被留置人员进行谈话或讯问】／181

第一百二十九条 【留置时间及其延长】／182

第一百三十条 【留置时间再延长】／184

第一百三十一条 【延长或者再延长留置时间的审批程序】／185

第一百三十二条 【留置时间重新计算】／186

第一百三十三条 【留置时间重新计算后的延长或再延长】／187

第一百三十四条 【解除或变更留置措施】／188

## 第十节　查询、冻结 / 189

第一百三十五条　【查询、冻结措施适用情形】/ 189

第一百三十六条　【采取查询、冻结措施具体要求】/ 190

第一百三十七条　【固定查询结果】/ 192

第一百三十八条　【对查询信息进行规范管理】/ 193

第一百三十九条　【冻结期限及其延长】/ 194

第一百四十条　【轮候冻结、续行冻结】/ 195

第一百四十一条　【对特定被冻结财产进行出售变现】/ 196

第一百四十二条　【解冻无关财产】/ 197

## 第十一节　搜查 / 198

第一百四十三条　【搜查措施适用情形】/ 198

第一百四十四条　【采取搜查措施具体要求】/ 198

第一百四十五条　【在场人员配合搜查】/ 200

第一百四十六条　【搜查全程同步录音录像和制作笔录】/ 201

第一百四十七条　【文明规范开展搜查工作】/ 202

第一百四十八条　【搜查过程中查封、扣押财物和文件】/ 203

## 第十二节　调取 / 204

第一百四十九条　【采取调取措施的总体规定】/ 204

第一百五十条　【调取措施程序性要求】/ 205

第一百五十一条　【调取物证、书证、视听资料】/ 206

第一百五十二条　【调取外文材料】/ 207

第一百五十三条　【收集、提取电子数据】/ 208

第一百五十四条　【退还无关证据材料原件】/ 210

## 第十三节　查封、扣押 / 211

第一百五十五条　【采取查封、扣押措施的总体规定】/ 211

第一百五十六条　【查封、扣押措施程序性要求】/ 212

第一百五十七条　【查封、扣押不动产和特殊动产】/ 214

第一百五十八条　【查封、扣押特殊物品】/ 215

第一百五十九条　【财物和文件启封及重新密封】/ 218

第一百六十条　【管理被查封、扣押涉案财物】/ 219

第一百六十一条　【临时调用涉案财物】/ 220

第一百六十二条　【出售、变现被扣押财产】/ 221

第一百六十三条　【续行查封、扣押顺位】/ 222

第一百六十四条 【解除查封、扣押】/222
第一百六十五条 【立案前接收主动上交涉案财物】/223

### 第十四节 勘验检查、调查实验 / 225

第一百六十六条 【采取勘验检查措施的总体规定】/225
第一百六十七条 【勘验检查的文书要求】/226
第一百六十八条 【勘验检查程序性要求】/226
第一百六十九条 【人身检查】/228
第一百七十条 【调查实验】/229
第一百七十一条 【辨认】/231
第一百七十二条 【对人员进行辨认】/232
第一百七十三条 【对物品进行辨认】/233
第一百七十四条 【辨认笔录】/235

### 第十五节 鉴定 / 236

第一百七十五条 【采取鉴定措施的总体规定】/236
第一百七十六条 【鉴定范围】/238
第一百七十七条 【为鉴定提供必要条件】/240
第一百七十八条 【鉴定人出具鉴定意见】/241
第一百七十九条 【对鉴定意见审查和告知】/242
第一百八十条 【补充鉴定的情形】/244
第一百八十一条 【重新鉴定的情形】/245
第一百八十二条 【就专门性问题出具报告】/246

### 第十六节 技术调查 / 247

第一百八十三条 【采取技术调查措施的总体规定】/247
第一百八十四条 【技术调查措施的文书要求】/248
第一百八十五条 【技术调查措施期限、解除和变更】/249
第一百八十六条 【采取技术调查措施获取证据材料】/250
第一百八十七条 【采取技术调查措施时的保密义务】/251

### 第十七节 通缉 / 253

第一百八十八条 【依法决定实施通缉措施和送交执行】/253
第一百八十九条 【公安部发布通缉令】/254
第一百九十条 【接收被抓获的被通缉人员】/255
第一百九十一条 【撤销通缉】/256

### 第十八节 限制出境 / 258

| | 第一百九十二条　【采取限制出境措施的总体规定】/ 258 |
| --- | --- |
| | 第一百九十三条　【限制出境措施的文书要求】/ 259 |
| | 第一百九十四条　【限制出境措施期限及其延长】/ 260 |
| | 第一百九十五条　【移交被决定采取留置措施的边控对象】/ 261 |
| | 第一百九十六条　【解除限制出境措施】/ 262 |
| | 第一百九十七条　【临时限制出境措施】/ 262 |
| 第五章<br>监察程序 | 第一节　线索处置 / 264 |
| | 第一百九十八条　【问题线索处置的总体规定】/ 264 |
| | 第一百九十九条　【接受报案或者举报】/ 265 |
| | 第二百条　【公职人员自动投案的接待和办理】/ 267 |
| | 第二百零一条　【其他机关移送问题线索的办理】/ 268 |
| | 第二百零二条　【问题线索归口受理和移交办理】/ 271 |
| | 第二百零三条　【监督管理部门和承办部门管理问题线索】/ 272 |
| | 第二百零四条　【问题线索处置方式】/ 273 |
| | 第二百零五条　【以适当了解方式处置问题线索】/ 274 |
| | 第二百零六条　【以谈话函询方式处置问题线索】/ 275 |
| | 第二百零七条　【以初步核实方式处置问题线索】/ 277 |
| | 第二百零八条　【以予以了结方式处置问题线索】/ 280 |
| | 第二百零九条　【实名检举控告处理程序】/ 280 |
| | 第二节　立案 / 282 |
| | 第二百一十条　【立案条件】/ 282 |
| | 第二百一十一条　【特殊立案制度】/ 284 |
| | 第二百一十二条　【立案和移送审理一并报批】/ 286 |
| | 第二百一十三条　【指定管辖案件立案程序】/ 287 |
| | 第二百一十四条　【立案宣布和通报】/ 288 |
| | 第三节　调查 / 290 |
| | 第二百一十五条　【调查工作总体要求和期限】/ 290 |
| | 第二百一十六条　【批准和执行调查方案】/ 291 |
| | 第二百一十七条　【调查材料交被调查人核对】/ 292 |
| | 第二百一十八条　【调查报告和专题报告】/ 294 |
| | 第二百一十九条　【起草起诉建议书】/ 295 |

第二百二十条　【移送审理】/ 296
### 第四节　审理 / 297
第二百二十一条　【受理移送审理案件】/ 297
第二百二十二条　【全面审理要求】/ 298
第二百二十三条　【审理工作坚持民主集中制原则】/ 299
第二百二十四条　【审理期限】/ 300
第二百二十五条　【审理谈话】/ 301
第二百二十六条　【退回承办部门重新调查或补充调查】/ 302
第二百二十七条　【审理文书和提出撤销案件建议】/ 304
第二百二十八条　【提级管辖案件审查程序】/ 306
第二百二十九条　【指定管辖案件审查程序】/ 307
### 第五节　处置 / 308
第二百三十条　【处置程序的总体规定】/ 308
第二百三十一条　【处置情节较轻的职务违法行为】/ 310
第二百三十二条　【依法给予政务处分】/ 311
第二百三十三条　【政务处分决定送达和执行】/ 313
第二百三十四条　【监察问责方式】/ 314
第二百三十五条　【监察建议书】/ 316
第二百三十六条　【提高监察建议质量】/ 317
第二百三十七条　【撤销案件】/ 319
第二百三十八条　【处置行贿等违法犯罪】/ 321
第二百三十九条　【分类处置涉案财物】/ 323
第二百四十条　【违法取得财物及孳息追缴】/ 325
第二百四十一条　【复审复核程序和效力】/ 327
第二百四十二条　【办理复审复核案件】/ 329
### 第六节　移送审查起诉 / 331
第二百四十三条　【移送审查起诉的总体规定】/ 331
第二百四十四条　【从宽处罚建议审批程序】/ 332
第二百四十五条　【"自动投案，真诚悔罪悔过"的具体情形】/ 334
第二百四十六条　【"积极配合调查工作"的具体情形】/ 337
第二百四十七条　【"积极退赃，减少损失"的具体情形】/ 339
第二百四十八条　【"具有重大立功表现"的具体情形】/ 341
第二百四十九条　【对涉案人员提出从宽处罚建议】/ 343

第二百五十条　【从宽处罚建议提出程序】/345

第二百五十一条　【预告移送起诉】/346

第二百五十二条　【指定起诉、审判管辖办理程序】/347

第二百五十三条　【指定调查案件协商确定司法管辖】/349

第二百五十四条　【补充移送起诉】/350

第二百五十五条　【关联案件移送起诉】/351

第二百五十六条　【监察机关配合审查起诉工作】/352

第二百五十七条　【开展补充调查工作】/355

第二百五十八条　【分类处理退回补充调查案件】/356

第二百五十九条　【审查起诉中新线索的处置】/359

第二百六十条　【审判过程中监察机关的配合义务】/360

第二百六十一条　【对不起诉决定提请复议】/361

第二百六十二条　【未追究刑责时的政务处分】/363

第二百六十三条　【违法所得没收案件办理程序】/365

第二百六十四条　【缺席审判案件办理程序】/366

**第六章 反腐败国际合作**

第一节　工作职责和领导体制 / 370

第二百六十五条　【国家监委反腐败国际合作职责】/370

第二百六十六条　【地方监察机关反腐败国际合作职责】/372

第二百六十七条　【涉外案件归口管理】/374

第二百六十八条　【追逃追赃和防逃工作内部联络机制】/376

第二节　国(境)内工作 / 377

第二百六十九条　【建立健全防逃机制】/377

第二百七十条　【预防和打击涉案财产外流】/378

第二百七十一条　【外逃信息报告】/379

第二百七十二条　【外逃信息接收和外逃人员建档】/380

第二百七十三条　【全面收集外逃人员违法犯罪证据】/381

第二百七十四条　【开展劝返工作】/382

第二百七十五条　【外逃人员归案、违法财产追缴后的处置工作】/382

第三节　对外合作 / 384

第二百七十六条　【红色通报】/384

第二百七十七条 【通过引渡办理涉外案件】/385

第二百七十八条 【通过刑事司法协助办理涉外案件】/386

第二百七十九条 【通过执法合作办理涉外案件】/388

第二百八十条 【通过境外追诉办理涉外案件】/389

第二百八十一条 【追缴境外违法所得及其他涉案财产】/390

## 第七章 对监察机关和监察人员的监督

第二百八十二条 【坚持党的领导和接受各方监督】/391

第二百八十三条 【向人大常委会报告专项工作】/392

第二百八十四条 【接受、配合人大常委会执法检查】/393

第二百八十五条 【询问、专题询问和质询】/394

第二百八十六条 【监察工作信息公开】/395

第二百八十七条 【特约监察员制度】/397

第二百八十八条 【监察人员准入制度和基本条件】/398

第二百八十九条 【监察机关内部协调制约机制】/399

第二百九十条 【监察一体化工作平台】/401

第二百九十一条 【内部监督检查和案件质量评查】/402

第二百九十二条 【加强对监察人员监督】/403

第二百九十三条 【对调查过程进行监督】/404

第二百九十四条 【打听案情等的报告备案】/405

第二百九十五条 【监察回避制度】/407

第二百九十六条 【提出和决定回避】/408

第二百九十七条 【上级监察机关监督下级监察机关】/409

第二百九十八条 【监察机关开展培训】/410

第二百九十九条 【监察机关保密制度】/411

第三百条 【脱密期管理】/412

第三百零一条 【监察人员离任后从业限制】/413

第三百零二条 【规范监察人员家属经商办企业行为】/415

第三百零三条 【依法保障企业合法权益】/415

第三百零四条 【采取禁闭措施的情形】/417

第三百零五条 【采取禁闭措施的程序】/418

第三百零六条 【采取禁闭措施后的通知义务】/419

第三百零七条 【解除或变更禁闭措施】/420

第三百零八条 【申诉受理和处理期限】/ 421
第三百零九条 【申诉处理程序】/ 422
第三百一十条 【送达申诉处理决定书】/ 423
第三百一十一条 【申诉人申请复查】/ 424
第三百一十二条 【留置场所安全管理和办案事故处理报告】/ 424
第三百一十三条 【监督执法责任制】/ 426

## 第八章 法律责任

第三百一十四条 【不执行监察机关处理决定的责任追究】/ 428
第三百一十五条 【报复陷害的责任追究】/ 429
第三百一十六条 【诬告陷害的责任追究】/ 430
第三百一十七条 【办案安全责任制】/ 432
第三百一十八条 【监察人员违法履职的责任追究】/ 434
第三百一十九条 【监察人员违法行为处理方式】/ 437
第三百二十条 【监察赔偿】/ 438
第三百二十一条 【赔偿义务机关和赔偿方式】/ 441

## 第九章 附 则

第三百二十二条 【监察机关的范围】/ 443
第三百二十三条 【严重职务违法、重大职务犯罪、重大贪污贿赂等职务犯罪的范围】/ 444
第三百二十四条 【同种罪行和不同种罪行的区分】/ 445
第三百二十五条 【近亲属范围】/ 445
第三百二十六条 【"以上""以下""以内"的界定】/ 446
第三百二十七条 【期间及其计算方式】/ 447
第三百二十八条 【本条例解释权】/ 447
第三百二十九条 【施行日期】/ 448

# 第一章 总 则

> 第一条 为了推动监察工作法治化、规范化，保障依法公正行使监察权，根据《中华人民共和国监察法》(以下简称监察法)，结合工作实际，制定本条例。

**条文主旨**①

本条是关于立法目的和立法依据的规定。

**条文解读**

1. 制定《监察法实施条例》的出发点和落脚点

《监察法》是一部对国家监察工作起统领性作用的法律，这一属性决定了其中的规定较为原则、概括。实践中，中央纪委国家监委为了解决无法可依的难题，推进国家监察体制改革，制定并印发了多种纪检监察规范性文件。填补《监察法》留下的制度空白，整合纪检监察领域的规范性文件，是纪检监察领域立法工作的主要任务。可以说，制定一部全面系统、可操作性强的《监察法实施条例》，是深化纪检监察体制改革的重要任务之一。为此，国家监察委员会2021年9月20日发布第1号公告，公布了首部监察法规《监察法实施条例》。2024年12月25日，全国人大常委会对《监察法》作出修改。为了更好地实施修改后的《监察法》，国家监察委员会2025年6月1日发布第2号公告，公布了修订后的《监察法实施条例》。

2. 推动监察工作法治化、规范化，保障依法公正行使监察权

推进反腐败工作法治化、规范化，前提是纪检监察工作自身运行要法治化、规范化。因此要把监察工作法治化、规范化建设摆在重要位置，通过给纪检监察机关定制度、立规矩，确保纪检监察工作受监督、有约束，促使纪检监察机关严格规范自身权力运行、提高工作效能，努力形成内容科学、系统完备、有效管用的监察制度体系，推动

---

① 目录及正文中的条文主旨为作者所加，总结了条文的主要内容，仅供参考。

监察工作高质量发展。《监察法实施条例》通过规范监察机关运用法治思维和法治方式履行职权,使其牢固树立法治意识、程序意识、证据意识,严格按照权限、规则、程序开展工作,在切实增强纪检监察制度执行力的同时,构建系统完备、科学有效的纪检监察制度体系,从而有力推动监察工作法治化、规范化建设。

2024年12月修改后的《监察法》,在第5条新增了"公正履行职责"的要求。相应地,2025年修订的《监察法实施条例》同样将"保障依法公正行使监察权"作为立法目的之一。《荀子》有言:"公生明,偏生暗。"公平正义是法治的追求,也是法治的应有之义。依法公正行使监察权,要求监察机关及其工作人员在履行职责时不得存在偏见,不得与所处理的事项有利益上的牵连。一是监察机关及其工作人员应当公平对待各方当事人,不偏不倚地行使职权、履行职责。比如根据《监察官法》第5条的规定,监察官应当客观公正地履行职责。二是当公正履行职责受到质疑时,相关监察人员应当予以澄清或回避。比如根据《监察法》第67条的规定,如果存在有可能影响监察事项公正处理的情形,相关的监察人员应当回避。

3.《监察法实施条例》的制定依据是《监察法》

《监察法》是全国人大制定的基本法律,因此,国家监察委员会不论是为执行法律的规定需要制定监察法规,还是为履行领导地方各级监察委员会工作的职责需要制定监察法规,都是对《监察法》这一监察领域基本法律的具体化,故《监察法实施条例》应将《监察法》作为立法依据。据此逻辑,《监察法实施条例》可以在《监察法》的基础上进一步补充和完善监察工作的运行规范,但由于其效力位阶低于《监察法》,故不可作出与《监察法》相异的规定。

4. 工作实际是制定《监察法实施条例》的重要遵循

《监察法实施条例》的制定和修改,需要全面总结党的十八大以来反腐败实践经验,坚持问题导向,提炼有效做法和实招,增强制度针对性和实效性,坚持实践探索先行,将管党治党创新成果固化为法规制度。如《监察法实施条例》中规定的线索处置程序、初步核实程序、立案程序、调查程序、审理程序、处置程序、移送审查起诉程序等监察程序,均是实践中较为成熟的经验总结。

**关联法条**

《立法法》第118条;《全国人民代表大会常务委员会关于国家监察委员会制定监察法规的决定》。

> **第二条** 坚持中国共产党对监察工作的全面领导,增强政治意识、大局意识、核心意识、看齐意识,坚定中国特色社会主义道路自信、理论自信、制度自信、文化自信,坚决维护习近平总书记党中央的核心、全党的核心地位,坚决维护以习近平同志为核心的党中央权威和集中统一领导,把党的领导贯彻到监察工作各方面和全过程。

### 条文主旨

本条是关于党的领导和指导思想的规定。

### 条文解读

1.坚持中国共产党对监察工作的全面领导

深化国家监察体制改革,使党管干部原则从党管干部的培养、提拔、使用,延伸到党管干部的教育、监督、管理。对违纪违法行为作出处理,是完善坚持党的全面领导体制机制的重要举措,目的是实现对所有行使公权力的公职人员监察全覆盖,加强党对反腐败工作的统一领导。[①] 纪委监委作为反腐败工作机构,作为党的政治机关,必须始终把坚持党的领导作为立身之本、履职之要。在领导体制上,国家监察委员会在党中央领导下开展工作,地方各级监察委员会在同级党委和上级监察委员会双重领导下工作。

2.增强"四个意识"、坚定"四个自信"、做到"两个维护"

监察机关作为专门的反腐败工作机构,旗帜鲜明讲政治是其应尽之责。纪检监察队伍因党而生、为党而战,忠诚于党是纪检监察铁军最根本的政治品格,必须敬畏信仰、敬畏组织,做一尘不染的忠诚卫士。要始终不渝用习近平新时代中国特色社会主义思想武装头脑,深刻领悟"两个确立"的决定性意义,坚决做到"两个维护",及时甄别、坚决清除政治上的两面人,确保整支队伍对党绝对忠诚、政治上绝对可靠,任何时候任何情况下都同以习近平同志为核心的党中央保持高度一致;始终不渝心怀"国之大者",自觉把工作置于党和国家大局中谋划推进,为实现新时代新征程党的使命

---

① 参见中共中央纪律检查委员会中华人民共和国国家监察委员会法规室编写:《〈中华人民共和国监察法〉释义》,中国方正出版社2018年版,第56-58页。

任务作出更大贡献。①

3. 把党的领导贯彻到监察工作各方面和全过程

坚持和加强党的领导,是监察工作的根本政治原则。监察机关在履行监督、调查、处置职责时,应在党的领导下开展。在具体工作中,监察机关应将线索处置、初步核实、立案、调查、审理、处置、移送审查起诉等各项环节置于党的领导之下。(1)通过严格执行请示报告制度加强党的领导,如对部分干部立案调查要报同级或上级党委批准,对部分干部依法采取留置措施要报同级或上级党委批准。(2)通过建立健全重大事项集体研究制度加强党的领导,如监察机关的调查部门在调查工作结束后形成调查报告应当经集体讨论,监察机关的审理部门在审理工作结束后形成审理意见应当经集体审议。(3)坚持民主集中制原则,凡属重大问题、重要事项、重点工作,必须通过集体研究、集体决策,坚决防止个人说了算,同时决策一旦作出,下级监察机关就要严格执行。

### 关联法条

《宪法》第1条;《监察法》第2条;《监察官法》第2条;《中国共产党纪律检查委员会工作条例》第2、3条;《中国共产党纪律检查机关监督执纪工作规则》第2、3条。

---

**第三条** 监察机关与党的纪律检查机关合署办公,坚持法治思维和法治方式,促进执纪执法贯通、有效衔接司法,实现依纪监督和依法监察、适用纪律和适用法律有机融合。

---

### 条文主旨

本条是关于纪检监察合署办公原则的规定。

### 条文解读

1. 纪检监察机关实行合署办公

习近平总书记指出,"组建国家、省、市、县监察委员会,同党的纪律检查机关合署

---

① 参见李希:《深入推进党风廉政建设和反腐败斗争 以全面从严治党新成效为推进中国式现代化提供坚强保障——在中国共产党第二十届中央纪律检查委员会第四次全体会议上的工作报告》,载《中国纪检监察》2025年第5期。

办公,实现对所有行使公权力的公职人员监察全覆盖"[1]。党的中央纪律检查委员会与国家监察委员会合署办公,党的地方各级纪律检查委员会与地方各级监察委员会合署办公,实行一套工作机构、两个机关名称,履行党的纪律检查和国家监察两项职责。这种合署办公,一则有助于在监察工作中贯彻党的领导,二则能够有效解决职责交叉重复的问题,三则有利于实现党内监督与国家监督的衔接。

2. 坚持法治思维和法治方式

党的十八大以来,以习近平同志为核心的党中央明确提出全面依法治国,并将其纳入"四个全面"战略布局。习近平总书记强调,"要督促掌握公权力的部门、组织、个人强化法治思维,严格在宪法法律范围内活动,严格依照法定权限和程序行使权力"[2]。监察机关应当强化法治意识、程序意识、证据意识,严格按照法定权限、规则、程序办事,确保每个案件经得起实践、人民、历史检验。

3. 促进执纪执法贯通,有效衔接司法

在纪检监察合署办公的体制下,"纪法贯通"是一项客观要求。纪检监察机关既要审查违纪问题,又要调查职务违法和犯罪问题,既要考虑纪的因素,又要考虑法的内容,必须把适用纪律和适用法律结合起来。促进执纪执法贯通,既有实体层面的要求,比如根据《中国共产党纪律处分条例》第 28 条的规定,对违法犯罪的党员,应当按照规定给予党纪处分,做到适用纪律和适用法律有机融合,党纪政务等处分相匹配;亦有程序层面的要求,比如对严重违纪涉嫌违法犯罪的党员,通常先作出党纪处分决定,并按照规定由监察机关给予政务处分或者由任免机关(单位)给予处分后,再移送有关国家机关依法处理。

监察机关办理职务犯罪案件,还需要移送给检察机关审查起诉,继而由审判机关审理裁判,为此必须做到有效衔接司法。监察与司法的有效衔接,既有实体上的要求,比如监察机关在收集、固定、审查、运用证据时,应当与刑事审判关于证据的要求和标准相一致;亦有程序上的要求,比如对于监察机关移送起诉的已采取留置措施的案件,人民检察院应当对犯罪嫌疑人先行拘留,留置措施自动解除。

**实务难点指引**

纪委与监委合署办公,履行党的纪律检查和国家监察两项职责,要求纪检监察机

---

[1] 中共中央党史和文献研究院编:《习近平关于全面从严治党论述摘编(2021 年版)》,中央文献出版社 2021 年版,第 411 页。

[2] 习近平:《论坚持全面依法治国》,中央文献出版社 2020 年版,第 241 页。

关自觉将纪律和规矩挺在前面,用纪律和法律两把尺子衡量违纪违法行为,坚持纪严于法、执纪执法贯通。这就提醒我们注意,一些违犯党纪的行为可能并不同时构成职务违法。比如,阻止他人检举、提供证据,串供或者伪造、隐匿、毁灭证据,包庇同案人员等行为,根据《中国共产党纪律处分条例》第63条的规定,构成对抗组织审查,违反了党的政治纪律;但根据《公职人员政务处分法》第13条的规定,上述行为只是在追究监察责任时的法定从重情节,并非独立的可作为政务处分依据的违法事实。同时,向组织提供虚假情况、掩盖事实的对抗组织审查行为,以及在组织谈话、函询时不如实说明问题的行为,分别违反了党的政治纪律和组织纪律;但根据《公职人员政务处分法》的规定,上述行为既不是独立的违法行为,也不是法定的从重情节,仅属于在追究监察责任时应当考虑和把握的酌定从重情节。这就要求纪检监察机关在制作处分决定文书时,要注意精准表述,体现纪法双施双守的要求。[①]

**关联法条**

《中国共产党纪律检查委员会工作条例》第7条;《中国共产党纪律检查机关监督执纪工作规则》第6条。

---

**第四条** 监察机关应当依法履行监督、调查、处置职责,坚持实事求是,坚持惩前毖后、治病救人,坚持惩戒与教育相结合,实现政治效果、法律效果和社会效果相统一。

---

**条文主旨**

本条是关于监察工作基本要求的规定。

**条文解读**

1. 依法履行监督、调查、处置职责

现行《宪法》第127条规定,"监察委员会依照法律规定独立行使监察权"。《监察法》赋予了监察机关三项职责,分别是监督、调查、处置。监察机关行使这三项职责的前提是"依法":必须严格依照法律,既不能滥用或超越职权,利用职权徇私枉法;也

---

[①] 参见《中央纪委国家监委发布第三批执纪执法指导性案例》,载《中国纪检监察报》2022年6月29日,第5版。

不能违反法定程序,违法开展工作;更不能不担当、不作为,放纵职务违法犯罪行为。

2. 坚持实事求是

监察机关应当坚持实事求是的原则,在行使职权时必须坚持以事实为依据,严守职责底线,强化法治意识、程序意识、证据意识;一是一、二是二,是就是是、非就是非,事实为上、证据为王,是什么问题就指出什么问题,是多大问题就认定多大问题,不枉不纵、不偏不倚;依法审慎排除非法证据,精准有效完善瑕疵证据,切实维护监察执法的权威性和严肃性。

3. 坚持惩前毖后、治病救人,坚持惩戒与教育相结合

惩前毖后、治病救人是我们党的一贯方针。毛泽东同志对此有形象比喻,即"我们揭发错误、批判缺点的目的,好像医生治病一样,完全是为了救人,而不是为了把人整死。一个人发了阑尾炎,医生把阑尾割了,这个人就救出来了"①。监察机关调查和处置公职人员的职务违法及职务犯罪行为,同样不应把惩戒当作唯一目的,而应秉持惩戒与教育相结合的原则,即在惩罚职务违法和职务犯罪的同时,发挥教育的功能。此种教育除了是对违法犯罪公职人员本身的教育,更在于对其他公职人员乃至社会公众的教育,力争实现"查处一案、教育一片、规范一方"的目的。此外,惩戒与教育相结合的原则还表现为,国家监察工作不能仅是对违法犯罪的事后惩戒,还应通过教育等方式达到事前预防的目的。

4. 实现政治效果、法律效果和社会效果相统一

2020年1月13日,习近平总书记在十九届中央纪委四次全会上指出,"通过有效处置化解存量、强化监督遏制增量,实现政治效果、纪法效果、社会效果有机统一"②。实现政治效果是坚持政治机关定位的必然要求,实现纪法效果是履行职责任务的必然要求,实现社会效果是以推动党的自我革命引领伟大社会革命的必然要求。三者是内在贯通、相辅相成的。实现政治效果是保障,有了坚强有力的党的领导,才能确保发挥纪法作用,推动社会发展;实现纪法效果是途径,只有依靠法治的方式,才能兴党强国、维护人民利益;实现社会效果是目的,得到人民的支持拥护,党的长期执政地位才能巩固,纪法才有权威、有价值。监察机关必须强化系统观念,纠正履职中偏重或者忽视某一方面效果的错误做法,着力推动实现"三个效果"有机统一。③

---

① 《毛泽东选集》(第3卷),人民出版社1991年版,第828页。
② 中共中央党史和文献研究院编:《习近平关于全面从严治党论述摘编(2021年版)》,中央文献出版社2021年版,第383页。
③ 参见杜秀枫:《实现"三个效果"有机统一》,载中央纪委国家监委网站,https://www.ccdi.gov.cn/yaowenn/202501/t20250109_399369.html。

### 关联法条

《中国共产党章程》第40条第2款;《监察法》第5、6条;《公职人员政务处分法》第4、5条;《中国共产党纪律处分条例》第4条;《中国共产党纪律检查委员会工作条例》第4条;《中国共产党纪律检查机关监督执纪工作规则》第3、4条。

> **第五条** 监察机关应当坚定不移惩治腐败,推动深化改革、完善制度,规范权力运行,加强新时代廉洁文化建设,引导公职人员提高觉悟、担当作为、依法履职,一体推进不敢腐、不能腐、不想腐,着力铲除腐败滋生的土壤和条件。

### 条文主旨

本条是关于一体推进"三不腐"方针的规定。

### 条文解读

1. 不敢腐:坚定不移惩治腐败

"坚定不移惩治腐败"的规定,主要是针对"不敢腐"的问题。习近平总书记指出,"我们强调的不敢腐,侧重于惩治和威慑,坚持什么问题突出就重点解决什么问题,让意欲腐败者在带电的高压线面前不敢越雷池半步,坚决遏制蔓延势头"[①]。为此,监察机关要全面履行监督、调查、处置职责,不断监督问责,严厉惩治腐败,充分显现不敢腐的震慑效应。《监察法》赋予监察机关相应的监察职权,就是为了确保惩治腐败的有效性和威慑力,同时,监察机关必须全面依法履行这些法定职责。近年来,全国人大常委会数次修改《刑法》,修改贪污受贿犯罪的定罪量刑标准,加大对行贿犯罪的处罚力度,确立终身监禁制度,这些同样是为了不断强化不敢腐的震慑。

2. 不能腐:推动深化改革、完善制度,规范权力运行

"推动深化改革、完善制度,规范权力运行"的规定,主要是针对"不能腐"的问题。习近平总书记指出,"我们强调的不能腐,侧重于制约和监督,扎紧制度笼子,让胆敢腐败者在严格监督中无机可乘"[②]。腐败的本质是权力出轨、越轨,许多腐败问

---

① 中共中央党史和文献研究院编:《习近平关于依规治党论述摘编》,中央文献出版社2022年版,第180页。

② 中共中央党史和文献研究院编:《习近平关于依规治党论述摘编》,中央文献出版社2022年版,第180页。

题都与权力配置不科学、使用不规范、监督不到位有关。因此,不能腐的刚性制度约束,便是要通过深化改革阻断腐败滋生蔓延,比如持续深化行政审批制度改革,让权力得到分解和制约;还要通过健全法治把权力关进法律的笼子里,比如出台《重大行政决策程序暂行条例》,让行政决策权在阳光下运行。

3. 不想腐:加强新时代廉洁文化建设,引导公职人员提高觉悟、担当作为、依法履职

"加强新时代廉洁文化建设,引导公职人员提高觉悟、担当作为、依法履职"的规定,主要是针对"不想腐"的问题。习近平总书记指出,"我们强调的不想腐,侧重于教育和引导,着眼于产生问题的深层原因,对症下药、综合施策,让人从思想源头上消除贪腐之念"①。反腐倡廉是一个复杂的系统工程,需要多管齐下、综合施策,但从思想道德抓起具有基础性作用。诚如王守仁所言,"破山中贼易,破心中贼难",如果把腐败视为一种"贼"的话,只有通过法纪教育和思想道德建设,才能从本源上做到"破心中贼"。正因如此,根据《监察法》第 11 条第 1 项的规定,"监督"作为监察委员会的首要职责,就包括"对公职人员开展廉政教育"的内容。

**关联法条**

《宪法》第 24 条;《监察官法》第 9 条第 1 款第 1 项;《中国共产党纪律检查委员会工作条例》第 29 条。

---

**第六条** 监察机关坚持民主集中制,对于线索处置、立案调查、案件审理、处置执行、复审复核中的重要事项应当集体研究,严格按照权限履行请示报告程序。

---

**条文主旨**

本条是关于监察机关坚持民主集中制的规定。

**条文解读**

民主集中制是我们党的根本组织原则和领导制度,是我国国家组织形式和活动

---

① 中共中央党史和文献研究院编:《习近平关于依规治党论述摘编》,中央文献出版社 2022 年版,第 180 页。

方式的基本原则,也是监察机关履行职责的根本工作原则。实践中,有效贯彻民主集中制原则可以发扬民主,倾听各方意见,避免个人决策;加强监督,形成有效的内控机制,防范权力的滥用;严格把关,提高办案质量,防范风险意外。因此,监察机关应将民主集中制原则贯彻到线索处置、立案调查、案件审理、处置执行、复审复核各项环节中,严格落实重要问题集体研究,提高决策的民主科学性;严格执行请示报告制度,按照权限履行请示报告程序,确保监察工作始终置于党的集中统一领导之下。实践中,民主集中制原则贯穿于监察工作全过程:

(1)在线索处置环节充分体现民主集中制。问题线索是监督工作的源头和基础,建立问题线索处置集体会商、集体决策机制,有助于从源头上把关,提高线索处置质量和效率,防范线索处置个别人说了算。

(2)在立案调查环节充分体现民主集中制。立案审查调查是监督工作的重要一环,建立重大问题集体研究制度和请示报告制度对于查清违纪违法问题具有重要意义。

(3)在案件审理环节充分体现民主集中制。监察机关严格履行案件审理工作基本程序,坚持审理组审理、审理谈话、集体审议等制度,严格落实审理意见经集体审议形成并经相关机关批准通过,防止个人干预、操控审理,确保案件公平公正审理。

(4)在处置执行环节充分体现民主集中制。纪律处理或者处分必须坚持民主集中制原则,集体讨论决定,不允许任何个人或者少数人决定和批准,严格履行处分决定报批程序,使案件处理实体和程序、过程和结果充分体现民主集中制原则的要求。

(5)在复审复核环节充分体现民主集中制。复审复核机关在受理复审复核申请后,应当成立工作组,集体研究案件,并经集体讨论和报批程序后提出办理意见,最大程度保障案件的公平审理。

**关联法条**

《宪法》第3条;《监察法》第34、35、45、47、51条;《监察官法》第6条;《中国共产党重大事项请示报告条例》第3、13条;《中国共产党党内监督条例》第4、29条;《中国共产党纪律处分条例》第4条;《中国共产党处分违纪党员批准权限和程序规定》第4条;《中国共产党纪律检查机关监督执纪工作规则》第10、53、55条。

---

**第七条** 监察机关应当尊重和保障人权,在适用法律上一律平等,充分保障监察对象以及相关人员的人身权、知情权、财产权、申辩权、申诉权以及申请复审复核权等合法权益。

**条文主旨**

本条是关于监察机关尊重和保障人权的规定。

**条文解读**

1. 监察机关应当尊重和保障人权

习近平总书记指出,"中国共产党和中国政府始终尊重和保障人权"[1]。作为一项宪法原则,现行《宪法》第 33 条第 3 款明确规定:"国家尊重和保障人权。"在《监察法》制定时,便有人建议把"尊重和保障人权"写进《监察法》。[2] 全国人大常委会 2024 年 12 月对《监察法》作出修改,明确规定了"尊重和保障人权"的基本原则。相应地,2025 年修订的《监察法实施条例》同样增加了"监察机关应当尊重和保障人权"的要求。据此规定,监察机关既应尊重人权,特别是不得肆意侵犯人权;亦应积极地保障人权,即便是涉嫌职务违法和职务犯罪的监察对象,当其最基本的人权面临侵害时同样需要提供保障。

2. 监察机关应当做到在适用法律上一律平等

平等是公民的一项基本权利,现行《宪法》第 33 条第 2 款规定:"中华人民共和国公民在法律面前一律平等。"该原则是指监察机关在行使职权时,对一切公民,不分民族、种族、职业、出身、性别、宗教信仰、教育程度、财产情况、职位高低和功劳大小,都应一律平等地适用法律,不允许有任何的特权。任何人违反了法律构成职务违法或职务犯罪,都应受到追究,并承担相应的法律责任,而不能有任何例外。在国家监察工作中,任何人的合法权益均受国家法律的保护而不能因人而异。正因为国家监察工作在适用法律上一律平等,所以"任何人都不能心存侥幸,都不能指望法外施恩,没有免罪的'丹书铁券',也没有'铁帽子王'"[3]。

3. 监察机关应当充分保障监察对象以及相关人员的合法权益

保障监察对象及相关人员的合法权益,可谓对"尊重和保障人权"的具体化。在现代法治国家,哪怕是打击犯罪也绝不容许用"不择手段、不问是非、不计代价"的方法,相反应当保障相关人员的合法权益。本条对监察对象以及相关人员的"合法权

---

[1] 中共中央党史和文献研究院编:《习近平关于尊重和保障人权论述摘编》,中央文献出版社 2021 年版,第 4 页。

[2] 参见陈光中、姜丹:《关于〈监察法(草案)〉的八点修改意见》,载《比较法研究》2017 年第 6 期。

[3] 中共中央纪律检查委员会、中共中央文献研究室编:《习近平关于严明党的纪律和规矩论述摘编》,中国方正出版社、中央文献出版社 2016 年版,第 87 页。

益"采取了列举式的立法技术,通过列举主要的实体性权利和程序性权利来为监察机关树立行权边界,防范监察权的滥用;同时用"等"字这一兜底方式为保障其他合法权利和利益留下了解释空间,如相关人员"申请回避的权利"这一未列举的合法权利可以视为"等"内之权利。在监察工作中,相关人员的合法权益主要包括实体性权利和程序性权利。

### 典型案例

B 市纪委监委在调查市住建局副局长 W 受贿案时,依法冻结了 W 的存款账户和股票、基金账户。经查,W 的存款账户中有 100 万元是其表妹 L 从外地汇来,委托其帮助在 B 市购置房产的资金。W 曾在家族聚会时向亲属承诺,可以在 B 市以优惠价格买到房产。L 因孩子在 B 市上学,将来想留在 B 市工作,就全权委托 W 帮助购买住房,并汇去 100 万元现金。W 刚联系了某房地产开发公司 Y,商定用 50 万元为 L 购置一套市值 120 万元的房产,这样既对表妹有了交代,自己又能凭空获利 50 万元,但此事未及办理,W 就因其他违纪违法问题案发。纪检监察机关在查明这一情况后的第二天就依法履行相关程序,办理了解除冻结手续,将该 100 万元退还给了 L。[①]

### 关联法条

《宪法》第 33 条;《监察法》第 5 条;《公职人员政务处分法》第 4、43、55、56 条;《中国共产党党员权利保障条例》第 3、18、19、35、37、41 条;《中国共产党党内监督条例》第 43、44 条;《中国共产党纪律检查机关监督执纪工作规则》第 59 条。

---

**第八条** 监察机关办理职务犯罪案件,应当与人民法院、人民检察院互相配合、互相制约,在案件管辖、证据审查、案件移送、涉案财物处置等方面加强沟通协调,对于人民法院、人民检察院提出的退回补充调查、排除非法证据、调取同步录音录像、要求调查人员出庭等意见依法办理。

---

### 条文主旨

本条是关于监察机关与司法机关互相配合制约的规定。

---

① 参见《〈中华人民共和国监察法〉案例解读》,中国方正出版社 2018 年版,第 210 页。

### 条文解读

现行《宪法》第 127 条第 2 款确立了监察机关办理职务违法和职务犯罪案件,应当与审判机关、检察机关、执法部门互相配合,互相制约的原则。这是处理监察机关与司法机关关系的基本原则,也是监察工作同司法工作相衔接的指导思想。根据本条规定,监察机关办理职务犯罪案件,在案件管辖、证据审查、案件移送、涉案财物处置等方面应当与人民法院、人民检察院加强协调配合,这是互相配合原则的主要体现;而监察机关"对于人民法院、人民检察院提出的退回补充调查、排除非法证据、调取同步录音录像、要求调查人员出庭等意见依法办理",则是互相制约原则的主要体现。在办理职务犯罪案件方面,监察机关与司法机关主要在案件管辖、证据审查、案件移送、涉案财物处置等程序上互相配合,即在正确履行各自职责的基础上,互相支持,加强沟通,避免各行其是,互相推诿。

1. 在案件管辖程序中,主要有两类案件的管辖需要同司法机关相互配合

一类案件是管辖权由监察机关和其他机关共享的案件。如管辖互涉案件,即公职人员既涉嫌贪污贿赂、失职渎职等严重职务违法和职务犯罪,又涉嫌公安机关、人民检察院等机关管辖的犯罪;又如司法工作人员利用职权实施非法拘禁、刑讯逼供、非法搜查等侵犯公民权利、损害司法公正的犯罪案件。

另一类案件是完全由监察机关享有管辖权的案件。由于监察管辖采取的"按照干部管理权限确立管辖"的原则不同于刑事诉讼管辖中"根据案件重大程度确立管辖"的原则,此类案件中可能会发生监察管辖和刑事诉讼管辖的冲突,特别是涉及监察机关指定管辖的情形。因此在此类案件中,需要监察机关同检察机关提前就案件管辖做好协商,达成一致,以便后续工作的顺利开展。

2. 在证据审查程序中,监察机关和司法机关应主要就以下两个问题相互配合,形成一致观点

一是遵循何种证明标准。《监察法》第 43 条规定的证明标准是"形成相互印证、完整稳定的证据链";《刑事诉讼法》确定的证明标准是案件事实清楚,证据确实、充分,并且要达到排除合理怀疑的程度。两者表述有所差别极易导致实践中衔接不畅,因此双方应就此达成一致标准。《监察法》第 36 条第 2 款规定:"监察机关在收集、固定、审查、运用证据时,应当与刑事审判关于证据的要求和标准相一致。"监察机关在调查审理职务犯罪案件时,遵循刑事诉讼的证明标准。

二是证据如何在监察程序和司法程序中转化。对此,《监察法实施条例》给出了明确遵循,规定监察机关收集的证据材料经审查符合法定要求的,在刑事诉讼中可以

作为证据使用;监察机关对人民法院、人民检察院等在刑事诉讼中收集的物证、书证等证据材料,经审查符合法定要求的,可以作为证据使用;监察机关办理职务违法案件,对于人民法院生效刑事判决、裁定和人民检察院不起诉决定采信的证据材料,可以直接作为证据使用。

3.在案件移送程序中,监察机关和司法机关应主要就以下几个重要方面相互配合

一是移送函、《起诉意见书》、案卷材料、证据等的移送。监察机关与检察机关需要注意材料的安全移送以及特殊证据的有效移送。二是对于已采取留置措施的案件的移送。监察机关与检察机关需要注意留置措施和刑事强制措施的衔接。三是监察机关办理的职务犯罪案件需要指定起诉、审判管辖的,监察机关需要与检察机关协商有关程序事宜。

4.对涉案财物的处置

监察机关应按照法律规定分类处理涉案财物:对涉嫌职务犯罪所得财物及孳息应当妥善保管,并制作《涉案财物清单》,随案移送人民检察院;对作为证据使用的实物应当随案移送;对不宜移送的,应当将清单、照片和其他证明文件随案移送。

在办理职务犯罪案件方面,司法机关对监察机关的制约主要体现在退回补充调查、排除非法证据、调取同步录音录像、要求调查人员出庭等程序的设置中。(1)检察机关审查监察机关移送起诉的案件时,有权退回监察机关补充调查,这是检察机关制约监察机关最强有力的措施。(2)检察机关审查监察机关移送起诉的案件,认为可能存在以非法方法收集证据情形的,可以要求监察机关对证据收集的合法性作出说明或者提供相关证明材料;也可以直接排除非法证据,排除后可以要求监察机关另行指派调查人员重新取证。(3)检察机关可以依法调取同步录音录像。检察机关认为需要调取与指控犯罪有关并且需要对证据合法性进行审查的录音录像,可以同监察机关沟通协商后予以调取。(4)人民法院在审判过程中就证据收集合法性问题要求有关调查人员出庭说明情况时,监察机关应当根据工作需要予以配合。

**关联法条**

《宪法》第 127 条;《监察法》第 4、36、37、52—55 条;《刑事诉讼法》第 19、130、135、136、172 条;《最高人民法院关于适用〈中华人民共和国刑事诉讼法〉的解释》第 24 条;《人民检察院刑事诉讼规则》第 17、73、74、142、146、156、256、263、329、341、343、344、346、349、357、365、371、378、379 条;《关于人民检察院立案侦查司法工作人员相关职务犯罪案件若干问题的规定》"三、案件线索的移送和互涉案件的处理";《公安机关办理刑事案件程序规定》第 29 条。

**第九条** 监察机关开展监察工作,可以依法提请组织人事、公安、国家安全、移民管理、审计、统计、市场监管、金融监管、财政、税务、自然资源、银行、证券、保险等有关部门、单位予以协助配合。

有关部门、单位应当根据监察机关的要求,依法协助采取有关措施、共享相关信息、提供相关资料和专业技术支持,配合开展监察工作。

### 条文主旨

本条是关于监察机关提请有关部门协助配合的规定。

### 条文解读

1. 监察机关有权提请有关部门、单位协助配合

监察委员会依法独立行使职权并非意味着"自我封闭",相反,监察权的高效行使离不开其他机关和单位的配合和制约。正因如此,根据现行《宪法》第 127 条第 2 款的规定,监察机关办理职务违法和职务犯罪案件,应当与审判机关、检察机关、执法部门互相配合,互相制约。《监察法》第 4 条第 2 款对此予以重申,由此确立了监察机关与执法部门之间的配合制约关系。其中,监察机关、审判机关、检察机关的指向并无疑问,可能存疑的是"执法部门"究竟指什么,哪些部门属于这里的"执法部门"?[1]特别是最广义上的"执法部门",其实就是执行法律的部门,那么监察机关、审判机关、检察机关似也属于"执法部门"的范畴。结合文义解释和体系解释的结论,此处的"执法部门"是指除监察机关、审判机关、检察机关之外的,其他履行执行法律职责的部门。

监察机关依法提请执法部门予以协助配合的措施大致可以分为两类:一类是监察机关有权独立采取的措施,因完成工作有困难或有特殊情况的,可以请"执法部门"予以协助。如根据《监察法》第 26 条的规定,监察机关根据工作需要,依照规定查询、冻结涉案单位和个人的存款、汇款、债券、股票、基金份额等财产,有关单位和个人应当配合。另一类是监察机关无权独立采取的措施,因其超出了监察机关自身的职权范围,须由有权行使职权的"执法部门"予以协助。如根据《监察法》第 32 条的规定,监察机关决定通缉的,只能由公安机关发布通缉令,追捕归案。

---

[1] 参见周佑勇、周维栋:《宪法文本中的"执法部门"及其与监察机关之配合制约关系》,载《华东政法大学学报》2019 年第 6 期。

2. 有关部门、单位协助配合是一项法定义务

不同的部门和单位之间有着各异的分工,因而某个部门和单位欲完成某些相对复杂的工作时,必然需要其他部门和单位的协助。为此,《监察法》第 4 条第 3 款规定,"监察机关在工作中需要协助的,有关机关和单位应当根据监察机关的要求依法予以协助"。

一方面,协助配合是法定义务。法律文本中的"应当"乃是一种法定的"必须为",即确定的是一项必须履行的法律义务。为此,有关部门和单位为监察机关提供协助,乃是其法定义务。同时,义务的不履行意味着要承担相应的法律责任,因此,有关部门和单位无正当理由拒绝监察机关合法的协助要求,将依法承担一定的责任。例如,根据《监察法》第 72 条第 1 项的规定,不按要求提供有关材料,拒绝、阻碍调查措施实施等拒不配合监察机关调查的行为,将被责令改正并依法给予处理。当然,有关部门和单位提供协助须以监察机关的要求为前提。

另一方面,协助配合须依法进行。对于监察机关的协助要求,有关部门和单位应当予以满足,但是提供协助必须符合法律的规定。例如,《监察法》第 27 条第 3 款规定:"监察机关进行搜查时,可以根据工作需要提请公安机关配合。公安机关应当依法予以协助。"当监察机关要求公安机关协助进行搜查工作时,公安机关在协助时应遵守《公安机关办理刑事案件程序规定》等的规定。此外,对于监察机关提出的不合法的协助要求,有关部门和单位不得提供协助。

**实务难点指引**

无论是监察机关提出协助的要求,还是有关机关和单位予以协助,都必须严格依法进行。一方面,监察机关必须依法提出协助要求,特别是法律法规对协助要求有明确规定时,监察机关的协助要求应符合这些规定。比如,根据《监察法实施条例》第 193 条的规定,监察机关请求移民管理机构执行限制出境措施,应当向移民管理机构出具有关函件和《采取限制出境措施决定书》等。据此规定,假若监察机关未出具相关法律文书,那么移民管理机构便有权拒绝提供协助。另一方面,有关机关和单位必须依法提供协助,对于监察机关不合法的协助要求应予拒绝。例如,当不动产登记机构收到监察机关的协助要求时,其提供协助的行为必须符合《不动产登记暂行条例》和《国家监察委员会办公厅、自然资源部办公厅关于不动产登记机构协助监察机关在涉案财物处理中办理不动产登记工作的通知》等的规定。

**关联法条**

《宪法》第 127 条;《刑事诉讼法》第 7 条;《监察法》第 4 条;《反有组织犯罪法》第 6 条;《审计法》第 48 条;《中国共产党纪律检查委员会工作条例》第 30 条;《中国共产党纪律检查机关监督执纪工作规则》第 11 条第 2 款。

# 第二章　监察机关及其职责

## 第一节　领 导 体 制

> **第十条**　国家监察委员会在党中央领导下开展工作。地方各级监察委员会在同级党委和上级监察委员会双重领导下工作，监督执法调查工作以上级监察委员会领导为主，线索处置和案件查办在向同级党委报告的同时应当一并向上一级监察委员会报告。
> 
> 上级监察委员会应当加强对下级监察委员会的领导。下级监察委员会对上级监察委员会的决定必须执行，认为决定不当的，应当在执行的同时向上级监察委员会反映。上级监察委员会对下级监察委员会作出的错误决定，应当按程序予以纠正，或者要求下级监察委员会予以纠正。

### 条文主旨

本条是关于双重领导体制的规定。

### 条文解读

根据《中国共产党章程》的规定，各级纪委实行双重领导体制，即地方各级纪委在同级党委和上级纪委的双重领导下进行工作。党的十八届三中全会明确提出，"推动党的纪律检查工作双重领导体制具体化、程序化、制度化，强化上级纪委对下级纪委的领导。查办腐败案件以上级纪委领导为主，线索处置和案件查办在向同级党委报告的同时必须向上级纪委报告"。在纪检监察合署办公的体制下，各级监察委员会同样实行双重领导体制，以此保证监察权的相对独立性和权威性。《监察法实施条例》对此作出明确规定，为落实双重领导体制提供了坚实的法治保障。

在推进全面从严治党和反腐败斗争的过程中，党委负主体责任，因此各级监察委员会必须接受同级党委的领导，线索处置和案件查办等事项必须向同级党委报告。

不过，监察工作牵涉各方面的利益，地方各级监察委员会在查办案件或办理其他监察事项过程中，可能会遇到来自某些方面的阻力和地方保护主义的干扰。[①] 所以在表明监察委员会接受同级党委领导的同时，《监察法实施条例》规定上级监察委员会领导下级监察委员会的工作，特别是监督执法工作以上级监察委员会领导为主，线索处置和案件查办等事项必须向上一级监察委员会报告。一方面，这有利于加强对下级监察委员会履行监察职责情况的监督，上级监察委员会可以通过检查工作、受理复核申请等方式，对发现的问题予以纠正，监督下级监察委员会严格依法办事，公正履职。另一方面，当下级监察委员会遇到阻力时，上级监察委员会可以支持其依法行使职权，帮助其排除各种干扰。

既然是上级监察委员会领导下级监察委员会，那么，上级的决定下级必须坚决执行，下级的错误上级有权纠正，这其实也是为了保证双重领导体制在实践中得到全面落实。鉴于此，本条第2款规定下级监察委员会必须执行上级监察委员会的决定，即便下级监察委员会认为决定存在不当，也必须予以执行，同时向上级监察委员会反映。与此同时，当下级监察委员会的决定存在错误或者不当时，上级监察委员会既可以按照程序予以纠正，也可以要求下级监察委员会自行纠正。

**实务难点指引**

下级监察委员会执行了上级监察委员会的错误决定，后果由哪一主体承担？根据本条第2款的规定，对于上级监察委员会的决定，下级监察委员会即便认为存在不当，也必须予以执行，但可以同时向上级监察委员会反映。如果该决定确实存在不当甚至错误，执行所引发的后果由谁承担，本条并未作出明确规定。其实，可以参照《公务员法》的规定，即下级监察委员会执行上级监察委员会错误或不当决定，后果原则上由上级监察委员会承担；但是，如果该决定存在的不当或者错误非常明显，且下级监察委员会未及时向上级监察委员会反映，下级监察委员会也应当承担相应的责任。

**实践样本**

2018年11月，湖南省某县纪委监委在处置时任某经济开发区工委委员、管委会副主任涉嫌严重违纪违法的问题线索时，受到来自各方面的压力，以至于办案阻力很

---

[①] 参见中共中央纪律检查委员会中华人民共和国国家监察委员会法规室编写：《〈中华人民共和国监察法〉释义》，中国方正出版社2018年版，第86页。

大。但在市纪委监委的领导和支持下,该案的查办得以顺利推进。① 这表明实现双重领导体制,特别是执纪执法工作以上级纪委监委领导为主,可以有效排除办案过程中的阻力。

### 关联法条

《宪法》第125、126条;《中国共产党章程》第45条第1款;《监察法》第10条;《中国共产党纪律检查委员会工作条例》第5、6条;《中国共产党党内监督条例》第26条;《中国共产党纪律检查机关监督执纪工作规则》第3条第2项、第5条。

---

**第十一条** 上级监察委员会可以依法统一调用所辖各级监察机关的监察人员办理监察事项。调用决定应当以书面形式作出。

监察机关办理监察事项应当加强互相协作和配合,对于重要、复杂事项可以提请上级监察机关予以协调。

---

### 条文主旨

本条是关于监察人员调用和监察机关协作配合的规定。

### 条文解读

1. 监察人员调用制度

根据《宪法》和《监察法》的规定,上下级监察委员会之间是领导与被领导的关系。在此种纵向关系中,上级监察委员会有权调用所辖各级监察机关的监察人员办理监察事项。对于监察人员的调用需要注意以下三个方面的问题:第一,调用应当是依法依规进行的,既包括依据《公务员法》《监察官法》等国家法律,也包括依据《中国共产党纪律检查机关监督执纪工作规则》等党内法规。比如该规则第66条规定:"审查调查组需要借调人员的,一般应当从审查调查人才库选用,由纪检监察机关组织部门办理手续,实行一案一借,不得连续多次借调。加强对借调人员的管理监督,借调结束后由审查调查组写出鉴定。借调单位和党员干部不得干预借调人员岗位调整、职务晋升等事项。"第二,调用的监察人员应当是其所辖各级监察机关的监察人员,对

---

① 参见瞿芃:《推进双重领导体制具体化程序化制度化》,载《中国纪检监察报》2019年10月26日,第1版。

于其他监察机关的监察人员则无权调用。第三,调用决定应当以书面形式作出,而不得是口头等非正式的形式。

2. 监察机关之间加强协作配合

监察机关之间加强协作配合,既包括横向层面的协作配合,如 A 市监察委员会与 B 市监察委员会的协作配合;也包括上下级监察机关之间的协作和配合。与此同时,由于上级监察机关领导下级监察机关的工作,下级监察机关遇到重要、复杂的事项时,可以提请上级监察机关予以协调。至于何为"重要、复杂事项",则需要根据实践中的具体情况进行研判分析。①

**实务难点指引**

在执纪执法工作中,一些纪检监察机关的审查调查组因任务重、时间紧,从比较了解、政治可靠、工作得力、容易配合等因素考虑,频繁借调熟悉的人员连续参加多个案件的审查调查工作。这样做,时间久了,容易形成"熟人团"和固定的办案圈子,产生潜在风险,弱化相互监督作用,甚至可能出现少数借调干部利用熟人关系滥用职权、以权谋私等问题。因此,审查调查组必须严格遵守《中国共产党纪律检查机关监督执纪工作规则》等的相关规定,贯彻"实行一案一借,不得连续多次借调"的要求,合理确定借调人选。②

**关联法条**

《中国共产党纪律检查机关监督执纪工作规则》第 65、66 条。

---

**第十二条** 各级监察委员会依法向本级中国共产党机关、国家机关、中国人民政治协商会议委员会机关、法律法规授权或者受委托管理公共事务的组织和单位以及所管辖的国有企业、事业单位等派驻或者派出监察机构、监察专员。

省级和设区的市级监察委员会依法向地区、盟、开发区等不设置人民代表大会的区域派出监察机构或者监察专员。县级监察委员会和直辖市所辖区

---

① 参见中共中央纪律检查委员会中华人民共和国国家监察委员会法规室编写:《〈中华人民共和国监察法实施条例〉释义》,中国方正出版社 2022 年版,第 20 页。

② 参见《〈中国共产党纪律检查机关监督执纪工作规则〉学习问答》,中国方正出版社 2019 年版,第 162 页。

> （县）监察委员会可以向街道、乡镇等区域派出监察机构或者监察专员。监察机构、监察专员开展监察工作，受派出机关领导。

### 条文主旨

本条是关于监察派驻派出的规定。

### 条文解读

监察全覆盖意味着要对所有行使公权力的公职人员进行监察，因此，监察权的触角客观上要延伸至公权力运用的所有领域。全国范围内共设立国家、省、市、县四级监察委员会，其他单位、地区和领域的监察全覆盖，则有赖于监察委员会的派驻或者派出。从这个意义上来说，监察派驻派出可谓实现监察全覆盖的重要制度性安排。《监察法》第12条对监察派驻派出仅有相对原则的规定，为此，《监察法实施条例》作出了相对细致的规定。为加强和规范纪检监察机关派驻机构工作，中共中央政治局常委会会议2022年6月审议批准了《纪检监察机关派驻机构工作规则》，对纪检监察派驻派出进行了更加具体的制度设计。

1. 向有关组织和单位派驻派出

本条第1款规定的是向有关组织和单位派驻、派出。这些组织和单位包括中国共产党机关、国家机关、中国人民政治协商会议委员会机关、法律法规授权或者受委托管理公共事务的组织和单位以及所管辖的国有企业、事业单位等。根据《纪检监察机关派驻机构工作规则》第6条第3款的规定，对系统规模大、直属单位多、监督对象多的单位，可以单独派驻纪检监察组；对业务关联度高，或者需要统筹力量实施监督的相关单位，可以综合派驻纪检监察组。此外，监察委员会是设置派驻、派出监察机构还是监察专员，应遵循实际需要，根据监察对象的多少、任务轻重等来具体确定。①

2. 向所管辖的行政区域派出

根据《宪法》和《监察法》的规定，监察机关由人大产生、对人大负责、受人大监督，监察委员会主任由同级人大选举产生。同时，监察委员会共有四级，分别是国家监察委员会、省级监察委员会、市级监察委员会和县级监察委员会。不过在现实中，有不少行政区域并没有设置人大，比如地区、开发区、盟、街道等，这样一来，监察机关

---

① 参见中共中央纪律检查委员会中华人民共和国国家监察委员会法规室编写：《〈中华人民共和国监察法〉释义》，中国方正出版社2018年版，第80页。

便无法由人大产生,而是需要借由派出的方式产生。正是缘于此,本条第2款规定省级和设区的市级监察委员会依法向地区、盟、开发区等不设置人大的区域派出监察机构或者监察专员,县级监察委员会和直辖市所辖区(县)监察委员会可以向街道、乡镇等区域派出监察机构或者监察专员。

3. 派出机关与监察机构、监察专员的领导关系

监察机构、监察专员对派驻或者派出它的监察委员会负责,不受驻在单位的领导,在开展工作时具有比较独立的地位。根据《纪检监察机关派驻机构工作规则》的规定,派驻机构是派出机关的组成部分,与驻在单位是监督和被监督的关系。派驻机构由派出机关直接领导、统一管理,向派出机关负责,受派出机关监督。同时,驻在单位应当支持配合派驻机构工作,主动及时通报重要情况、重要问题,根据派驻机构工作需要提供有关材料,为派驻机构开展工作创造条件、提供保障。

### 关联法条

《监察法》第12、13条;《监察官法》第3条;《中国共产党纪律检查委员会工作条例》第42、43、44条;《纪检监察机关派驻机构工作规则》第3—21条。

---

**第十三条** 各级监察委员会派驻或者派出的监察机构、监察专员根据派出机关授权,按照管理权限依法对派驻或者派出监督单位、区域等的公职人员开展监督,对职务违法和职务犯罪进行调查、处置。监察机构、监察专员可以按规定与地方监察委员会联合调查严重职务违法、职务犯罪,或者移交地方监察委员会调查。

前款规定的监察机构、监察专员未被授予职务犯罪调查权的,其发现监察对象涉嫌职务犯罪线索,应当及时向派出机关报告,由派出机关调查或者依法移交有关地方监察委员会调查。

---

### 条文主旨

本条是关于监察机构、监察专员职责权限的规定。

### 条文解读

1. 监察机构、监察专员根据授权行使职权

对派驻或者派出的监察机构、监察专员而言,其监察职权来自派驻或者派出它的

监察委员会。可以说,"监察机构、监察专员之所以有权对驻在部门的公职人员进行监督,实际上是在行使职务代理行为"①。正因如此,授权不同,派驻或者派出的监察机构、监察专员所能行使的职权也有所差异。在现有的实践中,国家监察委员会对于派驻或者派出的监察机构、监察专员有完整的授权,包括对职务犯罪的调查权;省级以下监察委员会对于派驻或者派出的监察机构、监察专员则只是部分授权,通常没有授予其职务犯罪调查权。

2. 监察机构、监察专员可与地方监察委员会协作

监察机构、监察专员根据派出机关授权,依法调查驻在单位监察对象涉嫌职务违法、职务犯罪案件。此外,监察机构、监察专员在履行调查职责时,可以采用"组地合作"等模式,这也为本条第1款所确认。概言之,监察机构、监察专员可以按规定与地方监察委员会联合调查严重职务违法、职务犯罪,或者移交地方监察委员会调查。若从《监察法实施条例》的立法原意来看,"组地合作"办理的案件通常限于严重职务违法、职务犯罪案件,而不包括一般的职务违法案件。对于监察对象涉嫌一般职务违法的,监察机构、监察专员应当充分履行法定职责,自行开展相关调查工作。②

3. 未被授权的监察机构、监察专员发现线索应及时报告

鉴于职务犯罪调查措施往往比较严厉,有些监察机构、监察专员并没有被授予职务犯罪调查权,特别是市、县级监察委员会派驻或者派出的监察机构、监察专员。因此,未被授予职务犯罪调查权的监察机构、监察专员发现监察对象涉嫌职务犯罪线索的,应当及时向派出机关报告,避免相关线索被搁置或者延误。派出机关在接到报告后有两种具体处理方式,或是由派出机关自行开展调查工作,或者依法移交有关地方监察委员会调查。

**关联法条**

《监察法》第13条;《中国共产党纪律检查委员会工作条例》第44、45条;《纪检监察机关派驻机构工作规则》第22—31条。

---

① 马怀德主编:《中华人民共和国监察法理解与适用》,中国法制出版社2018年版,第50页。
② 参见中共中央纪律检查委员会中华人民共和国国家监察委员会法规室编写:《〈中华人民共和国监察法实施条例〉释义》,中国方正出版社2022年版,第23-24页。

> **第十四条** 经国家监察委员会批准,国家监察委员会有关派驻监察机构、监察专员可以按照监察法第十二条第二款、第三款规定再派出。
>
> 再派出监察机构、监察专员开展监察工作,受派出它的监察机构、监察专员领导。
>
> 再派出监察机构、监察专员根据授权,按照管理权限依法对再派出监督单位的公职人员开展监督,对职务违法进行调查、处置。职务犯罪的调查、处置,按照本条例第五十二条第二款规定办理。

### 条文主旨

本条是关于监察再派出的规定。

### 条文解读

在《监察法》修改之前,对于垂直管理系统而言,国家监察委员会只能向其中央一级单位派驻监察机构。实践中,垂直管理系统公职人员队伍规模大、单位层级多,国家监察委员会派驻机构的监察监督难以有效覆盖全系统。2024 年修改《监察法》新增监察"再派出"制度,规定经国家监察委员会批准,国家监察委员会派驻垂直管理系统中央一级单位的监察机构,可以向其驻在单位的下一级单位再派出,这有利于实现监察权向下延伸,破解垂直管理系统监察监督的瓶颈问题,增强监察监督全覆盖的有效性。再者,中管企业虽不属于机构编制意义上的垂直管理单位,但其在监察权运用的全覆盖方面存在与垂直管理单位相同的问题。教育部等中央单位所属的高校和国务院国资委下属的委管企业,因不属于国家监察委员会的"本级",也无法被授予监察权。相关高校、企业的监察对象人数多、地域分散,国家监察委员会驻中管企业、教育部、国务院国资委等中央一级单位的派驻机构也难以实现有效监督。因此,2024 年修改《监察法》,将这些领域与垂直管理系统一并考虑,纳入监察再派出的范畴。[①]

1. 监察再派出的适用情形

一方面,国家监察委员会派驻本级实行垂直管理或者双重领导并以上级单位领导为主的单位、国有企业的监察机构、监察专员,可以向驻在单位的下一级单位再派出。这是因为垂直管理或者双重领导并以上级单位领导为主的单位、国有企业,在实

---

[①] 参见瞿芃:《推进新时代监察工作高质量发展:有关负责人就监察法修改答记者问》,载《中国纪检监察报》2024 年 12 月 26 日,第 2 版。

践中有着大量的下一级单位,比如中国人民银行在各地的分支机构。此时,因这些下一级的单位或是垂直管理,或是以上级单位领导为主,所以难以由该下一级单位所在的地方监察委员会进行派驻,而应采用"监察再派出"的方式。

另一方面,国家监察委员会派驻监察机构、监察专员,可以向驻在单位管理领导班子的普通高等学校再派出;国家监察委员会派驻国务院国有资产监督管理机构的监察机构,可以向驻在单位管理领导班子的国有企业再派出。在高校派驻制度的运用实践中,中管高校由国家监察委员会进行派驻,地方高校则由所在地的监察委员会进行派驻,除此之外的其他部属高校同样只能采用"监察再派出"的方式。例如,湖南大学、东北大学、中国海洋大学是教育部直属高校,但并不属于中管高校的序列。为此,今后若经国家监察委员会批准,可由中央纪委国家监委驻教育部纪检监察组进行再派出。

2. 再派出监察机构、监察专员受派出它的监察机构、监察专员领导

对再派出监察机构、监察专员而言,其根据派出它的监察机构、监察专员的授权,按照管理权限依法对再派出监督单位的公职人员开展监督,对职务违法进行调查、处置。在日常开展监察工作的过程中,接受派出它的监察机构、监察专员的领导。监察再派出是一项全新的制度设计,中央纪委国家监委应加强对此项工作的领导。按照二十届中央纪委四次全会的部署,中央纪委将制定监察"再派出"的指导意见,稳慎有序推动有关派驻机构向驻在单位的下一级单位、部属高校和国务院国资委管理领导班子的中央企业"再派出",强化对"再派出"监察人员的管理监督。[①]

**关联法条**

《监察法》第 12、13 条。

## 第二节 监察监督

> **第十五条** 监察机关依法履行监察监督职责,对公职人员政治品行、行使公权力和道德操守情况进行监督检查,督促有关机关、单位加强对所属公职人员的教育、管理、监督。

---

[①] 参见李希:《深入推进党风廉政建设和反腐败斗争　以全面从严治党新成效为推进中国式现代化提供坚强保障——在中国共产党第二十届中央纪律检查委员会第四次全体会议上的工作报告》,载《中国纪检监察》2025 年第 5 期。

### 条文主旨

本条是关于监督职责的总体规定。

### 条文解读

监察机关依法履行监督、调查、处置职责,其中监督是监察机关的首要职责。《监察法》第11条第1项将监察职责界定为"对公职人员开展廉政教育,对其依法履职、秉公用权、廉洁从政从业以及道德操守情况进行监督检查"。在各级监察委员会内部,均设有监督检查室来具体承担监督职责。本条进一步扩展了监督职责的内涵,总体上包括两方面的内容:

一方面,监察机关自身有权对公职人员进行监督检查,检查的内容是政治品行、行使公权力和道德操守等方面的情况。《中国共产党纪律检查委员会工作条例》第34条第1款规定了各级纪委加强日常监督的方式,主要包括:座谈,召集、参加或者列席会议,了解党内同志和社会群众反映;查阅查询相关资料和信息数据;现场调查,驻点监督;督促巡视巡察整改;谈心谈话,听取工作汇报,听取述责述廉;建立健全党员领导干部廉政档案,开展党风廉政意见回复等工作。

另一方面,监察机关有权督促有关机关、单位加强对所属公职人员的教育、管理、监督。之所以作出此规定,是考虑到有关机关、单位"加强对所属公职人员的教育、管理、监督,是公职人员任免机关、单位的法定义务"[①]。对此,《公务员法》第57条第1款规定:"机关应当对公务员的思想政治、履行职责、作风表现、遵纪守法等情况进行监督,开展勤政廉政教育,建立日常管理监督制度。"可以说,有关机关、单位对所属公职人员的教育、管理、监督,是其履行主体责任的体现;而监察机关的督促行为,则是一种监督责任。主体责任是前提,监督责任是保障,二者彼此依存、彼此增进,缺一不可。

### 实践样本

根据《中国纪检监察报》的报道,中央纪委国家监委驻国家发展改革委纪检监察组立足职责定位,突出政治监督,针对2020年4月以来国内稻谷收购价格上涨、市场价格波动等问题,约谈国家粮食和物资储备局粮食储备司、粮食交易协调中心、国家

---

[①] 中共中央纪律检查委员会中华人民共和国国家监察委员会法规室编写:《〈中华人民共和国监察法实施条例〉释义》,中国方正出版社2022年版,第26页。

粮油信息中心主要负责人,了解稻谷等原粮市场基本情况、价格波动原因、形势分析和应对举措,督促做好粮食保供稳价各项工作。① 再如,中央纪委国家监委驻最高人民检察院纪检监察组立足职能职责,督促最高人民检察院发挥法律监督职能作用,强化对违规违法"减假暂"问题监督,还督促最高人民检察院对失职渎职、违法办案,存在法定重大过错的检察人员严肃追责、问责。② 这些都属于监察机关履行监督职责,督促有关机关、单位加强对所属公职人员的教育、管理、监督的重要表现。

### 关联法条

《监察法》第 11 条;《监察官法》第 9 条;《公务员法》第 57 条;《中国共产党纪律检查委员会工作条例》第 31—34 条。

---

**第十六条** 监察机关应当坚决维护宪法确立的国家指导思想,加强对公职人员特别是领导人员坚持党的领导、坚持中国特色社会主义制度,贯彻落实党和国家路线方针政策、重大决策部署,履行从严管理监督职责,依法行使公权力等情况的监督。

---

### 条文主旨

本条是关于政治监督的规定。

### 条文解读

习近平总书记强调,"全面从严治党首先要从政治上看"③。纪检监察机关作为党推进全面从严治党的专门力量,应当旗帜鲜明讲政治,切实做好政治监督。

1. 监察机关应当坚决维护《宪法》确立的国家指导思想

现行《宪法》序言第 7 自然段中载明了国家的指导思想,即马克思列宁主义、毛泽东思想、邓小平理论、"三个代表"重要思想、科学发展观、习近平新时代中国特色社会主义思想。这些有关国家指导思想的规定是我国《宪法》的重要组成部分,与《宪法》

---

① 参见左翰嫡:《督促做好粮食保供稳价》,载《中国纪检监察报》2020 年 7 月 20 日,第 3 版。
② 参见杨雅玲、张东岳:《驻最高检纪检监察组督促纠正"减假暂"不当意见共计 86781 人》,载《中国纪检监察报》2021 年 5 月 12 日,第 1 版。
③ 中共中央党史和文献研究院编:《习近平关于全面从严治党论述摘编(2021 年版)》,中央文献出版社 2021 年版,第 132 页。

中的其他规定一样具有最高的法律效力。监察机关在行使职权时必须树立宪法意识,坚决维护我国《宪法》确立的国家指导思想。

2. 政治监督的监督对象和监督内容

根据本条的规定,政治监督的对象是公职人员特别是领导人员。与此类似,根据《中国共产党纪律检查委员会工作条例》第33条第2款的规定,政治监督应当突出"关键少数",重点加强对"一把手"、同级党委特别是常委会委员的监督。政治监督的主要内容,表现为坚持党的领导、坚持中国特色社会主义制度,贯彻落实党和国家路线方针政策、重大决策部署,履行从严管理监督职责,依法行使公权力等情况。

**实务难点指引**

如何把握政治监督与日常监督的关系,是纪检监察实践中经常遇到的问题。政治监督和日常监督,一个重在强调监督的政治性、方向性,一个重在强调监督的基础性、长期性,二者理念相通、目标一致、内在统一。然而,实践中一些纪检监察干部认识不清、把握不好政治监督和日常监督的内在关系,有的把政治监督和日常监督割裂开来,搞"两张皮";有的在政治监督中不会贯通使用日常监督方式方法,政治监督抓手不多、方式简单,把政治监督等同于专项工作、专项检查,导致政治监督虚化泛化简单化;还有的在日常监督中政治站位不高、政治意识不强,不善于从政治上发现问题、分析问题、解决问题,影响日常监督的政治效果。[1]

**实践样本**

根据本条规定,贯彻落实党和国家路线方针政策、重大决策部署的情况,是监察机关政治监督的主要内容之一。《中国共产党纪律检查委员会工作条例》第33条同样把"贯彻落实党的理论和路线方针政策、党中央决策部署"的情况,列为政治监督的重点之一。为此,在党的二十届三中全会胜利闭幕后,中央纪委常委会于2024年7月19日召开会议,传达学习贯彻党的二十届三中全会精神。会议明确提出"聚焦'国之大者'强化政治监督,以高质量监督执纪执法保障改革部署落地见效"[2]。

**关联法条**

《宪法》序言第7自然段;《公务员法》第14条;《公职人员政务处分法》第28条;《中国共产

---

[1] 参见《如何把握政治监督和日常监督关系》,载《中国纪检监察报》2020年10月22日,第6版。
[2] 《李希主持召开中央纪委常委会会议 传达学习贯彻党的二十届三中全会精神》,载《中国纪检监察》2024年第15期。

党纪律检查委员会工作条例》第 33 条。

> **第十七条** 监察机关应当加强对公职人员理想信念教育、为人民服务教育、宪法法律法规教育和社会主义先进文化、革命文化、中华优秀传统文化教育，弘扬社会主义核心价值观，深入开展警示教育，教育引导公职人员树立正确的权力观、政绩观、事业观，保持为民务实清廉本色。

### 条文主旨

本条是关于加强对公职人员教育的规定。

### 条文解读

监察机关作为反腐败机构，自然需要铁面无私，对涉嫌职务违法和职务犯罪的公职人员进行调查和处置。同时，监察机关在履行监督职责时，还要扮演好"教育者"的角色，加强对公职人员的教育。教育的内容主要有理想信念教育、为人民服务教育、宪法法律法规教育和社会主义先进文化、革命文化、中华优秀传统文化教育，弘扬社会主义核心价值观，深入开展警示教育。加强对公职人员的教育，目的是教育引导公职人员树立正确的权力观、政绩观、事业观，保持为民务实清廉本色。

加强对公职人员的教育，主要有以下两方面的考虑：一方面，"惩前毖后、治病救人"是我们党一以贯之的方针，根据《监察法》第 5 条的规定，国家监察工作坚持"惩戒与教育相结合"的原则。对于存在职务违法和职务犯罪的公职人员，绝对不是"一惩戒了之"，还应当注重对其开展教育，促使其改过自新。另一方面，党的十九大报告指出，"强化不敢腐的震慑，扎牢不能腐的笼子，增强不想腐的自觉，通过不懈努力换来海晏河清、朗朗乾坤"。对于"增强不想腐的自觉"，很大程度上是通过教育来实现的。正如《监察法》第 6 条中所规定的，"加强法治教育和道德教育，弘扬中华优秀传统文化，构建不敢腐、不能腐、不想腐的长效机制"。

### 实务难点指引

根据《监察法实施条例》第 17 条的规定，监察机关应当深入开展警示教育。可是在实践中，有些地方的警示教育不乏"走样"之嫌。例如，有的干部在接受教育时总感到警示案例中的一切离自己很遥远，没有把自己摆进去，甚至调侃"我想腐败还没有机会呢"。少数党员干部只看热闹不看门道，娱乐化"老虎""苍蝇"的腐败细节，过度关注贪官的奇闻轶事和黑色幽默,把警示的内容当成故事听,一听而过;当成笑话说,一笑而过。①

### 关联法条

《监察法》第5、6条;《监察官法》第9条;《公职人员政务处分法》第4条;《中国共产党纪律检查委员会工作条例》第29、32条。

> 第十八条 监察机关应当结合公职人员的职责加强日常监督,通过收集群众反映、座谈走访、查阅资料、召集或者列席会议、听取工作汇报和述责述廉、开展监督检查等方式,促进公职人员依法用权、公正用权、为民用权、廉洁用权。

### 条文主旨

本条是关于日常监督的规定。

### 条文解读

习近平总书记指出:"要在日常监督上下功夫,坚持抓早抓小、防微杜渐,发现苗头性、倾向性问题及时批评教育,经常敲响思想警钟,使咬耳扯袖、红脸出汗成为常态。"②由本条可知,监察机关日常监督的目的是"促进公职人员依法用权、公正用权、为民用权、廉洁用权"。日常监督的方式具有多样性,总体上都是结合公职人员的职责采取的,主要包括收集群众反映、座谈走访、查阅资料、召集或者列席会议、听取工作汇报和述责述廉、开展监督检查等。对于纪检监察机关的日常监督,《中国共产党纪律检查机关监督执纪工作规则》第15条规定:"纪检监察机关应当结合被监督对象的职责,加强对行使权力情况的日常监督,通过多种方式了解被监督对象的思想、工作、作风、生活情况,发现苗头性、倾向性问题或者轻微违纪问题,应当及时约谈提醒、批评教育、责令检查、诫勉谈话,提高监督的针对性和实效性。"

### 实务难点指引

根据相关调研结论,纪检监察机关的日常监督存在监督信息不足、监督方式不

---

① 参见袁海涛、韩思军、王警:《每一起案件都是长鸣警钟》,载《中国纪检监察报》2019年12月11日,第4版。
② 习近平:《在全国组织工作会议上的讲话》,人民出版社2018年版,第22页。

多、监督效果不显等方面的问题。究其原因,主要是重审查调查轻日常监督,存在认识偏差;重业务培训轻素质提升,存在本领恐慌;重单兵作战轻联动协作,存在机制不适。为了改变这种状况:一是要做好"研判"文章,将掌握政治生态状况作为日常监督的切入点,做到既见"树木"又看"森林",通过建立日常监督综合信息库、畅通监督信息共享交流渠道、实行干部廉情双向分析机制等方式,使日常监督有的放矢。二是要做好"学习"文章,既注重培训提高纪检监察干部纪律审查和调查处置的业务能力,又注重培训提升其运用"四种形态"、加强日常监督的能力水平,特别是把握运用政策的能力,全面提升纪检监察干部日常监督能力。三是要做好"拓展"文章,在向党和国家机关派驻监督全覆盖的基础上,积极探索加强对各领域的监察工作,着力实现监察监督"全覆盖"。[1]

### 关联法条

《中国共产党党内监督条例》第 28 条;《中国共产党纪律检查委员会工作条例》第 34 条;《中国共产党纪律检查机关监督执纪工作规则》第 15 条;《纪检监察机关派驻机构工作规则》第 32 条。

---

**第十九条** 监察机关可以与公职人员进行谈心谈话,发现政治品行、行使公权力和道德操守方面有苗头性、倾向性问题的,及时进行教育提醒。

---

### 条文主旨

本条是关于监察监督中谈心谈话的规定。

### 条文解读

习近平总书记指出,"对干部经常开展同志式的谈心谈话,既指出缺点不足,又给予鞭策鼓励,这是个好传统,要注意保持和发扬"。[2] 本条明确监察机关可以与公职人员进行谈心谈话。而根据《中国共产党纪律检查委员会工作条例》第 34 条第 1 款的规定,谈心谈话是纪委开展日常监督的方式之一。需要注意的是,本条规定的"谈

---

[1] 参见那志茂:《关于纪检监察机关开展日常监督的调研》,载《中国纪检监察报》2018 年 7 月 5 日,第 7 版。

[2] 中共中央纪律检查委员会、中共中央文献研究室编:《习近平关于严明党的纪律和规矩论述摘编》,中国方正出版社、中央文献出版社 2016 年版,第 110 页。

心谈话"是一种经常性的思想交流、意见交换,并不具有否定评价或惩戒的意味。正因如此,监察机关开展谈心谈话的对象,并不限于存在问题的公职人员。① 如果在谈心谈话过程中,监察机关发现公职人员存在政治品行、行使公权力和道德操守方面有苗头性、倾向性问题,则应及时进行教育提醒。对这些公职人员进行及时的教育提醒,可以避免小问题变为大问题,防止小错酿成大错。

**实践样本**

河北省承德市纪委监委用好谈心谈话"小切口",不断提升专责监督质效。为使谈心谈话谈出力度、谈出温度,该市纪委监委做足谈前准备,开展精准"画像";围绕日常监督、监督检查、审查调查、专项督导、巡视巡察反馈、信访举报等情况,对谈话对象及其所在单位存在的典型性、个性化问题进行梳理汇总形成清单,拟定谈话提纲,明确"谈什么、谈完怎么办"等方面内容。谈话内容主要包括履行全面从严治党主体责任、推动反馈问题整改等方面,对谈话对象"一把手"加强教育提醒,前移监督关口。为防止"一谈了之",该市纪委监委紧盯提出的问题,建立跟踪督办机制,持续跟踪问效;采取"室组地"联动方式,将问题整改情况作为政治监督、日常监督的重要内容,推动立行立改、建章立制,适时对整改情况开展"回头看",提升监督质效。②

**关联法条**

《公职人员政务处分法》第12条;《中国共产党纪律处分条例》第5、19条;《中国共产党纪律检查委员会工作条例》第34条;《中国共产党纪律检查机关监督执纪工作规则》第15条;《纪检监察机关派驻机构工作规则》第32条第2项。

---

**第二十条** 监察机关对于发现的行业性、系统性、区域性的突出问题,以及群众反映强烈的问题,可以通过专项监督进行深入了解,督促有关机关、单位强化治理,促进公职人员履职尽责。

---

**条文主旨**

本条是关于专项监督的规定。

---

① 参见中共中央纪律检查委员会中华人民共和国国家监察委员会法规室编写:《〈中华人民共和国监察法实施条例〉释义》,中国方正出版社2022年版,第31-32页。
② 参见河北省纪委监委:《河北承德:深入开展对"一把手"谈心谈话》,载中央纪委国家监委网站,https://www.ccdi.gov.cn/gzdtn/jcfc/202405/t20240510_347124.html。

**条文解读**

较之于日常监督,专项监督的目标更明确、内容更聚焦、时间更集中,可以更有效地发现问题、解决问题。与日常监督更注重基础性、长期性不同,专项监督一般指向具体政策、专项工作,具有针对性更强、综合施策更多、力度更大等特点,故而对监督精准性和实效性的要求更高。[①] 根据本条的规定,监察机关开展专项监督的目的有二:一是通过专项监督,更深入地了解有关情况;二是督促有关机关、单位强化治理,促进公职人员履职尽责。

本条明确了监察机关开展专项监督的情形,具体包括两类问题:第一类是行业性、系统性、区域性的突出问题,比如金融、能源、烟草、医药、体育、基建工程、招标投标,以及国有企业等重点领域。需要注意的是,"区域性的突出问题"是《监察法实施条例》2025年修订时新增的。第二类是群众反映强烈的问题,比如食品药品安全等。对于纪律检查机关的专项监督,《中国共产党纪律检查委员会工作条例》第34条第2款有明确规定:"开展专项监督,针对落实党中央决策部署中的突出问题,行业性、系统性、区域性的管党治党重点问题,形式主义、官僚主义、享乐主义和奢靡之风问题,群众反映强烈、损害群众利益的突出问题加强监督检查。必要时,可以组织、参加或者督促开展集中整治、专项治理。"可以发现,该规定还明确了专项监督的方式,包括监督检查、集中整治、专项治理等。

**实践样本**

2025年5月,2025男子ILCA7级及女子ILCA6级世界帆船锦标赛在山东省青岛市开幕。该市纪委监委第五监督检查室、派驻第十六纪检监察组会同市体育局组成联合监督检查组,深入体育赛事一线,对赛事秩序和赛事保障责任落实情况进行实地监督,助力赛事各项工作顺利进行。针对青岛市承办体育赛事多、承办部门分散的特点,该市纪委监委将国家级以上赛事纳入一线监督范围,统筹形成全市年度各类赛事汇总表;赛前制定日常监督清单,梳理监督重点、明确任务清单,结合前期监督发现的问题形成专项监督方案,靶向监督提升质效;充分运用参与会议、一线调研座谈、现场查看纠偏等方式,聚焦关键环节靶向发力,开展专项监督,保障赛事廉洁高效举办。[②]

---

[①] 参见焦俊成、宋全浩:《把专项监督的保障作用充分发挥出来》,载《中国纪检监察》2021年第17期。
[②] 参见刘强、唐丙人:《专项监督保障赛事廉洁高效》,载《中国纪检监察报》2025年5月16日,第2版。

### 关联法条

《中国共产党纪律检查委员会工作条例》第34条第2款;《中国共产党纪律检查机关监督执纪工作规则》第19条;《纪检监察机关派驻机构工作规则》第14、16条。

> **第二十一条** 监察机关应当加强基层监督工作,促进基层监督资源和力量整合,有效衔接村(居)务监督等各类基层监督,畅通群众监督渠道,及时发现、处理侵害群众利益的不正之风和腐败问题。

### 条文主旨

本条是关于基层监督的规定。

### 条文解读

本条是《监察法实施条例》2025年修订时新增的。习近平总书记指出,"全面从严治党还没有传导到一些地方的基层,海面上九级风浪,海底下却纹丝不动"[1]。正所谓基础不牢、地动山摇,监督工作如果没有做好,党和国家监督体系的效能将难以充分发挥。在《监察法实施条例》修改之前,《中国共产党纪律检查委员会工作条例》第34条第3款有类似规定:"加强基层监督,促进基层监督资源和力量整合,发挥纪检监察、巡察等作用,有效衔接村(居)务监督,建立监督信息网络平台,扩大群众参与,及时发现、处理群众身边的腐败问题和不正之风。"

1. 监察机关应当加强基层监督工作

党的二十届三中全会通过的《中共中央关于进一步全面深化改革 推进中国式现代化的决定》中明确提出,"深化基层监督体制机制改革"。基层监督是党和国家监督体系的重要组成部分,加强基层监督是推动全面从严治党向基层延伸、提升基层治理效能的有力举措。加强基层监督工作,必须着力解决现存的难点问题,比如基层监督力量不足等。对此,二十届中央纪委四次全会明确提出,"以基层监督为支撑,持续优化基层纪检监察机构设置和力量配备,健全空编人员动态补充机制,提升基层纪

---

[1] 中共中央党史和文献研究院编:《习近平关于全面从严治党论述摘编(2021年版)》,中央文献出版社2021年版,第38页。

检监察监督质效"①。

2. 促进基层监督资源和力量整合

基层的监督资源偏少、力量较弱,且这些资源和力量比较分散,这无疑有碍于监督合力的形成。例如,根据《村民委员会组织法》第32条的规定,村应当建立村务监督委员会或者其他形式的村务监督机构。根据《中国共产党农村基层组织工作条例》第9条第5项的规定,乡镇党委按照干部管理权限,负责对干部的监督工作;同时根据该条例第10条第4项的规定,村党组织对党员负有监督职责。根据《中国共产党巡视工作条例》第48条第2款的规定,村(社区)党组织是县级党委的巡察对象。有鉴于此,本条规定"促进基层监督资源和力量整合",目的是实现监察监督与村(居)务监督等各类基层监督的有效衔接。此种衔接在其他党内法规中有更具体的要求,比如《农村基层干部廉洁履行职责规定》第20条第4款规定:"乡镇纪检监察机构应当加强对村务监督机构的联系指导,注重听取村务监督机构反映的情况和意见,及时处置村务监督机构移送的农村基层干部廉洁履行职责问题线索。"

3. 及时发现、处理侵害群众利益的不正之风和腐败问题

监察机关加强基层监督工作,是为了及时发现、处理侵害群众利益的不正之风和腐败问题。相对于"远在天边"的"老虎",群众对"近在眼前"嗡嗡乱飞的"蝇贪"感受更为真切。对此,习近平总书记指出,"'微腐败'也可能成为'大祸害',它损害的是老百姓切身利益,啃食的是群众获得感,挥霍的是基层群众对党的信任"②。

**实践样本**

校园食品安全直接关系学生健康,一些不法人员从孩子口中"夺食",群众有切肤之痛。国家监委下大气力推动解决,督促有关部门首次摸清全国中小学食堂及供餐情况等底数,指导各级监察机关依法查处贪占学生餐费、插手招标采购、收受回扣等问题3.8万件,处分2.3万人。派员查处湖南省隆回县两任县委书记收受贿赂,放任不良商家将劣质米掺进学生营养餐等案件。针对审计发现问题督办12起典型案件,指导各地立案查处414人,督促66个县整改挤占挪用营养餐资金等问题。会同教育部、市场监督管理总局、财政部等单位,制定"校园餐"管理监督指导意见,推动完

---

① 李希:《深入推进党风廉政建设和反腐败斗争　以全面从严治党新成效为推进中国式现代化提供坚强保障——在中国共产党第二十届中央纪律检查委员会第四次全体会议上的工作报告》,载《中国纪检监察》2025年第5期。

② 习近平:《在第十八届中央纪律检查委员会第六次全体会议上的讲话》,人民出版社2016年版,第14页。

善膳食经费管理等制度。经过整治,各地学校食堂保障条件和管理水平明显提升,"校园餐"质量普遍提高。①

**关联法条**

《公职人员政务处分法》第 22 条;《中国共产党党内监督条例》第 35 条;《中国共产党农村基层组织工作条例》第 9、10、19、20、24、32 条;《中国共产党农村工作条例》第 19 条;《中国共产党纪律检查委员会工作条例》第 34 条第 3 款;《中国共产党巡视工作条例》第 48 条第 2 款;《农村基层干部廉洁履行职责规定》第 14—23 条。

---

第二十二条 监察机关应当以办案促进整改、以监督促进治理,在查清问题、依法处置的同时,剖析问题发生的原因,发现制度建设、权力配置、监督机制等方面存在的问题,向有关机关、单位提出改进工作的意见或者监察建议,促进完善制度,提高治理效能。

对同一行业、系统、区域相关职务违法或者职务犯罪案件,监察机关应当加强类案分析,深入挖掘存在的共性问题,提出综合性改进工作的意见或者监察建议。

---

**条文主旨**

本条是关于以案促改、以案促治的规定。

**条文解读**

监察机关绝不只是一个单纯的"办案机关",其还担负着"一体推进不敢腐、不能腐、不想腐"的重要职责。例如,以零容忍的态度惩治腐败,就是为了强化"不敢腐";推进廉政教育和法纪教育,目的是促进"不想腐"。至于"不能腐",则需要开展以案促改,扎牢制度的笼子,完善监督措施。② 为此,十九届中央纪委三次全会明确指出:"坚持一案一总结,推动各地区各部门加大改革力度,促进权力公开透明运行,补齐制

---

① 参见刘金国:《国家监察委员会关于整治群众身边不正之风和腐败问题工作情况的报告——2024 年 12 月 22 日在第十四届全国人民代表大会常务委员会第十三次会议上》,载《中华人民共和国全国人民代表大会常务委员会公报》2025 年第 1 号。

② 参见苗庆旺:《构建一体推进不敢腐、不能腐、不想腐体制机制》,载本书编写组编著:《〈中共中央关于坚持和完善中国特色社会主义制度、推进国家治理体系和治理能力现代化若干重大问题的决定〉辅导读本》,人民出版社 2019 年版,第 376 页。

度短板,夯实法治基础。深化以案为鉴、以案促改,从正反两方面典型中汲取经验教训,筑牢思想防线,堵塞监管漏洞。"[1]

根据本条的规定,监察机关不仅需要查清问题、依法处置,还应当以办案促进整改、以监督促进治理。具体表现为,剖析问题发生的原因,发现制度建设、权力配置、监督机制等方面存在的问题,向有关机关、单位提出改进工作的意见或者监察建议,促进完善制度,提高治理效能。比如根据《纪检监察机关处理检举控告工作规则》第34条的规定,对检举控告较多的地区、部门、单位,纪检监察机关经了解核实后,发现有关党组织或者单位党风廉政建设和履行职责存在问题的,应当向其提出纪律检查建议或者监察建议,并督促整改落实。

以案促改、以案促治,客观上要求从"办一案"到"治一片"。监察机关在查办案件的同时,应注重分析案件,特别是进行类案分析,以便发现共通的问题、一般的规律。正因如此,二十届中央纪委四次全会提出,"加强类案分析,找出共性问题、深层次问题"[2]。在此背景下,2025年修订后的《监察法实施条例》对类案分析制度作出明确规定。当同一行业、系统、区域内职务违法或者职务犯罪案件频发时,监察机关应加强类案分析,以此深入挖掘存在的共性问题,继而提出综合性改进工作的意见或者监察建议。

**实践样本**

江西省纪委监委曾对2020年以后全省纪检监察机关查处的400余个典型案例进行剖析,选取工程建设、国有企业、招商引资、金融、开发区、医疗卫生、自然资源、生态环境、选人用人、政法以及基础教育、基层项目建设、民政、乡镇财政资金管理使用、农村集体"三资"管理、安全生产等16个行业系统,全面梳理其中存在的突出问题,汇编形成《江西省纪检监察机关查办案件暴露出的行业系统问题》,指引相关单位和部门以案为鉴、警钟长鸣,认真查摆、举一反三,同时深化以案促改促治工作,一体推进不敢腐、不能腐、不想腐。[3]

---

[1] 赵乐际:《忠实履行党章和宪法赋予的职责 努力实现新时代纪检监察工作高质量发展——在中国共产党第十九届中央纪律检查委员会第三次全体会议上的工作报告》,载《中国纪检监察》2019年第4期。

[2] 李希:《深入推进党风廉政建设和反腐败斗争 以全面从严治党新成效为推进中国式现代化提供坚强保障——在中国共产党第二十届中央纪律检查委员会第四次全体会议上的工作报告》,载《中国纪检监察》2025年第5期。

[3] 参见吴晶、薛鹏:《类案分析,怎么查、如何治?》,载《中国纪检监察报》2025年3月18日,第1版。

### 关联法条

《监察法》第 52 条第 1 款第 5 项;《中国共产党纪律检查委员会工作条例》第 41 条;《中国共产党纪律检查机关监督执纪工作规则》第 19 条;《纪检监察机关派驻机构工作规则》第 14 条第 3 项;《纪检监察机关处理检举控告工作规则》第 31、34 条。

**第二十三条** 监察机关应当依法运用大数据、人工智能等信息化手段,整合各类监督信息资源,强化数据综合分析研判,促进及时预警风险、精准发现问题。

### 条文主旨

本条是关于信息化赋能监察的规定。

### 条文解读

近年来,纪检监察机关高度重视信息化建设,在工作中注重运用各类先进科学技术。二十届中央纪委二次全会指出,"制定信息化建设五年规划,构建贯通全流程、全要素的数字纪检监察体系"[①]。二十届中央纪委三次全会要求,"加快构建数字纪检监察体系,深入推进大数据、信息化建设"[②]。二十届中央纪委四次全会对"以大数据信息化赋能正风反腐"[③]作出具体部署。在此背景下,本条明确规定,"监察机关应当依法运用大数据、人工智能等信息化手段"。信息化手段的运用,可以实现各类监督信息资源整合,帮助监察机关分析研判数据,有助于及时预警风险、精准发现问题。需要注意的是,监察机关运用信息化手段,必须依法进行。比如纪检监察机关在运用大数据办案时,必须严格遵守《数据安全法》《民法典》等法律法规,确保数据的合法搜集和使用。

---

① 李希:《深入学习贯彻党的二十大精神 在新征程上坚定不移推进全面从严治党——在中国共产党第二十届中央纪律检查委员会第二次全体会议上的工作报告》,载《中国纪检监察》2023 年第 5 期。

② 李希:《深入学习贯彻习近平总书记关于党的自我革命的重要思想 纵深推进新征程纪检监察工作高质量发展——在中国共产党第二十届中央纪律检查委员会第三次全体会议上的工作报告》,载《中国纪检监察》2024 年第 5 期。

③ 李希:《深入推进党风廉政建设和反腐败斗争 以全面从严治党新成效为推进中国式现代化提供坚强保障——在中国共产党第二十届中央纪律检查委员会第四次全体会议上的工作报告》,载《中国纪检监察》2025 年第 5 期。

### 典型案例

当前,反腐败斗争已进入深水区,一些违纪违法分子更加狡猾,腐败隐形变异、手段翻新升级,对腐败治理提出了更高要求。实践证明,充分运用大数据手段,从数据碰撞中找线索,在信息分析中查根源,能够有效提高发现隐蔽问题线索的精准度,让腐败问题无所遁形。电视专题片《反腐为了人民》披露,在查办江西省政协原党组书记、主席唐一军案件时,专案组正是运用大数据手段进行关联搜索,进而发现了更多可能与其妻宣敏洁有关的"影子公司"、代持嫌疑人、行贿嫌疑人,一步步揭开伪装背后的真相。①

### 关联法条

《数据安全法》第8、27—36条;《个人信息保护法》第5—10、33—37条。

---

**第二十四条** 监察机关开展监察监督,应当与纪律监督、派驻监督、巡视监督统筹衔接,与人大监督、民主监督、行政监督、司法监督、审计监督、财会监督、统计监督、群众监督和舆论监督等贯通协调,健全信息、资源、成果共享等机制,形成监督合力。

---

### 条文主旨

本条是关于形成监督合力的规定。

### 条文解读

监察机关不应是单打独斗的,在反腐败斗争中,需要其他机关的协同与配合。对此,《监察法》第4条明确规定,监察机关办理职务违法和职务犯罪案件,应当与审判机关、检察机关、执法部门互相配合,互相制约。同时,习近平总书记在党的十九大报告中指出:"构建党统一指挥、全面覆盖、权威高效的监督体系,把党内监督同国家机关监督、民主监督、司法监督、群众监督、舆论监督贯通起来,增强监督合力。"②监察

---

① 参见李鹃:《以大数据信息化赋能正风反腐》,载中央纪委国家监委网站,https://www.ccdi.gov.cn/pln/202502/t20250211_404526_m.html。

② 习近平:《决胜全面建成小康社会 夺取新时代中国特色社会主义伟大胜利——在中国共产党第十九次全国代表大会上的报告》,人民出版社2017年版,第68页。

机关开展的监察监督,属于党和国家监督体系的重要组成部分,除此之外,还存在其他多元监督形式,比如纪律检查、派驻监督、巡视监督、人大监督、民主监督、行政监督、司法监督、审计监督、财会监督、统计监督、群众监督和舆论监督等。监督过于分散,显然不利于使监督的作用得到最大程度的发挥,正是缘于此,开展了国家监察体制改革。但是,并不能将所有的监督形式合而为一。此时,为了形成监督合力,就需要实现不同监督形式之间的统筹衔接与贯通协调,特别是需要健全信息、资源、成果共享等机制。

**实践样本**

安徽省纪委监委将审计移交问题线索作为监督重点和重要案源,联合省审计厅印发《安徽省审计厅向纪检监察机关移交问题线索工作办法》,建立审计移交问题线索专门台账,及时办理审计移交问题线索,组织工作专班深入细致核查。例如,针对审计移交某集团有关问题线索,省纪委监委组织力量深入核查,严肃查处该集团原董事长、副总经理等人严重违纪违法犯罪问题。又如,省纪委监委、省审计厅每年联合开展审计移交问题线索大起底,逐条核实对账,加强督促办理,确保做到件件有结果。①

**关联法条**

《监察法》第 4 条;《审计法》第 2、3、37 条;《统计法》第 2 条;《政府督查工作条例》第 23 条;《中国共产党党内监督条例》第 34 条;《中国共产党纪律检查机关监督执纪工作规则》第 13 条。

## 第三节 监察调查

**第二十五条** 监察机关依法履行监察调查职责,依据监察法、《中华人民共和国公职人员政务处分法》(以下简称政务处分法)和《中华人民共和国刑法》(以下简称刑法)等规定对职务违法和职务犯罪进行调查。

**条文主旨**

本条是关于调查职责的总体规定。

---

① 参见安徽省纪委监委课题组:《深化纪检监察监督与审计监督贯通协同》,载《中国纪检监察报》2024年11月14日,第7版。

### 条文解读

现行《宪法》第 127 条第 1 款中规定,"监察委员会依照法律规定独立行使监察权"。《监察法》第 5 条中规定,"国家监察工作严格遵照宪法和法律,以事实为根据,以法律为准绳"。在一个现代法治国家,国家机关依法履职是必然要求。监察调查是监察机关的重要职责,表现为对职务违法和职务犯罪进行调查,该职责的履行也必须依照法律的规定进行。就此项职责而言,构成其履职依据的法律主要有两大类:第一类是与监察调查直接相关的法律法规,比如《监察法》《公职人员政务处分法》《监察官法》《监察法实施条例》等;第二类是与监察调查间接相关的法律法规,比如《刑法》《刑事诉讼法》等。

### 实务难点指引

在纪检监察合署办公的体制下,纪检监察机关履行纪检、监察两项职责,实行一套工作机构、两个机关名称。在实践中,纪律检查机关的纪律审查和国家监察机关的监察调查,通常是同时开展的。在此种情形下,监察机关履行监察调查职责,除了依据《监察法》《公职人员政务处分法》《刑法》等国家法律,是否还能够以纪律检查领域的党内法规为依据呢? 对于该问题,可以从监察机关和监察权的性质着手去思考。监察机关属于依据《宪法》设立的国家机关,监察权则是一项国家权力,因此严格来说,无论是监察机关的运行还是监察权的行使,都应当以国家法律为依据。为了一体履行纪检、监察两项职责,可行的做法是及时实现规则的转化,即把纪律检查机关据以行使职权的党内法规转化为相应的国家法律。其实,在《监察法实施条例》中,便有不少条文是由《中国共产党纪律检查机关监督执纪工作规则》转化而来的。

### 关联法条

《监察法》第 3、11 条;《监察官法》第 9 条;《纪检监察机关处理检举控告工作规则》第 4 条。

---

**第二十六条** 监察机关负责调查的职务违法是指公职人员实施的与其职务相关联,虽不构成犯罪但依法应当承担法律责任的下列违法行为:

(一)利用职权实施的违法行为;

(二)利用职务上的影响实施的违法行为;

(三)履行职责不力、失职失责的违法行为;
(四)其他违反与公职人员职务相关的特定义务的违法行为。

### 条文主旨

本条是关于职务违法内涵和外延的规定。

### 条文解读

根据《宪法》和《监察法》的规定,监察机关负责办理职务违法案件,调查公职人员的职务违法行为。至于何为职务违法,《监察法》仅在第11条第2项列举了若干种表现样态,且这些样态既包括职务违法也包括职务犯罪,即"涉嫌贪污贿赂、滥用职权、玩忽职守、权力寻租、利益输送、徇私舞弊以及浪费国家资财等职务违法和职务犯罪"。本条则是以"概括定义+具体列举"的方式,对何为职务违法的问题予以明确。一方面,本条把职务违法定义为"公职人员实施的与其职务相关联,虽不构成犯罪但依法应当承担法律责任"的行为。该定义明确了职务违法的三大要件:一是职务违法应当与公职人员的职务相关联,那些与职务无涉的行为不属于职务违法行为;二是职务违法行为尚未构成犯罪,如果构成犯罪则依照职务犯罪调查程序进行调查;三是应当承担法律责任,即不存在免除责任的法定情形。另一方面,本条具体列举了职务违法的四种类型,分别是利用职权实施的违法行为,利用职务上的影响实施的违法行为,履行职责不力、失职失责的违法行为,以及其他违反与公职人员职务相关的特定义务的违法行为。

### 实务难点指引

本条第4项是一个典型的兜底条款,规定"其他违反与公职人员职务相关的特定义务的违法行为"也属于职务违法。那么,究竟什么是"与公职人员职务相关的特定义务"呢?这其实需要回到法律的规定中去寻找答案。《公务员法》《法官法》《检察官法》《监察官法》等法律都明确列举了公务员、法官、检察官和监察官应当履行的义务。但应当注意的是,根据本条的规定,并非违反义务均属于职务违法,只有违反与职务相关的特定义务才构成职务违法。例如,根据《公务员法》第14条第6项的规定,"带头践行社会主义核心价值观,坚守法治,遵守纪律,恪守职业道德,模范遵守社会公德、家庭美德"是公务员应当履行的一项义务,不过在很大程度上,此项义务并不与公务员的职务相关。所以,如果公务员不践行社会主义核心价值观、不遵守社会公德和家庭美德，则不宜认定其行为构成职务违法行为。

值得注意的是，《中国共产党纪律处分条例》中也有多处关于"利用职权或者职务上的影响"的规定。对此，中央纪委国家监委执纪执法指导性案例（2021年指导性案例第2号，总第2号）认为，"利用职权或者职务上的影响"，既包括利用本人职务上主管、负责、承办某项公共事务的职权，也包括利用职务上有隶属、制约关系的其他人员的职权，以及行为人与被其利用的人员之间在职务上虽然没有隶属、制约关系，但是行为人利用了本人职权或者地位产生的影响和一定的工作联系。判断是否属于"利用职权或者职务上的影响"，一般来说，应审查核实党员干部是否使用本单位或者下属单位、管理服务对象、业务联系单位的财物、场地、交通工具等物资，是否邀请本单位或者下属单位、管理服务对象、业务联系单位的人员参加，等等。[①]

## 关联法条

《监察法》第11条第2项。

---

**第二十七条** 监察机关发现公职人员存在其他违法行为，具有下列情形之一的，可以依法进行调查、处置：

（一）超过行政违法追究时效，或者超过犯罪追诉时效、未追究刑事责任，但需要依法给予政务处分的；

（二）被追究行政法律责任，需要依法给予政务处分的；

（三）监察机关调查职务违法或者职务犯罪时，对被调查人实施的事实简单、清楚，需要依法给予政务处分的其他违法行为一并查核的。

监察机关发现公职人员成为监察对象前有前款规定的违法行为的，依照前款规定办理。

---

## 条文主旨

本条是关于调查、处置其他违法行为的规定。

---

[①] 参见《中央纪委国家监委发布第一批执纪执法指导性案例》，载《中国纪检监察报》2021年8月4日，第7版。

### 条文解读

根据《监察法》和《公职人员政务处分法》的规定，监察机关有权对违法的公职人员依法作出政务处分决定。值得注意的是，政务处分事由并不限于职务违法行为，而是包括公职人员实施的所有违法行为。例如《公职人员政务处分法》第3条第1款规定，监察机关应当按照管理权限，加强对公职人员的监督，依法给予违法的公职人员政务处分。正是缘于此，本条规定监察机关发现公职人员存在职务违法以外的其他违法行为，可依法进行调查和处置，且处置的方式主要是给予政务处分。

1. 监察机关可以调查、处置公职人员的三种其他违法行为

第一，超过行政违法追究时效，或者超过犯罪追诉时效、未追究刑事责任，但需要依法给予政务处分的。违法犯罪行为的追究，都受到一定的时间限制。比如根据《行政处罚法》第36条第1款的规定，除涉及公民生命健康安全、金融安全且有危害后果，其他违法行为在2年内未被发现的，不再给予行政处罚。据此，如果公职人员实施了这些行政违法行为，且2年内未被发现，虽然可以免除行政处罚，但监察机关依然可以对其作出政务处分决定。

第二，被追究行政法律责任，需要依法给予政务处分的。对此，《公职人员政务处分法》第49条第2款明确规定："公职人员依法受到行政处罚，应当给予政务处分的，监察机关可以根据行政处罚决定认定的事实和情节，经立案调查核实后，依照本法给予政务处分。"

第三，监察机关调查职务违法或者职务犯罪时，对被调查人实施的事实简单、清楚，需要依法给予政务处分的其他违法行为一并查核的。监察机关主要调查公职人员的职务违法和职务犯罪行为，但如果在调查职务违法或职务犯罪时发现被调查人实施了事实简单、清楚且需要给予政务处分的其他违法行为，也可以一并核查。

2. 公职人员成为监察对象前有其他违法行为的处理

根据本条第2款的规定，监察机关发现公职人员成为监察对象前有前款规定的违法行为的，依照前款规定办理。这是考虑到公职人员并非一般的社会公众，虽然其违法行为发生在成为监察对象之前，但此类违法行为仍会影响到人们对该公职人员的评价，进而影响到公权力的公信力。[1] 为此，公职人员在成为监察对象前有其他违法行为的，监察机关一旦发现，即可根据本条的规定进行调查处理。

---

[1] 参见中共中央纪律检查委员会中华人民共和国国家监察委员会法规室编写：《〈中华人民共和国监察法实施条例〉释义》，中国方正出版社2022年版，第43页。

**关联法条**

《公职人员政务处分法》第 49 条;《刑法》第 87 条;《行政处罚法》第 36 条;《中国共产党纪律处分条例》第 28、29、31、33 条。

---

**第二十八条** 监察机关依法对监察法第十一条第二项规定的职务犯罪进行调查。

---

**条文主旨**

本条是关于职务犯罪调查职责的规定。

**条文解读**

职务犯罪是公职人员实施的与自身职权相关的犯罪行为的总称,其本质上是一种权力异化现象,是权力腐败的集中表现。对职务犯罪的调查职责,是监察机关职责的重要组成部分,也是保障廉政建设和反腐败工作顺利推进的一项重要措施。通过对职务犯罪的调查,可以为后续依法严惩滥用权力、亵渎权力的腐败行为奠定基础,经过刑事制裁而形成不敢腐的威慑,以预防和减少腐败行为的发生,保持公权力行使的廉洁性和权威性。

监察机关对职务犯罪的调查职责,其直接法律依据是《监察法》第 11 条第 2 项的规定,即"对涉嫌贪污贿赂、滥用职权、玩忽职守、权力寻租、利益输送、徇私舞弊以及浪费国家资财等职务违法和职务犯罪进行调查"。该规定主要列举了七类职务犯罪行为,这些只是党的十八大以来通过执纪审查、巡视等发现的比较突出的行为,并不意味着其他职务犯罪行为不在监察调查的范围之内,故以"等"字表示尚未穷尽相关行为。实际上,监察机关对所有行使公权力的公职人员的职务犯罪行为都可以进行调查,但是基于工作的便利性和实效性,也可以考虑部分职务犯罪的调查由有关机关负责。

《监察法》第 11 条第 2 项列举的七类行为,并非均属于严格意义上的职务犯罪行为类型,更未直接对应《刑法》中的具体罪名。如"权力寻租""利益输送",主要是指公职人员利用职权和职务影响,违反国家法律法规,为他人谋取或维护私利,或者不正当接受公共财产等利益的行为。根据具体案情,这些行为可以分别划归到贪污贿赂、滥用职权、徇私舞弊等犯罪行为中。因此,基于便于与《刑法》中相关罪名对应的考量,可以将这七类以及其他尚未列举的职务犯罪行为,重新划分为六种犯罪类型:(1)贪污贿赂犯罪,主要指贪污、挪用、私分公共财物以及受贿、行贿等侵犯职务行为廉洁性、不可收买性的行为。(2)滥用职权犯罪,主要是指公职人员超越职权,违法决定、处理其无权决定、处理的事项,或者违反规定处理公务,致使公共财产、国家和人民利益遭受损失的行为。(3)玩忽职守犯罪,主要是指公职人员严重不负责任,不履行或者不正确履行职责,致使公共财产、国家和人民利益遭受损失的行为。(4)徇私舞弊犯罪,主要是指为了私利而不公正地履行职责,或者弄虚作假、玩弄职权的行为。(5)行使公权力过程中涉及的重大责任事故犯罪,主要是指在不当行使公权力过程中,违反安全管理的规定,因而发生重大伤亡事故或者造成其他严重后果的行为。(6)行使公权力过程中涉及的其他犯罪,这是一种兜底性归类,是除了以上五种常见的犯罪类型之外,因不正确行使公权力而可能涉及的其他为《刑法》所规定的犯罪行为。

**实务难点指引**

职务犯罪的范围很广泛,又涉及与违纪、违法行为的区分,那么如何认定是否成立职务犯罪以及成立何种罪名?关于罪与非罪的区分:一方面,要严格按照《刑法》规定的构成要件来认定。如果某一滥用权力的行为具有严重的社会危害性,但并不符合当前任何罪名的构成要件,那么根据罪刑法定原则就不能成立犯罪,至多按照违法或违纪行为予以处理。另一方面,犯罪需要达到严重的社会危害程度,情节显著轻微危害不大的,不是犯罪。对于职务犯罪,往往要求达到数额较大或者情节严重的程度,故而滥用权力的行为所造成的危害后果尚未达到入罪要求的,也不能作为犯罪予以制裁。至于此罪与彼罪的区分,同样是较为复杂的问题,对此同样只能以犯罪构成要件为判断依据,在某些特殊情况下合理运用法条竞合、想象竞合等处理规则,进行恰如其分的定性。

**关联法条**

《监察法》第3、11条;《监察官法》第9条第1款第3项。

---

**第二十九条** 监察机关依法调查涉嫌贪污贿赂犯罪,包括贪污罪,挪用公款罪,受贿罪,单位受贿罪,利用影响力受贿罪,行贿罪,对有影响力的人行贿罪,对单位行贿罪,介绍贿赂罪,单位行贿罪,巨额财产来源不明罪,隐瞒境外存

款罪,私分国有资产罪,私分罚没财物罪,以及公职人员在行使公权力过程中实施的职务侵占罪,挪用资金罪,对外国公职人员、国际公共组织官员行贿罪,非国家工作人员受贿罪和相关联的对非国家工作人员行贿罪。

### 条文主旨

本条是关于调查涉嫌贪污贿赂犯罪具体范围的规定。

### 条文解读

监察机关调查范围内的贪污贿赂犯罪,是指公职人员或国有单位实施贪污、挪用公款(资金)、私分公共财物,或者拥有不能说明来源的巨额财产、隐瞒境外存款,以及受贿、行贿、介绍贿赂等侵犯职务行为廉洁性、不可收买性的行为。具体到罪名,涉及《刑法》分则第8章"贪污贿赂罪"的14个罪名以及第3章"破坏社会主义市场经济秩序罪"、第5章"侵犯财产罪"中的5个罪名,这些罪名又可以分为广义的贪污型犯罪和广义的贿赂型犯罪。

广义的贪污型犯罪往往侵犯了职务行为的廉洁性,并且多数罪名还侵犯了公共财产的所有权。这类罪名典型的有6个:(1)贪污罪,是指国家工作人员利用职务上的便利,侵吞、窃取、骗取或者以其他手段非法占有公共财物,数额较大或者情节较重的行为。受国家机关、国有公司、企业、事业单位、人民团体委托管理、经营国有财产的人员,利用职务上的便利,侵吞、窃取、骗取或者以其他手段非法占有国有财物的,以贪污论。此外,国家工作人员在国内公务活动或者对外交往中接受礼物,依照国家规定应当交公而不交公,数额较大的,同样成立贪污罪。(2)挪用公款罪,是指国家工作人员利用职务上的便利,挪用公款归个人使用,进行非法活动的,或者挪用公款数额较大、进行营利活动的,或者挪用公款数额较大、超过3个月未还的行为。挪用用于救灾、抢险、防汛、优抚、扶贫、移民、救济款物归个人使用的,从重处罚。(3)私分国有资产罪,是指国家机关、国有公司、企业、事业单位、人民团体,违反国家规定,以单位名义将国有资产集体私分给个人,数额较大的行为。(4)私分罚没财物罪,是指司法机关、行政执法机关违反国家规定,将应当上缴国家的罚没财物,以单位名义集体私分给个人,数额较大的行为。(5)巨额财产来源不明罪,是指国家工作人员的财产、支出明显超过合法收入,差额巨大,而本人又不能说明来源合法的行为。(6)隐瞒境外存款罪,是指国家工作人员违反国家规定,故意隐瞒不报在境外的存款,数额较大的行为。

在这6个典型罪名之外,还涉及职务侵占罪、挪用资金罪两个罪名。前者是指公司、企业或者其他单位的工作人员,利用职务上的便利,将本单位财物非法占为己有,数额较大的行为;后者是指公司、企业或者其他单位的工作人员,利用职务上的便利,挪用本单位资金归个人使用或者借贷给他人,数额较大、超过3个月未还的,或者虽未超过3个月,但数额较大、进行营利活动的,或者进行非法活动的行为。但是需要注意的是,根据《刑法》的规定,国有公司、企业或者其他国有单位中从事公务的人员和国有公司、企业或者其他国有单位委派到非国有公司、企业以及其他单位从事公务的人员,有前述侵占、挪用行为的,分别依照贪污罪和挪用公款罪定罪处罚。所以公职人员在行使公权力过程中实施的职务侵占、挪用资金行为,绝大多数情况下是成立贪污罪和挪用公款罪的。

广义的贿赂型犯罪侵犯了职务行为的不可收买性,即不可将公权用于权钱交易。这类罪名典型的有8个:(1)受贿罪,是指国家工作人员利用职务上的便利,索取他人财物,或者非法收受他人财物,为他人谋取利益,数额较大或者情节较重的行为。国家工作人员在经济往来中,违反国家规定,收受各种名义的回扣、手续费,归个人所有的,以受贿论处。此外,国家工作人员利用本人职权或者地位形成的便利条件,通过其他国家工作人员职务上的行为,为请托人谋取不正当利益,索取请托人财物或者收受请托人财物的,同样成立受贿罪,这被称为斡旋受贿。(2)单位受贿罪,是指国家机关、国有公司、企业、事业单位、人民团体,索取、非法收受他人财物,为他人谋取利益,情节严重的行为。以上单位,在经济往来中,在账外暗中收受各种名义的回扣、手续费的,以受贿论。(3)利用影响力受贿罪,是指国家工作人员的近亲属或者其他与该国家工作人员关系密切的人,通过该国家工作人员职务上的行为,或者利用该国家工作人员职权或者地位形成的便利条件,以及离职的国家工作人员或者其近亲属以及其他与其关系密切的人,利用该离职的国家工作人员原职权或者地位形成的便利条件,通过其他国家工作人员职务上的行为,为请托人谋取不正当利益,索取请托人财物或者收受请托人财物,数额较大或者有其他较重情节的行为。(4)行贿罪,是指为谋取不正当利益,给予国家工作人员财物的行为。在经济往来中,违反国家规定,给予国家工作人员财物,数额较大的,或者违反国家规定,给予国家工作人员各种名义的回扣、手续费的,以行贿论处。(5)单位行贿罪,是指单位为谋取不正当利益而行贿,或者违反国家规定,给予国家工作人员回扣、手续费,情节严重的行为。(6)对单位行贿罪,是指个人或单位为谋取不正当利益,给予国家机关、国有公司、企业、事业单位、人民团体财物的,或者在经济往来中,违反国家规定,给予各种名义的回扣、手续费的行为。(7)对有影响力的人行贿罪,是指个人或单位为谋取不正当利益,向国家工作人员的近亲属或者其他与该国家工作人员关系密切的人,或者向离职的国家工作人员或者其近亲属以及其他与其关系密切的人行贿的行为。(8)介绍贿赂罪,是指向国家工作人员介绍贿赂,情节严重的行为。

除了以上8个典型罪名之外,广义的贿赂型犯罪还包括非国家工作人员受贿罪,对非国家工作人员行贿罪,以及对外国公职人员、国际公共组织官员行贿罪3个罪名。(1)非国家工作人员受贿罪,是指公司、企业或者其他单位的工作人员,利用职务上的便利,索取他人财物或者非法收受他人财物,为他人谋取利益,数额较大的行为。公司、企业或者其他单位的工作人员在经济往来中,利用职务上的便利,违反国家规定,收受各种名义的回扣、手续费,归个人所有的,也成立非国家工作人员受贿罪。需要注意的是,国有公司、企业或者其他国有单位中从事公务的人员和国有公司、企业或者其他国有单位委派到非国有公司、企业以及其他单位从事公务的人员有上述行为的,则依照受贿罪定罪处罚。(2)对非国家工作人员行贿罪,是指为谋取不正当利益,给予公司、企业或者其他单位的工作人员财物,数额较大的行为。(3)对外国公职人员、国际公共组织官员行贿罪,是指为谋取不正当商业利益,给予外国公职人员或者国际公共组织官员财物的行为。单位有前两种行贿行为的,分别成立对非国家工作人员行贿罪及对外国公职人员、国际公共组织官员行贿罪,《刑法》未对其设置单独罪名。

**实务难点指引**

在调查受贿罪时,"为他人谋取利益"是否要求已经谋取到利益?对此,并不要求为他人谋取的利益已经实现,其最低要求是许诺为他人谋取利益。根据最高人民法院《全国法院审理经济犯罪案件工作座谈会纪要》的规定,为他人谋取利益包括承诺、实施和实现三个阶段的行为。只要具有其中一个阶段的行为,如国家工作人员收受他人财物时,根据他人提出的具体请托事项,承诺为他人谋取利益的,就具备了为他人谋取利益的要件。明知他人有具体请托事项而收受其财物的,视为承诺为他人谋取利益。此外,根据《最高人民法院、最高人民检察院关于办理贪污贿赂刑事案件适用法律若干问题的解释》第13条的规定,具有下列情形之一的,应当认定为"为他人谋取利益":(1)实际或者承诺为他人谋取利益的;(2)明知他人有具体请托事项的;(3)履职时未被请托,但事后基于该履职事由收受他人财物的。国家工作人员索取、收受具有上下级关系的下属或者具有行政管理关系的被管理人员的财物价值3万元以上,可能影响职权行使的,视为承诺为他人谋取利益。因此,"为他人谋取利益"并不要求为他人谋取的利益已经实现,为他人许诺但尚未进行,或者已经着手但尚未实现,或者已经实现为他人谋取利益的,均符合"为他人谋取利益"的要求。

**关联法条**

《刑法》第 164、183—185、271、272、382—396 条。

---

第三十条　监察机关依法调查公职人员涉嫌滥用职权犯罪,包括滥用职权罪,国有公司、企业、事业单位人员滥用职权罪,滥用管理公司、证券职权罪,食品、药品监管渎职罪,故意泄露国家秘密罪,报复陷害罪,阻碍解救被拐卖、绑架妇女、儿童罪,帮助犯罪分子逃避处罚罪,违法发放林木采伐许可证罪,办理偷越国(边)境人员出入境证件罪,放行偷越国(边)境人员罪,挪用特定款物罪,非法剥夺公民宗教信仰自由罪,侵犯少数民族风俗习惯罪,打击报复会计、统计人员罪,以及司法工作人员以外的公职人员利用职权实施的非法拘禁罪、虐待被监管人罪、非法搜查罪。

---

**条文主旨**

本条是关于调查涉嫌滥用职权犯罪具体范围的规定。

**条文解读**

监察机关调查范围内的滥用职权犯罪,是指公职人员实施的超越职权,违法或违规决定、处理相关事项,并造成严重危害后果的行为。具体到罪名,涉及《刑法》分则第 9 章"渎职罪"的 9 个罪名、第 4 章"侵犯公民人身权利、民主权利罪"的 7 个罪名以及第 3 章"破坏社会主义市场经济秩序罪"、第 5 章"侵犯财产罪"的各 1 个罪名。

《刑法》分则第 9 章"渎职罪"所包含的滥用职权犯罪,妨害了国家机关公务的合法、有效执行,损害了公民对国家机关公务客观、公正、有效执行的信赖。这 9 个罪名分别是:(1)滥用职权罪,是指国家机关工作人员不法行使职务上的权限,致使公共财产、国家和人民利益遭受重大损失的行为。(2)滥用管理公司、证券职权罪,是指国家有关主管部门的国家机关工作人员,徇私舞弊,滥用职权,对不符合法律规定条件的公司设立、登记申请或者股票、债券发行、上市申请,予以批准或者登记,致使公共财产、国家和人民利益遭受重大损失的行为。上级部门强令登记机关及其工作人员实施前述行为的,对其直接负责的主管人员,也依照滥用管理公司、证券职权罪定罪处罚。(3)食品、药品监管渎职罪,是指负有食品药品安全监督管理职责的国家机关工作人员，滥用职权或者玩忽职守，造成严重后果或者有其他严重情节的行为。（4）故意泄露国家秘密罪，是指国家机关工作人员违反《保守国家秘密法》的规定，故意泄露国家秘密，情节严重的行为。（5）阻碍解救被拐卖、绑架妇女、儿童罪，是指对被拐卖、绑架的妇女、儿童负有解救职责的国家机关工作人员，接到被拐卖、绑架的妇女、儿童及其家属的解救要求或者接到其他人的举报，而利用职务阻碍解救被拐卖、绑架的妇女、儿童的行为。（6）帮助犯罪分子逃避处罚罪，是指有查禁犯罪活动职责的国家机关工作人员，向犯罪分子通风报信、提供便利，帮助犯罪分子逃避处罚的行为。（7）违法发放林木采伐许可证罪，是指林业主管部门的工作人员违反《森林法》的规定，超过批准的年采伐限额发放林木采伐许可证或者违反规定滥发林木采伐许可证，情节严重，致使森林遭受严重破坏的行为。（8）办理偷越国（边）境人员出入境证件罪，是指负责办理护照、签证以及其他出入境证件的国家机关工作人员，对明知是企图偷越国（边）境的人员，予以办理出入境证件的行为。（9）放行偷越国（边）境人员罪，是指边防、海关等国家机关工作人员，对明知是偷越国（边）境的人员，予以放行的行为。

《刑法》分则第4章"侵犯公民人身权利、民主权利罪"所包含的滥用职权犯罪，除了侵害了国家机关公务的合法、有效执行以及国民对此的信赖，更损害了公民的人身权利或者民主权利。这7个罪名分别是：（1）报复陷害罪，是指国家机关工作人员滥用职权、假公济私，对控告人、申诉人、批评人、举报人实行报复陷害的行为。（2）打击报复会计、统计人员罪，是指公司、企业、事业单位、机关、团体的领导人，对依法履行职责、抵制违反会计法、统计法行为的会计、统计人员实行打击报复，情节恶劣的行为。这里应仅包括公职人员实施的打击报复行为。（3）非法剥夺公民宗教信仰自由罪，是指国家机关工作人员非法剥夺公民的宗教信仰自由，情节严重的行为。（4）侵犯少数民族风俗习惯罪，是指国家机关工作人员侵犯少数民族风俗习惯，情节严重的行为。（5）非法拘禁罪，是指非法拘禁他人或者以其他方法非法剥夺他人人身自由的行为。（6）虐待被监管人罪，是指监狱、拘留所、看守所等监管机构的监管人员对被监管人进行殴打或者体罚虐待，情节严重的行为。（7）非法搜查罪，是指非法搜查他人身体、住宅的行为。需要注意的是，这里的非法拘禁罪、虐待被监管人罪、非法搜查罪，限于司法工作人员以外的公职人员利用职权实施的行为。

《刑法》分则第3章"破坏社会主义市场经济秩序罪"和第5章"侵犯财产罪"各包含的1个罪名，分别损害了对公司、企业的管理秩序和公私财产权利。其中，国有公司、企业、事业单位人员滥用职权罪，是指国有公司、企业的工作人员，由于严重不负责任或者滥用职权，造成国有公司、企业破产或者严重损失，致使国家利益遭受重大损失,或者国有事业单位的工作人员有前述行为,致使国家利益遭受重大损失的行为。挪用特定款物罪,是指挪用用于救灾、抢险、防汛、优抚、扶贫、移民、救济款物,情节严重,致使国家和人民群众利益遭受重大损害的行为。通常而言,如果公职人员利用职务上的便利,将特定款物归个人使用,即公款私用,则成立挪用公款罪,且从重处罚。

### 实务难点指引

无论是滥用职权犯罪,还是后文的玩忽职守犯罪,大多需要发生重大损失后果,对此应当如何认定犯罪行为与损失结果之间的因果关系?首先,因果关系的一般判断规则应采取条件说,即如果没有公职人员的滥用职权、玩忽职守等行为,就不会发生重大损失结果,在这种情况下可以认为滥用职权、玩忽职守等行为与损失结果之间存在条件关系,进而存在因果关系。其次,通常损失结果的发生都会介入第三者的行为,所以要考虑介入行为的通常性,以及国家机关工作人员对介入行为的监管职责的内容与范围。只要国家机关工作人员有义务监管第三者的介入行为,原则上就应当将介入行为造成的结果归于国家机关工作人员的渎职行为。最后,由于滥用职权、玩忽职守等行为造成伤亡结果时,通常并不以杀人罪、故意伤害罪论处,而是以渎职犯罪论处,实际上降低了处罚力度,所以其结果归属标准也应低于一般的杀人罪、故意伤害罪的标准。

### 关联法条

《刑法》第168、238、245、248、251、254、255、273、397、398、403、407、408条之一、415—417条。

---

**第三十一条** 监察机关依法调查公职人员涉嫌玩忽职守犯罪,包括玩忽职守罪,国有公司、企业、事业单位人员失职罪,签订、履行合同失职被骗罪,国家机关工作人员签订、履行合同失职被骗罪,环境监管失职罪,传染病防治失职罪,商检失职罪,动植物检疫失职罪,不解救被拐卖、绑架妇女、儿童罪,失职造成珍贵文物损毁、流失罪,过失泄露国家秘密罪。

---

### 条文主旨

本条是关于调查涉嫌玩忽职守犯罪具体范围的规定。

**条文解读**

监察机关调查范围内的玩忽职守犯罪,主要是指公职人员严重不负责任,不履行或者不正确履行职责,致使公共财产、国家和人民利益遭受损失的行为。具体到罪名,涉及《刑法》分则第9章"渎职罪"的9个罪名,以及第3章"破坏社会主义市场经济秩序罪"中的2个罪名。

《刑法》分则第9章"渎职罪"所包含的玩忽职守犯罪,侵害的是国家机关公务的合法、有效执行以及公民对此产生的信赖。这9个罪名分别为:(1)玩忽职守罪,是指国家机关工作人员严重不负责任,不履行或不正确地履行职责,致使公共财产、国家和人民利益遭受重大损失的行为。(2)国家机关工作人员签订、履行合同失职被骗罪,是指国家机关工作人员在签订、履行合同过程中,因严重不负责任被诈骗,致使国家利益遭受重大损失的行为。(3)环境监管失职罪,是指负有环境保护监督管理职责的国家机关工作人员严重不负责任,导致发生重大环境污染事故,致使公私财产遭受重大损失或者造成人身伤亡的严重后果的行为。(4)传染病防治失职罪,是指从事传染病防治的政府卫生行政部门的工作人员严重不负责任,导致传染病传播或者流行,情节严重的行为。(5)商检失职罪,是指国家商检部门、商检机构的工作人员严重不负责任,对应当检验的物品不检验,或者延误检验出证、错误出证,致使国家利益遭受重大损失的行为。(6)动植物检疫失职罪,是指动植物检疫机关的检疫人员严重不负责任,对应当检疫的检疫物不检疫,或者延误检疫出证、错误出证,致使国家利益遭受重大损失的行为。(7)不解救被拐卖、绑架妇女、儿童罪,是指对被拐卖、绑架的妇女、儿童负有解救职责的国家机关工作人员,接到被拐卖、绑架的妇女、儿童及其家属的解救要求或者接到其他人的举报,而对被拐卖、绑架的妇女、儿童不进行解救,造成严重后果的行为。(8)失职造成珍贵文物损毁、流失罪,是指国家机关工作人员严重不负责任,造成珍贵文物损毁或者流失,后果严重的行为。(9)过失泄露国家秘密罪,是指国家机关工作人员违反《保守国家秘密法》的规定,过失泄露国家秘密,情节严重的行为。

《刑法》分则第3章"破坏社会主义市场经济秩序罪"所包含的玩忽职守犯罪,主要是损害了对公司、企业的管理秩序。这两个罪名分别是:(1)国有公司、企业、事业单位人员失职罪,是指国有公司、企业的工作人员,由于严重不负责任,造成国有公司、企业破产或者严重损失,致使国家利益遭受重大损失的行为。(2)签订、履行合同失职被骗罪,是指国有公司、企业、事业单位直接负责的主管人员,在签订、履行合同过程中,因严重不负责任被诈骗,致使国家利益遭受重大损失的行为。

### 实务难点指引

在实务中,滥用职权犯罪和玩忽职守犯罪经常被放置在一起,但二者实际上具有重要区别。一般而言,滥用职权犯罪和玩忽职守犯罪的主客观方面均存在重大区别:主观上,滥用职权犯罪是出于故意,而玩忽职守犯罪只能出于过失。客观上,滥用职权表现为超越职权,违法决定、处理其无权决定、处理的事项,或者违反规定处理公务;玩忽职守则表现为严重不负责任,不履行或不正确履行职责。经过综合考量主客观内容,可以将滥用职权犯罪和玩忽职守犯罪区分开来。

### 关联法条

《刑法》第167、168、397、398、406、408、409、412、413、416、419条。

---

**第三十二条** 监察机关依法调查公职人员涉嫌徇私舞弊犯罪,包括徇私舞弊低价折股、出售公司、企业资产罪,非法批准征收、征用、占用土地罪,非法低价出让国有土地使用权罪,非法经营同类营业罪,为亲友非法牟利罪,枉法仲裁罪,徇私舞弊发售发票、抵扣税款、出口退税罪,商检徇私舞弊罪,动植物检疫徇私舞弊罪,放纵走私罪,放纵制售伪劣商品犯罪行为罪,招收公务员、学生徇私舞弊罪,徇私舞弊不移交刑事案件罪,违法提供出口退税凭证罪,徇私舞弊不征、少征税款罪。

---

### 条文主旨

本条是关于调查涉嫌徇私舞弊犯罪具体范围的规定。

### 条文解读

监察机关调查范围内的徇私舞弊犯罪,主要是指为了私利而不公正地履行职责,或者弄虚作假、玩弄职权的行为。具体到罪名,涉及《刑法》分则第9章"渎职罪"的12个罪名以及第3章"破坏社会主义市场经济秩序罪"中的3个罪名。

《刑法》分则第9章"渎职罪"包括的12个徇私舞弊罪名分别为:(1)非法批准征收、征用、占用土地罪,是指国家机关工作人员徇私舞弊,违反土地管理法规,滥用职权,非法批准征收、征用、占用土地,情节严重的行为。(2)非法低价出让国有土地使用权罪,是指国家机关工作人员徇私舞弊,违反土地管理法规,滥用职权,非法低价出让国有土地使用权,情节严重的行为。(3)枉法仲裁罪,是指依法承担仲裁职责的人员,在仲裁活动中故意违背事实和法律作枉法裁决,情节严重的行为。(4)徇私舞弊发售发票、抵扣税款、出口退税罪,是指税务机关的工作人员违反法律、行政法规的规定,在办理发售发票、抵扣税款、出口退税工作中,徇私舞弊,致使国家利益遭受重大损失的行为。(5)商检徇私舞弊罪,是指国家商检部门、商检机构的工作人员徇私舞弊,伪造检验结果的行为。(6)动植物检疫徇私舞弊罪,是指动植物检疫机关的检疫人员徇私舞弊,伪造检疫结果的行为。(7)放纵走私罪,是指海关工作人员徇私舞弊,放纵走私,情节严重的行为。(8)放纵制售伪劣商品犯罪行为罪,是指对生产、销售伪劣商品犯罪行为负有追究责任的国家机关工作人员,徇私舞弊,不履行法律规定的追究职责,情节严重的行为。(9)招收公务员、学生徇私舞弊罪,是指国家机关工作人员在招收公务员、学生工作中徇私舞弊,情节严重的行为。(10)徇私舞弊不移交刑事案件罪,是指行政执法人员徇私舞弊,对依法应当移交司法机关追究刑事责任的不移交,情节严重的行为。(11)违法提供出口退税凭证罪,是指税务机关工作人员以外的其他国家机关工作人员违反国家规定,在提供出口货物报关单、出口收汇核销单等出口退税凭证的工作中,徇私舞弊,致使国家利益遭受重大损失的行为。(12)徇私舞弊不征、少征税款罪,是指税务机关的工作人员徇私舞弊,不征或者少征应征税款,致使国家税收遭受重大损失的行为。

《刑法》分则第3章"破坏社会主义市场经济秩序罪"中包括的3个徇私舞弊罪名分别为:(1)徇私舞弊低价折股、出售公司、企业资产罪,是指国有公司、企业或者其上级主管部门直接负责的主管人员,徇私舞弊,将国有资产低价折股或者低价出售,致使国家利益遭受重大损失的行为;以及其他公司、企业直接负责的主管人员,徇私舞弊,将公司、企业资产低价折股或者低价出售,致使公司、企业利益遭受重大损失的行为。(2)非法经营同类营业罪,是指国有公司、企业的董事、监事、高级管理人员,利用职务便利,自己经营或者为他人经营与其所任职公司、企业同类的营业,获取非法利益,数额巨大的行为。(3)为亲友非法牟利罪,是指国有公司、企业、事业单位的工作人员,利用职务便利,非法为亲友牟利,致使国家利益遭受重大损失的行为。

**实务难点指引**

在《刑法》规定的徇私舞弊罪名中,大多包含"徇私舞弊"这一用语,那么其是否属于构成要件要素呢?从司法实务来看,将徇私、舞弊作为相关罪名的成立要素会面临一些难题,如难以查明行为人是否"徇私","舞弊"的规定也显得有些重复多余。但是,基于刑法解释的立场,在相关条文未作变动的情况下,徇私、舞弊应属于犯罪的成立要素。这是因为,一方面,分则条文所规定的基本罪状,实际上是对犯罪构成的描述,徇私、舞弊作为基本罪状的内容,当然属于犯罪的成立要素。另一方面,徇私、舞弊在某些条文中具有特定的具体内容,并不仅仅是一种习惯表达。不过,"徇私舞弊"作为一个术语,在某种程度上还是出于习惯用法与语感要求,对此应认为"徇私舞弊"在不同条文中的侧重点可以不同,有的条文重在规制徇私,有的条文则重在规制舞弊,对此应当结合条文内容予以具体分析。

### 关联法条

《刑法》第165、166、169、399条之一、402、404、405、410—414、418条。

---

**第三十三条** 监察机关依法调查公职人员在行使公权力过程中涉及的重大责任事故犯罪,包括重大责任事故罪,教育设施重大安全事故罪,消防责任事故罪,重大劳动安全事故罪,强令、组织他人违章冒险作业罪,危险作业罪,不报、谎报安全事故罪,铁路运营安全事故罪,重大飞行事故罪,大型群众性活动重大安全事故罪,危险物品肇事罪,工程重大安全事故罪。

---

### 条文主旨

本条是关于调查涉及重大责任事故犯罪具体范围的规定。

### 条文解读

监察机关调查范围内的公职人员在行使公权力过程中涉及的重大责任事故犯罪,主要是指在不当行使公权力过程中,违反安全管理的规定,因而发生重大伤亡事故或者造成其他严重后果的行为。具体到罪名,涉及《刑法》分则第2章"危害公共安全罪"的12个罪名,其侵害的法益为公共安全,即不特定或多数人的生命、健康或者重大公私财产的安全。需要注意的是,并非凡涉及这12个罪名的行为均由监察机关调查,而是因公职人员不当行使权力,造成严重危害结果,涉嫌这12个罪名时,才由监察机关负责调查。

这12个罪名分别为:(1)重大责任事故罪,是指在生产、作业中违反有关安全管理的规定,因而发生重大伤亡事故或者造成其他严重后果的行为。(2)教育设施重大安全事故罪,是指明知校舍或者教育教学设施有危险,而不采取措施或者不及时报告,致使发生重大伤亡事故的行为。(3)消防责任事故罪,是指违反消防管理法规,经消防监督机构通知采取改正措施而拒绝执行,造成严重后果的行为。(4)重大劳动安全事故罪,是指安全生产设施或者安全生产条件不符合国家规定,因而发生重大伤亡事故或者造成其他严重后果的行为。(5)强令、组织他人违章冒险作业罪,是指强令他人违章冒险作业,或者明知存在重大事故隐患而不排除,仍冒险组织作业,因而发生重大伤亡事故或者造成其他严重后果的行为。(6)危险作业罪,是指在生产、作业中违反有关安全管理的规定,实施危险作业,具有发生重大伤亡事故或者其他严重后果的现实危险的行为。(7)不报、谎报安全事故罪,是指在安全事故发生后,负有报告职责的人员不报或者谎报事故情况,贻误事故抢救,情节严重的行为。(8)铁路运营安全事故罪,是指铁路职工违反规章制度,致使发生铁路运营安全事故,造成严重后果的行为。(9)重大飞行事故罪,是指航空人员违反规章制度,致使发生重大飞行事故,造成严重后果的行为。(10)大型群众性活动重大安全事故罪,是指举办大型群众性活动违反安全管理规定,因而发生重大伤亡事故或者造成其他严重后果的行为。(11)危险物品肇事罪,是指违反爆炸性、易燃性、放射性、毒害性、腐蚀性物品的管理规定,在生产、储存、运输、使用中发生重大事故,造成严重后果的行为。(12)工程重大安全事故罪,是指建设单位、设计单位、施工单位、工程监理单位违反国家规定,降低工程质量标准,造成重大安全事故的行为。

### 实务难点指引

危害公共安全犯罪的罪名众多,犯罪主体既可以是普通公民,也可以是公司、企业等单位负责人,那么,在实务中如何判断案件是否归属监察机关调查?对此,主要从以下两个方面进行判断:一方面,监察机关调查的危害公共安全犯罪仅指重大责任事故犯罪,而不包括诸如放火、交通肇事等犯罪,这是因为根据犯罪特点,只有在重大责任事故犯罪中才涉及公权力的行使问题。另一方面,监察机关的调查对象是公职人员,而不包括一般人员,对于重大的生产、作业、群众性活动等安全,都有专门的国家机关及公职人员进行管理、负责。只有公职人员玩忽职守、滥用职权等不当行使权力的行为产生重大责任事故时,才会受到监察调查,一般责任主体则由公安机关等有关部门负责侦查。

### 关联法条

《刑法》第131、132、134—139条之一。

> **第三十四条** 监察机关依法调查公职人员在行使公权力过程中涉及的其他犯罪,包括破坏选举罪,背信损害上市公司利益罪,金融工作人员购买假币、以假币换取货币罪,利用未公开信息交易罪,诱骗投资者买卖证券、期货合约罪,背信运用受托财产罪,违法运用资金罪,违法发放贷款罪,吸收客户资金不入账罪,违规出具金融票证罪,对违法票据承兑、付款、保证罪,非法转让、倒卖土地使用权罪,私自开拆、隐匿、毁弃邮件、电报罪,故意延误投递邮件罪,泄露不应公开的案件信息罪,披露、报道不应公开的案件信息罪,接送不合格兵员罪。

### 条文主旨

本条是关于调查涉嫌其他犯罪具体范围的规定。

### 条文解读

监察机关调查范围内的公职人员在行使公权力过程中涉及的其他犯罪,是除了以上五种常见类型之外,因不正确行使公权力而可能涉及的其他为刑法所规定的犯罪行为。本条将"其他犯罪"限定为 17 个罪名,分布在《刑法》分则第 3 章、第 4 章、第 6 章、第 7 章中,这些罪名只有涉及公职人员不当行使公权力时,才由监察机关进行调查。

《刑法》分则第 3 章"破坏社会主义市场经济秩序罪"包括 11 个罪名,这些罪名分别为:(1)背信损害上市公司利益罪,是指上市公司的董事、监事、高级管理人员违背对公司的忠实义务,利用职务便利,操纵上市公司从事损害上市公司利益的活动,致使上市公司利益遭受重大损失的行为。(2)金融工作人员购买假币、以假币换取货币罪,是指银行或者其他金融机构的工作人员购买伪造的货币或者利用职务上的便利,以伪造的货币换取货币的行为。(3)利用未公开信息交易罪,是指证券交易所、期货交易所、证券公司、期货经纪公司、基金管理公司、商业银行、保险公司等金融机构的从业人员以及有关监管部门或者行业协会的工作人员,利用因职务便利获取的内幕信息以外的其他未公开的信息,违反规定,从事与该信息相关的证券、期货交易活动,或者明示、暗示他人从事相关交易活动,情节严重的行为。(4)诱骗投资者买卖证券、期货合约罪,是指证券交易所、期货交易所、证券公司、期货经纪公司的从业人员,证券业协会、期货业协会或者证券期货监督管理部门的工作人员,故意提供虚假信息或者伪造、变造、销毁交易记录,诱骗投资者买卖证券、期货合约,造成严重后果的行为。(5)背信运用受托财产罪,是指商业银行、证券交易所、期货交易所、证券公司、期货经纪公司、保险公司或者其他金融机构,违背受托义务,擅自运用客户资金或者其他委托、信托的财产,情节严重的行为。(6)违法运用资金罪,是指社会保障基金管理机构、住房公积金管理机构等公众资金管理机构,以及保险公司、保险资产管理公司、证券投资基金管理公司,违反国家规定运用资金的行为。(7)违法发放贷款罪,是指银行或者其他金融机构的工作人员违反国家规定发放贷款,数额巨大或者造成重大损失的行为。(8)吸收客户资金不入账罪,是指银行或者其他金融机构的工作人员吸收客户资金不入账,数额巨大或者造成重大损失的行为。(9)违规出具金融票证罪,是指银行或者其他金融机构的工作人员违反规定,为他人出具信用证或者其他保函、票据、存单、资信证明,情节严重的行为。(10)对违法票据承兑、付款、保证罪,是指银行或者其他金融机构的工作人员在票据业务中,对违反《票据法》规定的票据予以承兑、付款或者保证,造成重大损失的行为。(11)非法转让、倒卖土地使用权罪,是指以牟利为目的,违反土地管理法规,非法转让、倒卖土地使用权,情节严重的行为。

《刑法》分则第4章"侵犯公民人身权利、民主权利罪"包括2个罪名,分别为:(1)破坏选举罪,是指在选举各级人民代表大会代表和国家机关领导人员时,以暴力、威胁、欺骗、贿赂、伪造选举文件、虚报选举票数等手段破坏选举或者妨害选民和代表自由行使选举权和被选举权,情节严重的行为。(2)私自开拆、隐匿、毁弃邮件、电报罪,是指邮政工作人员私自开拆或者隐匿、毁弃邮件、电报的行为。

《刑法》分则第6章"妨害社会管理秩序罪"包括3个罪名,分别为:(1)故意延误投递邮件罪,是指邮政工作人员严重不负责任,故意延误投递邮件,致使公共财产、国家和人民利益遭受重大损失的行为。(2)泄露不应公开的案件信息罪,是指司法工作人员、辩护人、诉讼代理人或者其他诉讼参与人,泄露依法不公开审理的案件中不应当公开的信息,造成信息公开传播或者其他严重后果的行为。(3)披露、报道不应公开的案件信息罪,是指公开披露、报道依法不公开审理的案件中不应当公开的信息,情节严重的行为。

《刑法》分则第7章"危害国防利益罪"包括1个罪名,即接送不合格兵员罪,是指在征兵工作中徇私舞弊,接送不合格兵员,情节严重的行为。

**实务难点指引**

监察机关调查范围内的犯罪被分为六种类型,其中第六种类型被概括为"公职人员在行使公权力过程中涉及的其他犯罪",本条对"其他犯罪"进行了明确列举,那么在列举罪名之外的其他罪名,是否均不属于这里的"其他罪名"?进一步而言,除了六种犯罪类型明确列举的罪名之外,是否一律排除监察机关对其他罪名的调查权限? 从职权法定的角度而言,本条例列举的罪名应为监察机关有权管辖的罪名,属于监察机关调查职务犯罪的责任清单,除此之外则排除监察机关的调查权限。但是,结合《监察法》第 11 条第 2 项的规定和司法实务情况,监察机关对所有职务犯罪均有管辖权限。同时职务犯罪在实务中形态多样,错综复杂,以上罗列的罪名只是职务犯罪中的常见罪名而非全部罪名。所以应认为在本条例罗列罪名之外,只要是公职人员因不当使用公权力而可能涉嫌的其他罪名,均应处于监察机关管辖范围之内。这种理解,无疑更符合《监察法》的规定以及我国对监察机关的功能定位,而且实质上与职权法定并不冲突。

### 关联法条

《刑法》第 169 条之一、171、180、181、185 条之一、186—189、228、253、256、304、308 条之一、374 条。

---

**第三十五条** 监察机关发现依法由其他机关管辖的违法犯罪线索,应当及时移送有管辖权的机关。

监察机关调查结束后,对于应当给予被调查人或者涉案人员行政处罚等其他处理的,依法移送有关机关。

---

### 条文主旨

本条是关于监察机关移送违法犯罪线索的规定。

### 条文解读

监察机关的管辖范围主要有二,分别是公职人员的职务违法和职务犯罪。因此,监察机关发现依法应当由其他机关管辖的违法犯罪线索时,应当及时移送有管辖权的机关。例如,监察机关发现公职人员可能存在道路交通安全违法行为,应当将相关违法线索移送公安机关交通管理部门。当然,根据《监察法》第 37 条第 2 款的规定,被调查人既涉嫌严重职务违法或者职务犯罪,又涉嫌其他违法犯罪的,一般应当由监察机关为主调查,其他机关予以协助。只是在监察机关调查结束之后,对于应当给予行政处罚或其他处理的被调查人或者涉案人员,同样应当依法移送有关机关。

### 典型案例

2014年8月,山东省某县财政局对县中小学信息化设备采购项目进行招标,被告人薛某某与四川某软件股份有限公司投标负责人刘某某,伙同县财政局原副局长丁某某,通过协调评审专家修改分数、与其他投标公司围标等方式串通投标,后四川某软件股份有限公司中标该项目,中标金额9000余万元,严重损害国家及其他投标人利益。同年年底,被告人薛某某为感谢丁某某在该项目招标投标中提供的帮助,给予丁某某15万元。鉴于薛某某还存在串通投标行为,县监察委员会在对其涉嫌行贿犯罪立案调查的同时,将其串通投标问题线索移送公安机关同步立案侦查。2020年5月13日、18日,县公安局、县监察委员会分别将薛某某等人串通投标案、薛某某行贿案移送县人民检察院审查起诉。[①]

### 关联法条

《监察法》第37条;《刑事诉讼法》第19条;《中国共产党党内监督条例》第37、40、41条;《中国共产党纪律检查机关监督执纪工作规则》第20条;《人民检察院刑事诉讼规则》第13、17、357条;《公安机关办理刑事案件程序规定》第14、29条;《关于人民检察院立案侦查司法工作人员相关职务犯罪案件若干问题的规定》。

## 第四节 监察处置

**第三十六条** 监察机关对违法的公职人员,依据监察法、政务处分法等规定作出政务处分决定。

### 条文主旨

本条是关于监察机关作出政务处分决定的规定。

### 条文解读

根据《监察法》第11条第3项的规定,对违法的公职人员依法作出政务处分决定,是监察机关履行处置职责的重要方面。不过,《监察法》对政务处分的规定过于简

---

[①] 参见《国家监察委员会、最高人民检察院关于印发行贿犯罪典型案例的通知》,载中央纪委国家监委网站,https://www.ccdi.gov.cn/toutiaon/202204/t20220419_187305_m.html。

略,更为详细的规定是在《公职人员政务处分法》中完成的。《公职人员政务处分法》共 7 章 68 条,规定了政务处分的原则、政务处分的种类和适用、违法行为及其适用的政务处分、政务处分的程序、复审和复核等方面的问题,这构成监察机关作出政务处分决定的主要法律依据。需要注意的是,除《监察法》和《公职人员政务处分法》对政务处分作出了规定外,在《公务员法》《全国人民代表大会和地方各级人民代表大会选举法》《公司法》《国有企业管理人员处分条例》等法律法规中,也有关于政务处分的规定,这些法律法规同样是监察机关作出政务处分决定的依据。还应注意的是,虽然监察委员会调查的对象是职务违法,但作出政务处分决定的情形并不只限于职务违法。换言之,公职人员有其他违法行为,监察委员会也可依法进行政务处分,比如公职人员饮酒后驾驶机动车的行为。

**实务难点指引**

具有中共党员政治面貌的公职人员既违反党纪又违反国法时,应当由党组织作出党纪处分,并由监察机关依法给予政务处分。《公职人员政务处分暂行规定》第 8 条曾规定:"监察机关对公职人员中的中共党员给予政务处分,一般应当与党纪处分的轻重程度相匹配。其中,受到撤销党内职务、留党察看处分的,如果担任公职,应当依法给予其撤职等政务处分。严重违犯党纪、严重触犯刑律的公职人员必须依法开除公职。"《公职人员政务处分法》没有保留相应的表述。不过,纪检监察机关在对公职人员中的中共党员进行政务处分时,仍然要注意与党纪处分的衔接。既要做到党纪政务等处分相匹配,也要体现"党纪严于国法"的要求。实践中,一般按照"轻轻重重原则"予以把握,即党纪轻处分对应政务轻处分,党纪重处分对应政务重处分。如给予党内警告、党内严重警告等党纪轻处分可以匹配适用政务轻处分,给予撤销党内职务、留党察看、开除党籍等党纪重处分都需要匹配相应的政务重处分。此外,党纪轻处分不必然匹配政务轻处分,是否同时给予政务轻处分应考量违纪行为是否与职权或者职务行为相关。[①]

**关联法条**

《监察法》第 11、52 条;《公职人员政务处分法》;《中国共产党纪律处分条例》第 28、31、35、85 条;《中国共产党纪律检查机关监督执纪工作规则》第 10、11 条;《纪检监察机关派驻机构工作规则》第 8、40—42 条。

---

① 参见吴江:《适用政务处分有关问题探析》,载《中国纪检监察报》2024 年 7 月 24 日,第 6 版。

> **第三十七条** 监察机关在追究违法的公职人员直接责任的同时,依法对履行职责不力、失职失责,造成严重后果或者恶劣影响的领导人员予以问责。
>
> 监察机关应当组成调查组依法开展问责调查。调查结束后经集体讨论形成调查报告,需要进行问责的按照管理权限作出问责决定,或者向有权作出问责决定的机关、单位书面提出问责建议。

### 条文主旨

本条是关于监察问责的规定。

### 条文解读

根据《监察法》第11条第3项的规定,对履行职责不力、失职失责的领导人员进行问责,是监察机关履行处置职责的重要方面。在《监察法》相关规定的基础上,《监察法实施条例》进一步明确了监察问责的适用情形、程序和主体等方面的问题。

1. 监察问责的对象和情形

根据本条第1款的规定,监察问责的对象是负有责任的领导人员。领导干部在一定范围内负有主体责任、监督责任、领导责任,只有抓住领导干部这个"关键少数",才能倒逼领导干部坚持把自己摆进工作、把职责摆进工作,勇于担当、敢于负责,不推卸责任。问责的情形则是履行职责不力、失职失责,并造成严重后果或者恶劣影响。事实上,在《中国共产党问责条例》第7条列举的各项问责情形中,也都有"产生恶劣影响""造成重大损失""造成严重后果"等要求。不过,党内问责与监察问责有差异,比如党内问责的对象包括党组织,但监察问责的对象仅限于领导人员。应予注意的是,监察问责追究的是领导人员的领导责任,假若该领导人员还存在直接责任,则应一并追究领导责任和直接责任。

2. 监察问责的程序和主体

本条第2款规定了监察问责的程序。首先,监察机关应当组成调查组依法开展问责调查,调查组人数可根据问责情形、工作需要来确定,但是不能少于2人;问责事项复杂、性质严重、工作量大的,可以适当增配人员。调查组要依规依纪依法开展调查,查明领导人员职责不力、失职失责的问题。其次,调查工作结束后,调查组应当集体讨论,形成调查报告,列明调查对象基本情况、调查依据、调查过程,问责事实,调查对象的态度、认识及其申辩,处理意见以及依据。

从问责主体的角度来看,监察问责可分为两种:一是开展问责调查的监察机关按照管理权限,依法直接作出问责决定。此即《监察法实施条例》第 234 条中规定的,"监察机关对不履行或者不正确履行职责造成严重后果或者恶劣影响的领导人员,可以按照管理权限采取通报、诫勉、政务处分等方式进行问责"。二是开展问责调查的监察机关向有管理权限的机关、单位提出问责建议,由该机关、单位对负有责任的领导人员进行问责。[①]

### 关联法条

《监察法》第 11、52 条;《监察官法》第 54 条;《中国共产党纪律处分条例》第 137 条;《中国共产党纪律检查委员会工作条例》第 38、44 条;《中国共产党问责条例》第 7、10—13 条;《纪检监察机关派驻机构工作规则》第 30、42 条。

---

**第三十八条** 监察机关对涉嫌职务犯罪的人员,经调查认为犯罪事实清楚,证据确实、充分,需要追究刑事责任的,依法移送人民检察院审查起诉。

---

### 条文主旨

本条是关于移送审查起诉的规定。

### 条文解读

根据《监察法》第 11 条第 3 项的规定,对涉嫌职务犯罪的,将调查结果移送人民检察院依法审查、提起公诉,是监察机关履行处置职责的重要方面。一个案件由监察机关移送到人民检察院审查起诉,应当具备以下条件:一是涉嫌职务犯罪,如果仅仅是职务违法,则由监察机关给予政务处分即可;二是犯罪事实清楚,证据确实、充分,根据《刑事诉讼法》的规定,人民检察院在审查案件的时候,也必须查明"犯罪事实、情节是否清楚,证据是否确实、充分,犯罪性质和罪名的认定是否正确";三是需要追究刑事责任,根据《人民检察院刑事诉讼规则》的规定,人民检察院审查移送起诉的案件,应当查明"是否属于不应当追究刑事责任的",因为《刑事诉讼法》第 16 条列举了"情节显著轻微、危害不大,不认为是犯罪的"等不追究刑事责任的情形。同时,根据《监察法》《刑事诉讼法》《人民检察院刑事诉讼规则》等的规定,监察机关在移送审

---

① 参见中共中央纪律检查委员会中华人民共和国国家监察委员会法规室编写:《〈中华人民共和国监察法实施条例〉释义》,中国方正出版社 2022 年版,第 55 页。

查起诉时,应当制作起诉意见书,并应连同案卷材料、证据一并移送人民检察院依法审查、提起公诉。

### 关联法条

《监察法》第11、34、35、52—54条;《刑事诉讼法》第170、171条;《人民检察院刑事诉讼规则》第329、330条;《中国共产党纪律检查委员会工作条例》第31条第2款第4项;《中国共产党纪律处分条例》第31条;《中国共产党纪律检查机关监督执纪工作规则》第52、57、58条。

---

**第三十九条** 监察机关根据监督、调查结果,发现监察对象所在单位具有下列情形之一,需要整改纠正的,依法提出监察建议,推动以案促改工作:

(一)廉政建设方面存在突出问题的;

(二)权力运行制约监督方面存在较大风险的;

(三)监察对象教育管理监督方面存在突出问题的;

(四)执行法律法规制度不到位的;

(五)不履行或者不正确履行法定职责的;

(六)其他需要提出监察建议的情形。

监察机关应当跟踪了解监察建议的采纳情况,指导、督促有关单位限期整改,对未达到整改要求的提出进一步整改意见,推动监察建议落实到位。

---

### 条文主旨

本条是关于提出监察建议的规定。

### 条文解读

根据《监察法》第11条第3项的规定,向监察对象所在单位提出监察建议,是监察机关履行处置职责的重要方面。在《监察法》相关规定的基础上,《监察法实施条例》对提出监察建议作出了更详细的规定。

1.提出监察建议的对象和情形

监察建议是监察机关根据监督、调查结果,向监察对象所在单位提出的。此举有利于"督促监察对象所在单位履行主体责任,推动完善制度、强化监管、堵塞漏洞"①。根据《监察法》第 52 条第 1 款第 5 项的规定,监察机关有权对监察对象所在单位廉政建设和履行职责存在的问题等提出监察建议。2021 年 9 月公布的《监察法实施条例》对提出监察建议的情形进行了细化,即"在廉政建设、权力制约、监督管理、制度执行以及履行职责等方面存在问题需要整改纠正的"。2025 年修订的《监察法实施条例》则是以列举的形式,明确了提出监察建议的具体情形:一是廉政建设方面存在突出问题需要整改的,二是权力运行制约监督方面存在较大风险需要整改的,三是监察对象教育管理监督方面存在突出问题需要整改的,四是执行法律法规制度不到位需要整改的,五是不履行或者不正确履行法定职责需要整改的,六是其他需要提出监察建议的情形。

2. 推动监察建议落实到位

为防止监察建议"一提了之",二十届中央纪委三次全会提出,"完善纪检监察建议的提出、督办、反馈和回访监督机制,增强刚性约束,防止'一发了之'"②。正因如此,本条第 2 款规定,在提出监察建议之后,监察机关应当跟踪了解监察建议的采纳情况,指导、督促有关单位限期整改。对于未达到整改要求的,监察机关还应当提出进一步整改意见。这些制度设计都是为了推动监察建议落实到位。《中国共产党纪律检查机关监督执纪工作规则》第 19 条也规定,纪检监察机关应当"通过督促召开专题民主生活会、组织开展专项检查等方式,督查督办,推动整改"。

**关联法条**

《监察法》第 11、52 条;《公职人员政务处分法》第 3、61 条;《中国共产党纪律检查委员会工作条例》第 41 条;《中国共产党纪律检查机关监督执纪工作规则》第 19 条;《纪检监察机关派驻机构工作规则》第 14、44 条。

---

① 中共中央纪律检查委员会中华人民共和国国家监察委员会法规室编写:《〈中华人民共和国监察法实施条例〉释义》,中国方正出版社 2022 年版,第 57 页。
② 李希:《深入学习贯彻习近平总书记关于党的自我革命的重要思想 纵深推进新征程纪检监察工作高质量发展——在中国共产党第二十届中央纪律检查委员会第三次全体会议上的工作报告》,载《中国纪检监察》2024 年第 5 期。

# 第三章 监察范围和管辖

## 第一节 监察对象

> **第四十条** 监察机关依法对所有行使公权力的公职人员进行监察,实现国家监察全面覆盖。

### 条文主旨

本条是关于监察全覆盖的规定。

### 条文解读

从监察对象上看,本条明确了监察机关的监察对象是所有行使公权力的公职人员。公权力是法律法规规定的特定主体基于维护公共利益的目的,对公共事务管理行使的强制性支配力量。监察机关通过实现对所有行使公权力的公职人员的全覆盖监察,实际上也达到了对所有行使公权力的组织、机关全覆盖监察的效果。公职人员在经济、政治、社会生活中的各个领域行使公共职权,履行公共职责,判断一个人是不是公职人员的关键是看他是否行使公权力、履行公务,而不是看他是否有公职。《监察法》是一部对国家监察工作起统领性和基础性作用的法律。本条规定的监察机关的监察对象与《监察法》第 15 条规定的监察对象完全一致,体现出《监察法实施条例》与《监察法》的配套衔接。

### 关联法条

《监察法》第 1、3 条;《中国共产党纪律检查委员会工作条例》第 29 条第 1 项。

> **第四十一条** 监察法第十五条第一项所称公务员范围,依据《中华人民共和国公务员法》(以下简称公务员法)确定。
>
> 监察法第十五条第一项所称参照公务员法管理的人员,是指有关单位中经批准参照公务员法进行管理的工作人员。

### 条文主旨

本条是关于公务员及参公人员具体范围的规定。

### 条文解读

本条是对《监察法》第 15 条第 1 项作出的解释说明,实现了《监察法》《监察法实施条例》《公务员法》的衔接与协调,有助于加强和完善党对公务员队伍的集中统一领导。本条区分了公务员和参照《公务员法》管理的人员(参公人员)两类主体,这是监察对象中的核心与关键所在。

本条第 1 款以援引性规范的形式,就《监察法》中的"公务员"予以说明。该款表明,根据《公务员法》的规定,《监察法》第 15 条第 1 项所规定的"公务员"是指依法履行公职、纳入国家行政编制、由国家财政负担工资福利的工作人员。根据 2019 年中共中央组织部制定的《公务员范围规定》的规定,公务员主要包括下列机关中除工勤人员以外的工作人员:中国共产党各级机关,各级人民代表大会及其常务委员会机关,各级行政机关,中国人民政治协商会议各级委员会机关,各级监察机关,各级审判机关,各级检察机关,各民主党派和工商联的各级机关。

本条第 2 款就参公人员作出了界定。参公人员与公务员实行相同的公务员管理制度,此处的"有关单位",是指根据《公务员法》规定,法律、法规授权的具有公共事务管理职能的事业单位。[①] 根据 2019 年中共中央组织部制定的《参照〈中华人民共和国公务员法〉管理的单位审批办法》的规定,事业单位列入参照管理范围,应当同时具备两个条件:一是具有法律、法规授权的公共事务管理职能;二是使用事业编制,并由国家财政负担工资福利。

### 关联法条

《监察法》第 15 条第 1 项;《公务员法》第 2 条第 1 款;《公务员范围规定》第 3—14 条;《公务

---

[①] 参见中共中央纪律检查委员会中华人民共和国国家监察委员会法规室编写:《〈中华人民共和国监察法〉释义》,中国方正出版社 2018 年版,第 110 页。

员登记办法》第5、6条;《参照〈中华人民共和国公务员法〉管理的单位审批办法》第3、6条。

> **第四十二条** 监察法第十五条第二项所称法律、法规授权或者受国家机关依法委托管理公共事务的组织中从事公务的人员,是指在上述组织中,除参照公务员法管理的人员外,对公共事务履行组织、领导、管理、监督等职责的人员,包括具有公共事务管理职能的行业协会等组织中从事公务的人员,以及法定检验检测、检疫等机构中从事公务的人员。

### 条文主旨

本条是关于管理公共事务组织中从事公务人员的具体范围的规定。

### 条文解读

本条规定,监察机关对法律、法规授权或者受国家机关依法委托管理公共事务的组织中从事公务的人员进行监察。为此,应从三个层面认定法律、法规授权或者受国家机关依法委托管理公共事务的组织中的某工作人员是否属于从事公务的人员:第一,应当判断该工作人员所在单位是否为法律、法规授权或者国家机关依法委托管理公共事务的组织,其他如规章或规范性文件授权管理公共事务的组织不包括在内。第二,应当判断该工作人员是否属于这一组织。第三,应当判断该工作人员是否为从事公务的人员。法律、法规授权或者受国家机关依法委托管理公共事务的组织的出现与蓬勃发展,是现代公共行政发展的必然结果。现代社会公共事务日益复杂、专业性强,如金融监管、食品安全检测、医疗事故鉴定、行业技术标准制定等,行政机关对此可能缺乏足够的技术专家或专业设备。授权或委托具备专业能力的组织,如行业协会、科研机构、检测中心等,能更有效地完成特定管理任务,并且降低行政成本,提供更适应市场需求的高效服务。此类组织主要是指参公管理以外的其他管理公共事务的事业单位。基于历史和国情等原因,在一些地方和领域,此类事业单位中的工作人员数量远大于公务员的数量。在该类组织中从事相关公务的人员,其行使的公权力同样具有被滥用的风险,因此应被纳入监察机关的监察范围。

根据本条规定,在法律、法规授权或者受国家机关依法委托管理公共事务的组织中,除参照《公务员法》管理的人员外,对公共事务履行组织、领导、管理、监督等职责的人员包括两大类:一是具有公共事务管理职能的行业协会等组织中从事公务的人员,如中国保险行业协会的党委委员;二是在法定检验检测、检疫等机构中从事公务的人员,如中国出入境检验检疫协会中的主管人员。值得注意的是,检验检测、检疫等机构必须是法定的,非法定检验检测、检疫等机构中从事公务的人员并不属于本条规定的公职人员范畴。

### 关联法条

《监察法》第 15 条第 2 项。

---

**第四十三条** 监察法第十五条第三项所称国有企业管理人员,是指国家出资企业中的下列人员:

(一)在国有独资、全资公司、企业中履行组织、领导、管理、监督等职责的人员;

(二)经党组织或者国家机关,国有独资、全资公司、企业,事业单位提名、推荐、任命、批准等,在国有控股、参股公司及其分支机构中履行组织、领导、管理、监督等职责的人员;

(三)经国家出资企业中负有管理、监督国有资产职责的组织批准或者研究决定,代表其在国有控股、参股公司及其分支机构中从事组织、领导、管理、监督等工作的人员。

---

### 条文主旨

本条是关于国有企业管理人员具体范围的规定。

### 条文解读

《监察法》中对"国有企业管理人员"的定义较为原则,本条对此概念加以明确。本条所称"国家出资企业",是指根据《企业国有资产法》的规定,国家出资的国有独资企业、国有独资公司,以及国有资本控股公司、国有资本参股公司。本条的适用对象是《监察法》第 15 条第 3 项所称的国有企业管理人员,并特别强调国有企业管理人员必须代表国有股。因此,对于《监察法》中国有企业的概念,此处应当作广义理解,即包括国有独资企业、国有全资企业、国有控股企业、国有实际控制企业、国有参股企业。具体而言,国有独资企业是指政府部门、机构、事业单位单独出资设立的企业;国有全资企业是指政府部门、机构、事业单位、国有独资企业直接或间接持股,合计持股为 100% 的企业;国有控股企业是指政府部门、机构、事业单位、国有独资企业、国有全资企业单独或共同出资,合计拥有产(股)权比例超过50%,且其中之一为最大股东的企业,以及前述所列企业对外出资,拥有股权比例超过50%的各级子企业;国有实际控制企业是指政府部门、机构、事业单位、单一国有及国有控股企业直接或间接持股比例未超过50%,但为第一大股东,并且通过股东协议、公司章程、董事会决议或者其他协议安排能够对其实际支配的企业。

根据本条的规定,作为监察对象的国有企业管理人员,其来源主要可以分为三类:一是在国有独资、全资公司、企业中履行组织、领导、管理、监督等职责的人员。二是经党组织或者国家机关,国有独资、全资公司、企业,事业单位提名、推荐、任命、批准等,在国有控股、参股公司及其分支机构中履行组织、领导、管理、监督等职责的人员。这类人员虽然并不处于国有独资、全资公司、企业中,但是其权力来源特殊,代表国有资本利益,具有对其进行监督的必要性。三是经国家出资企业中负有管理、监督国有资产职责的组织批准或者研究决定,代表其在国有控股、参股公司及其分支机构中从事组织、领导、管理、监督等工作的人员。具体来看,国有企业管理人员以领导班子成员为主,但不限于此,可能涉及的职务、岗位包括:设董事会的企业中由国有股权代表出任的董事长、副董事长、董事、总经理、副总经理,党委书记、副书记、纪委书记,工会主席等;未设董事会的企业的总经理(总裁)、副总经理(副总裁),党委书记、副书记、纪委书记,工会主席等;对国有资产负有经营管理责任的国有企业中层和基层管理人员,包括部门经理、部门副经理、总监、副总监、车间负责人、项目组组长等;在管理、监督国有财产等重要岗位上工作的人员,包括会计、出纳人员等;国有企业所属事业单位领导人员,国有资本参股企业和金融机构中对国有资产负有经营管理责任的人员。[1] 据此,混合所有制企业中不代表国有股的管理人员、中外合资企业中的外方高级管理人员等皆不属于监察对象的范畴。

此外,从立法制定技术上看,本条规定的3项内容中皆设置了"等"字。"等"字是开放式列举方式,具有兜底性质,是《监察法》和《监察法实施条例》为防止对国有企业管理人员监管对象列举不够完善、监察覆盖范围不尽全面所设置的,体现了监察对象的认定范围是动态的,发展的。监察对象的认定标准随着监察体制改革的持续深入而不断完善,侧面反映出国家监察工作实现监察全面覆盖的目标与追求。

**关联法条**

《监察法》第15条第3项;《企业国有资产法》第5条;《国有企业领导人员廉洁从业若干规

---

[1] 参见中共中央纪律检查委员会中华人民共和国国家监察委员会法规室编写:《〈中华人民共和国监察法〉释义》,中国方正出版社2018年版,第112页。

定》第2条;《关于办理国家出资企业中职务犯罪案件具体应用法律若干问题的意见》第6条。

> **第四十四条** 监察法第十五条第四项所称公办的教育、科研、文化、医疗卫生、体育等单位中从事管理的人员,是指国家为了社会公益目的,由国家机关举办或者其他组织利用国有资产举办的教育、科研、文化、医疗卫生、体育等事业单位中,从事组织、领导、管理、监督等工作的人员。

### 条文主旨

本条是关于公办教科文卫体单位管理人员具体范围的规定。

### 条文解读

本条就如何准确识别公办的教科文卫体等事业单位中的监察对象作出了规定。公办的教科文卫体等事业单位中的监察对象是指在其中从事管理的人员,对于这类人员的识别需要抓住以下几个关键点:第一,教科文卫体等事业单位系"公办"的,即由国家机关或国有企业、事业单位、集体经济组织等其他组织创办。实践中,对一些私人创办的教科文卫体等单位,政府通常会给予资助和扶持,但这不能改变这些单位非公办的性质。第二,公办的目的是保障社会公共利益,而非出于营利等私益。第三,本条对《监察法》第15条第4项中所规定的"公办的教育、科研、文化、医疗卫生、体育等单位中从事管理的人员"的范围作出了解释,进一步阐释"管理"的科学内涵,细化了监察对象的认定依据。根据"行使公权力"的标准,将从事管理的人员具体化为履行组织、领导、管理、监督等职责的人员,或者从事组织、领导、管理、监督等工作的人员。即在公办的教科文卫体等单位中,不仅从事管理活动的人员是本条所规定的监察对象,从事组织、领导、监督等工作的人员亦符合广义上管理的范畴,属于本条所规定的监察对象范围。

从事管理的人员并非单纯依据身份职称,临时参加与职权相联系的管理事务的人员也属于本条所规定的人员,如依法组建的评标委员会、竞争性谈判采购中的谈判小组、询价采购中询价小组的组成人员等。此外,公办的教科文卫体等单位中通常存在大批从事专业技术的人员,如教练、教师、医生等,其日常专业履职行为并不当然使其属于监察对象,关键看其是否实际参与了"人、财、物"等公共资源的决策或执行。除非这些人员从事组织、领导、管理、监督等工作,负有行使公权力的职权,否则他们并不属于本条所规定的监察对象的范畴。例如,医生开处方属于专业技术行为,但其凭借科室主任的身份分配病床资源则属于管理行为,具有公共属性,此时应当受到监察监督。

**关联法条**

《监察法》第15条第4项;《公职人员政务处分法》第20条;《公立医院领导人员管理暂行办法》第2、40条;《中小学校领导人员管理暂行办法》第2、36条;《高等学校领导人员管理暂行办法》第2、35—42条;《科研事业单位领导人员管理暂行办法》第2、40条。

---

**第四十五条** 监察法第十五条第五项所称基层群众性自治组织中从事管理的人员,是指该组织中的下列人员:

(一)从事集体事务和公益事业管理的人员;

(二)从事集体资金、资产、资源管理的人员;

(三)协助人民政府从事行政管理工作的人员,包括从事救灾、防疫、抢险、防汛、优抚、帮扶、移民、救济款物的管理,社会捐助公益事业款物的管理,国有土地的经营和管理,土地征收、征用补偿费用的管理,代征、代缴税款,有关计划生育、户籍、征兵工作,协助人民政府等国家机关在基层群众性自治组织中从事的其他管理工作。

---

**条文主旨**

本条是关于基层群众性自治组织管理人员具体范围的规定。

**条文解读**

在划定监察对象范围之前,应当首先明确何为"基层群众性自治组织"。根据我国《宪法》第111条的规定,城市和农村按居民居住地区设立的居民委员会或者村民委员会是基层群众性自治组织,其核心职能在于办理本居住地区的公共事务和公益事业,调解民间纠纷,协助维护社会治安,并且向人民政府反映群众的意见、要求和提出建议。《城市居民委员会组织法》和《村民委员会组织法》分别对两种委员会的组成和职责等作出了详细规定。基层群众性自治组织的职能存在自治性与公共性的双重面向:一方面,基层群众性自治组织具备的基层性、群众性、自治性等独特属性,使其在基层群众工作中发挥着不可或缺的作用。其通过民主选举、民主决策、民主管理和民主监督实现自治事务的自主治理。另一方面,基层群众性自治组织虽然不是一级政府,但需要协助人民政府开展工作,包括但不限于征地拆迁、社会救助、计划生育、户籍管理等行政辅助事务,其对基层政府工作在实践中的贯彻落实起到了重要的支持与配合作用。基层群众性自治组织在特定场景下实际行使着公权力,是国家公权力配置向基层延伸的神经末梢。基层群众性自治组织中从事管理的人员行使公权力应受监督,将其纳入监察对象的范围之内,有利于确保其在合法框架内履行职责,维护群众切身利益。

本条第1项规定的"从事集体事务和公益事业管理的人员",是指在基层群众性自治组织中行使公权力、从事集体事务和公益事业管理的人员,主要包括村民委员会、城市居民委员会的主任、副主任和委员等。本条第2项规定的"从事集体资金、资产、资源管理的人员",是指在基层群众性自治组织中行使公权力,从事集体资金、资产、资源管理的人员,主要包括会计、出纳人员等。本条第1项和第2项的规定有助于强化集体事务监督和集体经济保护。本条第3项规定的"协助人民政府从事行政管理工作的人员",需要结合有关法律和立法解释对之予以说明。根据《全国人民代表大会常务委员会关于〈中华人民共和国刑法〉第九十三条第二款的解释》,村民委员会等村基层组织人员协助人民政府从事下列行政管理工作,属于《刑法》规定的"其他依照法律从事公务的人员":(1)救灾、抢险、防汛、优抚、扶贫、移民、救济款物的管理;(2)社会捐助公益事业款物的管理;(3)国有土地的经营和管理;(4)土地征收、征用补偿费用的管理;(5)代征、代缴税款;(6)有关计划生育、户籍、征兵工作;(7)协助人民政府从事的其他行政管理工作。

### 关联法条

《监察法》第15条第5项;《村民委员会组织法》第6、8、28条;《城市居民委员会组织法》第4、7条;《全国人民代表大会常务委员会关于〈中华人民共和国刑法〉第九十三条第二款的解释》;《全国人民代表大会常务委员会关于〈中华人民共和国刑法〉第九章渎职罪主体适用问题的解释》。

---

**第四十六条** 下列人员属于监察法第十五条第六项所称其他依法履行公职的人员:

(一)履行人民代表大会职责的各级人民代表大会代表,履行公职的中国人民政治协商会议各级委员会委员、人民陪审员、人民监督员;

(二)虽未列入党政机关人员编制,但在党政机关中从事公务的人员;

> （三）在集体经济组织等单位、组织中，由党组织或者国家机关，国有独资、全资公司、企业，国家出资企业中负有管理监督国有和集体资产职责的组织，事业单位提名、推荐、任命、批准等，从事组织、领导、管理、监督等工作的人员；
>
> （四）在依法组建的评标、谈判、询价等组织中代表国家机关，国有独资、全资公司、企业，事业单位，人民团体临时履行公共事务组织、领导、管理、监督等职责的人员；
>
> （五）其他依法行使公权力的人员。

## 条文主旨

本条是关于其他依法履行公职的人员具体范围的规定。

## 条文解读

本条对《监察法》第15条第6项作出进一步说明，提高了"兜底条款"的指向性和可操作性，有助于解决部分公权力人员游离于法律监督之外的问题，实现监察机关对公权力监督的全方位、无死角覆盖。同时本条进一步澄清了"其他依法履行公职的人员"的范围，避免办案机关进行无限制的扩大理解。其中，需要注意以下几点：

第一，本条第1项以"履行人民代表大会职责"一词对各级人大代表作出了限定。根据《宪法》和相关法律的规定，人大代表享有审议权、提案权、表决权、询问权和质询权、选举权、罢免权、建议权、批评权等权利，同时必须履行模范遵守宪法法律、保守国家秘密、密切联系群众、参加人民代表大会会议等义务。人大代表采取兼任制，其并非始终是监察对象，监察机关只得对人大代表履行人大职责的行为进行监督。本条第1项以"履行公职"一词对政协委员、人民陪审员、人民监督员作出了限定。公职带有强烈的公权力属性。判断一个"履行公职的人员"是否属于监察对象，主要是看其是否行使公权力。政协委员、人民陪审员、人民监督员也是兼任制，其并不当然是监察对象，只有在履行政治协商、民主监督、参政议政、陪审、对检察院的监督等法定职责时，其才属于监察对象。

第二，本条第2项将未列入党政机关人员编制，但在党政机关中从事公务的人员纳入"其他依法履行公职的人员"的范畴。党政机关，广义上包括党的机关、人大机关、行政机关、政协机关、审判机关、检察机关、监察机关、各级党政机关派出机构、直属事业单位以及工会、共青团、妇联等人民团体，狭义上是指中国共产党机关和国家行政机关。此处应采广义概念。这类没有编制的人员主要包括党政机关借调人员、实习工作人员、合同工、辅警等从事公务的人员。将此类人员纳入监察对象的范围有助于扎紧权力的笼子，填补监督盲区。同时，根据《全国人民代表大会常务委员会关于〈中华人民共和国刑法〉第九章渎职罪主体适用问题的解释》的规定，虽未列入国家机关人员编制但在国家机关中从事公务的人员，在代表国家机关行使职权时，有渎职行为，构成犯罪的，依照刑法关于渎职罪的规定追究刑事责任。可见本条第2项的规定，也与刑事法律制度实现了有效衔接。

第三，本条第3项将集体经济组织中受委派从事公务的人员纳入"其他依法履行公职的人员"的范畴。集体所有制经济是社会主义公有制经济的重要组成部分，集体财产也是公共财产的一种重要形式。集体经济组织是发展壮大新型农村集体经济、巩固社会主义公有制、促进共同富裕的重要主体，也是健全乡村治理体系、实现乡村善治的重要力量。集体经济组织中受委派从事公务的人员具有行使公权力的属性，对其进行监察监督符合监察体制改革的精神。理解本条第3项的规定，有以下几个要点：一是本项覆盖多种不同情形，将委派主体明确为党组织或者国家机关，国有独资、全资公司、企业，国家出资企业中负有管理监督国有和集体资产职责的组织，事业单位等，强调委派的公共性；二是将委派方式明确为提名、推荐、任命、批准等；三是派往对象是集体经济组织等单位、组织；四是委派工作内容是指从事组织、领导、管理、监督等工作。这意味着，单纯管理集体经济组织内部成员个人经济事务，没有行使公权力，也未受国家机关委托从事公共事务管理的人员，一般不属于监察对象。

第四，根据本条第4项的规定，在依法组建的评标、谈判、询价等组织中代表国家机关，国有独资、全资公司、企业，事业单位，人民团体临时依法履行公职的人员，不应因其职务上的临时性就不将其纳入监察对象的范围。监察对象不是静态的而是动态的，对其进行认定应摆脱"唯身份论"，故临时行使特定公权力的人员，也必须接受监察机关的监督。

第五，本条第5项是兜底性规定，是为弥补列举式立法的弊端、谨防出现挂一漏万的问题而设定的。同时，本项也为后续立法完善预留了制度空间。随着监察体制改革的持续深入，以及监察实践的不断丰富，监察对象的范围界定也将日臻完善。

**实务难点指引**

根据本条规定，现实中对于人大代表、政协委员、人民陪审员、人民监督员确实可能存在腐败监管的空白；但上述人员是否属于监察机关所监察的对象，应当根据其是否履行相应职责，并结合实际情况进行具体判断。换言之，唯有履行人民代表大会职责的各级人民代表大会代表才属于依法履行公职的人员的范畴；唯有履行公职、行使公权力的政协委员、人民陪审员、人民监督员才属于本条规定的监察对象的范畴。本条第 5 项为兜底性条款,然而,监察机关在解释适用该项内容时,必须保持一定的谦抑性,不能盲目地作扩张解释,以正确发挥兜底条款的功效,避免监察机关滥用职权。在具体适用时,应当以是否依法行使公权力、该人员所涉嫌的行为是否损害了公权力的权威性与廉洁性为判断的根本标准。同时,监察对象的准确界定直接关系到其权利保障的问题以及政务处分的执行问题。例如,作为人大代表的监察对象享有发言表决免责权和人身特殊保护权。根据《全国人民代表大会和地方各级人民代表大会代表法》第 39 条的规定,对县级以上的各级人大代表,如果采取法律规定的其他限制人身自由的措施,应当经该级人大主席团或者人大常委会许可。监察机关拟对人大代表采取监察强制措施时,需要遵循相应的程序要求。此外,其他依法履行公职的人员不同于体制内的公职人员,对其采取的政务处分应当契合其身份特性,保障惩戒教育的效果。

### 关联法条

《监察法》第 15 条第 6 项;《人民陪审员法》第 2、3 条;《全国人民代表大会和地方各级人民代表大会代表法》第 39 条;《全国人民代表大会常务委员会关于〈中华人民共和国刑法〉第九章渎职罪主体适用问题的解释》。

---

**第四十七条** 有关机关、单位、组织集体作出的决定违法或者实施违法行为的,监察机关应当对负有责任的领导人员和直接责任人员中的公职人员依法追究法律责任。

---

### 条文主旨

本条是关于集体违法责任追究的规定。

### 条文解读

根据本条规定,作出决定违法或者实施违法行为的是有关机关、单位、组织集体,法律责任的承担主体为负有责任的领导人员和直接责任人员中的公职人员。监察机关坚持党管干部原则,只对相关人员进行监察,不对机关、单位、组织集体进行监察,严格恪守监察边界。本条体现出监察机关行使权力慎之又慎、自我约束严之又严的一贯作风和要求,为推进全面从严治党提供坚实保证。

集体违法是指有关机关、单位、组织集体作出违法决定或者实施违法行为。根据本条规定，构成集体违法的，必须同时符合以下几个要件：(1)名义要件。必须是以有关机关、单位、组织集体的名义作出违法决定或实施违法行为，既包括以有关机关、单位、组织集体内部领导集体的名义对内作出违法决定或实施违法行为，也包括以有关机关、单位、组织集体的名义对外作出违法决定或实施违法行为。(2)行为要件。有关机关、单位、组织集体必须作出了违法决定或实施了违法行为。若有关机关、单位、组织集体仅仅停留于意志层面、产生了违法意志，并未作出违法决定或实施违法行为，或者有关机关、单位、组织集体仅研究讨论了意图采取的违法行为，但最终未形成有效决定，不属于集体违法。(3)对象要件。违反法律的有关责任人员可被分为两种类型，即负有责任的领导人员和直接责任人员中的公职人员。值得注意的是，并非所有的直接责任人员皆为监察机关追究法律责任的对象，只有那些行使公权力、履行公职的直接责任人员才是承担法律责任的主体。

### 关联法条

《刑法》第30、31条；《公职人员政务处分法》第10条；《中国共产党纪律处分条例》第27条。

## 第二节 管 辖

**第四十八条** 监察机关开展监督、调查、处置，按照管理权限与属地管辖相结合的原则，实行分级负责制。

### 条文主旨

本条是关于分级负责制的规定。

### 条文解读

本条规定的主要目的是明确各级监察机关开展监督、调查、处置活动的管辖范围与职权分工，避免实际工作中的混乱与职责发散，使案件得到及时、正确的处理，保证监察活动的顺利开展。本条明确了监察机关对开展监督、调查、处置事项管辖的一般原则，即监察机关按照管理权限与属地管辖相结合的原则管辖本辖区内的监督、调查、处置事项。这既是党管干部原则在监察体制中的具象化呈现，也是强化党的全面领导的重要制度设计，有助于构建权责明晰、运行高效的监察工作体系。

科学把握本条的规范内涵,必须从以下几点出发:(1)明确本条规定的"管理权限"的含义。"管理权限"是指干部管理权限,比如,国家监察委员会管辖中管干部所涉监察事项、省级监察委员会管辖本省省管干部所涉监察事项等。这种分层管辖模式,确保监察权的行使与干部管理体系相契合。(2)属地管辖问题。属地管辖,是以地域为标准确定监察机关的管辖权,具体而言,是指监察机关在其地域管辖范围内对监察对象的职务违法、犯罪行为进行监督、调查、处置的权限分工。该原则既尊重行政管理的区域性特征,也便于监察机关整合属地资源,提升监督效能,同时与以属地管辖为原则的刑事诉讼管辖模式保持基本衔接。(3)本条规定监察机关开展监督、调查、处置工作时实行分级负责制。结合《中国共产党纪律检查机关监督执纪工作规则》第 7 条的规定,各级监察机关应当按照干部管理权限管辖本辖区内的监督、调查、处置事项,对不同层级的行使公权力的公职人员和有关人员开展监督、调查、处置活动。这种分级负责制,既可以保障监察权的纵向贯通,又可以实现各层级监察机关的权责对等。

### 关联法条

《监察法》第 16、17 条;《中国共产党纪律检查机关监督执纪工作规则》第 7 条;《纪检监察机关处理检举控告工作规则》第 5 条。

---

**第四十九条** 设区的市级以上监察委员会按照管理权限,依法管辖同级党委管理的公职人员涉嫌职务违法和职务犯罪案件。

县级监察委员会和直辖市所辖区(县)监察委员会按照管理权限,依法管辖本辖区内公职人员涉嫌职务违法和职务犯罪案件。

地方各级监察委员会按照本条例第十三条、第五十二条规定,可以依法管辖工作单位在本辖区内的有关公职人员涉嫌职务违法和职务犯罪案件。

监察机关调查公职人员涉嫌职务犯罪案件,可以依法对涉嫌行贿犯罪、介绍贿赂犯罪或者共同职务犯罪的涉案人员中的非公职人员一并管辖并进行调查处置。非公职人员涉嫌利用影响力受贿罪的,监察机关按照其所利用的公职人员的管理权限确定管辖并进行调查处置。

---

### 条文主旨

本条是关于级别管辖的规定。

**条文解读**

本条第 1 款就设区的市级以上监察委员会的管辖权限作出了一般性规定。从中央到地方共设有四级监察委员会,其中,国家监察委员会、省级监察委员会、设区的市级监察委员会三级监察委员会按照管理权限,依法管辖同级党委管理的公职人员涉嫌职务违法和职务犯罪案件。

本条第 2 款就县级监察委员会和直辖市所辖区(县)监察委员会的管辖事项作出了规定。其中,"本辖区"是指本级监察机关所在的县级监察委员会和直辖市所辖区(县)监察委员会的行政管辖区域,各级监察委员会只能依法管辖本行政辖区内的公职人员涉嫌职务违法和职务犯罪案件。此外,对于《监察法实施条例》第 45 条和《监察法》第 15 条第 5 项所称"基层群众性自治组织中从事管理的人员",其所涉监察事项由其所在的县级监察委员会管辖;县级监察委员会向其所在街道、乡镇派出监察机构、监察专员的,派出的监察机构、监察专员可以直接管辖。

本条第 3 款是对地方监察委员会与驻在主管部门的监察机构、监察专员之间管辖权划分的规定。本款与《监察法实施条例》第 13、52 条规定的内容保持紧密衔接。理解地方监察委员会与驻在主管部门的监察机构、监察专员之间的管辖权划分,需要注意以下三个要点:第一,工作单位在地方、管理权限在主管部门的公职人员涉嫌职务违法和职务犯罪,一般由驻在主管部门、有管辖权的监察机构、监察专员管辖。第二,未被授予职务犯罪调查权的监察机构、监察专员在发现监察对象涉嫌职务犯罪线索时,应当及时向派出机关报告,经依法移交后,有关地方监察委员会可以对其展开调查。第三,派驻或派出的监察机构、监察专员被授予了调查权限,在特定情况下经过协商,地方监察委员会依然可以参与联合调查或者独立开展调查。这一管辖权划分规则的设计,既体现出对驻在主管部门监察机构、监察专员优先管辖权的尊重,又通过建立灵活的协同机制打破单一管辖局限,有效平衡"条块关系"的双重治理需求,推动监察资源实现最优配置与高效运转。

考虑到非公职人员无对应的干部管理权限,本条第 4 款专门就非公职人员涉嫌职务犯罪案件的管辖问题作出规定。根据本款规定,在调查涉嫌职务犯罪案件时,若涉案人员中有涉嫌行贿犯罪、介绍贿赂犯罪或者共同职务犯罪的非公职人员,监察机关可以依法将其与涉案的公职人员一并管辖并进行调查处置。这是考虑到职务犯罪具有双向性甚至多向性特征,若仅调查公职人员而放任相关涉案人员,可能出现串供或者证据灭失等情况,也会纵容腐败网络的持续滋生。非公职人员涉嫌利用影响力受贿罪的,应当按照其所利用的公职人员的管理权限确定管辖的监察机关。这体现了腐败治理的系统性以及公权力监督的完整性要求。唯有穿透身份壁垒,方能构建权威高效的监察体制,实现一体推进不敢腐、不能腐、不想腐,深入推进全面从严治党和反腐败斗争。

### 关联法条

《监察法》第16条;《中国共产党纪律检查委员会工作条例》第36条第2款。

---

**第五十条** 上级监察机关对于下一级监察机关管辖范围内的职务违法和职务犯罪案件,具有下列情形之一的,可以依法提级管辖:

(一)在本辖区有重大影响的;

(二)涉及多个下级监察机关管辖的监察对象,调查难度大的;

(三)其他需要提级管辖的重大、复杂案件。

上级监察机关对于所辖各级监察机关管辖范围内有重大影响的案件,必要时可以依法直接调查或者组织、指挥、参与调查。

地方各级监察机关所管辖的职务违法和职务犯罪案件,具有第一款规定情形的,可以依法报请上一级监察机关管辖。

---

### 条文主旨

本条是关于提级管辖的规定。

### 条文解读

提级管辖是监察权转移的一种情况,是对一般管辖原则的变通设计。提级管辖是指上级监察机关在符合法定情形的情况下,对下级监察机关管辖的案件直接进行处理。提级管辖主要是出于对监察工作的高效与正确性的考量,以便于监察机关处理一些难度较大的监察事项。上下级监察机关之间是领导与被领导的关系,上级监察机关对下级监察机关具有提级指挥的权力。下一级监察机关管辖范围内的职务违法和职务犯罪案件,如果在本辖区有重大影响,或涉及多个下级监察机关管辖的监察对象,调查难度大,或涉及其他需要提级管辖的重大、复杂案件,上级监察机关可以不受级别管辖的限制和束缚,针对该案件开展监察工作。

根据本条第2款的规定,上级监察机关在必要时,可以依法对所辖各级监察机关管辖范围内有重大影响的案件直接调查或者组织、指挥、参与调查。一般情况下,上级监察机关只能依法提级管辖下一级监察机关管辖范围内的职务违法和职务犯罪案件,但在特定情况下,上级监察机关也可以办理所辖各级监察机关管辖范围内有重大影响的案件。所谓"必要时",是指该监察机关及其上一级监察机关由于受到主客观条件的限制,皆不能或不适宜调查或者组织、指挥、参与调查某一案件。这种提级管辖模式能够通过层级跃迁突破地方保护,通过资源整合破解能力瓶颈,通过规则输出统一法律适用,最终实现"查办一案、治理一片"的系统性反腐效果。同时,上级监察机关应当优先按照一般管辖的分工,审慎运用提级管辖的权力,避免凡事"大包大揽"导致案件办理左支右绌,以及影响下级监察机关工作的积极性和主动性。

本条第3款是对报请提级管辖的规定。所谓报请提级管辖,是指监察机关因规定事由可以报请上一级监察机关管辖原本属于自己管辖的事项。提级管辖和报请提级管辖都是将管辖权自下而上转移,但对于下级监察机关而言,前者是被动转移,后者是主动转移。在多数情况下,监察机关应当按照级别管辖的原则,监察本辖区内的公职人员涉嫌职务违法和职务犯罪案件。但是,由于本地区实际情况和监察机关的能力、地位等方面的问题,当所辖案件重大、复杂,监察机关不能或者认为自己的能力不足以对案件进行处理的,可以依法报请上一级监察机关对案件予以管辖。通过构建上级主动提级与下级报请提级的双启动机制,建立起一体化的案件管辖体系,既能发挥上级监察机关的统筹协调优势,又能激活基层监察机关的主观能动性,从而有效提升案件办理的质量与效能。

**关联法条**

《监察法》第16、17条;《中国共产党纪律检查机关监督执纪工作规则》第9条。

---

**第五十一条** 上级监察机关可以依法将其所管辖的案件指定下级监察机关管辖。

设区的市级监察委员会将同级党委管理的公职人员涉嫌职务违法或者职务犯罪案件指定下级监察委员会管辖的,应当报请省级监察委员会批准;省级监察委员会将同级党委管理的公职人员涉嫌职务违法或者职务犯罪案件指定下级监察委员会管辖的,应当报送国家监察委员会相关监督检查部门备案。

上级监察机关对于下级监察机关管辖的职务违法和职务犯罪案件,具有下列情形之一,认为由其他下级监察机关管辖更为适宜的,可以依法指定给其他

> 下级监察机关管辖：
> （一）管辖有争议的；
> （二）指定管辖有利于案件公正处理的；
> （三）下级监察机关报请指定管辖的；
> （四）其他有必要指定管辖的。
> 被指定的下级监察机关未经指定管辖的监察机关批准，不得将案件再行指定管辖。发现新的职务违法或者职务犯罪线索，以及其他重要情况、重大问题，应当及时向指定管辖的监察机关请示报告。

### 条文主旨

本条是关于指定管辖的规定。

### 条文解读

本条第 1 款就指定管辖原则的内容作出了基本规定。所谓指定管辖，是指基于上级监察机关对下级监察机关的领导关系，根据上级监察机关的指定而确定监察事项的管辖机关。指定管辖是对级别管辖原则的必要补充，充分增强了监察机关管辖事项的灵活性。指定管辖一般适用于以下两种情况：第一，地域管辖不明的监察事项。第二，由于各种原因，原来有管辖权的监察机关不适宜或者不能办理某监察事项。[1]

本条第 2 款就指定管辖的批准、备案程序作出了规定。本款体现出对监察机关级别管辖一般原则的尊重。本款根据地方监察委员会的级别，将指定管辖的程序进行了差异化设置。第一，设区的市级监察委员会将同级党委管理的公职人员涉嫌职务违法或者职务犯罪案件指定下级监察委员会管辖的，应当报请省级监察委员会批准。具体而言，在指定管辖之前，设区的市级监察委员会必须走"批准"程序，只有经省级监察委员会批准认可，设区的市级监察委员会才可将管辖权指定给下级监察机关。这一规定通过强化上级监察机关的审核权，确保涉及重要公职人员案件的管辖权调整具备充分依据，维护级别管辖的权威性。第二，省级监察委员会将同级党委管理的公职人员涉嫌职务违法或者职务犯罪案件指定下级监察委员会管辖的，应当报

---

[1] 参见中共中央纪律检查委员会中华人民共和国国家监察委员会法规室编写：《〈中华人民共和国监察法〉释义》，中国方正出版社 2018 年版，第 120 页。

送上一级监察委员会相关监督检查部门,即国家监察委员会相关监督检查部门备案。换言之,省级监察委员会将管辖权指定给下级监察机关,不需要事先经过国家监察委员会的批准,仅向其备案即可。此规定赋予省级监察委员会一定的自主决策权,同时通过备案机制实现国家监察委员会对重大案件管辖调整的动态监督,在保障灵活性的同时防范权力滥用风险。值得关注的是,此次《监察法实施条例》的修改中,细致区分了报送程序与报请程序,这不仅清晰界定了不同层级监察机关的权力边界与程序义务,而且彰显了立法技术的精细化与科学化。

本条第 3 款就管辖权的平行转移作出了规定,即上级监察机关对于下级监察机关管辖的职务违法和职务犯罪案件,在特定情形下,可以依法指定给其所管辖的其他下级监察机关管辖。一般情况下,上级监察机关只能依法指定下一级监察机关管辖相关案件,但在管辖有争议、指定管辖有利于案件公正处理、下级监察机关报请指定管辖以及其他有必要指定管辖的情形下,上级监察机关也可以跨多个层级将案件指定给其所管辖的其他下级监察机关管辖,以充分发挥监察机关工作的积极性和主动性,保证监察工作有序开展。以共同职务违法犯罪案件为例,若涉嫌职务违法犯罪行为由分属多个不同行政区域的监察对象共同实施,极易因管辖权归属问题引发争议。此时,上级监察机关可依据本条款,直接指定其中一个下级监察机关将该案件移交更适宜办理的另一个下级监察机关管辖。这样既能避免管辖权推诿导致的办案延误,又能整合优势监察资源,实现对复杂案件的精准打击与高效处置,充分彰显指定管辖制度在化解实践难题中的制度价值。

本条第 4 款就再行指定管辖的原则作出了规定。未经指定管辖的监察机关批准,被指定的下级监察机关不得将案件二次指定管辖。这一禁令旨在遏制指定管辖的随意性,防止因无序转办导致案件办理流程断裂、责任主体模糊,进而造成监察资源错配、管辖体系混乱,最终影响监察工作的权威性与实效性。同时,本款对特殊情形作出规定,当被指定的下级监察机关发现新的职务违法或者职务犯罪线索,以及其他重要情况、重大问题时,应当及时向指定管辖的监察机关请示报告。此举是对监察工作动态性、复杂性的回应,通过建立常态化信息反馈机制,既确保上级监察机关能实时掌握案件进展、及时调整办案策略,也充分维护了上级监察机关的领导权,强化指定管辖制度的严谨性与权威性,推动案件办理实现程序规范与实体公正的双重目标,切实发挥监察制度的治理效能。

**关联法条**

《监察法》第 17 条;《中国共产党纪律检查机关监督执纪工作规则》第 9 条。

第五十二条　工作单位在地方、管理权限在主管部门的公职人员涉嫌职务违法和职务犯罪，一般由驻在主管部门、有管辖权的监察机构、监察专员管辖；经协商，监察机构、监察专员可以按规定移交公职人员工作单位所在地的地方监察委员会调查，或者与地方监察委员会联合调查。地方监察委员会在工作中发现上述公职人员有关问题线索，应当向驻在主管部门、有管辖权的监察机构、监察专员通报，并协商确定管辖。

前款规定单位的其他公职人员涉嫌职务违法的，可以由公职人员工作单位所在地的地方监察委员会管辖。涉嫌职务犯罪的，一般由公职人员工作单位所在地的地方监察委员会管辖；因涉及主管部门管理的公职人员等特殊情形，驻在主管部门的监察机构、监察专员认为由自己管辖或者其他地方监察委员会管辖更为适宜的，经与公职人员工作单位所在地的地方监察委员会协商，可以自行调查或者依法办理指定管辖。

地方监察委员会调查前两款规定案件，应当按程序将立案、留置、移送审查起诉、撤销案件等重要情况通报相关监察机构、监察专员。

### 条文主旨

本条是关于监察机构、监察专员管辖的规定。

### 条文解读

本条第1款就工作单位在地方、管理权限在主管部门的公职人员涉嫌职务违法和职务犯罪的管辖权归属问题作出规定，明确了此类案件管辖的一般原则和特殊原则。通常情况下，工作单位在地方、管理权限在主管部门的公职人员涉嫌职务违法和职务犯罪，一般由驻在主管部门、有管辖权的监察机构、监察专员管辖。这一规则充分尊重干部管理权限的垂直属性，依托驻在主管部门监察力量的专业性与针对性，确保案件调查与处置能够精准契合行业监管特点和人员管理要求。在特殊情况下，监察机构、监察专员与地方监察委员会协商确定管辖事宜，或者与地方监察委员会联合调查。同时，地方监察委员会在工作中发现上述公职人员有关问题线索，应当向驻在主管部门、有管辖权的监察机构、监察专员通报，并协商确定管辖。这种协商机制的设立，综合考量了多重现实因素：一方面，地方监察委员会在属地资源整合、社会关系协调、证据调取等方面具备天然优势；另一方面，案件办理过程中可能需要统筹多方力量，这样可以避免管辖权壁垒导致的资源浪费与效率损耗。通过协商达成管辖共识,既能保障监察工作的专业性,又能发挥属地监察的实践效能,实现案件办理的权威高效。

本条第2款主要就上述单位其他公职人员涉嫌职务违法和职务犯罪的管辖权限作出规定。本款在此次《监察法实施条例》的修改中作出重要改动,对涉嫌职务违法和职务犯罪的管辖权限作出差异化规定。当前述的其他公职人员涉嫌职务违法时,可以由公职人员工作单位所在地的地方监察委员会管辖。当前述的其他公职人员涉嫌职务犯罪时,则以该公职人员工作单位所在地的地方监察委员会管辖为原则,以驻在主管部门的监察机构、监察专员自行管辖或者指定管辖为例外。具体来说,涉嫌职务犯罪时一般由公职人员工作单位所在地的地方监察委员会管辖,但若案件涉及主管部门管理的公职人员,或存在管辖权争议、专业性要求较高等特殊情形,则驻在主管部门的监察机构、监察专员可基于专业判断,与属地监察委员会协商后,自行管辖案件或依法启动指定管辖程序。这种灵活性安排,既尊重了地方监察机关的基础管辖权,又赋予了驻在主管部门的监察机构、监察专员在复杂案件中的主导权,实现专业优势与属地优势的有机结合。通过对职务违法与职务犯罪案件实施差异化管辖,构建起权责清晰、分工合理的监察体系。这不仅强化了对职务犯罪案件的审慎处理,确保调查程序的严谨性与规范性,而且通过管辖权的动态调配,有效提升了监察资源使用效率,为实现监察全覆盖、高质量监督提供了坚实的制度保障。

本条第3款就地方监察委员会在调查前两款规定案件时的通报义务作出规定。地方监察委员会调查前两款规定案件,应当按程序将立案、留置、移送审查起诉、撤销案件等重要情况通报相关监察机构、监察专员。实践中,监察机构、监察专员与地方监察委员会之间需要依法依规加强沟通协作,及时通报问题线索和重要情况,这有利于形成工作合力。值得关注的是,此次《监察法实施条例》的修改对通报规则进行了双重更新:一是突出了通报工作需"按程序",既强调了监察工作的程序意识、规范意识,也为后续细化通报流程、明确责任主体预留了制度接口。二是此次修改将通报对象由"驻在主管部门的监察机构、监察专员"修改为"相关监察机构、监察专员",这是考虑到《监察法》的修改赋予了监察再派出的新权限。这样的表述调整打破原表述的机构限定,为跨层级、跨领域监察协作提供法律支撑,有效实现了监察法律法规间的体系化衔接。

**关联法条**

《中国共产党纪律检查机关监督执纪工作规则》第8条;《纪检监察机关派驻机构工作规则》第16、22—31条。

> 第五十三条　监察机关办理案件中涉及无隶属关系的其他监察机关的监察对象，认为需要立案调查的，应当商请有管理权限的监察机关依法立案调查。商请立案时，应当提供涉案人员基本情况、已经查明的涉嫌违法犯罪事实以及相关证据材料。
>
> 承办案件的监察机关认为由其一并调查更为适宜的，可以报请有权决定的上级监察机关指定管辖。

### 条文主旨

本条是关于商请管辖的规定。

### 条文解读

根据本条第 1 款的规定，监察机关办理案件时发现案件本身涉及无隶属关系的其他监察机关的监察对象，并认为需要立案调查的，应当商请有管理权限的监察机关，对该案件依法立案调查。有管理权限的监察机关，是指有干部管理权限的监察机关，如国家监察委员会管辖中管干部所涉监察事项，省级监察委员会管辖本省省管干部所涉监察事项等。本款规定有利于规范监察机关的立案工作与立案程序，提高监察工作的规范性与统一性，实现国家监察全覆盖。为保持监察工作的连贯性和高效性，本款进一步明确协作要求：在商请立案时，监察机关应当向有管理权限的监察机关完整提供涉案人员基本情况、已经查明的涉嫌违法犯罪事实以及相关证据材料。这一规定通过构建制度化信息共享机制，既为受商请机关快速启动立案程序提供依据，又减少重复调查，实现监察资源的优化配置，推动形成权责清晰、协同有序的监察工作格局。

本条第 2 款是有关指定管辖的规定。承办案件的监察机关认为由其一并调查更为适宜的，可以报请有权决定的上级监察机关指定管辖。此处的"有权决定的上级监察机关"必须是承办案件的监察机关和有管理权限的监察机关的共同上级监察机关。该上级监察机关在接到报请后，应当结合案件复杂程度、证据分布、监察资源配置等实际情况，依法将案件指定给相应的下级监察机关管辖。通过上级机关的统筹协调，可以保障监察管辖工作的规范性与合理性，提升案件办理的质量与效率。

> 第五十四条　公职人员既涉嫌贪污贿赂、失职渎职等严重职务违法和职务犯罪，又涉嫌公安机关、人民检察院等机关管辖的犯罪，依法由监察机关为主调查的，应当由监察机关和其他机关分别依职权立案，监察机关承担组织协调职责，协调调查和侦查工作进度、重要调查和侦查措施使用等重要事项。

### 条文主旨

本条是关于互涉案件由监察机关为主调查的规定。

### 条文解读

本条与《监察法》第 37 条实现了内容上的衔接，明确了《监察法》第 37 条中规定的"由监察机关为主调查"的具体内涵。根据本条规定，公职人员既涉嫌贪污贿赂、失职渎职等严重职务违法和职务犯罪，又涉嫌公安机关、人民检察院等机关管辖的犯罪，依法由监察机关为主调查的，应当由监察机关和其他机关分别依职权立案。监察机关应发挥统筹全局的作用，承担组织协调职责，具体包括协调调查和侦查工作进度、重要调查和侦查措施使用等。这样规定符合《监察法》的立法本意，有助于强化监察机关与公安机关、人民检察院等机关之间的协作配合，提高办理贪污贿赂、失职渎职等严重职务违法和职务犯罪案件的工作效率，加强党对反腐败工作的集中统一领导。在此过程中，监察机关需要公安机关、检察机关协助的，后者应当给予协助。

值得注意的是，"由监察机关为主调查"并不是由监察机关包办其他机关职能管辖范围内的案件。各机关在办理互涉案件时仍应恪守职权边界，独立履行立案、侦查、调查等法定职责。监察机关重在发挥好组织协调职责，推动形成权责清晰、分工明确、配合有序的办案格局，确保案件办理实现政治效果、法律效果与社会效果的有机统一。

### 关联法条

《监察法》第 37 条；《刑事诉讼法》第 19 条；《人民检察院刑事诉讼规则》第 13、17、357 条；《公安机关办理刑事案件程序规定》第 14、29 条；《关于人民检察院立案侦查司法工作人员相关职务犯罪案件若干问题的规定》。

> **第五十五条** 监察机关必要时可以依法调查司法工作人员利用职权实施的涉嫌非法拘禁、刑讯逼供、非法搜查等侵犯公民权利、损害司法公正的犯罪，并在立案后及时通报同级人民检察院。
>
> 监察机关在调查司法工作人员涉嫌贪污贿赂等职务犯罪中，可以对其涉嫌的前款规定的犯罪一并调查，并及时通报同级人民检察院。人民检察院在办理直接受理侦查的案件中，发现犯罪嫌疑人同时涉嫌监察机关管辖的其他职务犯罪，经沟通全案移送监察机关管辖的，监察机关应当依法进行调查。

### 条文主旨

本条是关于监察机关调查司法工作人员职务犯罪的规定。

### 条文解读

根据本条第1款的规定，在必要时，监察机关可以依法调查司法工作人员利用职务之便实施的涉嫌非法拘禁、刑讯逼供、非法搜查等侵犯公民权利、损害司法公正的犯罪，并在立案后及时向同级人民检察院通报。其中，非法拘禁是指非法拘禁他人或者以其他非法手段剥夺他人人身自由，此处专指司法工作人员利用职权实施此类行为；刑讯逼供是指国家司法工作人员采用肉刑或者变相肉刑乃至精神刑等残酷的方式折磨被讯问人的肉体或者精神，以获取其供述的一种极恶劣的刑事司法审讯方式；非法搜查是指司法工作人员违反法律规定，对他人身体、住宅进行搜查的行为。因为上述犯罪同样属于职务犯罪的范畴，监察机关依法拥有管辖该类案件的正当基础。由于检察机关在履行批捕、公诉、刑罚执行监督等职能时，天然接触大量司法活动信息，对诉讼环节的违规行为具有发现优势，以及为保障检察机关履行对诉讼活动的法律监督职责，此类案件一般由检察机关负责侦查。但由监察机关调查更为合适的，可以由其调查并通报检察机关，这体现了监检衔接中以监察为主的衔接思路。同时，本条通过规定及时通报义务，为检察机关提前介入、精准开展法律监督创造条件，确保案件办理符合法定程序与证据标准。

本条第2款规定，监察机关在调查司法工作人员涉嫌贪污贿赂等职务犯罪中，可以对其利用职权实施的涉嫌非法拘禁、刑讯逼供、非法搜查等侵犯公民权利、损害司法公正的犯罪一并调查，并及时通报同级人民检察院。职务犯罪是指国家工作人员、企业工作人员或其他工作人员利用职务之便，进行非法活动或者对工作严重不负责，不履行或不正确履行职责，破坏国家对职务的管理职能，依照刑法应当受到处罚的行为。此处规定的职务犯罪的主体是司法工作人员。其中,贪污是指司法工作人员利用职务上的便利,侵吞、窃取、骗取或者以其他手段非法占有公共财物的行为,或者在国内公务活动或对外交往中接受礼物,依照国家规定应当交公却不交公,数额较大的行为;贿赂是指司法工作人员利用职务之便,索取他人财物或非法收受他人财物,为他人谋取利益的行为,或者在经济往来中,利用职务之便,违反国家规定收受各种名义的回扣、手续费,归个人所有的行为,以及斡旋受贿的行为。规定全案由监察机关管辖,可以通过整合优势调查资源,避免多头侦查调查导致的程序繁琐与证据冲突,显著提升复杂案件的查办效率。与此同时,本条还规定,人民检察院在办理直接受理侦查的案件中,发现犯罪嫌疑人同时涉嫌监察机关管辖的其他职务犯罪,经沟通全案移送监察机关管辖的,监察机关应当依法进行调查。这是通过明确职责分工与程序衔接,有效避免管辖推诿、争夺与重复侦查。

### 关联法条

《刑事诉讼法》第19条;《关于人民检察院立案侦查司法工作人员相关职务犯罪案件若干问题的规定》。

> **第五十六条** 监察机关对于退休公职人员在退休前或者退休后,或者离职、死亡的公职人员在履职期间实施的涉嫌职务违法或者职务犯罪行为,可以依法进行调查。
> 对前款规定人员,按照其原任职务的管辖规定确定管辖的监察机关;由其他监察机关管辖更为适宜的,可以依法指定或者交由其他监察机关管辖。

### 条文主旨

本条是关于对退休、离职、死亡公职人员调查的规定。

### 条文解读

本条第1款规定了监察机关对于退休公职人员在退休前或者退休后,或者离职、死亡的公职人员在履职期间实施的涉嫌职务违法或者职务犯罪行为的调查权。本款表明,凡是在履职期间发生职务违法或职务犯罪的公职人员,皆应接受监察机关的调查,监察机关不因该公职人员退休或离职、死亡而丧失调查权。原公职人员退休后实施涉嫌职务违法或者职务犯罪行为的,不因其已经退离岗位而停止追究责任。该条款的制度设计有三重法治意义：其一，以"零容忍"的反腐态度，传递出反腐败斗争无禁区、全覆盖、零容忍的强烈信号，彻底消除公职人员"退休即安全着陆"的侥幸心理。其二，通过建立终身追责机制，强化法律威慑力，推动形成"不敢腐、不能腐、不想腐"的长效机制。其三，填补了监察对象动态变化中的监督空白，确保国家监察体系的完整性与权威性，切实维护公共利益和法律尊严。同时，该条款采取的是"可以"而非"应当"的表述方式，赋予监察机关一定的自由裁量权，既能够避免因回溯大量历史积案造成有限监察资源的过度消耗，又能使办案力量聚焦于当前重点领域，实现监察资源的科学配置与高效利用。

本条第2款规定了监察机关对于退休公职人员在退休前或者退休后，或者离职、死亡的公职人员在履职期间实施的涉嫌职务违法或者职务犯罪行为的管辖权问题。一般情况下，监察机关对于这类公职人员，按照其原任职务的管辖规定确定管辖的监察机关，这有助于确保管辖权归属与干部管理体系的一致性，维护监察管辖制度的规范性与稳定性。在特殊情况下，本条款赋予监察机关灵活处置的权限。当案件存在管辖权争议，需要整合跨区域资源，或原管辖机关存在回避事由时，监察机关认为由其他监察机关管辖更为适宜的，可以通过前述法定程序进行指定管辖或交由其他监察机关管辖。这样规定既坚守监察管辖的法定原则，又为处理复杂案件预留弹性空间，有效提升了监察机关应对多元案件的能力。

**关联法条**

《公职人员政务处分法》第27条；《中国共产党纪律处分条例》第38条。

# 第四章 监察权限

## 第一节 一般要求

> **第五十七条** 监察机关应当加强监督执法调查工作规范化建设,严格按规定对监察措施进行审批和监管,依照法定的范围、程序和期限采取相关措施,出具、送达法律文书。

### 条文主旨

本条是关于采取监察措施总体要求的规定。

### 条文解读

面对党和人民赋予的神圣权力,监察机关必须始终保持敬畏之心,切实加强纪检监察工作规范化法治化正规化建设,以更高标准、更严要求,打造忠诚干净担当、敢于善于斗争的纪检监察铁军。正因如此,本条针对监察措施的采取,就加强监督执法调查工作规范化建设提出了总体要求。第一,监察措施的采取必须经过严格审批并接受监管。比如根据《监察法》第47条的规定,监察机关采取留置措施,应当由监察机关领导人员集体研究决定;设区的市级以下监察机关采取留置措施,应当报上一级监察机关批准;省级监察机关采取留置措施,应当报国家监察委员会备案。第二,监察措施的采取必须依照法定的范围、程序和期限。比如根据《监察法》第46条第2款的规定,强制到案持续的时间不得超过12小时;需要采取管护或者留置措施的,强制到案持续的时间不得超过24小时。第三,监察措施的采取必须出具、送达法律文书。比如根据《监察法实施条例》第114条的规定,监察机关在采取管护措施时,应由不少于2人的调查人员向被管护人员宣布《管护决定书》。

### 关联法条

《监察法》第5条;《中国共产党纪律检查机关监督执纪工作规则》第3条。

> 第五十八条　监察机关应当根据开展监督执法调查工作的需要、涉嫌职务违法或者职务犯罪行为的严重程度、监察措施适用对象与案件的关联程度,以及采取监察措施的紧急程度等情况,合理确定采取监察措施的对象、种类和期限,不得超过必要限度。禁止违反规定滥用监察措施。

### 条文主旨

本条是关于合理采取监察措施的规定。

### 条文解读

2024年12月修改后的《监察法》,在原有留置措施的基础之上,新增了强制到案、管护、责令候查等监察强制措施。同时,《监察法》和《监察法实施条例》对监察强制措施的期限有明确要求,通常是限定了最长不得超过的期限。如此一来,监察机关在采取监察措施时,不仅要做到依法为之,而且要合理运用监察措施。这集中表现为以下三个问题:一是对哪些对象采取监察强制措施,二是对监察对象采取何种监察强制措施,三是在何期限内采取监察强制措施。比如根据《监察法》第48条第1款的规定,留置时间一般不得超过3个月,但究竟是留置1个月还是2个月便不只是依法监察的问题,还涉及合理监察的问题。

有鉴于此,本条对合理采取监察措施提出了明确要求,这有助于避免监察措施的滥用。概言之,监察机关采取监察强制措施时,需要综合考虑以下因素:一是开展监督执法调查工作的需要,二是涉嫌职务违法或者职务犯罪行为的严重程度,三是监察措施适用对象与案件的关联程度,四是采取监察措施的紧急程度。

> 第五十九条　监察机关在初步核实中,可以依法采取谈话、询问、查询、调取、勘验检查、调查实验、鉴定措施;立案后可以采取讯问、强制到案、责令候查、管护、留置、禁闭、冻结、搜查、查封、扣押、通缉措施。发现存在逃跑、自杀等重大安全风险,在立案前依法对监察法第二十五条第一款第一项、第二项规定的人员采取管护措施的,符合立案条件的应当及时立案。需要采取技术调查、限制出境措施的,应当按照规定交有关机关依法执行。设区的市级以下监察机关在初步核实中不得采取技术调查措施。监察机关采取谈话、函询方式处置问题

> 线索的,适用监察法和本条例关于采取该两项措施的相关规定。
> 
> 开展问责调查,根据具体情况可以依法采取相关监察措施。

### 条文主旨

本条是关于监察措施适用阶段的规定。

### 条文解读

在监察工作的不同阶段,监察机关有权采取的监察措施有所差异。根据本条第 1 款的规定,监察机关在初步核实中,可以依法采取谈话、询问、查询、调取、勘验检查、调查实验、鉴定措施。经审批立案之后,监察机关可以采取更多元的监察措施,主要有讯问、强制到案、责令候查、管护、留置、禁闭、冻结、搜查、查封、扣押、通缉措施。需要说明的是,监察机关无论是在初步核实时还是在立案后,究竟能够采取哪些措施,都应当严格按照《监察法》和《监察法实施条例》对相关监察措施的规定执行,而非在立案后就可以采取上述所有监察措施。此外,根据《监察法》第 25 条第 1 款第 1、2 项的规定,监察机关在立案前可以对特定的人员采取管护措施,但在管护之后应当进行审查,对符合立案条件的应当及时立案。

有些监察措施可由监察机关直接采取,比如同被调查人进行谈话。有些监察措施的采取有赖于其他国家机关的协助,比如根据《监察法实施条例》第 65 条第 1 款的规定,县级以上监察机关经审批后,可以提请公安机关协助采取强制到案、责令候查、管护、留置、搜查措施。有些监察措施的采取,监察机关仅有决定权而无执行权,必须交由其他国家机关执行,比如需要采取技术调查、限制出境措施的,应当按照规定将案件交由公安机关、移民管理机构或者国家有关执法机关依法执行。此外,对于设区的市级以下监察机关而言,其在初步核实中不得采取技术调查措施。正因如此,设区的市级以下监察机关将案件交由公安机关等执行技术调查时,必须提供《立案决定书》,以证明采取技术调查措施的适用对象已经被立案调查,而不是在初步核实阶段。

根据本条第 3 款的规定,监察机关开展问责调查可以采取监察措施,但具体能采取哪些措施则尚未明确。通常来说,以事立案的,一般审查调查措施均可使用;涉嫌职务犯罪的,可对相关责任人员采取讯问、留置等措施。[1]

---

[1] 参见《纪检监察工作常见程序性问题解答》,中国方正出版社 2023 年版,第 88 页。

**关联法条**

《中国共产党纪律检查机关监督执纪工作规则》第 34 条。

> 第六十条　开展讯问、搜查、查封、扣押以及重要的谈话、询问等调查取证工作,应当全程同步录音录像,并保持录音录像资料的完整性。
>
> 对谈话、讯问、询问进行同步录音录像的,谈话笔录、讯问笔录、询问笔录记载的起止时间应当与录音录像资料反映的起止时间一致。谈话笔录、讯问笔录、询问笔录内容应当与录音录像资料内容相符。
>
> 同步录音录像资料应当妥善保管、及时归档,留存备查。监察机关案件监督管理部门应当开展常态化检查。人民检察院、人民法院需要调取同步录音录像的,监察机关应当依法予以提供。

**条文主旨**

本条是关于调查取证同步录音录像的规定。

**条文解读**

同步录音录像既可以促进监察机关依法开展相关工作,亦能够有效保障监察对象和涉案人员的合法权益。根据本条第 1 款的规定,监察机关在开展讯问、搜查、查封、扣押等调查取证工作时,一律要全程同步录音录像;在开展重要的谈话、询问等调查取证工作时,也必须全程同步录音录像。录音录像资料必须保持完整性和连贯性,不能进行任何篡改或伪造。此外,根据《中国共产党纪律检查机关监督执纪工作规则》第 49 条的规定,对涉嫌严重违纪或者职务违法、职务犯罪问题的审查调查,监督执纪人员未经批准并办理相关手续,不得将被审查调查人或者其他重要的谈话、询问对象带离规定的谈话场所,不得在未配置监控设备的场所进行审查调查谈话或者其他重要的谈话、询问,不得在谈话期间关闭录音录像设备。

根据《监察法》和《监察法实施条例》的相关规定,调查人员在开展谈话、讯问、询问等工作时,应当按规定制作谈话笔录、讯问笔录、询问笔录。这些笔录会记明谈话、讯问、询问开始和结束的时间。因此,对谈话、讯问、询问进行同步录音录像的,谈话笔录、讯问笔录、询问笔录记载的起止时间应当与录音录像资料反映的起止时间一致。同时,谈话笔录、讯问笔录、询问笔录内容应当与录音录像资料内容相符。

根据本条第 3 款的规定,同步录音录像资料应当妥善保管、及时归档,留存备查。监察机关案件监督管理部门应当开展常态化检查,发现问题及时纠正并报告。此外,在涉嫌职务犯罪案件移送审查起诉后,人民检察院、人民法院有权依法调取同步录音录像。比如《人民检察院刑事诉讼规则》第 263 条第 2 款规定,"对于监察机关移送起诉的案件,认为需要调取有关录音、录像的,可以商监察机关调取"。当人民检察院、人民法院有调取同步录音录像资料的需要时,监察机关应当依法予以提供。具体来说,经案件审理部门报监察机关主要负责人审批后,由承办的审查调查部门向人民检察院或人民法院提供。

### 关联法条

《监察法》第 44 条第 2 款;《中国共产党纪律检查机关监督执纪工作规则》第 48—50 条;《人民检察院刑事诉讼规则》第 263 条。

---

**第六十一条** 需要商请其他监察机关协助收集证据材料的,应当依法出具《委托调查函》;商请其他监察机关对采取措施提供一般性协助的,应当依法出具《商请协助采取措施函》。商请协助事项涉及协助地监察机关管辖的监察对象的,应当由协助地监察机关按照所涉人员的管理权限报批。协助地监察机关对于协助请求,应当依法予以协助配合。

---

### 条文主旨

本条是关于商请其他监察机关协助调查取证的规定。

### 条文解读

监察机关行使职权离不开其他国家机关的配合协助,其他国家机关既可以是公安机关、审计机关、人民检察院和人民法院等,也可以是其他监察机关。根据本条的规定,监察机关商请其他监察机关协助调查取证,需要按要求出具相应的法律文书:(1)商请其他监察机关协助收集证据材料的,应当依法出具《委托调查函》;(2)商请其他监察机关对采取措施提供一般性协助的,应当依法出具《商请协助采取措施函》。对于依法商请协助的请求,监察机关应当依法予以协助配合。此外,商请协助事项涉及协助地监察机关管辖的监察对象的,应当由协助地监察机关按照所涉人员的管理权限报批。

## 实践样本

四川省安岳县纪委监委牢固树立"一盘棋"思想,切实履行监督首要职责,依托连接成渝的区域优势,探索与重庆市大足区纪检监察机关开展跨区域协同监督。一是建立组织保障制度,与大足区纪委监委组建由"一把手"任组长的纪检协作工作领导小组,建立"毗邻纪检"联席会议制度,为开展协同监督提供组织保障。二是建立协作联动机制,与大足区纪委监委联合制定《跨区域协同合作机制》《跨区域联动监督工作方案》《关于深化协同监督服务成渝地区双城经济圈建设的工作方案》,明确交流培训、信息资源、监督执纪、线索处置、审查调查五个方面合作事项;建立联席会议、日常对接、合作试点三项机制,奠定协同监督坚实基础。三是建立合作试点机制,选取两地七个下辖毗邻乡镇探索开展"点对点"合作试点。例如,安岳县双龙街乡、两板桥镇与大足区高坪镇建立案件联查联办、信息共享共用等合作机制。[①]

## 关联法条

《监察法》第 4 条第 3 款;《中国共产党纪律检查机关监督执纪工作规则》第 11 条第 2 款;《监察机关在调查处理政纪案件中相互协作配合的规定》。

---

**第六十二条** 采取、解除或者变更监察措施需要告知、通知相关人员的,应当依法办理。告知包括口头、书面两种方式,除本条例另有规定外,通知应当采取书面方式。采取口头方式告知、通知的,应当将相关情况制作工作记录;采取书面方式告知、通知的,可以通过直接送交、邮寄、转交等途径送达,将有关回执或者凭证附卷。

无法告知、通知,或者相关人员拒绝接收的,调查人员应当在工作记录或者有关文书上记明。

---

## 条文主旨

本条是关于监察措施使用时的告知通知义务的规定。

---

[①] 参见蹇明芳:《协作配合推进跨区域协同监督》,载中央纪委国家监委网站,https://www.ccdi.gov.cn/yaowenn/202411/t20241127_390463.html。

**条文解读**

监察机关采取、解除或者变更监察措施,均应当依法告知、通知相关人员。第一,告知更具灵活性,可以口头或书面的方式进行,但法律法规明确以书面形式告知的除外,比如《监察法实施条例》第 81 条第 2 款规定的"与被调查人首次谈话时,应当出示《被调查人权利义务告知书》"。第二,通知原则上应以书面方式进行,但法律法规允许以口头方式进行的除外。比如根据《监察法实施条例》第 99 条第 2 款的规定,首次通知到案一般应当以书面方式,确因情况紧急无法书面通知的,可以通过电话等方式通知。第三,采取口头方式告知、通知的,应当将相关情况制作工作记录;采取书面方式告知、通知的,可以通过直接送交、邮寄、转交等途径送达,将有关回执或者凭证附卷。第四,无法告知、通知,或者相关人员拒绝接收的,调查人员应当在工作记录或者有关文书上记明。

**关联法条**

《监察法》第 44 条;《中国共产党纪律检查机关监督执纪工作规则》第 42 条。

---

**第六十三条** 监察机关采取监察措施,依法需要见证人在场的,应当邀请合适的见证人在场。下列人员不得担任见证人:

(一)生理上、精神上有缺陷或者未成年,不具有相应辨别能力或者不能正确表达的人;

(二)与案件有利害关系,可能影响案件公正处理的人;

(三)监察机关的工作人员或者其聘用的人员;

(四)依法协助监察机关采取监察措施的工作人员。

---

**条文主旨**

本条是关于采取监察措施时邀请见证人在场的规定。

**条文解读**

根据《监察法》和《监察法实施条例》的相关规定,监察机关采取某些监察措施时,应当有见证人在场。比如根据《监察法》第 27 条第 1 款的规定,监察机关在搜查时,应当有被搜查人或者其家属等见证人在场。在场的见证人不是随意选择确定的,而必须达到"合适"的要求。本条以反向列举的规定,明确以下人员不得担任见证人:一是生理上、精神上有缺陷或者未成年,不具有相应辨别能力或者不能正确表达的人;二是与案件有利害关系,可能影响案件公正处理的人;三是监察机关的工作人员或者其聘用的人员;四是依法协助监察机关采取监察措施的工作人员。见证人的选取不合理,可能会影响到相关监察执法活动的公正性和合法性,甚至会影响到相关证据的效力。例如,根据《最高人民法院关于适用〈中华人民共和国刑事诉讼法〉的解释》第112条第3项的规定,"是否依照有关规定由符合条件的人员担任见证人",是对电子数据进行合法性审查时的重点内容。

### 关联法条

《最高人民法院关于适用〈中华人民共和国刑事诉讼法〉的解释》第80条。

---

**第六十四条** 监察机关依法变更强制到案、责令候查、管护、留置以及禁闭等监察强制措施的,原监察强制措施自监察机关采取新的监察强制措施之时自动解除。

---

### 条文主旨

本条是关于监察措施因变更而自动解除的规定。

### 条文解读

监察机关可依相关人员的申请,或者自行依法决定变更监察强制措施。前者如《监察法》第50条第2款规定的,被管护人员、被留置人员及其近亲属有权申请变更管护、留置措施。后者如《监察法》第48条第1款规定的,监察机关发现采取留置措施不当或者不需要继续采取留置措施的,应当及时解除或者变更为责令候查措施。为了实现原监察强制措施与新监察强制措施的无缝衔接,本条明确规定,监察机关依法变更监察强制措施,原监察强制措施自监察机关采取新的监察强制措施之时自动解除。既然是"自动解除",便意味着监察机关不需要针对原监察强制措施办理解除手续,原监察强制措施的到期日即为新监察强制措施的开始日。

### 关联法条

《监察法》第48、50、69、74条。

> 第六十五条　县级以上监察机关需要提请公安机关协助采取强制到案、责令候查、管护、留置、搜查措施的,应当按规定报批,请同级公安机关依法予以协助。提请协助时,应当出具提请协助函,列明提请协助的具体事项和建议,协助采取措施的时间、地点等内容,附采取监察措施决定书复印件。
>
> 因保密需要,不宜在采取监察措施前向公安机关告知采取措施对象姓名的,可以作出说明,进行保密处理。
>
> 需要提请异地公安机关协助采取监察措施的,应当按规定报批,向协作地同级监察机关出具协作函件和相关文书,由协作地监察机关提请当地公安机关依法予以协助。

### 条文主旨

本条是关于公安机关协助采取监察措施的规定。

### 条文解读

《监察法》第 49 条第 1 款规定,"监察机关采取强制到案、责令候查、管护、留置措施,可以根据工作需要提请公安机关配合"。在《监察法》相关规定的基础上,本条对公安机关协助采取监察措施作出了详细规定。第一,提请公安机关协助应经审批并出具相关法律文书。这些文书主要是协助函,其中应列明提请协助的具体事项和建议,协助采取措施的时间、地点等内容,并附上采取监察措施决定书复印件。比如提请公安机关采取留置措施的,则应附上《留置决定书》。第二,提请公安机关协助通常遵循"同级协助"的原则,即监察机关向同级公安机关提请协助。监察机关提请不同层级公安机关协助执行的,需要按照《监察法实施条例》第 11 条第 2 款的规定,提请上级监察机关予以协调。第三,一般情况下,监察机关在提请公安机关协助时,应当告知采取措施对象的姓名等信息,但因保密需要不宜在采取监察措施前告知的,可以作出说明,进行保密处理。第四,监察机关可以提请异地公安机关协助采取监察措施。此时,不应当直接向异地公安机关提请协助,而应当按规定报批,由协作地监察机关提请当地公安机关依法予以协助。在报批过程中,监察机关应当向协作地同级监察机关出具协作函件和相关文书,对相关情况作出说明。

### 关联法条

《监察法》第 49 条第 1 款。

## 第二节 证　　据

**第六十六条** 可以用于证明案件事实的材料都是证据,包括:
(一)物证;
(二)书证;
(三)证人证言;
(四)被害人陈述;
(五)被调查人陈述、供述和辩解;
(六)鉴定意见;
(七)勘验检查、辨认、调查实验等笔录;
(八)视听资料、电子数据。

监察机关向有关单位和个人收集、调取证据时,应当告知其必须依法如实提供证据。对于不按要求提供有关材料,泄露相关信息,伪造、隐匿、毁灭证据,提供虚假情况或者阻止他人提供证据的,依法追究法律责任。

监察机关依照监察法和本条例规定收集的证据材料,经审查符合法定要求的,在刑事诉讼中可以作为证据使用。

### 条文主旨

本条是关于证据的种类和法律效力的规定。

### 条文解读

《监察法》第36条列举了"物证""书证""证人证言""被调查人供述和辩解""视听资料""电子数据"等部分证据类型,并赋予其在刑事诉讼中可作为证据使用的法律效力。本条是对《监察法》第36条的类型化补充,增加了"被害人陈述""被调查人陈述""鉴定意见""勘验检查、辨认、调查实验等笔录"。本条第1款明确了监察证据的八种类型,这与《刑事诉讼法》中的法定刑事证据种类保持了高度的一致。而与其不同的地方表现在,当监察调查尚未移送司法机关时,涉嫌职务犯罪的被调查人还不能被作为犯罪嫌疑人和被告人对待。此时,具备该类特征的口供被称为"被调查人陈述、供述和辩解",而非刑事诉讼当中的"犯罪嫌疑人、被告人供述和辩解"。同理,我国刑事证据体系中的"侦查实验笔录"对应的监察证据的表述为"调查实验笔录",这体现了监察调查阶段的特殊性。

《监察法》第 18 条第 1 款规定了监察机关在行使职权过程中有权依法向有关单位和个人了解情况,收集和调取证据,有关单位和个人应当如实提供。在此基础上,《监察法实施条例》第 66 条第 2 款明确,监察机关在向有关单位和个人收集、调取证据时,应当告知其必须依法如实提供证据。可以说,有关单位和个人向监察机关提供证据,乃其应当履行的法定义务。此种义务的强制性与协助性体现了监察机关办案的政治要求,反映了反腐败斗争过程中的人民性。如果有关单位和个人不履行该义务,比如不按要求提供有关材料,泄露相关信息,伪造、隐匿、毁灭证据,提供虚假情况或者阻止他人提供证据等,将依法追究其法律责任。

本条第 3 款是《监察法》第 36 条精神的再强调,即监察机关依照《监察法》和《监察法实施条例》的规定收集的证据材料,经审查符合法定要求的,在刑事诉讼中可以作为证据使用。"可以作为证据使用",意味着无须刑事侦查机关或审查起诉机关再进行调查取证。对此,《人民检察院刑事诉讼规则》第 65 条明确规定,"监察机关依照法律规定收集的物证、书证、证人证言、被调查人供述和辩解、视听资料、电子数据等证据材料,在刑事诉讼中可以作为证据使用"。但是,是否一定能作为职务犯罪案件定罪量刑的依据,还需要由审判机关依法确定,如果相关证据材料被审判机关认为是非法证据,则不能作为刑事诉讼的证据。此外,证据的证明力应当达到刑事诉讼法规定的要求,也就是监察机关收集的证据均经法定程序查证属实,并综合全案证据,对所认定事实已排除合理怀疑。

**实践样本**

M 县某农机公司业务员 R 到县纪委报案,称总经理 Q 让其在指定时间内到县某酒店一层餐厅给某银行领导送交现金数万元。因 R 与受贿人有过当面接触,纪委监委在初步核实过程中,让 R 对照片予以辨认。随后,县纪委监委根据 R 的辨认制作了辨认笔录,调取监控录像、询问证人并查询账户,查实了某银行领导 Z 的受贿事实。而在移送检察机关审查起诉时,检察机关认为 R 辨认照片过少,随即退回补充调查并按照刑事证据中的辨认笔录要求重新制作辨认笔录。① 这表明,检察机关在审查起诉阶段,对于监察机关在职务犯罪调查阶段所收集的证据,按照刑事证据标准予以审查认定。检察机关通过将案件退回补充调查的方式,补足了监察证据在移送刑事司

---

① 参见《纪检监察案例指导:〈中华人民共和国监察法〉篇》,中国方正出版社 2021 年版,第 222 - 223 页。

法时的证据能力瑕疵。

### 关联法条

《监察法》第18、36条;《公职人员政务处分法》第42条;《刑事诉讼法》第50、52、54条;《中国共产党纪律检查机关监督执纪工作规则》第32、34、46、71条;《人民检察院刑事诉讼规则》第194条。

---

**第六十七条** 监察机关认定案件事实应当以证据为根据,全面、客观地收集、固定被调查人有无违法犯罪以及情节轻重的各种证据,形成相互印证、完整稳定的证据链。

只有被调查人陈述或者供述,没有其他证据的,不能认定案件事实;没有被调查人陈述或者供述,证据符合法定标准的,可以认定案件事实。

---

### 条文主旨

本条是关于证据收集和证明标准的规定。

### 条文解读

1. 监察机关应当全面、客观地收集、固定证据

监察机关调查、收集证据,关键是要收集被调查人违法犯罪的证据,但不得进行"有罪推定",要同时收集违法犯罪有或无的证据、重或轻的证据,依法全面、客观地收集证据,而不是一味收集一方面的证据,同时还要对证据进行充分研究分析、鉴别真伪,进而找出案件证据与案件事实之间的客观内在联系,如此才有可能形成本条第1款所规定的"相互印证、完整稳定的证据链"。

2. 只有被调查人陈述或者供述,没有其他证据的,不能认定案件事实

监察机关认定案件事实应当坚持"口供补强"或"言词证据补强"的证据规则,避免产生"孤证定案"的情形。在缺失言词证据的情形下,没有被调查人陈述或者供述的,可通过相互印证的完整证据链形成对案件事实的必要心证。此种心证在监察调查阶段,主要体现为监察机关坚持全面、客观和公正的办案原则,与法院裁判时法官坚持"证据裁判"和"自由心证"原则密切相关。与此类似,根据《刑事诉讼法》第55条第1款的规定,只有被告人供述,没有其他证据的,不能认定被告人有罪和处以刑罚。

**3. 没有被调查人陈述或者供述,证据符合法定标准的,可以认定案件事实**

该规定中的"证据符合法定标准",是指符合证据客观性、关联性与合法性的三方面要求。根据《监察法》第 36 条的内容可知,监察机关在收集、固定、审查、运用证据时,应当与刑事审判关于证据的要求和标准相一致。这表明监察机关在办理职务案件时,应当准用刑事证据规则与刑事证明标准。这对于监察机关办案人员的证据收集、固定与审查判断工作,无疑提出了更高的要求。监察职务违法调查程序从法律后果上表现为非罪的政务处置,并不能与职务犯罪调查程序效果相匹配。但在收集证据的要求上具有同一性,可避免监察调查过程中降低证据收集要求与证明标准,从而因取证违法产生冤假错案。因此,"证据符合法定标准"意味着监察证据须以刑事证据的法定标准为基本参照。同时,"可以"认定案件事实,表明监察机关对于没有言词证据的情形,在证据认定上可享有一定的自由裁量权。这也是对刑事证据规则中的"口供补强"规则的变通适用。即在没有被调查人供述的前提下,监察机关可以通过外围的其他类型证据形成完整密闭的证据链,强化相互印证事实之间的关联性,由此在案件事实认定上达到"排除合理怀疑"的证明标准。

> **实务难点指引**

在没有被调查人陈述或者供述的情况下,还可从其他涉案人员入手收集证据。以受贿犯罪为例,即便受贿人"零口供",仍可全方位收集行贿人供述及相关证人证言(如受贿人亲属及特定关系人、行贿方的财务人员等)作为证实受贿人有无受贿事实的关键一环。一是深度挖掘行贿人信息,尽可能地固定行贿人的供述以及证言,形成"多对一"的证据群效果。二是重点调查行贿人的受益情况、具体请托事项的办理情况、受贿人为行贿人谋利以后的反常操作、行贿细节(数额、时间、地点、环境、动机)等。尤其要关注那些非亲身经历、非作案人员无法讲出的细节,如对行贿人多问几个为什么,穷尽其他可能性,不给对方翻供、翻证留下"后路"。三是及时固定间接证据,完善证据链,如行贿方的财务人员或者受贿人特定关系人的证言,近亲属、同事等能够提供证言证实行/受贿的某个环节,此类证据会对既有证据框架进行补强。[①]

> **实践样本**

本条第 2 款规定的"没有被调查人陈述或者供述,证据符合法定标准的,可以认

---

[①] 参见黄宇翔:《"零口供"案件收集证据需注意什么》,载《中国纪检监察报》2023 年 4 月 26 日,第 6 版。

定案件事实",在实践中常被称作"零口供"办案。海南省某市某涉黑案件是中央扫黑除恶督导组重点督办的案件,该团伙把持村委会长达15年之久,在村里横行霸道,村民稍有不服,就会招来打击报复,甚至被逐出家园,在当地造成恶劣社会影响。当事人到案后,自知罪孽深重,拒不交代问题。海南省纪委监委第八审查调查室的同志迎难而上,从查处征地拆迁领域腐败问题入手,调取核查市、镇、村三级近十年来的上万份档案资料、财务凭证及银行流水,精准锁定当事人侵占征地拆迁补偿款的违法犯罪问题。与此同时,办案人员进村入户,深入田间地头,走访村民群众,逐项逐笔查证落实相关证据,形成完整的证据链,最终"零口供"查实了当事人涉嫌贪污、职务侵占、挪用公款等违法犯罪问题。[①]

### 关联法条

《刑事诉讼法》第55条第1款;《最高人民法院关于适用〈中华人民共和国刑事诉讼法〉的解释》第73条;《人民检察院刑事诉讼规则》第61条;《中国共产党纪律检查机关监督执纪工作规则》第32、46条。

---

**第六十八条** 证据必须经过查证属实,才能作为定案的根据。审查认定证据,应当结合案件的具体情况,从证据与待证事实的关联程度、各证据之间的联系、是否依照法定程序收集等方面进行综合判断。

---

### 条文主旨

本条是关于审查认定证据的规定。

### 条文解读

本条对监察证据的客观性、关联性、合法性提出了总体要求,有助于在监察办案活动中树牢证据思维。

第一,本条对监察证据提出了"查证属实"的要求,体现了作为定案根据的监察证据应当具备客观性。

第二,证据与待证事实的关联程度、各个证据之间的联系则体现了监察机关收集

---

[①] 参见詹君峰、王晓桃:《敢啃硬骨头 彻查"保护伞"》,载《中国纪检监察报》2023年2月20日,第7版。

证据的关联性要求。当完成了监察证据的初步收集工作后,监察机关还应当对收集的证据分析研究、鉴别真伪,寻找证据与案件事实之间的客观内在联系。① 监察证据的认定遵循了印证证明模式的一般性规律,避免了以单纯的口供作为孤立的证据证明的片面性,体现了整体主义正义观的精神。这在《中国共产党纪律检查机关监督执纪工作规则》第 46 条中也表现为对证据链的"相互印证、完整稳定"的要求。

第三,审查认定监察证据的取得是否依照法定程序,属于监察证据收集的合法性要求,同时也是监察机关在认定证据时程序法定原则的内在表达。例如,采取监察措施是否为 2 人以上进行,是否形成笔录、报告等书面材料,是否在法定的时限内进行讯问,是否办理了相应的监察措施手续并出示相关措施文书等,均可作为判断监察调查取证程序合法与否的参考要素。监察证据的审查认定直接影响对被调查人的下一步处理,在程序上必须严格规范,慎之又慎。监察证据的审查认定要经得起审理部门、检察机关和法院的审查,若退回补充调查则影响办案效率。由此,监察证据的审查认定充分借鉴了刑事诉讼中刑事证据客观性、关联性和合法性的审查判断要求,反映了国家监察与刑事司法保持了证据规则上的必要衔接。

**关联法条**

《监察法》第 36、43 条;《中国共产党纪律检查机关监督执纪工作规则》第 32 条;《人民检察院刑事诉讼规则》第 62 条;《最高人民法院关于适用〈中华人民共和国刑事诉讼法〉的解释》第 72、82—146 条。

---

**第六十九条** 监察机关调查终结的职务违法案件,应当事实清楚、证据确凿。证据确凿,应当符合下列条件:

(一)定性处置的事实都有证据证实;

(二)定案证据真实、合法;

(三)据以定案的证据之间不存在无法排除的矛盾;

(四)综合全案证据,所认定事实清晰且令人信服。

---

**条文主旨**

本条是关于职务违法案件证据标准的规定。

---

① 参见中共中央纪律检查委员会中华人民共和国国家监察委员会法规室编写:《〈中华人民共和国监察法〉释义》,中国方正出版社 2018 年版,第 190 页。

### 条文解读

对于监察证据的标准,《监察法》仅在第 36 条第 2 款作出原则性规定,即"监察机关在收集、固定、审查、运用证据时,应当与刑事审判关于证据的要求和标准相一致"。可随之而来的问题是,监察机关既办理职务违法案件,亦办理职务犯罪案件。将监察证据标准等同于刑事诉讼证据标准,虽能够最大限度地保障被调查人的权利,但强行拔高所有监察案件的证据标准会在监察实践中给案件办理带来巨大的困难。为此,《监察法实施条例》第 69、70 条对职务违法案件证据标准与职务犯罪案件调查终结需要达到的证据标准作出明确区分。[①]

根据本条的规定,监察机关办理的职务违法案件,在事实层面应当做到事实清楚,在证据层面应当做到证据确凿。具体来说,证据确凿需要符合以下四方面的条件:一是定性处置的事实都有证据证实。既包括"定性"的事实,即认定职务违法性质的事实;也包括"处置"的事实,即据以作出政务处分等处置决定的事实。二是定案证据真实、合法。三是据以定案的证据之间不存在无法排除的矛盾,这意味着证据之间的关联性符合法律逻辑上的严密性与完整性要求。四是综合全案证据,所认定事实清晰且令人信服。这是指调查人员在对全案证据进行综合考量后,通过逻辑和经验规则的判断,认为已有足够的证据认定案件事实,这种主观确信程度虽然不必达到"排除合理怀疑"的标准,但已具有高度的可能性。[②]

### 关联法条

《监察法》第 36 条第 2 款;《公职人员政务处分法》第 5、43 条;《公务员法》第 63 条第 1 款;《中国共产党处分违纪党员批准权限和程序规定》第 4 条;《事业单位工作人员处分规定》第 3 条第 3 款;《中国共产党纪律检查机关监督执纪工作规则》第 53 条第 1 款。

---

**第七十条** 监察机关调查终结的职务犯罪案件,应当事实清楚,证据确实、充分。证据确实、充分,应当符合下列条件:

(一)定罪量刑的事实都有证据证明;

(二)据以定案的证据均经法定程序查证属实;

---

[①] 参见张红哲:《监察证据标准的理论阐释与优化路径》,载《中外法学》2023 年第 3 期。

[②] 参见宋冀峰:《职务违法证据标准的理解与适用》,载《中国纪检监察报》2022 年 1 月 19 日,第 6 版。

(三)综合全案证据,对所认定事实已排除合理怀疑。

证据不足的,不得移送人民检察院审查起诉。

### 条文主旨

本条是关于职务犯罪案件证据标准的规定。

### 条文解读

根据本条的规定,监察机关调查职务犯罪案件时,应达到事实清楚,证据确实、充分的要求。相比职务违法案件的"证据确凿","证据确实、充分"将待证事实限定在定罪和量刑的事实范围内,限缩了与定罪量刑相关的事实的证据认定范围。"经法定程序查证属实"意味着监察职务犯罪调查程序终结时应交由审查部门履行法定的证据审查程序。此处的法定证据审查并非指人民检察院的审查起诉程序,而是指在监察机关内部由专门部门负责对职务犯罪案件证据的审查工作。全案证据须达到"排除合理怀疑"的证明标准,是刑事诉讼证明标准在监察职务犯罪调查程序中的体现,反映了监察职务犯罪调查与刑事司法程序衔接的证据规则要求。将案件移送司法是监督执纪"四种形态"中最严厉的形式,监察机关在职务犯罪调查终结时审查认定职务犯罪证据采用"排除合理怀疑"的标准,同刑事审查起诉和刑事审判的证据调查标准保持了高度的一致性。另外,当监察证据不足时,退回补充调查或者作出不起诉决定的程序裁量权限应由检察机关掌握。当监察职务犯罪证据存在不足时,应退回监察机关补充调查或由检察机关自行侦查。因此,在职务犯罪案件调查终结前,监察机关应当严格把握证据"确实、充分"的实质内涵,从证据的客观性、关联性与合法性层面强化证据审查的标准要求,避免移送审查起诉后退回案件对办案效率的负面影响。

### 实务难点指引

在实务操作中,对于职务犯罪案件,证据确实、充分的要求首先是指涉及被调查人定罪量刑的每一项事实都有相应证据予以证明。检察机关在通过商请后提前介入监察职务犯罪案件办理时,可对监察机关定罪量刑事实的证据关联性判断起到辅助作用。由此,当出现与定罪量刑事实无关的证据时,应综合全案证据的收集情况对此类证据进行审查,避免将其一律认定为应当排除的证据。

同时,《监察法》与《监察法实施条例》均要求证据收集应贯彻全面客观的精神。当涉及被调查人有罪和无罪、罪轻和罪重的证据时,不能因部分证据在量刑上有利于被调查人而将其忽略,更不可只关注有罪和罪重的证据。涉及被调查人可免于定罪量刑的事实,仍然是监察机关办理职务犯罪案件的证据收集方向之一。此类证据的存在与否、证据数量的多寡、关联性的强弱等因素,直接关乎监察机关在调查终结时是否决定将案件移送检察机关审查起诉。若涉及定罪量刑的证据无法证实被调查人存在移送检察机关追究刑事责任的必要,在职务调查终结时审理部门应对此作出相应的处置建议,例如,由职务犯罪调查程序转为职务违法调查程序等。对于职务犯罪案件证据的合法性问题,在同步录音录像的调取过程中应把握审理部门监督审查此类证据合法性的职责。实际操作中,可能出现因内部同体监督导致审理部门证据审查不严的情形。因此,必要时可建议由上级监察机关审理部门提级对此类证据的合法性作出认定。对于证据不足的认定,实务中要判断待证事实与证据之间存在的强关联性。这不同于监察职务违法调查中"无法排除的矛盾",职务犯罪证据达到的"优势证明标准"体现在"合理怀疑",即在逻辑矛盾之外运用推定的方式仍不能排除合理怀疑的,应当认定为证据不足。

**典型案例**

N县纪委监委对涉嫌挪用公款的县林业局副局长D依法进行立案审查调查并采取了留置措施。由于D在留置场所拒不交代违法犯罪事实,讯问持续了22个小时。D在调查终结后向审理部门提出遭受长时间讯问的情况。通过调取讯问同步录音录像、询问调查人员等方式确认了该情形属实,随后N县纪委监委的审理部门对D在超出法定时间讯问的供述笔录作出了排除的认定结论。[①] 这表明,监察职务犯罪调查程序中未按照法定程序获得的被调查人陈述或者供述,不应当被作为定罪量刑的证据对待。对于此类未经法定程序形成的监察证据不应被作为定案依据,审理部门须在移送审查起诉前对此类证据予以排除。

**关联法条**

《监察法》第52、54条;《刑事诉讼法》第55条;《中国共产党纪律检查机关监督执纪工作规则》第53条;《最高人民法院关于适用〈中华人民共和国刑事诉讼法〉的解释》第140—143条;《人民检察院刑事诉讼规则》第63、355条。

---

[①] 参见《纪检监察案例指导:〈中华人民共和国监察法〉篇》,中国方正出版社2021年版,第224-225页。

> **第七十一条** 调查人员应当依法文明规范开展调查工作。严禁以暴力、威胁、引诱、欺骗以及非法限制人身自由等非法方法收集证据,严禁侮辱、打骂、虐待、体罚或者变相体罚被调查人、涉案人员和证人。
> 
> 监察机关应当保障被强制到案人员、被管护人员、被留置人员以及被禁闭人员的合法权益,尊重其人格和民族习俗,保障饮食、休息和安全,提供医疗服务。

### 条文主旨

本条是关于严禁非法取证和保障相关人员合法权益的规定。

### 条文解读

1. 严禁以非法方式收集证据

以法治思维和法治方式惩治腐败,最直接、最基本的要求就是,监察机关的调查取证工作必须依法文明规范开展,严格依法、严格按标准收集证据,而不得不顾方式方法地先收集证据,待到案件进入司法程序再由司法机关来解决证据合法性的问题。正因如此,《监察法》第43条第2款规定,"调查人员应当依法文明规范开展调查工作。严禁以暴力、威胁、引诱、欺骗及其他非法方式收集证据,严禁侮辱、打骂、虐待、体罚或者变相体罚被调查人和涉案人员"。较之于《监察法》的规定,《监察法实施条例》第71条第1款有两处细微差别:一是对"非法限制人身自由"的收集证据方式予以明确禁止,二是把保护的对象从"被调查人和涉案人员"扩大到"被调查人、涉案人员和证人"。

2. 保障被采取监察强制措施人员以及被禁闭人员的合法权益

本条第2款是2025年修改《监察法实施条例》时新增的。修改前的2021年《监察法实施条例》第100条曾规定,"留置过程中,应当保障被留置人员的合法权益,尊重其人格和民族习俗,保障饮食、休息和安全,提供医疗服务"。考虑到2024年12月修改后的《监察法》增加了强制到案、管护、禁闭等强制措施,于是,2025年修改的《监察法实施条例》第71条第2款整合了原条例第100条的内容,集中对被采取监察强制措施人员以及被禁闭人员的权益保障提出要求,比如应当尊重此类人员的人格和民族习俗,保障其饮食、休息和安全,在有需要时提供医疗服务。其中,保障此类人员的休息,要求在进行讯问时应当合理安排讯问时间和时长,一般情况下,讯问时间应当尽量安排在白天或者夜晚12点之前,讯问持续的时间也不得过长。

### 典型案例

汪某是市水利局政策法规科负责人,2018年6月1日,汪某因涉嫌严重违纪违法被留置。市监委2名调查人员向汪某宣布留置决定,其本人在《留置决定书》上签字接收。24小时内,市监委通知了其单位和家属。在对其家里进行搜查时,严格按照《监察法》的规定进行,不仅出示了搜查证,而且邀请了两名辖区派出所的女干警作为见证人。在搜查中,调查组对现场全程录音录像,扣押的物品清单也全部由汪某的妻子徐某本人签字确认,并有在场人见证。《监察法》规定,监察机关应当保障被留置人员的饮食、休息和安全,提供医疗服务。汪某进入留置场所以来,调查人员"处处小心,时时在意",一天早晚两次体检,提前准备好调理血压血糖的药品,医生和护士在留置点随时待命。在搜查汪某家里时,办案人员发现他家的橱柜里有不少红茶,汪某的妻子徐某说,"他胃里长了息肉,要喝浓红茶暖胃"。汪某被留置以来,办案人员每天都会给汪某泡一杯稍浓点的红茶水。汪某患有腰椎间盘突出的毛病,在讯问时,负责谈话的同志都会定时提醒他站起来走动。①

### 关联法条

《监察法》第50条;《中国共产党纪律检查机关监督执纪工作规则》第43条第2款。

---

**第七十二条** 对于调查人员采用暴力、威胁以及非法限制人身自由等非法方法收集的被调查人供述、证人证言、被害人陈述,应当依法予以排除。

前款所称暴力的方法,是指采用殴打、违法使用戒具等方法或者变相肉刑的恶劣手段,使人遭受难以忍受的痛苦而违背意愿作出供述、证言、陈述;威胁的方法,是指采用以暴力或者严重损害本人及其近亲属合法权益等进行威胁的方法,使人遭受难以忍受的痛苦而违背意愿作出供述、证言、陈述。

收集物证、书证不符合法定程序,可能严重影响案件公正处理的,应当予以补正或者作出合理解释;不能补正或者作出合理解释的,对该证据应当予以排除。

---

① 参见游国顺:《【监察法,我们都在学】之八:采取留置措施应当怎么做?》,载中央纪委国家监委网站,https://www.ccdi.gov.cn/toutiaon/201807/t20180706_93631.html。

### 条文主旨

本条是关于排除非法证据的规定。

### 条文解读

《监察法》第 36 条第 3 款规定,"以非法方法收集的证据应当依法予以排除,不得作为案件处置的依据"。证据的类型、收集、固定和使用必须合法,否则极有可能造成冤假错案,影响监察机关的权威和公信力。在《监察法》上述规定的基础上,《监察法实施条例》对排除非法证据作出了更全面的规定。

1. 言词类非法证据的排除

被调查人供述、证人证言、被害人陈述等属于典型的言词类证据,此类证据具有主观性强的特征,其真实性极易受到暴力、威胁等非法取证方式的影响。[1] 有鉴于此,根据本条第 1 款的规定,若是调查人员采用暴力、威胁以及非法限制人身自由等非法方法收集的言词类证据,一律应予以排除。结合本条第 2 款的规定,"暴力"的方法,是指采用殴打、违法使用戒具等方法或者变相肉刑的恶劣手段,使人遭受难以忍受的痛苦而违背意愿作出供述、证言、陈述;"威胁"的方法,是指采用以暴力或者严重损害本人及其近亲属合法权益等进行威胁的方法,使人遭受难以忍受的痛苦而违背意愿作出供述、证言、陈述。

本条将"变相肉刑"作为非法方法对待,与刑事诉讼中的刑讯逼供行为类型保持了同步。同时,本条例将"暴力"纳入列举的非法方法中,是对《监察法》第 43 条第 2 款内涵的必要延伸。因此,对于"暴力的方法"应理解为不仅包括直接的暴力,而且包括间接的暴力。"变相肉刑"属于间接的暴力行为。从语义上理解,"变相肉刑"是指难以通过肉眼直接观察到却可给被调查人身体造成伤害的违法取证行为。相比于直接暴力,"变相肉刑"作为违法取证行为因具有较强的隐蔽性、间接性以及难以取证等特点,一般难以被察觉探知乃至追责惩戒。例如,长时间的站立、挨饿、罚跪以及不让睡觉等行为,属于常见的"变相肉刑"。虽然没有通过直接的外力对人身造成侵害,但实质上已经超出了调查程序对人身权利侵犯的必要限度。

威胁的方法在构成上包括了"难以忍受的痛苦"的要件事实评价。造成"难以忍受的痛苦"并非现实已经发生的暴力行为所致,而是由未来的、潜在的暴力或者以侵

---

[1] 参见中共中央纪律检查委员会中华人民共和国国家监察委员会法规室编写:《〈中华人民共和国监察法实施条例〉释义》,中国方正出版社 2022 年版,第 117 页。

害近亲属其他合法权益的方法使被调查人或者证人的内心产生担忧、焦虑或者恐惧心理,从而违背自己真实意愿作出陈述、证言、供述。与直接的暴力不同,威胁不仅针对被调查人本人,还包括了被调查人近亲属的其他合法权益。也就是说,威胁从精神上表现为通过尚未发生的危害预期形成了心理上的震慑,被调查人或者证人在承受"难以忍受的痛苦"的程度时,因害怕遭受将来的打击报复或者权益损害而被迫作出陈述、证言、供述。即便在未造成实质危害后果的前提下取得的陈述、证言、供述内容真实,仍可因违反言词证据取得的真实性要求而被排除。

2. 实物类非法证据的排除

较之于言词类证据,诸如物证、书证等实物类证据更具客观性和稳定性。因此,对于某些以非法方式收集的实物类证据,并非一律予以排除。比如根据《刑事诉讼法》第56条第1款的规定,收集物证、书证不符合法定程序,可能严重影响司法公正的,应当予以补正或者作出合理解释。如果不能补正或者作出合理解释,才会对该证据予以排除。相应地,《监察法实施条例》第72条第3款也规定,"收集物证、书证不符合法定程序,可能严重影响案件公正处理的,应当予以补正或者作出合理解释;不能补正或者作出合理解释的,对该证据应当予以排除"。

该规定中的"不符合法定程序",主要包括取证主体、取证手续、取证方式等不符合法律法规的规定。比如根据《监察法实施条例》第144条第1款的规定,进行搜查工作的调查人员不得少于2人,若仅由1人搜查获得的赃物,便属于"不符合法定程序"收集的物证。"可能严重影响案件公正处理"的认定,应综合考虑收集证据违反法定程序以及所造成后果的严重程度等情况。至于如何进行"补正或者作出合理解释",则要求监察机关对取证程序中的缺陷进行有效补救,或者对不符合规定的取证程序进行具有说服力的解释说明。例如,对于搜查笔录中未记载到场的见证人,从而造成证据瑕疵的,调查人员可以通过让见证人陈述搜查过程,或在笔录中进行说明的方式进行补正。①

**关联法条**

《监察法》第36条第3款;《公职人员政务处分法》第42条;《刑事诉讼法》第56、58、60条;《中国共产党纪律检查机关监督执纪工作规则》第71条;《人民检察院刑事诉讼规则》第66—73条;《最高人民法院关于适用〈中华人民共和国刑事诉讼法〉的解释》第123—138条;《关于办理刑事案件严格排除非法证据若干问题的规定》。

---

① 参见肖文鲜:《审核搜查笔录应注意什么》,载《中国纪检监察报》2022年4月6日,第7版。

第七十三条　监察机关监督检查、调查、案件审理、案件监督管理等部门发现监察人员在办理案件中,可能存在以非法方法收集证据情形的,应当依据职责进行调查核实。对于被调查人控告、举报调查人员采用非法方法收集证据,并提供涉嫌非法取证的人员、时间、地点、方式和内容等材料或者线索的,应当受理并进行审核。根据现有材料无法证明证据收集合法性的,应当进行调查核实。

经调查核实,确认或者不能排除以非法方法收集证据的,对有关证据依法予以排除,不得作为案件定性处置、移送审查起诉的依据。认定调查人员非法取证的,应当依法处理,另行指派调查人员重新调查取证。

监察机关接到对下级监察机关调查人员采用非法方法收集证据的控告、举报,可以直接进行调查核实,也可以交由下级监察机关调查核实。交由下级监察机关调查核实的,下级监察机关应当及时将调查结果报告上级监察机关。

### 条文主旨

本条是关于非法取证调查核实程序的规定。

### 条文解读

关于监察机关如何确认证据是非法取得,进而予以排除,本条规定了调查核实的程序。通过调查核实,以便确定相关证据是否为非法方式获取的。根据本条第 1 款的规定,调查核实的启动方式有二:一是主动启动,即监察机关监督检查、调查、案件审理、案件监督管理等部门发现监察人员在办理案件中,可能存在以非法方法收集证据情形的,应当依据职责进行调查核实。二是依控告举报启动,即被调查人控告、举报调查人员采用非法方法收集证据,并提供涉嫌非法取证的人员、时间、地点、方式和内容等材料或者线索,此时监察机关应当受理并进行审核。

经过调查核实,如果确认证据是以非法方式收集的,或者不能排除以非法方法收集证据,则应当进行三方面的处理:一是将有关证据依法予以排除,不得将其作为案件定性处置、移送审查起诉的依据,这体现了对监察工作严谨负责的态度。二是依法处理非法取证的调查人员。比如根据《监察官法》第 52 条第 1 款第 7 项的规定,监察官对被调查人或者涉案人员逼供、诱供,或者侮辱、打骂、虐待、体罚、变相体罚的,应当依法给予处理;构成犯罪的,依法追究刑事责任。三是案件需要继续调查的,监察机关则应另行指派调查人员重新调查取证。

在实践中,对监察机关调查人员采用非法方法收集证据的行为,可以向上级监察机关提出控告、举报。此时,既可以由收到控告、举报的上级监察机关直接进行调查核实,也可以交由下级监察机关调查核实。如果是交由下级监察机关调查核实,那么下级监察机关应当及时将调查结果报告上级监察机关。尚需说明的是,在交由下级监察机关调查核实时,下级监察机关应当指派被控告、举报调查人员之外的其他人员进行调查核实工作。

### 典型案例

根据本条第 1 款的规定,案件审理部门发现监察人员在办理案件中,可能存在以非法方法收集证据情形的,应当依据职责进行调查核实。例如,某县纪委监委按程序依法对该县粮食局副局长 A 涉嫌严重违纪违法问题立案审查调查。A 交代称,2006 年至 2017 年期间,其先后多次收受 B 所送钱款,二人关系密切、送钱模式比较固定,每年春节、"五一"、国庆过节期间 B 都会前往 A 家中拜访看望,B 每次都会送给 A 5 万元现金。上述问题 B 也作出相应交代,双方交代内容吻合,收送钱时间、数额一致,且在 A 家中经依法搜查确实发现了数百万元现金和相关贵重物品。据此,调查组拟认定该问题并按程序移送案件审理部门进行审理。审理人员经认真阅卷后发现,A 女儿在交代其他问题时曾提到,她在北京读书时,2008 年国庆期间 A 均在北京陪她游玩,因此审理人员认为 A 2008 年国庆期间收受 B 现金的相关情况可能存在疑问,提出由调查组进行补充调查。调查组经核查有关航班信息后发现,2008 年国庆期间 A 确实不在该县而在北京,不具备收受 B 现金的时间条件,但其他时间的春节、"五一"、国庆期间 A 确实均在该县并收受了 B 每次 5 万元现金。对此情况,A 解释说他此前在交代问题时内心忐忑、情绪紧张,所以忘记 2008 年国庆期间曾去过北京的情况,现在经组织提醒后才想起该情况。后案件审理部门严格按照证据标准,对存在疑议的 2008 年国庆这笔 5 万元现金未予认定。[①]

### 关联法条

《监察法》第 36、43、51 条;《公职人员政务处分法》第 42、43 条;《监察官法》第 52 条第 1 款第 7 项;《中国共产党纪律检查机关监督执纪工作规则》第 46、55 条。

---

[①] 参见《〈中华人民共和国监察法〉案例解读》,中国方正出版社 2018 年版,第 348－349 页。

> **第七十四条** 对收集的证据材料及扣押的财物应当妥善保管,严格履行交接、调用手续,定期对账核实,不得违规使用、调换、损毁或者自行处理。

### 条文主旨

本条是关于保管证据材料及扣押财物的规定。

### 条文解读

监察机关可运用监察措施调取、查封和扣押实物证据,可通过询问、讯问等方式获取言词证据。因此,对于监察证据的保管对象范围,收集的证据材料包括言词证据与实物证据的原件或者复制件。此类需要固定保管的言词证据一般指的是书面记录,例如被调查人的陈述或者供述笔录、证人证言笔录、勘验检查辨认侦查笔录、鉴定意见。扣押财物的保管,主要是为避免财物被侵吞、挪用情形的发生。在监察全覆盖的总体要求下,严防"灯下黑"需要坚持刀刃向内,须从同体监督出发,明确证据收集、固定和保存的流程规范,职责清晰。通过"不得违规使用、调换、损毁或者自行处理"的禁止性规定,列举了对已收集证据材料违规处置的一些基本情形。这对监察证据保管的内部流程监管提出了明确的要求,即交接和调用必须符合法定程序。通过手续审批实现过程监管,防止监察证据在保管过程中因人为因素造成证据泄露,或者使证据价值受到减损。前者所指的是证据内容的保密性可能因保管不当而受到损害,后者指的是针对不易长期保存的证据,在违规调取时可能导致证据完整性受损从而造成证据证明价值降低的后果。

根据《监察法》第28条的规定,对于已扣押财物的保管应当首先收集原物原件,而后会同持有人或者保管人、见证人,当面逐一拍照、登记和编号,开列清单,由在场人员当场核对、签名之后将清单副本交付财物、文件持有人或者保管人。这从程序上规定须经由2名以上调查人员持工作证件和文书完成。对于一般等价物或者其他有价证券,应开设专用账户,在专门场所由专门人员保管。这表明,监察证据从取得到保管的经手人员须坚持各程序阶段"留痕"的工作方法。定期对账核实要确保"账实相符",这表明监察证据保管的交接、调取手续应受到严格的程序监督。除审批手续的个案监管外,更需要从常态监督层面强化内部的管控规章制度。本条列举的"调换""使用""毁损""自行处理"等禁止性行为,突出强调保管程序的规范性以及对监察证据取得后的证据固定效果。同时,无须保管的财物或者文件原件,应当及时返还给持有人或者占有人。

### 实务难点指引

监察办案涉及部分特定的证据类型时,在保管方法上应注重证据固定的科学性。例如,电子证据的保管不仅要开设专门场所,还应当配备专用的存储设备。尤其是对于"区块链"证据,在保管过程中更应注重数据加密技术的运用。对于保管责任主体的职责分工,监察机关应从保管责任视角强化对保管违规行为的惩治力度。监察证据涉及公职人员的违法与犯罪行为,具备较强的秘密性。保管过程中即使从责任主体上明确了职责分工,但仍不可避免证据违规调换、使用、毁损和自行处理的现象产生,这往往是因为监察机关在办理某一类关联案件时,需要重复使用同一类证据。监察证据在移送司法机关或者作为监察处置依据时,此类违规行为直接涉及刑事证据认定的效力以及监察处置的客观性和公平性。而从检察机关、法院调取监察证据应经由监察机关批准的规定可知,监察证据的保管属于相对封闭的内部管控程序。因而,监察机关更应重视监察证据在收集、固定、保管和移送过程中的审批与监管程序。任何单位和个人都不得以任何借口将被调取、查封、扣押的财物、文件用于调查违法犯罪行为以外的目的,也不得将其毁损或者自行处理,要保证其完好无损。[①] 对于禁止性规定的列举事项,实务中能否作扩张理解?对此,应结合实际情况明确本条禁止性规定的列举事项之间存在对证据价值侵害的相当性。考虑到本条内容并未出现"等"字,因而仅在上述四种情形中才涉及对保管违规行为的判定。

### 关联法条

《监察法》第 28 条;《中国共产党纪律检查机关监督执纪工作规则》第 46—48 条。

---

**第七十五条** 监察机关对行政机关在行政执法和查办案件中收集的物证、书证、视听资料、电子数据,勘验、检查等笔录,以及鉴定意见等证据材料,经审查符合法定要求的,可以作为证据使用。

根据法律、行政法规规定行使国家行政管理职权的组织在行政执法和查办案件中收集的证据材料,视为行政机关收集的证据材料。

---

[①] 参见中共中央纪律检查委员会中华人民共和国国家监察委员会法规室编写:《〈中华人民共和国监察法〉释义》,中国方正出版社 2018 年版,第 146 页。

### 条文主旨

本条是关于行政机关收集的证据可作为监察证据使用的规定。

### 条文解读

为了避免不必要的重复取证,提高监察工作的效率,本条明确规定行政机关收集的证据可作为监察证据使用。具体来说,行政机关在行政执法和查办案件中收集的物证、书证、视听资料、电子数据,勘验、检查等笔录,以及鉴定意见等证据材料,涵盖了行政证据的绝大多数类型。行使国家行政管理职权的组织在行政执法和查办案件中收集的证据材料,视为行政机关收集的证据材料,"视为"的立法技术将"法律法规授权组织"与"受委托组织"在行使国家行政管理职权过程中收集的证据同样作为行政证据对待。

对于行政管理职权的行使方式,本条限定为"行政执法"和"查办案件"。因此,从"视为"行政证据的条款定位中可得出两个结论:第一,不具备上述两项职能的行政主体在履职过程中收集的证据不能作为行政证据对待;第二,当具备执法和办案职能的行政主体在未行使上述两项之一的职能时,收集的证据也不能作为行政证据对待。本条通过对行政证据的取得主体范畴予以扩张解释,并限定了"视为"监察证据的行政证据仅可来源于执法或者办案,排除了通过其他方法获得的行政证据。这表明,在行政执法和办案过程中,通过现场办案或者执法记录形成的一系列证据,在收集标准上已经接近或者等同于监察机关办理职务案件的证据收集要求。监察机关对此类证据的直接认定可避免重复调查收集而导致办案效率减损。

因此,行政执法和办案从职权运行的轨道上可同监察调查形成必要的程序衔接。从《中国共产党纪律检查机关监督执纪工作规则》第 6 条内容可知,行政执法与监察调查在证据上的认定和衔接可实现"纪法贯通"和"法法衔接"的证据衔接效果。由监察证据可作为刑事证据使用的规定可知,行政执法证据作为监察证据使用具备了相当的合理性。经由监察机关的内部审查后,此类行政证据在监察调查过程中可直接作为证据使用,更能提高监察案件尤其是职务违法案件的办案效率。这不仅有助于"行政—监察—刑事"的证据规则体系的构建,而且能反映出监察调查的证据审查标准较之行政证据标准更为严苛。

### 实务难点指引

本条拓宽了监察证据的来源途径,明确了行政执法与监察调查之间的证据衔接标准,也对监察机关审查判断行政执法和行政办案证据的标准提出了更为具体的要求。值得关注的是,在本条规定的监察机关审查认定的行政证据法定类型中,并没有包括当事人陈述、证人证言等言词证据。这是因为此类言词证据的主观性相对较强,在监察调查过程中应当重新收集而非直接认定。在实务中,监察机关应当审慎注意,避免此类行政证据被当作监察证据使用。还需注意,当行政机关配合监察机关开展监察调查时,行政机关协助取得的证据应直接作为监察证据对待。例如,需要公安、司法行政、审计、税务、海关、财政、工业信息化、价格等机关以及金融监督管理等机构予以协助时,监察机关应当要求上述机关在其自身的职权范围内进行协助。当明确行政机关协助取得的证据与本案无关时,监察机关在履行证据审查职责后应将此类证据排除。

### 关联法条

《公职人员政务处分法》第49条;《中国共产党纪律处分条例》第35条;《中国共产党纪律检查机关监督执纪工作规则》第20条第2款;《行政执法机关移送涉嫌犯罪案件的规定》第4、18条;《最高人民法院关于适用〈中华人民共和国刑事诉讼法〉的解释》第75条。

---

**第七十六条** 监察机关对人民法院、人民检察院、公安机关、国家安全机关等在刑事诉讼中收集的物证、书证、视听资料、电子数据,勘验、检查、辨认、侦查实验等笔录,以及鉴定意见等证据材料,经审查符合法定要求的,可以作为证据使用。

监察机关办理职务违法案件,对于人民法院生效刑事判决、裁定和人民检察院不起诉决定采信的证据材料,可以直接作为证据使用。

---

### 条文主旨

本条是关于刑事诉讼中收集的证据可作为监察证据使用的规定。

### 条文解读

1. 刑事司法机关在刑事诉讼中收集的证据材料,经审查可作为监察证据使用

根据本条第1款的规定,在刑事诉讼中,人民法院、人民检察院、公安机关、国家安全机关等均可收集、调取有关证据材料。对于其中的物证、书证、视听资料、电子数据,勘验、检查、辨认、侦查实验等笔录,以及鉴定意见等证据材料,监察机关经审查符

合法定要求的,可以作为证据使用。

准确理解该款的规定,应注意以下三方面的问题:第一,可以作为监察证据使用的证据材料,应是在刑事诉讼中收集的。换言之,人民法院在民事诉讼中收集的证据,人民检察院在办理行政公益诉讼案件中收集的证据,以及公安机关在办理行政处罚案件中收集的证据,均不符合本条第 1 款的规定。第二,该款列举的证据类型中,并没有被调查人供述、证人证言等言词类证据,这意味着此类证据监察机关应当重新收集。第三,即便是刑事司法机关在刑事诉讼中收集的证据,监察机关若要将其运用于监察办案活动中,仍应根据《监察法》等的规定进行充分的审查。

2. 生效刑事裁判和不起诉决定采信的证据材料,可直接作为监察证据使用

人民法院作出的生效刑事裁判文书、人民检察院作出的不起诉决定书,均具有法律上的效力,其采信的证据同样经过了较为严格的认定。而根据《监察法》第 36 条第 2 款的规定,监察机关在收集、固定、审查、运用证据时,应当与刑事审判关于证据的要求和标准相一致。既然如此,对于人民法院生效刑事判决、裁定和人民检察院不起诉决定所采信的证据材料,监察机关在办理职务违法案件时可以直接作为证据使用。

准确理解该款的规定,应注意以下四方面的问题:第一,上述证据材料直接作为监察证据使用仅限于职务违法案件,这意味着监察机关在办理职务犯罪案件时,仍应重新收集相关证据。第二,该款并未具体列举哪些证据材料可直接作为监察证据使用,这意味着所有言词类、实物类证据均可。第三,采信证据材料的判决、裁定应当是"生效刑事判决、裁定",这既要求判决、裁定必须是已生效的,也将判决、裁定的范围限制在刑事领域。第四,如果人民法院、人民检察院依法改变原生效判决、裁定、决定,监察机关应当根据改变后的判决、裁定、决定重新作出相应处理。

### 实务难点指引

根据本条第 1 款的规定,人民法院、人民检察院、公安机关、国家安全机关等在刑事诉讼中收集的证据材料,经审查符合法定要求的,可以作为证据使用。该规定中的"等"字应理解为"等外等"。这是因为根据《刑事诉讼法》第 308 条的规定,军队保卫部门、中国海警局、监狱同样有权根据《刑事诉讼法》的规定办理刑事案件,此类主体在刑事诉讼中收集的证据,同样应当适用《监察法实施条例》第 76 条第 1 款的规定。

### 关联法条

《公职人员政务处分法》第 49 条;《中国共产党纪律处分条例》第 35 条。

## 第三节 谈 话

> **第七十七条** 监察机关对涉嫌职务违法的监察对象,可以依法进行谈话,要求其如实说明情况或者作出陈述。
>
> 谈话应当个别进行。负责谈话的人员不得少于二人。

### 条文主旨

本条是关于采取谈话措施的总体规定。

### 条文解读

修改前的2021年《监察法实施条例》曾在第70条第1款规定,"监察机关在问题线索处置、初步核实和立案调查中,可以依法对涉嫌职务违法的监察对象进行谈话,要求其如实说明情况或者作出陈述"。可以发现,该规定将谈话的场域限制在"问题线索处置、初步核实和立案调查"。但是在实践中,监察机关还可以在调查之后的审理、处置环节与监察对象进行谈话,比如根据《监察法实施条例》第231条的规定,对于有职务违法行为但情节较轻的公职人员,监察机关可以通过"谈话"的方式进行处理。正因如此,修改后的《监察法实施条例》删去了上述限制谈话运用场域的规定。

从谈话方式上看,监察机关开展谈话应个别进行。这表明监察机关在调查、监督和处置的履职过程中应从第一种形态的设计目的上保护监察对象,对存在职务违法的监察对象苗头性、倾向性问题予以提前发现和提早处置。同时,谈话的"个别进行"还可体现谈话内容的秘密性,从而避免多名被谈话人交互式的沟通导致谈话内容泄露或者相互串供。

从谈话主体上看,监察机关开展谈话不得少于2人,这是为了确保谈话主体与被谈话人之间的程序规范性。2人以上进行谈话,可有效避免单独谈话引发的口供失实或者程序不公现象,同时还可对意外情形的发生起到有效的监督效果。同时,由2人以上的监察工作人员进行谈话,还可保障谈话主体的人身安全性。

### 实务难点指引

谈话应在工作场地个别进行,表明了此类谈话应当避免被谈话人在单位产生"犯事了"的"刻板印象",而应作为监察机关日常教育和监督的常态模式。同时,"个别进行"还意味着存在多个谈话对象的时候,通过个别谈话可以有效地把握谈话对象的沟通形态,避免"座谈会式"的谈话导致被谈话人之间产生虚假供述或者串供的情形,从而无法达到预期的"了解情况"效果。在工作场地谈话,应当选取相对敞亮透明的地方,而非在狭小密闭幽暗的空间。谈话主体在交谈过程中应避免采用讯问的工作态度,以防止造成被谈话人理解上的偏差或者误会。从谈话的效果上看,应当尽可能避免让被谈话人处于焦虑或者惶恐状态。在实务办案中,监察机关应明确谈话的基本目标,即并非为作出政务处分或者移送司法机关而进行谈话。谈话主体在工作场地应当公开地明确告知被谈话人以及单位负责人等相关人员,在接下来可能进行的对话事项,避免因过度猜测让被谈话人承担不必要的压力。对于本条设定的谈话场景,立法已经在谈话事项的内容上将其限定为一般性的问题线索。超出一般性问题线索的内容,应当经过监察机关的批准后,由审查调查部门负责针对其他职务违法或者职务犯罪线索的谈话措施,或者适用职务违法调查或者职务犯罪调查中的监察措施,例如询问、讯问等。

### 关联法条

《监察法》第 19、20 条;《公职人员政务处分法》第 12 条;《中国共产党纪律检查委员会工作条例》第 35、36 条;《中国共产党纪律检查机关监督执纪工作规则》第 26—31 条。

> **第七十八条** 对一般性问题线索的处置,可以采取谈话方式进行,对监察对象给予警示、批评、教育。谈话应当在监察机关谈话场所、具备安全保障条件的工作地点等场所进行,明确告知谈话事项,注重谈清问题、取得教育效果。

### 条文主旨

本条是关于采取谈话措施处置一般性问题线索的规定。

### 条文解读

根据本条的规定,监察机关可以用谈话的方式处置一般性问题线索。此处的"一般性问题线索"是较之于严重违法线索而言的,也可理解为《监察法》第 52 条第 1 款第 1 项规定的"有职务违法行为但情节较轻"情形中的线索。本条主要涉及两个方面的事项:一是谈话地点的选择,即"应当在监察机关谈话场所、具备安全保障条件的工作地点等场所进行",比如监察机关的办公场所、监察对象所在单位的会议室等。二是谈话需要达到的效果,即同监察对象进行谈话,应明确告知其谈话事项,要做到谈清问题、取得教育效果。对于"谈清楚问题"的要求,须明确"清楚"的标准及其限度。"清楚"包含了反映一般性问题线索的形成原因、经过和结果的基本情况。而谈话中的"清楚"从效果上指向了一般性问题线索同被谈话人存在何种关联,对监察机关开展下一步处置有何作用等方面。

### 实践样本

本条对谈话地点的选择提出了明确要求,总的来说谈话地点应有利于谈话工作的有效开展,有助于取得预期的谈话效果。例如,天津市纪委监委负责同志带领第二监督检查室工作人员,在某区纪委监委机关会客室,与一名市管干部面对面谈心谈话,核实相关问题线索。市纪委监委第二监督检查室负责人介绍,"考虑到这名同志正处于术后康复期,又是一般性问题线索,为减轻其心理压力,谈话地点特意选在了气氛相对轻松的会客室"。[①]

### 关联法条

《监察法》第19条;《中国共产党纪律检查机关监督执纪工作规则》第15、21、27、28条。

---

**第七十九条** 采取谈话方式处置问题线索的,经审批可以由监察人员或者委托被谈话人所在单位主要负责人等进行谈话。

监察机关谈话应当形成谈话笔录或者记录。谈话结束后,可以根据需要要求被谈话人在十五个工作日以内作出书面说明。被谈话人应当在书面说明每页签名,修改的地方也应当签名。

委托谈话的,受委托人应当在收到委托函后的十五个工作日以内进行谈话。谈话结束后及时形成谈话情况材料报送监察机关,必要时附被谈话人的书面说明。

---

### 条文主旨

本条是关于采取谈话措施处置问题线索工作要求的规定。

---

① 参见王小明、拜飞:《个性化谈话解心结》,载《中国纪检监察报》2021年8月27日,第3版。

### 条文解读

在《监察法实施条例》第 78 条的基础上，本条进一步明确了以谈话措施处置问题线索的工作要求。第一，具体负责谈话的主体。根据本条第 1 款的规定，谈话既可以由监察人员进行，也可以由被谈话人所在单位主要负责人进行，其中，被谈话人所在单位主要负责人是通过接受监察机关的委托进行谈话的。此外，无论由何主体进行谈话，均需履行"经审批"的手续。第二，如果是由监察机关的监察人员进行谈话，那么应当形成谈话笔录或者记录。根据本条第 2 款的规定，在谈话结束之后，监察机关可以根据需要要求被谈话人在 15 个工作日以内作出书面说明。书面说明的每页均应有被谈话人的签名，若有修改的地方还应在修改处签名。第三，如果是委托被谈话人所在单位主要负责人进行谈话，监察机关应当向受托人所在单位发送委托函，该受委托人应在收到委托函后的 15 个工作日以内进行谈话。谈话结束后及时形成谈话情况材料报送监察机关，必要时附被谈话人的书面说明。

### 实务难点指引

根据本条第 2、3 款的规定，被谈话人作出书面说明的前提是"根据需要"或者"必要时"。实践中若有以下三种情况，在谈话结束后可让被谈话人进行书面说明：一是以谈话方式处置问题线索过程中程序要素不完备。如谈话过程只形成了简单的工作记录、制作的谈话笔录存在缺陷等。为了强化监督执纪的严肃性，弥补程序要素不完备的瑕疵，可以在谈话结束后让被谈话人作出书面说明。二是通过谈话及前期核查仍然没有把问题查清楚的。如被反映人否认存在被反映的问题，但否认理由不充分、不具体或者被反映人在谈话中说明的情况存在明显问题，为了进一步核实情况、呈现事实，可以在谈话结束后让被谈话人作出书面说明。三是通过对被反映人谈话后，发现被反映人涉嫌违纪或者职务违法、职务犯罪问题，需要追究纪律和法律责任，下一步即将针对被反映人涉及的相关问题开展初核，为了进一步做足准备、固定证据，可以在谈话结束后让被谈话人作出书面说明。[①]

### 关联法条

《监察法》第 19 条；《中国共产党纪律检查机关监督执纪工作规则》第 15、21、27、28 条。

---

[①] 参见郭威：《哪些情形被谈话人要写出书面说明》，载中央纪委国家监委网站，https://www.ccdi.gov.cn/hdjln/nwwd/202011/t20201116_18663_m.html。

> **第八十条** 监察机关开展初步核实工作,一般不与被核查人接触;确有需要与被核查人谈话的,应当按规定报批。

### 条文主旨

本条是关于在初核阶段与被核查人谈话的规定。

### 条文解读

根据《中国共产党纪律检查机关监督执纪工作规则》第34条第1款的规定,在初步核实阶段,"核查组经批准可以采取必要措施收集证据,与相关人员谈话了解情况"。应予注意的是,该规定中的"相关人员"一般不包括被核查人。这是因为在初步核实阶段不与被核查人谈话,"能有效控制知悉范围、缩小影响,防止发生串供或者毁灭、伪造证据,以及打击报复检举控告人等情况"[1]。当然,监察机关在开展初步核实工作时,并非一律不得与被核查人接触谈话,确有需要并经批准,可以与被核查人谈话。从既往的实践来看,所谓"确有需要"主要指外围调查基本结束,相关事实已基本查清;被核查人有串供、伪造证据等可能,亟须与其谈话固定证据;核查人主动要求谈话等确有谈话必要的情形。[2]

### 关联法条

《中国共产党纪律检查机关监督执纪工作规则》第33—35条。

> **第八十一条** 监察机关对涉嫌职务违法的被调查人立案后,可以依法进行谈话。
>
> 与被调查人首次谈话时,应当出示《被调查人权利义务告知书》,由其签名、捺指印。被调查人拒绝签名、捺指印的,调查人员应当在文书上记明。对于被调查人未被限制人身自由的,应当在首次谈话时出具《谈话通知书》。
>
> 与涉嫌严重职务违法的被调查人进行谈话的,应当全程同步录音录像,并告知被调查人。告知情况应当在录音录像中予以反映,并在笔录中记明。

---

[1] 中共中央纪律检查委员会中华人民共和国国家监察委员会法规室编写:《〈中华人民共和国监察法实施条例〉释义》,中国方正出版社2022年版,第130页。

[2] 参见《纪检监察实务问答》,中国方正出版社2023年版,第113页。

### 条文主旨

本条是关于立案后与被调查人谈话的规定。

### 条文解读

从监察调查的法定权限范畴上讲,谈话也属于职务违法调查程序中可采取的监察措施种类之一。被调查人在被正式立案后,监察机关可就被调查人涉嫌职务违法的问题先进行谈话,再进行询问或者在采取留置措施后实施讯问。监察机关对被调查人的首次谈话应注重告知义务的履行。《被调查人权利义务告知书》在内容设计上应当有别于一般性问题线索处置的事项告知,同时需要判断实际办案过程中被调查人是否已经被采取了限制人身自由的监察措施。从本条第2款的规定可知,签名、捺指印作为告知义务履行过程中的文书记载必要事项之一,由法定程序确立了何谓明示的知晓情况,体现了针对被调查人的谈话程序的规范要求。

此外,本条对被调查人拒绝的情况予以记载说明的规定,还表明了被调查人在谈话过程中具有对《被调查人权利义务告知书》的出示过程或者内容提出异议的权利。而与涉嫌严重职务违法的被调查人在谈话过程中应当全程同步录音录像,这表明谈话过程中获得言词证据的要求应与询问和讯问的标准保持一致。这是因为,严重职务违法与职务犯罪行为在监察调查过程中可适用留置措施,这与监察措施的人身自由强制程度保持了一定的匹配。因此,既可确保谈话证据与讯问证据在证据标准上的同步,还能简化不同类别证据的审查过程,并可降低不同监察阶段言词证据衔接的审查难度。

### 实践样本

某市纪委监委在初步核实市场监管局J滥用职权的严重职务违法行为后,决定对J正式立案调查。监察调查人员在与J首次谈话前,出示了《被调查人权利义务告知书》,告知J谈话事项并要求其签字、捺指印,J对此予以拒绝。于是监察调查人员将此情况在文书上予以记载,并向市纪委监委汇报。由于J的严重职务违法行为可能要适用留置措施,因此在谈话之前监察调查人员告知了J谈话过程将全程同步录音录像。这表明,对于严重职务违法的被调查人,在正式立案后不仅同样可以对其采取谈话的方式了解情况,而且应对其谈话的过程全程录音录像。对于被调查人拒绝签字、捺指印的行为,体现了被调查人对谈话记录的真实性质疑的个人意愿。

### 关联法条

《中国共产党纪律检查机关监督执纪工作规则》第39、43、48、49条。

---

**第八十二条** 立案后,与被责令候查人员或者未被限制人身自由的被调查人谈话的,应当在具备安全保障条件的场所进行。

调查人员按规定通知被调查人所在单位派员或者被调查人家属陪同被调查人到指定场所的,应当与陪同人员办理交接手续,填写《陪送交接单》。

---

### 条文主旨

本条是关于"走读式"谈话的规定。

### 条文解读

在监察立案之后,并非所有的被调查人均被采取留置等强制措施,还有相当一部分被调查人被采取的是责令候查措施,或者未被限制人身自由。此时,监察机关与其进行谈话,在实践中被称作"走读式"谈话。与被采取留置等限制人身自由措施的被调查人进行谈话,谈话场所的安全通常是有保障的。但是,对未被限制人身自由的被调查人而言,与其进行谈话便应注意谈话场所的安全保障问题。因此,根据本条第1款的规定,"走读式"谈话"应当在具备安全保障条件的场所进行"。此外,《关于进一步做好"走读式"谈话安全工作的意见》对"走读式"谈话场所的选择提出了明确意见。为了更好地保障"走读式"谈话中被调查人的安全,在谈话场所确定之后,监察机关的调查人员应当通知被调查人所在单位派员或者被调查人家属陪同被调查人到指定场所。待被调查人到达谈话场所之后,调查人员应当与陪同人员办理交接手续,填写《陪送交接单》。

### 关联法条

《中国共产党纪律检查机关监督执纪工作规则》第28条第2款。

---

**第八十三条** 调查人员与被强制到案人员、被管护人员、被留置人员或者被禁闭人员谈话的,按照法定程序在执行相关监察强制措施的场所进行。

> 与在押的犯罪嫌疑人、被告人谈话的,应当持以监察机关名义出具的介绍信、工作证件,商请有关案件主管机关依法协助办理。
> 与在看守所、监狱服刑的人员谈话的,应当持以监察机关名义出具的介绍信、工作证件办理。

### 条文主旨

本条是关于与被限制人身自由人员谈话的规定。

### 条文解读

相较于《监察法实施条例》第 82 条,本条规定的谈话对象是被限制人身自由人员。第一,与被强制到案人员、被管护人员、被留置人员或者被禁闭人员谈话,是在执行相关监察强制措施的场所进行。比如调查人员与被留置人员进行谈话,则应在相应的留置场所进行。第二,刑事案件的犯罪嫌疑人、被告人一般被羁押在看守所,此时,与在押的犯罪嫌疑人、被告人谈话,调查人员应当持以监察机关名义出具的介绍信、工作证件,商请有关案件主管机关依法协助办理。比如当案件进入法院审理阶段时,有关案件主管机关便是负责审理该案的人民法院。第三,服刑人员通常身处看守所或者监狱,若调查人员需要与其进行谈话,应当持以监察机关名义出具的介绍信、工作证件办理。

### 实务难点指引

本条第 2 款规定的谈话对象是"在押的犯罪嫌疑人、被告人",但实践中尚有未被羁押的犯罪嫌疑人、被告人,即被采取取保候审措施的犯罪嫌疑人、被告人,与此类似,本条第 3 款规定的谈话对象是"在看守所、监狱服刑的人员",但实践中同样有(暂)未在看守所、监狱服刑的人员,比如被判处管制,或者被暂予监外执行的罪犯。与此类人员进行谈话,由监察机关的调查人员直接进行即可。[①]

### 关联法条

《监察法》第 19、20、50 条。

---

[①] 参见中共中央纪律检查委员会中华人民共和国国家监察委员会法规室编写:《〈中华人民共和国监察法实施条例〉释义》,中国方正出版社 2022 年版,第 136 页。

> 第八十四条　与被调查人进行谈话,应当合理安排时间、控制时长,保证其饮食和必要的休息时间。

**条文主旨**

本条是关于谈话时长的规定。

**条文解读**

本条规定的"合理安排时间",是指监察机关对谈话时间的选取,应当符合正常的作息规律,比如尽量安排在白天或者夜晚12点之前进行谈话。而"控制时长"既包括单次谈话的时长,也包括累计谈话的时长。比如在同一时间段内,多次谈话累计时长也不应超过24小时,且每次谈话的时长不应超过4个小时。无论谈话对象是被监察机关限制人身自由的被调查人,还是在押的犯罪嫌疑人、被告人,在看守所、监狱服刑的人员,或是未被限制人身自由的被调查人,监察机关在同其谈话时,均应保证其饮食和必要的休息时间,这一规定是为了让被调查人在谈话时保持较好的身体和精神状态。缺乏休息的谈话可能导致陈述或者供述存在自愿性瑕疵,在此种情形下的谈话甚至可能因系被调查人被迫作出的而导致证据失效。

**关联法条**

《监察法》第50条第3款;《中国共产党纪律检查机关监督执纪工作规则》第43条第2款。

> 第八十五条　谈话笔录应当在谈话现场制作。笔录应当详细具体,如实反映谈话情况。笔录制作完成后,应当交给被调查人核对。被调查人没有阅读能力的,应当向其宣读。
> 　　笔录记载有遗漏或者差错的,应当补充或者更正,由被调查人在补充或者更正处捺指印。被调查人核对无误后,应当在笔录中逐页签名、捺指印。被调查人拒绝签名、捺指印的,调查人员应当在笔录中记明。调查人员也应当在笔录中签名。

**条文主旨**

本条是关于谈话笔录制作要求的规定。

### 条文解读

《监察法》对谈话笔录的制作有所要求,但相关规定比较零散。例如,根据《监察法》第44条第1款的规定,谈话应当形成笔录等书面材料。再如,根据《监察法》第50条第3款的规定,谈话笔录由被谈话人阅看后签名。《中国共产党纪律检查机关监督执纪工作规则》同样有相关规定,比如第28条第2款规定,"由纪检监察机关谈话的,应当制作谈话笔录"。在上述相关规定的基础上,《监察法实施条例》第85条对谈话笔录的制作要求予以集中规定。

准确理解该条的规定,应注意以下三方面的事项:第一,谈话笔录的制作时间及内容。根据本条第1款的规定,谈话笔录应当在谈话现场制作。这可以有效避免谈话工作人员或者谈话对象因事后记忆模糊造成内容失真,或者发生其他弄虚作假情形。同时,谈话笔录在内容上应当尽可能详细具体,要如实反映谈话的具体情况。第二,谈话笔录制作完成后的核对。为确认被调查人在谈话过程中的口头陈述与笔录记载内容之间是否存在一致性,笔录制作完成后应当交给被调查人核对;若被调查人没有阅读能力,则应当向其宣读。第三,谈话笔录的补充更正及签名、捺指印。被调查人核对无误后,应当在笔录中逐页签名、捺指印;其拒绝签名、捺指印的,调查人员应当在笔录中记明。当然,谈话笔录记载有遗漏或者差错的,应当补充或者更正,由被调查人在补充或者更正处捺指印。

### 实务难点指引

实体要素、程序要素和格式要素,可谓谈话笔录的必备要素。一是实体要素,可将其概括为"七何"要素,即何时、何地、何人、何事、何因、何果、何经过,只有把这七个方面都弄清楚了,才能全面反映事物发生、发展的客观逻辑。二是程序要素,是指必须满足《监察法》及《监察法实施条例》对谈话的要求,比如与被调查人首次谈话时,应当出示《被调查人权利义务告知书》,由其签名、捺指印。三是格式要素,这是相关法律规定对询问、讯问笔录在基本格式上的规范和要求。[1]

### 关联法条

《监察法》第44、50条;《中国共产党纪律检查机关监督执纪工作规则》第28条第2款。

---

[1] 参见黄璞:《制作谈话笔录的基本要求》,载《中国纪检监察报》2022年11月2日,第7版。

> **第八十六条** 被调查人请求自行书写说明材料的,应当准许。必要时,调查人员可以要求被调查人自行书写说明材料。
>
> 被调查人应当在说明材料上逐页签名、捺指印,在末页写明日期。对说明材料有修改的,在修改之处应当捺指印。说明材料应当由二名调查人员接收,在首页记明接收的日期并签名。

### 条文主旨

本条是关于被调查人自行书写说明材料的规定。

### 条文解读

监察机关在同被调查人进行谈话后,除了根据《监察法实施条例》第85条的规定制作谈话笔录以外,亦可视情况由被调查人自行书写说明材料。第一,调查人自行书写说明材料包括两种具体情形:一是被调查人请求自行书写,对此被请求监察机关及其调查人员应当准许;二是调查人员在必要时要求被调查人自行书写,比如被调查人亲自书写说明材料,更能全面客观反映案件情况的,便可要求其自行书写。第二,自行书写的说明材料应当符合一定的形式要求,特别是根据本条第2款的规定,被调查人应当在说明材料上逐页签名、捺指印,在末页写明日期。被调查人对说明材料有修改的,在修改之处应当捺指印。第三,调查人自行书写的说明材料应当由2名调查人员接收,调查人员须在首页记明接收的日期并签名。

### 实务难点指引

《监察法实施条例》第85、86条分别规定了谈话笔录的制作和说明材料的自行书写。由于谈话笔录是对被调查人所述内容的客观记载,因此谈话笔录与说明材料在内容上有颇多相同之处。但需要注意的是,被调查人的说明材料不能代替谈话笔录。一般来讲,对于案件的重要事实和情节,事关定性处置的关键内容,被调查人已经自行书写说明材料的,调查人员也应当进行谈话并制作笔录。[①]

### 关联法条

《中国共产党纪律检查机关监督执纪工作规则》第28条第2款。

---

[①] 参见中共中央纪律检查委员会中华人民共和国国家监察委员会法规室编写:《〈中华人民共和国监察法实施条例〉释义》,中国方正出版社2022年版,第140页。

> **第八十七条** 本条例第八十一条至第八十六条的规定,也适用于在初步核实中开展的谈话。

### 条文主旨

本条是关于初步核实谈话规则适用的规定。

### 条文解读

从《监察法实施条例》的文本来看,第 80 条对初步核实阶段的谈话作出了规定,第 81—86 条的规定针对的则是立案调查后的谈话。事实上,初步核实阶段的谈话与立案调查后的谈话,并没有太多的实质性差别。正因如此,《监察法实施条例》第 87 条是一个引致条文,明确在初步核实中开展谈话,同样应适用《监察法实施条例》第 81—86 条的相关规定。例如,《监察法实施条例》第 84 条规定,"与被调查人进行谈话,应当合理安排时间、控制时长,保证其饮食和必要的休息时间"。与此相同,与被核查人谈话亦应合理安排时间、控制时长。

## 第四节 讯 问

> **第八十八条** 监察机关对涉嫌职务犯罪的被调查人,可以依法进行讯问,要求其如实供述涉嫌犯罪的情况。

### 条文主旨

本条是关于采取讯问措施的总体规定。

### 条文解读

讯问是指通过监察机关工作人员提问、被调查人回答的方式,取得印证被调查人有关职务犯罪事实的口供及其他证据的过程。监察机关是我国有权对涉嫌职务犯罪的行为行使调查权的机关,讯问涉嫌职务犯罪的被调查人是调查活动中的重要权限之一,讯问笔录也是作出处置、审查起诉和刑事审判的重要证据。① 讯问期间形成的讯问笔录、被审查调查人和有关涉案人的自书材料、同步录音录像材料,在刑事诉讼中可以作为证据使用,以讯问来收集证据的要求与刑事审判关于证据的要求和标准相一致。监察机关对涉嫌职务犯罪的被调查人进行讯问,是取得被调查人有关犯罪事实的口供及印证其他证据的过程,在这一过程中,需要处理好实体真实与正当程序两个方面的价值目标。从实体真实的价值观来看,讯问的终极目标是发现案件事实的真相,而不在乎手段;根据正当程序的价值观,讯问的过程同样是公民的司法保障程序,具有保护人权的独立价值。

此外,从本条规定来看,讯问措施仅用于涉嫌职务犯罪案件的调查。对此,《监察法》第 20 条第 2 款亦有明确规定,即"对涉嫌贪污贿赂、失职渎职等职务犯罪的被调查人,监察机关可以进行讯问,要求其如实供述涉嫌犯罪的情况"。据此,如果被调查人只是涉嫌职务违法,监察机关无权对其进行讯问,只得根据《监察法》和《监察法实施条例》的规定同其进行谈话。

### 关联法条

《监察法》第 20、44、50 条;《中国共产党纪律检查机关监督执纪工作规则》第 40 条。

---

**第八十九条** 讯问被管护人员、被留置人员,应当在留置场所进行。

---

### 条文主旨

本条是关于在留置场所进行讯问的规定。

### 条文解读

根据《监察法》第 25 条第 2 款的规定,监察机关在对相关人员采取管护措施后,应当立即将被管护人员送留置场所。对于被管护人员和被留置人员,除非有极为特殊的情况,原则上不应将其带离留置场所。有鉴于此,对被管护人员和被留置人员的讯问,应当在留置场所进行。一方面,根据《监察法实施条例》第 312 条第 2 款的规定,留置场所应当建立健全保密、消防、医疗、防疫、餐饮及安保等方面安全制度。因

---

① 参见中共中央纪律检查委员会中华人民共和国国家监察委员会法规室编写:《〈中华人民共和国监察法〉释义》,中国方正出版社 2018 年版,第 130 页。

此,在留置场所进行讯问,可以有效确保讯问工作的安全,避免被讯问人实施逃跑、自杀或者干扰办案等行为。另一方面,从已有实践经验来看,刑讯逼供大多发生在规定场所以外的讯问过程中,要求在留置场所进行讯问,其实也体现了对监察调查活动的监督,防止出现非法取证等问题。

**关联法条**

《监察法》第25条;《中国共产党纪律检查机关监督执纪工作规则》第40条。

---

第九十条 讯问应当个别进行,调查人员不得少于二人。

首次讯问时,应当向被讯问人出示《被调查人权利义务告知书》,由其签名、捺指印。被讯问人拒绝签名、捺指印的,调查人员应当在文书上记明。被讯问人未被限制人身自由的,应当在首次讯问时向其出具《讯问通知书》。

讯问一般按照下列顺序进行:

(一)核实被讯问人的基本情况,包括姓名、曾用名、出生年月日、户籍地、身份证件号码、民族、职业、政治面貌、文化程度、工作单位及职务、住所、家庭情况、社会经历,是否属于党代表大会代表、人大代表、政协委员,是否受到过党纪政务处分,是否受到过刑事处罚等;

(二)告知被讯问人如实供述自己罪行可以依法从宽处理和认罪认罚的法律规定;

(三)讯问被讯问人是否有犯罪行为,让其陈述有罪的事实或者无罪的辩解,应当允许其连贯陈述。

调查人员的提问应当与调查的案件相关。被讯问人对调查人员的提问应当如实回答。调查人员对被讯问人的辩解,应当如实记录,认真查核。

发现涉嫌职务犯罪的被调查人自动投案、如实供述监察机关还未掌握的违法犯罪行为、揭发他人犯罪行为或者提供重要线索等,可能具有自首、立功等法定情节的,应当依法及时讯问。对某一具体涉嫌职务犯罪事实初步查清后,应当在全面梳理分析在案证据的基础上进行讯问。

讯问时,应当告知被讯问人将进行全程同步录音录像。告知情况应当在录音录像中予以反映,并在笔录中记明。

### 条文主旨

本条是关于讯问具体要求的规定。

### 条文解读

《监察法》对讯问工作的开展有所要求,但相关规定比较零散。例如,根据《监察法》第44条第1款的规定,调查人员采取讯问措施,应当依照规定出示证件,出具书面通知。再如,根据《监察法》第50条第3款的规定,讯问应当合理安排时间和时长。在上述相关规定的基础上,《监察法实施条例》第90条对讯问的具体要求予以集中规定。

本条第1款规定讯问应当个别进行,调查人员不得少于2人。本款吸取了《刑事诉讼法》的成功经验,规定调查人员不少于2人。换言之,调查人员不得单独展开讯问。如此规定主要是基于以下考虑:一是讯问工作的需要,有利于客观、真实地获取和固定证据;二是有利于互相配合、监督,防止个人徇私舞弊或发生刑讯逼供、诱供等非法讯问行为,同时也有利于防止被讯问人诬告调查人员存在人身侮辱、刑讯逼供等行为。同时,为了防止同案犯串供或者相互影响供述,应当分别对被讯问人进行讯问。

本条第2款规定了首次讯问时调查人员的义务。根据《监察法》《中国共产党纪律检查机关监督执纪工作规则》等有关规定,被讯问人在被调查期间,仍然享有相应的权利和义务,如有权辩解、有权要求饮食和必要的休息时间等。为此,调查人员在进行首次讯问时,应当向被讯问人出示《被调查人权利义务告知书》,由其签名、捺指印。《被调查人权利义务告知书》应当告知被讯问人享有的权利和应当履行的义务,以及如实供述自己罪行和认罪认罚可以从宽处理的相关规定。对于未被限制人身自由的被讯问人,调查人员应当在首次讯问时向其出具《讯问通知书》。

本条第3款规定了讯问的一般顺序。首先,核实被讯问人的基本情况,包括姓名、出生年月日等身份信息,是否属于党代表、人大代表、政协委员,以及是否受到过党纪政务处分、刑事处罚等。其次,告知被讯问人如实供述自己罪行可以依法从宽处理和认罪认罚的法律规定。这便于认罪认罚制度更好地发挥作用,提高案件的质量与效率。最后,讯问被讯问人是否有犯罪行为,让其陈述有罪的事实或者无罪的辩解。讯问过程中,不得无端打断被讯问人的陈述,应当允许其连贯陈述。

本条第4款要求调查人员的提问与调查的案件相关。调查人员在讯问前应当做好充分准备,熟悉案卷材料,认真做好讯问提纲,紧紧围绕案件事实提出问题。其隐含的意思是,被讯问人有权拒绝回答与本案无关的问题。与本案无关,指的是与被讯问人、案件事实、情节、证据等没有牵连关系。被讯问人对于调查人员提出的问题应当如实回答,既不能夸大也不能缩小;既不能隐瞒,也不能无中生有,或者避重就轻。调查人员应当充分尊重被讯问人,认真查核其辩解。

本条第 5 款是 2025 年修改《监察法实施条例》时新增的。根据该款的规定,监察机关发现涉嫌职务犯罪的被调查人自动投案、如实供述监察机关还未掌握的违法犯罪行为、揭发他人犯罪行为或者提供重要线索等,可能具有自首、立功等法定情节的,应当依法及时讯问。

本条第 6 款要求调查人员告知被讯问人将进行全程同步录音录像,这一规定是对《监察法》第 44 条相关内容的落实。值得注意的是,告知情况不仅需要在笔录中记明,还需要在录音录像中予以反映。对比《刑事诉讼法》第 123 条的规定,即侦查人员在讯问犯罪嫌疑人的时候,可以对讯问过程进行录音或者录像,只有对于可能判处无期徒刑、死刑的案件或者其他重大犯罪案件,才适用的是"应当"对讯问过程进行录音或者录像。全程录音录像,既是对讯问工作的规范,也是对调查人员的保护。

### 关联法条

《监察法》第 20、44、50、55 条;《中国共产党纪律检查机关监督执纪工作规则》第 40 条。

---

**第九十一条　本条例第八十二条至第八十六条的要求,也适用于讯问。**

---

### 条文主旨

本条是关于谈话的要求适用于讯问的规定。

### 条文解读

讯问与谈话有一定的差别,比如讯问仅用于职务犯罪案件的办理,谈话还可用于职务违法案件的查办。但对被调查人进行讯问与谈话,有许多工作和要求其实是相通的。有鉴于此,《监察法实施条例》第 91 条作为引致条文,明确《监察法实施条例》第 82—86 条有关谈话的要求,同样适用于讯问。例如,《监察法实施条例》第 85 条第 1 款规定,"谈话笔录应当在谈话现场制作",相应地,调查人员同样应在讯问现场制作讯问笔录。

## 第五节 询 问

**第九十二条** 监察机关按规定报批后,可以依法对证人、被害人等人员进行询问,了解核实有关问题或者案件情况。

### 条文主旨

本条是关于采取询问措施的总体规定。

### 条文解读

询问是审查调查工作的一种方式,是针对证人等人员了解核实情况,进行取证的监察调查措施之一。询问措施在初步核实、立案审查调查阶段,经审批之后均可以使用。《监察法》第22条将实践中监察机关运用的询问措施确定为法定权限。实际上,询问早已是纪检监察机关多年来在实践中运用的执纪审查手段。采取询问措施的对象是证人、被害人等。询问,是指调查人员依照法定程序以言词方式向有关人员和证人调查了解情况的一种行为。

询问和讯问最本质的区别在于对象不同,讯问针对的是立案后涉嫌职务犯罪的被调查人,询问则针对的是有关人员与证人。"证人"是指知道监察机关调查的案件的真相的当事人以外的第三人,凡是知道案件情况的人,都有作证的义务。生理上、精神上有缺陷或者年幼、不能辨别是非、不能正确表达的人,不能作为证人。证人有很多种,有涉案人员,如行贿人,包括商人或掮客,也有纯粹的证人,如与案件无关的知情人员;有直接知情人,如参与非法牟利或经手行贿的人员,也有间接知情人,如听别人转述有关情况的人员,或者是曾经接触过部分问题线索的人员;有利益相关人,如司机、秘书等,也有利益无关人,如仅仅经手财务的会计。证人证言属于一种重要的证据形式,调查人员询问证人应当从有利于查明案情、获取证据,有利于保护证人提供证据积极性的角度出发。同时,询问被害人也是调查取证的一种重要形式,通过询问被害人获取的被害人陈述也是重要的证据种类之一。

### 关联法条

《监察法》第22条;《中国共产党纪律检查机关监督执纪工作规则》第40、49条。

> **第九十三条** 证人未被限制人身自由的,可以在其工作地点、住所或者其提出的地点进行询问,也可以通知其到指定地点接受询问。到证人提出的地点或者调查人员指定的地点进行询问的,应当在笔录中记明。
>
> 调查人员认为有必要或者证人提出需要由所在单位派员或者其家属陪同到询问地点的,应当办理交接手续并填写《陪送交接单》。

### 条文主旨

本条是关于询问证人地点和陪送交接的规定。

### 条文解读

根据本条第 1 款的规定,对于未被限制人身自由的证人,具体包括未被采取留置等监察强制措施的证人,未被拘留、逮捕的证人,未在服刑的证人等,监察机关若要对其进行询问,可以在以下三种场所进行:一是证人的工作地点、住所。在该地点询问可以节省证人的时间,尽可能减少对证人正常的工作和生活的干扰。二是证人提出的地点。在该地点询问可在一定程度上消除证人的顾虑和担忧,充分调动证人提供证言的积极性。三是调查人员指定的地点,实践中多为监察机关的办公场所等。应予注意的是,到证人提出的地点或者调查人员指定的地点进行询问的,应当在笔录中记明。此外,询问被限制人身自由的证人,则应在依法限制人身自由地进行,比如在监狱询问正在服刑的证人。

根据本条第 2 款的规定,如果有以下两种情况,证人所在单位应派员,或是由证人家属陪同证人到询问地点:一是调查人员认为有必要的,比如调查人员考虑到证人的身体状况,由人陪送能够有效保障证人的安全。二是证人提出要求的,此时调查人员应当妥善安排陪同事宜。在证人到达及离开询问地点时,调查人员应当与陪同人员办理交接手续并填写《陪送交接单》。

### 实务难点指引

根据《最高人民法院关于适用〈中华人民共和国刑事诉讼法〉的解释》第 90 条第 2 项的规定,"询问地点不符合规定"属于证人证言的收集程序、方式的瑕疵。此时,证人证言经补正或者作出合理解释的,可以采用;不能补正或者作出合理解释的,不得作为定案的根据。由此可见,调查人员在选择询问地点时,应当严格依照《监察法》和《监察法实施条例》的规定进行。比如在证人提出的地点进行询问的,调查人员应当在笔录中记明。

### 关联法条

《监察法》第 22 条；《中国共产党纪律检查机关监督执纪工作规则》第 49 条；《最高人民法院关于适用〈中华人民共和国刑事诉讼法〉的解释》第 90 条第 2 项。

---

**第九十四条** 询问应当个别进行。负责询问的调查人员不得少于二人。

首次询问时，应当向证人出示《证人权利义务告知书》，由其签名、捺指印。证人拒绝签名、捺指印的，调查人员应当在文书上记明。证人未被限制人身自由的，应当在首次询问时向其出具《询问通知书》。

询问时，应当核实证人身份，问明证人的基本情况，告知证人应当如实提供证据、证言，以及作伪证或者隐匿证据应当承担的法律责任。不得向证人泄露案情，不得采用非法方法获取证言。

询问重大或者有社会影响案件的重要证人，应当对询问过程全程同步录音录像，并告知证人。告知情况应当在录音录像中予以反映，并在笔录中记明。

---

### 条文主旨

本条是关于询问具体要求的规定。

### 条文解读

《监察法》对询问工作的开展有所要求，但相关规定比较简约。比如根据《监察法》第 44 条第 1 款的规定，调查人员采取询问措施，应当依照规定出示证件，出具书面通知，由 2 人以上进行。在此基础上，《监察法实施条例》第 94 条对询问的具体要求予以集中规定。

根据本条第 1 款的规定，询问证人应当个别进行，即询问同一案件的多个证人时，应当分别进行，个别询问；询问某一个证人时，不得有其他证人在场。作此规定是为了防止证人之间相互影响、相互串通，保证其提供证言的真实性；同时也有利于保守案情秘密，保障调查活动顺利进行。询问在监察活动中显得尤为重要，基于监察活动的特殊性，证人证言是其中重要的证据，倘若发生证人之间相互串通的情形，将严重影响监察活动的进行。同时，规定询问证人的调查人员不得少于 2 人，主要是出于如下考虑：一是询问工作的需要，有利于客观、真实地获取和固定证据；二是有利于互相配合、监督,以达到更好的询问效果。

根据本条第 2 款的规定,调查人员首次询问证人时,应当向证人出示《证人权利义务告知书》,由其签名、捺指印。证人拒绝签名、捺指印的,调查人员应当在文书上记明。通常来说,《证人权利义务告知书》既会明确证人的权利,主要包括有权使用本民族语言文字进行作证、有权核对询问笔录、有权要求调查人员回避等;亦会明确证人的义务,主要包括如实提供证言、作伪证将承担法律责任等。对于未被限制人身自由的证人,调查人员应当在首次询问时向其出具《询问通知书》。

根据本条第 3 款的规定,调查人员在进行询问时,应当核实证人身份,问明证人的基本情况。证人基本情况主要有姓名、曾用名、出生年月日、户籍地、身份证件号码、民族、职业、政治面貌、文化程度、工作单位及职务、住所,是否属于党代表大会代表、人大代表、政协委员,以及与被调查人的关系等。同时,调查人员要告知证人应当如实提供证据、证言,以及作伪证或者隐匿证据应当承担的法律责任。为了避免泄密,防止对证人造成先入为主的引导,调查人员在询问证人时不得泄露案情。

根据本条第 4 款的规定,询问重大或者有社会影响案件的重要证人,应当对询问过程全程同步录音录像,并告知证人。告知情况应当在录音录像中予以反映,并在笔录中记明。这与讯问有很大不同,即根据《监察法实施条例》第 90 条第 6 款的规定,所有讯问活动都应进行全程同步录音录像。当然,本款仅明确询问重大或者有社会影响案件的重要证人,应当对询问过程全程同步录音录像。但结合办案实践,建议案件承办部门注意综合分析研判被调查人供述、相关证人证言等内容,对能够直接证明涉嫌职务犯罪问题事实、态度不够坚定及可能翻证的重要涉案人员,如共同受贿人、行贿人等重要证人,在询问时全程同步录音录像。[1]

### 实务难点指引

询问证人的方法要灵活,针对不同的证人,采取不同的询问方法,因案施策。对涉嫌行贿人员,要充分运用开门见山、因势利导等方法,讲清楚政策法律,消除其顾虑,引导其如实作证。对特定关系人,如近亲属、情妇(夫)等,要抓住其矛盾心理,让其以书信、音频、视频等方式对被审查调查人进行规劝,一起做被审查调查人思想工作。[2]

---

[1] 参见《纪检监察工作常见程序性问题解答》,中国方正出版社 2023 年版,第 113 页。
[2] 参见张剑峰:《如何依规依纪依法询问证人》,载《中国纪检监察报》2020 年 11 月 11 日,第 8 版。

### 关联法条

《监察法》第22、44条;《中国共产党纪律检查机关监督执纪工作规则》第49条;《最高人民法院关于适用〈中华人民共和国刑事诉讼法〉的解释》第90条。

---

**第九十五条** 询问未成年人,应当通知其法定代理人到场。无法通知或者法定代理人不能到场的,应当通知未成年人的其他成年亲属或者所在学校、居住地基层组织的代表等有关人员到场。询问结束后,由法定代理人或者有关人员在笔录中签名。调查人员应当将到场情况记录在案。

询问聋、哑人,应当有通晓聋、哑手势的人员参加。调查人员应当在笔录中记明证人的聋、哑情况,以及翻译人员的姓名、工作单位和职业。询问不通晓当地通用语言、文字的证人,应当有翻译人员。询问结束后,由翻译人员在笔录中签名。

---

### 条文主旨

本条是关于询问未成年人、聋哑人等人员的规定。

### 条文解读

本条第1款规定了询问未成年人的具体要求。未成年人的心智尚未成熟,在接受询问时难免会紧张、害怕乃至恐惧。为此,《未成年人保护法》第110条第1款规定,"询问未成年被害人、证人,应当依法通知其法定代理人或者其成年亲属、所在学校的代表等合适成年人到场,并采取适当方式,在适当场所进行,保障未成年人的名誉权、隐私权和其他合法权益"。与此类似,《监察法实施条例》第95条第1款同样规定,调查人员在询问未成年人时,应当通知其法定代理人到场;若无法通知或者法定代理人不能到场,则应当通知未成年人的其他成年亲属或者所在学校、居住地基层组织的代表等有关人员到场。在询问结束之后,法定代理人或者有关人员应当在笔录中签名。

本条第2款规定了询问聋、哑人和不通晓当地通用语言文字的证人的具体要求。询问聋、哑人,应当有通晓聋、哑手势的人参加,为调查人员和被询问人进行翻译,并在询问笔录上注明证人的聋、哑情况以及翻译人员的姓名、工作单位和职业等基本情况。为聋、哑人提供通晓聋、哑手势的人作为翻译,是调查人员的法定义务,也是聋、哑人的权利。聋、哑人因生理上的缺陷,理解能力和表达能力都会受到一定的影响或者限制,在其接受询问查证的过程中,这些生理上的缺陷往往会影响其准确表达自己的意愿,也影响其充分行使申辩权;同时,由于调查人员不一定通晓手语,也会给询问工作带来一定的困难。为保护聋、哑人的合法权益,保证询问工作的顺利进行,本款规定,询问聋哑人,应当有通晓手语的人提供帮助。

对于不通晓当地通用语言文字的被询问人,调查人员应当为其配备翻译人员。由于我国是一个多民族国家,各民族都有自己的语言文字,同一民族不同地方之间也存在语言上的差异,语言平等是民族平等的重要内容,各民族都有使用本民族语言文字的权利,当被询问人不通晓当地通用的语言文字时,调查人员应当聘请翻译人员为他们进行口头或者书面翻译。另外,被询问人是外国人的,如果其不能用中文表达,调查人员也应当为其聘请翻译人员。同时,要求被聘请的翻译人员在询问笔录上签名以证明询问查证工作的合法性。

### 实务难点指引

根据《最高人民法院关于适用〈中华人民共和国刑事诉讼法〉的解释》第 89 条第 3 项的规定,"询问聋、哑人,应当提供通晓聋、哑手势的人员而未提供的",此种情形下获取的证人证言,不得作为定案的根据。一方面,如果被询问人是聋、哑人,调查人员不得图省事,而应安排通晓聋、哑手势的人员参加询问。另一方面,调查人员还应当对相关情况进行如实记录,比如翻译人员的姓名、工作单位和职业等。

### 关联法条

《未成年人保护法》第 110 条;《最高人民法院关于适用〈中华人民共和国刑事诉讼法〉的解释》第 89、90 条。

---

**第九十六条** 凡是知道案件情况的人,都有如实作证的义务。对故意提供虚假证言的证人,应当依法追究法律责任。

证人或者其他任何人不得帮助被调查人伪造、隐匿、毁灭证据或者串供,不得实施其他干扰调查活动的行为。

---

### 条文主旨

本条是关于如实作证义务和不得干扰调查活动的规定。

### 条文解读

本条第 1 款是关于如实作证义务的规定。"知道案件情况的人"是指亲眼看到、亲耳听到违法行为发生，或者亲眼见到、亲耳听到被调查人的行为，或者亲耳听到被调查人、被害人等对案情的叙述，因而了解案件情况的人，这样的人有义务提供案件的真实情况。从新闻媒体或者道听途说知道案件情况，或是推测案件情况的人不属于本款所说的"知道案件情况"的人，不能作为证人，也没有作证的义务。[①]

本条第 2 款规定，证人或者其他任何人要如实地提供证言和其他证据，即对自己掌握的物证、书证及其他证据，应当原样提供，不能隐匿或者私自销毁、涂改；对自己所了解的案件事实及有关情况，应实事求是地陈述或者书写，不能夸大、缩小，不能进行干扰调查活动的行为，证人有意作伪证或隐匿罪证的应负法律责任。依据《刑法》的规定，在刑事诉讼中，证人等对与案件有重要关系的情节，故意作虚假证明，意图陷害他人或者隐匿罪证的，处 3 年以下有期徒刑或者拘役；情节严重的，处 3 年以上 7 年以下有期徒刑。明知是犯罪的人而为其提供隐藏处所、财物，帮助其逃匿或者作假证明包庇的，处 3 年以下有期徒刑、拘役或者管制；情节严重的，处 3 年以上 10 年以下有期徒刑。

### 典型案例

W 系某县工商局局长，中共党员。当地纪委监委在接到关于 W 接受服务对象宴请并收受财物的举报后，约请 W 到纪委监委谈话说明情况。因担心受处分，W 向调查人员隐瞒了真实情况，否认存在举报中所说的问题。之后，W 想到，中秋节前个体老板 Z 等人约他吃饭，席间 Z 还送了他一个装有 1 万元人民币的红包。W 反复思量，觉得举报人反映的可能就是这件事。于是，他约 Z 见面，退还了 1 万元红包，并现场制作一式两份的虚假借款合同，谎称该笔钱款系因临时购买家电而产生的借款，并由 Z 现场签字确认已经归还。后来，当地纪委监委向 Z 了解情况，Z 出具了借款合同，称 W 获得的 1 万元属于借款并已经归还。当地纪委监委调查后认为，W 接受服务对象宴请并收受红包，本身就已经违纪违法，其后对抗组织调查的种种做法更是一错再错，Z 配合 W 伪造证据，也应承担法律责任。事后，W 受到相应党纪政务处分。[②]

---

① 参见李寿伟主编：《中华人民共和国刑事诉讼法解读》，中国法制出版社 2018 年版，第 150 页。
② 参见《〈中华人民共和国监察法〉案例解读》，中国方正出版社 2018 年版，第 162-163 页。

### 关联法条

《监察法》第 72 条;《刑事诉讼法》第 54、62 条;《刑法》第 305、310 条;《人民检察院刑事诉讼规则》第 60 条。

---

**第九十七条** 证人、鉴定人、被害人因作证,本人或者近亲属人身安全面临危险,向监察机关请求保护的,监察机关应当受理并及时进行审查;对于确实存在人身安全危险的,监察机关应当采取必要的保护措施。监察机关发现存在上述情形的,应当主动采取保护措施。

监察机关可以采取下列一项或者多项保护措施:

(一)不公开真实姓名、住址和工作单位等个人信息;

(二)禁止特定的人员接触证人、鉴定人、被害人及其近亲属;

(三)对人身和住宅采取专门性保护措施;

(四)其他必要的保护措施。

依法决定不公开证人、鉴定人、被害人的真实姓名、住址和工作单位等个人信息的,可以在询问笔录等法律文书、证据材料中使用化名。但是应当另行书面说明使用化名的情况并标明密级,单独成卷。

监察机关采取保护措施需要协助的,可以提请公安机关等有关单位和要求有关个人依法予以协助。

---

### 条文主旨

本条是关于保障证人、鉴定人、被害人及其近亲属安全的规定。

### 条文解读

1.提供安全保障的两种情形

实践中,不愿意看到监察机关查明案件真相的人,为了阻止和妨碍证人、鉴定人、被害人作证,有时会对证人、鉴定人、被害人及其近亲属采取威胁、侮辱甚至伤害等手段,妨碍案件的正常进行。为了保障证人、鉴定人、被害人等有客观、充分的提供证据的条件,履行作证的法定义务,如实地提供案件的真实情况,保障证人、鉴定人、被害人及其近亲属的安全是当务之急。证人作证需要冒着一定的危险,法律不能一味地强调证人作证的义务,也要从实际出发为证人解决后顾之忧,提供安全上的保障。根据本条第 1 款的规定,监察机关采取保护措施,可由两种方式启动:一是证人、鉴定人、被害人本人或者近亲属主动向监察机关请求保护。对于相关人员的请求,监察机关应当受理并及时进行审查处理。二是监察机关发现证人、鉴定人、被害人本人或者近亲属人身安全面临风险。

2. 安全保障的措施及采取

监察机关可以采取一项或者同时采取多项保护措施,包括不公开证人、鉴定人、被害人及其近亲属的相关个人信息,禁止特定人员接触,对人身和住宅采取专门性保护措施等,这是落实人权保障的重要手段。同时,为了保证询问程序的规范性与合法性,监察机关依法不公开证人、鉴定人、被害人的真实姓名等个人信息时,需要另行书面说明化名的使用情况,并标明密级,单独成卷。由于执行保护措施需要一定的专业性,监察机关可以提请公安机关等有关单位和要求个人予以协助。

**实务难点指引**

本条第 2 款列举了三类具体的保护措施,以及具有兜底性质的"其他必要的保护措施"。实践中具体应采取哪一种或者哪几种保护措施?对此,应根据被保护人所面临危险的程度,采取不同的保护措施,分等级进行保护。一是存在对方无具体人员指向,但有明确恐吓意图表示的情况时,可考虑采用不公开被保护人真实姓名、住址和工作单位等个人信息的方式。如在讯问被调查人等环节不得透露上述信息,在谈话、讯(询)问笔录等证据材料或起诉意见书等法律文书中使用化名。进行全程同步录音录像的,可参照公安机关的相关做法,对视音频资料进行适当处理。二是当被保护人的相关信息已被对方得知,且面临如追逐拦截、滋扰纠缠等较重威胁时,可考虑采取禁止特定人员接触被保护人的措施。如书面告知特定人员,禁止其在一定期限内接触被保护人等。三是当被保护人面临被殴打、非法限制人身自由等更为严重的人身安全危险时,可采取对人身和住宅的专门性保护措施。如经被保护人同意,就人身和住宅安全采取有针对性的措施,防止侵害发生。实践中,既可以采取上述保护措施中的一项,也可以采取多项,具体可根据被保护人受到安全威胁程度的高低、案情的进展情况等因素综合考虑。[①]

**关联法条**

《监察法》第 73 条;《公职人员政务处分法》第 62 条;《刑事诉讼法》第 63、65 条;《最高人民

---

[①] 参见黄洁琼、张剑峰:《如何把握监察法实施条例关于证人保护制度的相关规定:规范程序措施 确保落实到位》,载《中国纪检监察》2022 年第 16 期。

法院关于适用〈中华人民共和国刑事诉讼法〉的解释》第 256、257 条;《人民检察院刑事诉讼规则》第 79 条。

> **第九十八条** 本条例第八十三条至第八十六条的要求,也适用于询问。询问重要涉案人员,根据情况适用本条例第八十二条的规定。
> 
> 询问被害人,适用询问证人的规定。

### 条文主旨

本条是关于谈话的要求适用于询问的规定。

### 条文解读

根据本条第 1 款的规定,《监察法实施条例》第 83—86 条对谈话的要求,同样适用于询问。例如,《监察法实施条例》第 86 条第 1 款规定,"被调查人请求自行书写说明材料的,应当准许。必要时,调查人员可以要求被调查人自行书写说明材料"。据此,证人请求自行书写说明材料的,调查人员同样应当准许。调查人员亦可在必要时,要求证人亲笔书写说明材料。[①] 此外,如果询问的是重要涉案人员,则应视情况适用《监察法实施条例》第 82 条的规定:一是应当在具有安全保障条件的场所进行询问;二是按规定通知该重要涉案人员所在单位派员,或者该重要涉案人员家属陪同其到指定场所的,调查人员还应当与陪同人员办理交接手续,填写《陪送交接单》。

根据本条第 2 款的规定,询问被害人适用询问证人的规定。询问被害人是调查取证的一种重要形式,通过询问被害人获取被害人陈述是重要的证据种类之一。因此,询问被害人与询问证人一样,应当严格依照法律规定,规范进行。询问被害人指的是调查人员以询问的方式,向直接受害者进行调查的活动。询问被害人适用《监察法实施条例》关于询问证人的规定,主要包括:一是询问被害人需要按规定报批;二是询问被害人可以在其工作地点、住所或者其提出的地点,也可以通知其到指定地点进行;三是对于有多个被害人的,询问应当个别进行,调查人员不少于 2 人;四是询问前应当告知被害人如实陈述,并告知其作伪证、隐匿罪证的法律责任;五是应充分保障被害人的各项权利。

---

[①] 参见中共中央纪律检查委员会中华人民共和国国家监察委员会案件审理室编著:《公职人员职务犯罪调查取证工作百问百答:以〈中华人民共和国监察法〉为视角》,中国方正出版社 2019 年版,第 112－113 页。

## 第六节 强制到案

> **第九十九条** 监察机关调查严重职务违法或者职务犯罪,对于经通知无正当理由不到案的被调查人,经依法审批,可以强制其到监察机关谈话场所或者留置场所接受调查。
>
> 首次通知到案一般应当以书面方式,确因情况紧急无法书面通知的,可以通过电话等方式通知,并将相关情况制作工作记录。
>
> 采取强制到案措施时,调查人员不得少于二人,应当向被强制到案人员出具《强制到案决定书》。

### 条文主旨

本条是关于强制到案措施适用情形的规定。

### 条文解读

《监察法》第 21 条规定,"监察机关根据案件情况,经依法审批,可以强制涉嫌严重职务违法或者职务犯罪的被调查人到案接受调查"。该规定是 2024 年 12 月修改《监察法》时新增的,主要是为了"解决监察实践中存在的部分被调查人经通知不到案的问题,增强监察执法权威性"[①]。《监察法实施条例》第 99 条对强制到案措施适用情形作出了具体规定。

第一,强制到案措施适用于无正当理由拒不到案的被调查人。根据本条第 1 款的规定,强制被调查人到案接受调查的前提,必须是该被调查人涉嫌严重职务违法或者职务犯罪,且该被调查人经通知无正当理由不到案。因此,在采取强制到案措施之前,监察机关应当先通知被调查人到案接受调查。根据本条第 2 款的规定,监察机关首次通知到案一般应当以书面方式,确因情况紧急无法书面通知的,可以通过电话等方式通知,并将相关情况制作工作记录。此外,如果被调查人不到案是因为正当理由,比如突发严重疾病等,此时同样不能适用强制到案措施。

第二,采取强制到案措施须经依法审批。监察机关强制被调查人到案接受调查,

---

① 瞿芃:《推进新时代监察工作高质量发展:有关负责人就监察法修改答记者问》,载《中国纪检监察报》2024 年 12 月 26 日,第 2 版。

需要根据案件情况并经依法审批。有观点认为,"对监察强制到案适用内部审批及报送上一级监察委员会备案的启动程序"①。根据《监察法》第 46 条的规定,采取强制到案措施应当按照规定的权限和程序,经监察机关主要负责人批准。在审批时,应当考虑以下因素:一是被调查人是否涉嫌严重职务违法或者职务犯罪,二是监察机关是否有先行通知被调查人到案接受调查,三是被调查人不到案是否有正当理由。

第三,监察机关决定采取强制到案措施时,应当由不少于 2 人的调查人员执行。在具体执行时,调查人员应当依照规定出示证件,并向被强制到案人员出具《强制到案决定书》。此外,监察机关还可以根据工作需要,提请公安机关协助采取强制到案措施。强制被调查人到案接受调查的场所,既可以是监察机关的谈话场所,也可以是留置场所。明确在这些场所接受调查,一是可以保障被强制到案人的合法权益和人身安全,二是有利于监察机关开展调查工作。

### 关联法条

《监察法》第 21、44、46、49 条。

---

**第一百条** 监察机关应当立即将被强制到案人员送至监察机关谈话场所或者留置场所。强制到案的时间自被强制到案人员到达相关场所时起算。

被强制到案人员到案后,应当要求其在《强制到案决定书》上填写到案时间,并签名、捺指印;强制到案结束后,应当要求被强制到案人员在《强制到案决定书》上填写结束时间,并签名、捺指印。被强制到案人员拒绝填写或者签名、捺指印的,调查人员应当在文书上记明。

一次强制到案持续的时间不得超过十二小时;依法需要采取管护或者留置措施的,按规定报批后,强制到案持续的时间不得超过二十四小时。两次强制到案间隔的时间不得少于二十四小时,不得以连续强制到案的方式变相拘禁被调查人。两次强制到案的间隔时间从第一次强制到案结束时起算。

---

### 条文主旨

本条是关于强制到案期限的规定。

---

① 马怀德主编:《新编〈中华人民共和国监察法〉理解与适用》,人民出版社 2025 年版,第 86 页。

### 条文解读

根据《监察法》第 46 条第 2 款的规定,强制到案的持续时间,分为两种情况。一是在一般情况下,强制到案的持续时间不得超过 12 小时;二是需要采取管护或者留置措施的,强制到案的持续时间不得超过 24 小时。随之而来的问题是持续时间如何起算? 根据本条第 1 款的规定,强制到案的时间自被强制到案人员到达相关场所时起算,因此,当监察机关决定对被调查人采取强制到案措施后,便应立即将被强制到案人员送至监察机关谈话场所或者留置场所。

为了使强制到案的起算时间有据可查,在被强制到案人员到案后,调查人员应当要求其在《强制到案决定书》上填写到案时间,并签名、捺指印。如果法定的强制到案期限届满,或者监察机关认为不必再采取强制到案措施的,此时,监察机关应当结束强制到案,要求被强制到案人员在《强制到案决定书》上填写结束时间,并签名、捺指印。无论是开始强制到案还是结束强制到案,被强制到案人员拒绝在《强制到案决定书》上填写时间或者签名、捺指印的,调查人员应当在文书上记明。

《监察法》和《刑事诉讼法》都规定,不得以连续强制到案(传唤、拘传)的方式变相拘禁被调查人(犯罪嫌疑人)。传唤、拘传是为了在特定情况下进行讯问,犯罪嫌疑人到案接受讯问后其目的即已达成;强制到案的直接目的是使被调查人到案接受调查,从而防止被调查人逃避调查,保障调查工作顺利进行。因此,连续强制到案的方式不仅有悖于强制到案措施设立的初衷,也侵犯了被调查人的合法权益。因此,监察机关不得以连续强制到案的方式变相拘禁被调查人。如果确有必要对同一被调查人连续两次采取强制到案措施,应当有不少于 24 小时的间隔时间,间隔时间从第一次强制到案结束时起算。

### 关联法条

《监察法》第 46 条。

---

**第一百零一条** 监察机关强制被调查人到案后,应当对涉嫌职务违法的被调查人及时谈话,对涉嫌职务犯罪的被调查人及时讯问。

---

### 条文主旨

本条是关于对被强制到案人员进行谈话或讯问的规定。

**条文解读**

强制到案措施的确立初衷,在于解决某些被调查人无正当理由拒不到案接受调查的问题。正因如此,对那些被强制到案的被调查人,监察机关对其调查工作通常具有相当的紧迫性。加之强制到案的法定期限较短,被调查人一旦被强制到案,监察机关即应在有限的时间内高效率地开展调查工作。因此,本条提出了"及时"的明确要求,即在监察机关强制被调查人到案之后,调查人员应当对涉嫌职务违法的被调查人及时谈话,对涉嫌职务犯罪的被调查人及时讯问。至于如何对被强制到案人员进行谈话或讯问,则应适用《监察法》和《监察法实施条例》有关谈话、讯问的规定。

**关联法条**

《监察法》第 21 条。

**第一百零二条** 监察机关在强制到案期限内未作出采取其他监察强制措施决定的,强制到案期满,应当立即结束强制到案。

**条文主旨**

本条是关于强制到案期满结束的规定。

**条文解读**

2024 年 12 月修改后的《监察法》,使监察机关可以采取的监察强制措施不再单一。这意味着监察机关可以依法变更监察强制措施,即"根据案件调查进展情况,不需要继续采取监察强制措施或者可以变更为其他更为轻缓措施的,应当及时予以解除或者变更"[①]。考虑到强制到案的法定期限较短,一般情况下不得超过 12 小时,特殊情况下不得超过 24 小时,可以说是一项典型的临时性监察强制措施。因此,监察机关应当在强制到案期限内,决定是否结束强制到案,或者采取其他新的监察强制措施。如果监察机关在强制到案期限内作出采取其他监察强制措施的决定,那么根据《监察法实施条例》第 64 条的规定,强制到案措施自采取新的监察强制措施之时起自

---

① 李庚:《准确把握新增监察强制措施的内涵 依法审慎适用监察强制措施》,载《中国纪检监察》2025 年第 1 期。

动解除;如果监察机关在强制到案期限内未作出采取其他监察强制措施的决定,那么强制到案期限一旦届满,监察机关应当立即结束强制到案。

**关联法条**

《监察法》第 46 条。

## 第七节 责令候查

> 第一百零三条 监察机关调查严重职务违法或者职务犯罪,对于符合监察法第二十三条第一款规定的,经依法审批,可以对被调查人采取责令候查措施。

**条文主旨**

本条是关于责令候查措施适用情形的规定。

**条文解读**

为了"解决未被采取留置措施的被调查人缺乏相应监督管理措施的问题,同时减少留置措施适用,彰显监察工作尊重和保障人权、维护监察对象和相关人员合法权益的基本原则"[1],2024 年 12 月修改后的《监察法》新增了责令候查措施。根据《监察法》第 23 条第 1 款的规定,可以采取责令候查措施的情形有以下四种:

第一,不具有《监察法》第 24 条第 1 款所列情形,即不存在涉及案情重大、复杂的,可能逃跑、自杀的,可能串供或者伪造、隐匿、毁灭证据的,可能有其他妨碍调查行为的。因为如果存在《监察法》第 24 条第 1 款规定的情形,经审批可以采取留置措施,而不必采取本条规定的措施。

第二,符合留置条件,但患有严重疾病、生活不能自理的,系怀孕或者正在哺乳自己婴儿的妇女,或者生活不能自理的人的唯一扶养人。对患有严重疾病、生活不能自理的被调查人采取责令候查措施,体现出本条例对被调查人生命权、健康权的尊重与维护。被调查人员是否达致患有严重疾病、因年老残疾等原因生活不能自理的标准,需要根据医学的判定标准予以认定。对怀孕或者正在哺乳自己婴儿的被调查人也可

---

[1] 瞿芃:《推进新时代监察工作高质量发展:有关负责人就监察法修改答记者问》,载《中国纪检监察报》2024 年 12 月 26 日,第 2 版。

以采取责令候查措施，体现出本条例对妇女权益和未成年人权益的保护。若被调查人为生活不能自理的人的唯一扶养人，监察机关亦不得对其采取留置措施。唯一扶养人，是指被调查人除该扶养人之外，没有其他人对自己有扶养义务。扶养有广义与狭义之分，广义上的扶养泛指特定亲属之间根据法律的明确规定而存在的经济上相互供养、生活上相互辅助照顾的权利义务关系，囊括长辈亲属对晚辈亲属的"抚养"、平辈亲属之间的"扶养"和晚辈亲属对长辈亲属的"赡养"三种具体形态。狭义上的扶养则专指平辈亲属之间尤其是夫妻之间依法发生的经济供养和生活扶助的权利义务关系。根据《民法典》的相关规定，民法中的扶养采取狭义概念，而根据本条的精神，此处的"扶养"是从广义的角度而言的。

第三，案件尚未办结，但留置期限届满或者对被留置人员不需要继续采取留置措施的。如果案件办结，则无须采取相应措施；如果留置期限届满或者对被留置人员不需要继续采取留置措施，则可以采取责令候查措施。《监察法》规定留置时间不得超过3个月。在特殊情况下，可以延长1次，延长时间不得超过3个月。省级以下监察机关采取留置措施的，延长留置时间应当报上一级监察机关批准。监察机关发现采取留置措施不当或者不需要继续采取留置措施的，应当及时解除或者变更为责令候查措施。对涉嫌职务犯罪的被调查人可能判处10年有期徒刑以上刑罚，监察机关依照前款规定延长期限届满，仍不能调查终结的，经国家监察委员会批准或者决定，可以再延长2个月。省级以上监察机关在调查期间，发现涉嫌职务犯罪的被调查人另有与留置时的罪行不同种的重大职务犯罪或者同种的影响罪名认定、量刑档次的重大职务犯罪，经国家监察委员会批准或者决定，自发现之日起依照《监察法》第48条第1款的规定重新计算留置时间。留置时间重新计算以1次为限。对被留置人员不需要继续采取留置措施的情况，包括留置期限届满、被留置人员妨碍调查的情况已经消除、被留置人员满足《监察法实施条例》第125条所规定的条件等。

第四，符合留置条件，但因为案件的特殊情况或者办理案件的需要，采取责令候查措施更为适宜的。这一规定相当于可以采取责令候查措施的兜底性规定，意在赋予监察机关必要的自主权，让监察机关决定是否采取责令候查措施。需要明确的是，适用该规定也有相应的限制条件，按照《监察法》第24条第1款、第2款的规定，符合留置条件，是指被调查人涉嫌贪污贿赂、失职渎职等严重职务违法或者职务犯罪，监察机关已经掌握其部分违法犯罪事实及证据，仍有重要问题需要进一步调查，并有下列情形之一的，经监察机关依法审批，可以将其留置在特定场所：一是涉及案情重大、复杂的，二是可能逃跑、自杀的，三是可能串供或者伪造、隐匿、毁灭证据的，四是可能有其他妨碍调查行为的。对涉嫌行贿犯罪或者共同职务犯罪的涉案人员，监察机关可以依照《监察法》第 24 条第 1 款规定采取留置措施。但在案件的情况特殊或者办理案件的需要之时,可以采取责令候查措施。

根据《监察法》第 46 条第 1 款的规定,监察机关采取责令候查措施,应当按照规定的权限和程序,经监察机关主要负责人批准。根据《监察法》第 49 条第 1 款的规定,监察机关采取责令候查措施,可以根据工作需要提请公安机关配合,公安机关应当依法予以协助。

### 关联法条

《监察法》第 23、24、46、48、49 条。

---

**第一百零四条** 采取责令候查措施时,调查人员不得少于二人,应当向被责令候查人员宣布《责令候查决定书》,出示《被责令候查人员权利义务告知书》,由被责令候查人员签名、捺指印,要求其遵守监察法第二十三条第二款的规定,告知其违反规定应负的法律责任。被责令候查人员拒绝签名、捺指印的,调查人员应当在文书上记明。

监察机关将其他监察强制措施变更为责令候查措施的,应当按照前款规定履行权利义务告知程序。

责令候查最长不得超过十二个月,自向被责令候查人员宣布之日起算。

---

### 条文主旨

本条是关于采取责令候查措施具体要求的规定。

### 条文解读

监察机关决定采取责令候查措施,应当由不少于 2 名调查人员进行。调查人员应当依照规定出示证件,向被责令候查人员宣布《责令候查决定书》,出示《被责令候查人员权利义务告知书》,由被责令候查人员签名、捺指印。被责令候查人员拒绝签名、捺指印的,调查人员应当在文书上记明。根据《监察法》第 23 条第 2 款的规定,被责令候查人员应当遵守相关的规定。调查人员在采取责令候查措施时,应当将相关规定告知被责令候查人员,并要求其遵守。这些规定主要有:未经监察机关批准不得离开所居住的直辖市、设区的市的城市市区或者不设区的市、县的辖区;住址、工作单位和联系方式发生变动的,在 24 小时以内向监察机关报告;在接到通知的时候及时到案接受调查;不得以任何形式干扰证人作证;不得串供或者伪造、隐匿、毁灭证据。

根据《监察法》和《监察法实施条例》的相关规定,监察机关有权依法将其他监察强制措施变更为责令候查措施。例如,《监察法》第48条第1款规定,"监察机关发现采取留置措施不当或者不需要继续采取留置措施的,应当及时解除或者变更为责令候查措施"。当其他监察强制措施被变更为责令候查措施时,监察机关同样应当按照本条第1款的规定,向被责令候查人员宣布《责令候查决定书》,出示《被责令候查人员权利义务告知书》,要求其遵守《监察法》第23条第2款的规定等。

责令候查的期限是最长不得超过12个月,起算时间是向被责令候查人员宣布之日。在《刑事诉讼法》规定的刑事强制措施中,与责令候查措施期限相近的是取保候审措施。《刑事诉讼法》第67、71条规定了取保候审措施的适用条件、对象及应当遵守的要求。《刑事诉讼法》第79条规定,"人民法院、人民检察院和公安机关对犯罪嫌疑人、被告人取保候审最长不得超过十二个月,监视居住最长不得超过六个月。在取保候审、监视居住期间,不得中断对案件的侦查、起诉和审理。对于发现不应当追究刑事责任或者取保候审、监视居住期限届满的,应当及时解除取保候审、监视居住"。

### 关联法条

《监察法》第23、44、46、48条。

> **第一百零五条** 除无法通知的以外,监察机关应当在采取责令候查措施后二十四小时以内,通知被责令候查人员所在单位和家属。当面通知的,由有关人员在《责令候查通知书》上签名。无法当面通知的,可以先以电话等方式通知,并通过邮寄、转交等方式送达《责令候查通知书》,要求有关人员在《责令候查通知书》上签名。有关人员拒绝签名的,调查人员应当在文书上记明。

### 条文主旨

本条是关于采取责令候查措施后履行通知义务的规定。

### 条文解读

根据本条规定,监察机关在采取责令候查措施后,应当在24小时内通知被责令候查人员所在单位和家属,当然无法通知的除外。向被责令候查人员所在单位和家属进行通知,既是对相关主体的知情权和监督权保障,比如根据《监察法》第69条第

1 款第 1 项的规定,采取责令候查措施法定期限届满,不予解除或变更的,被责令候查人员近亲属有权申诉;亦是考虑到责令候查措施的执行离不开相关主体的参与,比如根据《监察法》第 23 条第 2 款第 1 项的规定,未经监察机关批准,被责令候查人员不得离开所居住的直辖市、设区的市的城市市区或者不设区的市、县的辖区,此时,被责令候查人所在单位便不应安排其赴外地出差等。

监察机关履行通知义务,通常应当当面通知,并要求被责令候查人员所在单位有关人员和家属在《责令候查通知书》上签名。若因特殊原因无法当面通知,可以先以电话等方式通知,并通过邮寄、转交等方式送达《责令候查通知书》,要求有关人员在《责令候查通知书》上签名。有关人员拒绝签名的,调查人员应当在文书上记明。

### 关联法条

《监察法》第 44 条。

---

**第一百零六条** 责令候查应当由决定采取责令候查措施的监察机关执行。执行责令候查的监察机关应当履行下列职责:

(一)监督、考察被责令候查人员遵守有关规定,及时掌握其活动、住址、工作单位、联系方式及变动情况;

(二)审批被责令候查人员离开所居住的直辖市、设区的市的城市市区或者不设区的市、县的辖区(以下统称所居住的市、县)的申请;

(三)被责令候查人员违反应当遵守的规定的,及时制止或者纠正;

(四)会同被责令候查人员所在单位、家属等对被责令候查人员开展思想教育、心理疏导工作。

---

### 条文主旨

本条是关于责令候查执行机关及其职责的规定。

### 条文解读

相较于其他监察强制措施,责令候查措施的期限较长,此时明确由何主体执行责令候查措施便显得尤为必要。《监察法》对责令候查措施执行主体的规定不太具体,比如第 23 条第 2 款第 2 项规定,被责令候查人员"住址、工作单位和联系方式发生变动的,在二十四小时以内向监察机关报告",但并未明确向哪一级、哪一地方的监察机关进行报告。有鉴于此,本条第 1 款确定了"谁决定、谁执行"的原则,即责令候查应当由决定采取责令候查措施的监察机关执行。

决定采取责令候查措施的监察机关作为执行机关,应当履行相应的职责,主要有:监督、考察被责令候查人员遵守有关规定,及时掌握其活动、住址、工作单位、联系方式及变动情况;审批被责令候查人员离开所居住的直辖市、设区的市的城市市区或者不设区的市、县的辖区的申请;被责令候查人员违反应当遵守的规定的,及时制止或者纠正;会同被责令候查人员所在单位、家属等对被责令候查人员开展思想教育、心理疏导工作。

### 关联法条

《监察法》第 23、46 条。

---

**第一百零七条** 被责令候查人员未经批准不得离开所居住的市、县。确有正当理由需要离开的,应当经决定采取责令候查措施的监察机关批准。

在同一直辖市、设区的市内跨区活动的,不属于离开所居住的市、县。

本条第一款所称正当理由,是指就医、就学、参与诉讼、往返居住地与工作地、处理重要家庭事务或者参加重要公务、商务活动等。

---

### 条文主旨

本条是关于被责令候查人员不得擅自离开居住地的规定。

### 条文解读

《监察法》第 23 条第 2 款第 1 项明确了被责令候查人员不得擅自离开居住地的要求,即"未经监察机关批准不得离开所居住的直辖市、设区的市的城市市区或者不设区的市、县的辖区"。此处规定的这些区域,直辖市、不设区的市或者县的辖区都比较好理解,至于何为设区的市的城市市区则可能存在不同认知。通常来说,所谓"城市市区"指的是城市的建成区,与郊区相对应。[1] 与《监察法》上述规定不同的是,本条第 1 款其实进行了简化处理,即要求"被责令候查人员未经批准不得离开所居住的市、县",此处的"市"包括直辖市和设区的市。同时,本条第 2 款还明确,在同一直辖

---

[1] 参见秦前红主编:《〈中华人民共和国监察法〉解读与适用》,法律出版社 2025 年版,第 94 页。

市、设区的市内跨区活动的,不属于离开所居住的市、县。

被责令候查人员并非一概不得离开所居住的市、县。若确有正当理由需要离开,并经决定采取责令候查措施的监察机关批准,被责令候查人员便可依法离开所居住的市、县。根据本条第3款的规定,这些正当理由主要包括就医、就学、参与诉讼、往返居住地与工作地、处理重要家庭事务或者参加重要公务、商务活动等。这充分彰显了监察机关人性化办案和对被调查人合法权益的保障。

### 关联法条

《监察法》第23条。

---

**第一百零八条** 被责令候查人员需要离开所居住的市、县的,应当向监察机关提出书面申请,并注明事由、目的地、路线、交通方式、往返日期、联系方式等。监察机关应当自收到书面申请之日起三日以内作出决定。被责令候查人员有紧急事由,无法及时提出书面申请的,可以先行通过电话等方式提出申请,并及时补办书面申请手续。

监察机关批准被责令候查人员离开所居住的市、县的申请后,应当告知其遵守下列要求:

(一)保持联系方式畅通,并在接到通知后及时到案接受调查;

(二)严格按照批准的地点、路线、往返日期出行;

(三)不得从事妨碍调查的活动;

(四)返回居住地后及时向执行机关报告。

对于被责令候查人员因正常工作或者生活需要经常性离开所居住的市、县的,可以根据情况简化批准程序,一次性审批其在特定期间内按照批准的地点、路线出行。

---

### 条文主旨

本条是关于被责令候查人员离开居住地批准程序的规定。

### 条文解读

根据《监察法实施条例》第107条的规定,经决定采取责令候查措施的监察机关批准,被责令候查人员可以离开所居住的市、县。若有离开所居住的市、县的正当理由,被责令候查人员应当向决定采取责令候查措施的监察机关提出书面申请。该申请应该注明以下内容:离开事由、目的地、路线、交通方式、往返日期、联系方式等。收到被责令候查人员提出的申请之后,监察机关应当在3日以内作出决定。当然,考虑到在具体的实践当中,被责令候查人员因情况紧急无法及时提出书面申请,此时可以先行通过电话等方式提出申请,并及时补办书面申请手续。这兼顾了责令候查措施的灵活性与原则性。

即便被责令候查人员离开了所居住的市、县,也仍然处在被采取监察强制措施的状态之下,因而同样应当遵守相关规定。对此,本条第2款规定,监察机关批准被责令候查人员离开所居住的市、县的申请后,还应告知其遵守相关要求,主要有:保持联系方式畅通,并在接到通知后及时到案接受调查;严格按照批准的地点、路线、往返日期出行;不得从事妨碍调查的活动;返回居住地后及时向执行机关报告。

被责令候查人员离开所居住的市、县,应当"一事一申请,一申请一审批"。但在特定情况之下,比如在被责令候查人员因正常工作或者生活需要经常性离开所居住的市、县时,根据本条第3款的规定,监察机关可以根据情况简化批准程序,一次性审批其在特定期间内按照批准的地点、路线出行。

**关联法条**

《监察法》第23条。

---

第一百零九条 被责令候查人员具有下列情形之一的,可以认定为监察法第二十三条第三款所规定的违反责令候查规定,情节严重:

(一)企图逃跑、自杀的;

(二)实施伪造、隐匿、毁灭证据或者串供、干扰证人作证行为,严重影响调查工作正常进行的;

(三)对举报人、控告人、被害人、证人、鉴定人等相关人员实施打击报复的;

(四)未经批准,擅自离开所居住的市、县,严重影响调查工作正常进行,或者两次未经批准,擅自离开所居住的市、县的;

(五)经通知无正当理由不到案,严重影响调查工作正常进行,或者两次经通知无正当理由不到案的;

(六)住址、工作单位和联系方式等发生变动,未按规定向监察机关报告,导致无法通知到案,严重影响调查工作正常进行的。

依照监察法第二十三条第一款第三项规定被责令候查的人员,违反责令候查规定,情节严重,依法应予留置的,省级监察机关应当报请国家监察委员会批准,设区的市级以下监察机关应当逐级报送省级监察机关批准。

### 条文主旨

本条是关于违反责令候查规定具体情形的规定。

### 条文解读

《监察法》第23条第2款要求被责令候查人员遵守相关规定。《监察法》第23条第3款规定,"被责令候查人员违反前款规定,情节严重的,可以依法予以留置"。对于哪些情况属于"违反前款规定,情节严重",本条第1款以列举的方式进行了规定。

一是企图逃跑、自杀的。具体包括被责令候查人员着手准备自杀、自残或者逃跑的,曾经有自杀、自残或者逃跑行为的,有自杀、自残或者逃跑意图的,以及其他企图逃跑、自杀的情形。

二是实施伪造、隐匿、毁灭证据或者串供、干扰证人作证行为,严重影响调查工作正常进行的。伪造证据是指行为人故意制造虚假的证据材料,具体包括模仿真实证据而制造假证据,或者凭空捏造虚假的证据,以及对真实证据加以变更改造,使其丧失或减弱证明作用的情形。隐匿、毁灭证据是指人为地将证据藏匿、妨害证据出现、使证据价值减少、消失的一切行为。串供是指被调查人之间,或者被调查人与案件其他有关人员之间,为了达到使被调查人逃避法律责任追究的目的,互相串通以捏造口供的行为。干扰证人作证,包括以口头、书面等形式,采取暴力、威胁、恫吓、引诱、收买证人等手段,阻挠证人作证或者使证人不如实作证,或者指使、威胁、贿赂他人采取这些手段阻挠证人作证或者使证人不如实作证,从而危及对案件事实真相的查明,使监察工作难以进行的。

三是对举报人、控告人、被害人、证人、鉴定人等相关人员实施打击报复的。此处的"打击报复",既包括采取暴力等方法进行伤害或者意图进行伤害,也包括利用职权进行要挟、刁难和迫害等。

四是未经批准,擅自离开所居住的市、县,严重影响调查工作正常进行,或者两次未经批准,擅自离开所居住的市、县的。若被责令候查人员欲离开所居住的市、县,应当按照《监察法实施条例》第107、108条的规定,履行相应的申请和审批手续。

五是经通知无正当理由不到案,严重影响调查工作正常进行,或者两次经通知无正当理由不到案的。这是因为根据《监察法》第 23 条第 2 款第 3 项的规定,被责令候查人员在接到通知的时候,应当及时到案接受调查,此乃"责令候查"的本义。

六是住址、工作单位和联系方式等发生变动,未按规定向监察机关报告,导致无法通知到案,严重影响调查工作正常进行的。该项规定的适用,应当同时满足"未按规定向监察机关报告""导致无法通知到案""严重影响调查工作正常进行"等条件。例如,如果被责令候查人员仅仅未按规定向监察机关报告工作单位变动情况,但监察机关仍可联系上被责令候查人员,且被责令候查人员接到通知后到案接受调查的,不能认定为"违反责令候查规定,情节严重"。

根据《监察法》第 23 条第 1 款第 3 项的规定,案件尚未办结,但留置期限届满或者对被留置人员不需要继续采取留置措施的,监察机关可以对涉嫌严重职务违法或者职务犯罪的被调查人采取责令候查措施。如果适用该项规定被采取责令候查措施的人员,违反责令候查规定,情节严重,有必要对其采取留置措施的,省级监察机关应当报请国家监察委员会批准,设区的市级以下监察机关应当逐级报送省级监察机关批准。

### 关联法条

《监察法》第 23 条。

---

**第一百一十条** 被管护人员、被留置人员、被禁闭人员及其近亲属向监察机关申请变更为责令候查措施的,应当以书面方式提出。监察机关收到申请后,应当在三日以内作出决定。经审查,符合责令候查条件的,可以将管护、留置或者禁闭措施依法变更为责令候查措施;不符合责令候查条件的,应当告知申请人,并说明不同意的理由。

---

### 条文主旨

本条是关于申请变更为责令候查措施的规定。

### 条文解读

相较于管护、留置和禁闭措施,责令候查措施的强制程度更低。为此,当不需要采取管护、留置和禁闭等强制程度较高的措施时,便应适时变更为责令候查等强制程度较低的措施。此种变更既可以是监察机关主动为之,如根据《监察法》第 48 条第 1

款的规定，监察机关发现采取留置措施不当或者不需要继续采取留置措施的，应当及时解除或者变更为责令候查措施，也可以是监察机关依申请为之。

一方面，本条规定了申请变更为责令候查措施的主体，分别是被管护人员、被留置人员、被禁闭人员及其近亲属。结合《监察法实施条例》第325条的规定，可以申请变更为责令候查措施的近亲属，是指被管护人员、被留置人员、被禁闭人员的夫、妻、父、母、子、女、同胞兄弟姊妹。为彰显监察工作的严肃性，上述人员应当以书面方式提出申请。

另一方面，本条规定了监察机关收到申请后的处理方式。在收到申请之后，监察机关应当进行审查，并在3日以内作出处理决定。如果审查认为符合责令候查条件，监察机关可以将管护、留置或者禁闭措施依法变更为责令候查措施；如果审查认为不符合责令候查条件，监察机关应当告知申请人，并说明不同意的理由。责令候查条件符合与否的判断，应当严格按照《监察法》第23条第1款和《监察法实施条例》第103条的规定。

### 关联法条

《监察法》第23、48条。

---

**第一百一十一条** 对被责令候查人员不需要继续采取责令候查措施或者责令候查期满的，应当按规定报批后解除责令候查措施。调查人员应当向被责令候查人员宣布《解除责令候查决定书》，由其签名、捺指印。被责令候查人员拒绝签名、捺指印的，调查人员应当在文书上记明。

解除责令候查措施的，应当及时通知被责令候查人员所在单位和家属。当面通知的，由有关人员在《解除责令候查通知书》上签名。无法当面通知的，可以先以电话等方式通知，并通过邮寄、转交等方式送达《解除责令候查通知书》，要求有关人员在《解除责令候查通知书》上签名。有关人员拒绝签名的，调查人员应当在文书上记明。

### 条文主旨

本条是关于解除责令候查措施的规定。

### 条文解读

尽管责令候查措施的强制程度较低,也会对被责令候查人员的权益产生一定影响。因此,如果认为不需要继续采取责令候查措施,监察机关应当按规定报批后解除责令候查措施。同时,责令候查有期限要求,最长不超过 12 个月,如果责令候查期限已满,监察机关同样应当按规定报批后解除责令候查措施。参照《监察法》第 46 条第 1 款对采取责令候查措施审批程序的规定,监察机关决定解除责令候查措施,应当按照规定的权限和程序,经监察机关主要负责人批准。

监察机关决定解除责令候查措施的,调查人员应当向被责令候查人员宣布《解除责令候查决定书》,并由被责令候查人员签名、捺指印。被责令候查人员拒绝签名、捺指印的,调查人员应当在文书上记明。此外,监察机关还应当及时通知被责令候查人员所在单位和家属。解除责令候查措施通常需要当面通知,并由有关人员在《解除责令候查通知书》上签名。如果无法当面通知,则可先以电话等方式通知,并通过邮寄、转交等方式送达《解除责令候查通知书》,要求有关人员在《解除责令候查通知书》上签名。有关人员拒绝签名的,调查人员应当在文书上记明。

### 关联法条

《监察法》第 46、48 条。

---

**第一百一十二条** 案件依法移送人民检察院审查起诉的,责令候查措施自移送之日自动解除,不再办理解除法律手续。

---

### 条文主旨

本条是关于责令候查措施自动解除的规定。

### 条文解读

对涉嫌职务犯罪的案件,监察机关在调查完成后应当依法移送人民检察院审查起诉。此时,监察强制措施便不应再适用,而应依法转换为相应的刑事强制措施。比如,《刑事诉讼法》第 170 条第 2 款规定,"对于监察机关移送起诉的已采取留置措施的案件,人民检察院应当对犯罪嫌疑人先行拘留,留置措施自动解除"。考虑到责令候查措施并未对被调查人的人身自由进行严格限制,因而不必像留置转换为先行拘留那般"无缝衔接"。正因如此,根据本条规定,案件被移送检察机关审查起诉的,监察机关采取的责令候查措施自动解除,同时不再办理解除法律手续。"不再办理解除法律手续"的规定,意味着不需要按照《监察法实施条例》第111条的规定进行报批、宣布和通知。

### 关联法条

《监察法》第23条。

## 第八节　管　　护

> 第一百一十三条　监察机关对于符合监察法第二十五条第一款规定的未被留置人员,经依法审批,可以对其采取管护措施。

### 条文主旨

本条是关于管护措施适用条件的规定。

### 条文解读

根据《监察法》第25条第1款和本条的规定,准确理解管护措施适用条件,应把握以下三方面的问题:

第一,管护措施的适用对象明确,即符合《监察法》第25条第1款规定的未被留置人员,具体包括:涉嫌严重职务违法或者职务犯罪的自动投案人员;在接受谈话、函询、询问过程中,交代涉嫌严重职务违法或者职务犯罪问题的人员;在接受讯问过程中,主动交代涉嫌重大职务犯罪问题的人员。

第二,管护措施应以监察机关发现上述人员存在逃跑、自杀等重大安全风险为前提。上述被调查人因主观态度较好,故未被采取留置措施。但如果存在逃跑、自杀等重大安全风险,表明被调查人的态度已经发生重大转变,继续采取原措施将给监察工作带来重大干扰,因此必须加以改变,对可能存在逃跑、自杀等重大安全风险的被调查人进行看护,保障不会出现逃跑、自杀等重大安全风险。

第三,监察机关采取管护措施必须经依法审批。根据《监察法》第46条第1款的规定,监察机关采取管护措施,应当按照规定的权限和程序,经监察机关主要负责人批准。

### 关联法条

《监察法》第25、46条。

---

**第一百一十四条** 采取管护措施时,调查人员不得少于二人,应当向被管护人员宣布《管护决定书》,告知被管护人员权利义务,要求其在《管护决定书》上签名、捺指印。被管护人员拒绝签名、捺指印的,调查人员应当在文书上记明。

---

### 条文主旨

本条是关于管护措施程序性要求的规定。

### 条文解读

监察机关决定采取管护措施的,应当由不少于 2 名调查人员进行。调查人员应当依照规定出示证件,向被管护人员宣布《管护决定书》,告知被管护人员权利义务。被管护人员的权利包括获得饮食、休息和安全保障,申请将管护措施变更为责令候查措施等,义务则主要是配合监察机关调查。同时,调查人员应要求被管护人员在《管护决定书》上签名、捺指印。被管护人员拒绝签名、捺指印的,调查人员应当在文书上记明。尚需说明的是,"要求其在《管护决定书》上签名、捺指印"的程序设置,目的在于确认被管护人员已知悉决定、内容属实,但这并不等于认可犯被调查的严重职务违法或者职务犯罪。

### 关联法条

《监察法》第25、46条。

---

**第一百一十五条** 采取管护措施后,应当立即将被管护人员送留置场所,至迟不得超过二十四小时。

---

### 条文主旨

本条是关于将被管护人员送留置场所的规定。

### 条文解读

为确保被管护人员的人身安全,保证监察调查工作的顺利开展,根据《监察法》第 25 条第 2 款和本条的规定,采取管护措施后,应当在 24 小时内立即将被管护人送往留置场所。留置场所是特定的场所。按照《监察法》第 24 条第 3 款的规定,留置场所的设置、管理和监督依照国家有关规定执行。按照《监察法实施条例》第 312 条第 2 款的规定,留置场所应当建立健全保密、消防、医疗、防疫、餐饮及安保等方面安全制度,制定突发事件处置预案,采取安全防范措施,严格落实安全工作责任制。将被管护人员送留置场所的作用在于:其一,防范非法拘禁,通过强制指定留置场所,杜绝"黑监狱"、私设关押点等违法情形,避免暗箱操作。其二,降低安全风险,依托集中化、专业化的监管场所,配备医疗防护与实时监控设施,最大限度减少自杀等突发事件发生。其三,衔接司法审查,移送时限与场所合规性直接关联后续证据效力,超期移送或场所不符可能触发非法证据排除,影响诉讼程序合法性。

在具体适用上,本条中的"采取管护措施后",是指依法作出管护决定、向被管护人宣布《管护决定书》并完成告知等程序性动作,这是启动人身管控的实际起点,标志着被管护人的人身自由已受到一定限制。管护措施起算时间一般以宣布时间起算,采取管护措施有期限要求的均需要以该时间起算,包括送留置场所时间、通知家属时间等。"应当立即将被管护人员送留置场所"强调"立即",体现出程序紧迫性与权力边界控制。管护不是一种可以随意长期羁押或临时看押的"灰色地带",必须及时进入有正式监管条件和法定权限的场所,即留置场所,而非其他办公点或临时地点。"至迟不得超过二十四小时"是本条的核心限制内容,具有刚性约束力,明确了管护措施与送达留置场所之间的最长时间间隔,超过时限将构成程序违法,甚至可能引发非法限制人身自由的法律责任。

### 关联法条

《监察法》第 25 条。

---

**第一百一十六条** 采取管护措施后,应当在二十四小时以内通知被管护人员所在单位和家属。当面通知的,由有关人员在《管护通知书》上签名。无法当面通知的,可以先以电话等方式通知,并通过邮寄、转交等方式送达《管护通知书》,要求有关人员在《管护通知书》上签名。有关人员拒绝签名的,调查人员

> 应当在文书上记明。
>
> 因可能伪造、隐匿、毁灭证据,干扰证人作证或者串供等有碍调查情形而不宜通知的,应当按规定报批,记录在案。有碍调查的情形消失后,应当立即通知被管护人员所在单位和家属。

### 条文主旨

本条是关于采取管护措施后履行通知义务的规定。

### 条文解读

本条第 1 款包括两方面的内容:一是通知的时限及对象。本条第 1 款对通知行为设定了严格的时间限制与明确的对象范围。首先,通知必须在采取管护措施后 24 小时以内完成,这一时间要求具有刚性约束力。通知义务的起算点为宣布管护决定之时,而非将被管护人移送至留置场所之后。其次,通知对象包括被管护人员所在单位和家属,通知被管护人员所在单位,一方面可以确保单位知悉人员状态,避免因缺勤引发管理混乱,另一方面也具有对同类违法行为的警示和威慑效果。通知被管护人员家属,体现了对公民家庭关系的尊重。采取管护措施后,被管护人员就与外界失去联系,如果监察机关不通知被管护人员家属,他们可能会误以为被管护人员已经失踪或死亡,引起不必要的猜测。二是通知方式与文书签收程序。首先是当面通知,这是最优先采用的方式。被管护人员所在单位负责人或家属在《管护通知书》上签名确认,既可证明通知行为已履行,也构成通知程序合法的书面凭证。如接收方拒绝签字,调查人员应如实在通知书上记明拒绝情况及理由,但该通知仍视为有效送达。其次是无法当面通知,这一方式适用于家属异地、无法见面或拒收等情形。监察机关应先以电话、短信等即时方式告知基本情况,再通过邮寄或委托转交等方式送达《管护通知书》,收到《管护通知书》的人签名后回传,若仍拒绝签收,同样由调查人员书面记录在案。

本条第 2 款则对通知义务的例外情形作出规定,强调通知为原则,不通知为例外。尽管通知是实行管护措施的应有之义,但在个别特殊情形下,提前通知反而可能直接破坏案件查处的整体效果。当通知可能引发妨碍调查的风险时,监察机关可以暂缓履行通知义务,在有碍调查的情形消失以后,监察机关应当立即通知被管护人员所在单位和家属。所谓"有碍调查",主要包括通知后可能引发伪造、隐匿、毁灭证据的;干扰证人作证的;与同案人员串供、通风报信的;家属本身与案件有关联,通知可能导致转移、销毁涉案财物或资料等。例如,某被调查人一旦被家属知悉已被管护,其家属即可能帮助其同伙潜逃、协助销毁账本或行贿证据。这些风险不是抽象假设,而是反复出现在实践中的真实问题,因此允许在此类情形下暂缓通知,是对实质正义目标的必要保障。需要强调的是,延期并不等于取消。监察机关必须在相关风险消除后第一时间履行通知义务,体现出权力行使的有限性和受监督性。此外,监察机关并不能随意适用这一延期通知条款,其设定了三道制衡机制:一是审批机制,即对于通知与否的问题,办案人员不得自行决定而是必须报批;二是必须记录在案,即对所有延迟通知的理由、期限、批准人等进行详尽记录,便于复核,防止主观臆断或滥权;三是在有碍调查的情形消失后立即通知,这是对暂缓通知性质的限定,即仅为临时性防控,而非权利剥夺。

### 关联法条

《监察法》第50条。

**第一百一十七条** 监察机关采取管护措施后,应当在二十四小时以内对被管护人员进行谈话、讯问。

### 条文主旨

本条是关于对被管护人员进行谈话或讯问的规定。

### 条文解读

在刑事拘留中,公安机关采取拘留措施后,应当在拘留后的24小时以内进行讯问。这样规定,主要是为了使公安机关及时发现对嫌疑人采取的强制措施是否正确,发现错误及时纠正,同时也有利于迅速查明已掌握的证据是否确实可靠,以便不失时机地展开进一步的侦查工作,即一旦发现拘留错误,就应立即放人,并发给释放证明。但监察调查不同于刑事侦查,它需对调查节奏进行更严格的控制。监察机关在采取管护措施前,通常已完成线索初查、基本证据掌握、调查方案明确,并非边限制人身自由边"摸着石头过河"。因此,规定本条的主要目的并非核对被管护人员身份或核实对被管护人员采取的管护措施是否正确,更多在于防止"空管护"。如果监察机关采取了管护措施,却迟迟不开展调查,容易引发"以管代审""以拖代办"的程序违法情形,本条通过设置24小时的时限,可以倒逼监察机关迅速启动实质调查,防止人身自由限制变相变质。

"二十四小时以内"是一项具有刚性约束力的程序时限,意味着自采取管护措施,即宣布并实施起算,监察机关必须立即启动实体调查程序,不能以任何理由拖延、搁置或消极应付。该时限旨在防止以程序空转掩盖强制控制,确保监察权在合理时限内依法运作。"谈话、讯问"是对被管护人进行调查的两种方式,谈话多用于了解情况、核实事实,而讯问则带有更强的指控性质、程序化要求,通常用于对涉嫌职务违法、职务犯罪行为的正式追问。无论采取哪种方式,均应遵守《监察法》和《监察法实施条例》关于讯问录音录像、合法调查手段的规范要求,确保程序合法、证据真实、手段适当。例如,根据《监察法实施条例》第60条的规定,开展讯问、搜查、查封、扣押以及重要的谈话、询问等调查取证工作,应当全程同步录音录像,并保持录音录像资料的完整性。

### 关联法条

《监察法》第20、44、50条。

---

**第一百一十八条** 管护时间不得超过七日,自向被管护人员宣布之日起算。因案情复杂、疑难,在七日以内无法作出留置或者解除管护决定的,经审批可以延长一日至三日。

延长管护时间的,应当在管护期满前向被管护人员宣布延长管护时间的决定,要求其在《延长管护时间决定书》上签名、捺指印。被管护人员拒绝签名、捺指印的,调查人员应当在文书上记明。

延长管护时间的,应当及时通知被管护人员所在单位和家属。

---

### 条文主旨

本条是关于管护时间及其延长的规定。

### 条文解读

管护措施作为监察程序中限制人身自由的初步措施,其合法性基础建立在"必要性"与"临时性"之上,而非作为正式强制措施长期实施的替代形式。因此,监察机关必须在启动管护后,于法定期限内迅速作出是否转为留置的决定,否则管护将沦为"以管代留"的变相羁押,严重侵蚀被管护人员应享有的程序保障和人身权利。本条通过设置7日管护期限和3日以内的延长期、审批机制、文书要求等，从实质上保证管护措施不会成为无限期调查或变相留置的工具。

本条第1款规定了管护措施的期限。"不得超过七日"确立了管护措施的基本控制周期，即使是疑难复杂案件，监察机关亦需在7日内作出留置或解除决定，此为人身自由保障的法定红线。"自向被管护人员宣布之日起算"明确了管护措施的起算点是自向被管护人宣布管护决定之时，而非实际送至留置场所之时，避免了起算时间模糊、随意延后。以7日为限，使监察机关在启动程序后，必须高效审查证据、作出初步判断，防止无限期羁押演变为实质留置。这个时限在一般情况下是必须遵守的，但考虑到有些案件重大、复杂，在7日以内难以作出留置或者解除管护决定，法律允许办案人员经审批后将管护措施延长1日至3日，延长适用于确有客观调查难度的个案，不能泛化适用或作为常规工具。"可延长一日至三日"表明延长幅度小且受上限约束，符合比例原则，体现对人身自由的高度克制。延长制度体现"留有余地但不滥用"，是一种程序合理弹性设计，兼顾调查效率与权利保障。

本条第2款规定了延长管护措施的程序要件，是对管护措施临时限制人身自由所应遵循的法定形式的重要保障。首先，延长决定必须在原定的7日管护期限届满前作出并宣布，不得滞后，更不得以口头形式替代书面程序。延长必须通过正式文书《延长管护时间决定书》实施，该文书应当明确记载延长期限、法律依据及相关救济途径，体现对被管护人员知情权与程序参与的尊重。其次，监察人员应当当面向被管护人员宣布延长决定，并要求其在决定书上签名、捺指印。签名和捺指印不仅是对文书真实性的确认，更具有程序告知与证据留存的双重功能。若被管护人员拒绝签名或捺指印，监察人员应当依法在文书上注明具体情况，包括拒签的时间、原因以及当事人当场所作的相关陈述，如"不同意延期""不认可延长理由"等。这样有助于维护延长决定的效力，确保程序的合法性和可追溯性，防止被调查人不配合成为程序中断的理由。

本条第3款规定了延长管护措施的通知义务。其中，"及时"要求延长决定宣布后立即启动通知程序，不得拖延至延长期内或次日，应当与《监察法实施条例》第116条首次管护的24小时通知要求形成程序衔接。

**关联法条**

《监察法》第46条。

**第一百一十九条** 对被管护人员不需要继续采取管护措施的,应当按规定报批后解除管护或者变更为责令候查措施。管护期满的,应当按规定报批后予以解除。

解除管护措施的,调查人员应当向被管护人员宣布解除管护措施的决定,由其在《解除管护决定书》上签名、捺指印;变更为责令候查措施的,应当向被管护人员宣布变更为责令候查措施的决定,由其在《变更管护决定书》上签名、捺指印。被管护人员拒绝签名、捺指印的,调查人员应当在文书上记明。

解除管护措施或者变更为责令候查措施的,应当及时通知被管护人员所在单位和家属、申请人。调查人员应当与交接人办理交接手续,并由其在《解除管护通知书》或者《变更管护通知书》上签名。无法通知或者有关人员拒绝签名的,调查人员应当在文书上记明。不得因办理交接手续延迟解除或者变更管护措施。

### 条文主旨

本条是关于解除或变更管护措施的规定。

### 条文解读

本条共分为3款,分别规定了管护措施的解除与变更情形及报批程序,对被管护人员宣告解除或变更决定的程序规范,通知被管护人员所在单位和家属、申请人的程序要件。本条是管护措施退出机制的核心规范,能够确保监察权力的适度行使与可控运行,防止因缺乏明晰退出规则而引发软禁、模糊化、隐性羁押的执法风险。特别是管护措施具有临时性、短期性的特征,缺乏刚性退出机制,极易演变为事实上的非法羁押。本条通过"到期必解,合规可变"的制度设计,确立管护措施终止环节的法定程序。

本条第1款是关于管护措施的解除与变更情形及报批程序的规定。一是主动解除,即在被管护人员不再具有管护必要性的情形下,如证据已充分固定、外部干扰风险消除,调查人员应依法报批,及时终止管护措施;二是强制解除,即当法定管护期满时,不论案件进展如何,监察机关都应当依法立即解除管护,不得以任何理由延长或拖延,防止超期羁押的发生;三是措施变更,即针对虽需继续控制但不具备留置必要性的对象,可依法变更为责令候查,适用《监察法》第23条关于责令候查适用条件的规定,体现了强制措施的比例原则与程序分级。值得一提的是,除监察机关依职权主动变更或解除外,《监察法实施条例》第 110 条还赋予被管护人员及其近亲属以书面方式提出申请变更为责令候查的权利,构建起程序内的有限救济机制。

本条第 2 款是关于对被管护人宣告解除或变更决定的程序规范的规定。宣告并非简单的告知形式,而是决定生效和程序启动的关键步骤。它确保了被管护人能在第一时间、无中介干扰地获知对其人身自由状态产生重大变更的法律决定。这直接体现了程序参与原则和人格尊严保障。宣告必须由负责该案件的调查人员亲自、直接向被管护人进行。宣告地点通常在留置场所。宣告内容需清晰、完整、准确地传达决定的核心内容,禁止通过电话、他人转告或仅张贴文书等间接方式,而是要使用《解除管护决定书》或《变更管护决定书》。这些是具有法定效力的正式法律文书,其格式、内容要素需严格符合监察机关内部规范或相关法规要求。被管护人员在接收文书后应签名并捺指印,表明调查人员已依法履行了宣告和送达义务,推定被管护人员已了解文书所载决定内容及其法律后果。若遇拒签,调查人员必须书面清晰、详细地记录拒签事实,被管护人员的拒绝签署行为不影响解除或变更决定本身的法律效力。决定的生效以监察机关依法定条件和程序作出为准,而非取决于相对人的同意,调查人员应告知其拒签不影响决定效力。

本条第 3 款是关于通知被管护人员所在单位和家属、申请人的程序要件。通知对象包括三类,即被管护人员所在单位、家属以及提出责令候查申请的申请人,目的在于保障相关方的知情权和单位管理秩序。在解除管护措施后,应及时通知单位和家属,不得因交接手续未完成而拖延解除。调查人员应当与交接人办理交接手续,要求交接人在《解除管护通知书》上签名,若无法通知或通知对象拒绝签字,调查人员需在文书中如实说明送达失败或拒签原因,确保通知义务的形式与实质履行。而当变更为责令候查措施时,还要通知申请责令候查的申请人,并且由调查人员与交接人办理交接手续,要求交接人在《变更管护通知书》上签名。签名的目的是形成交接过程的责任闭环,防止管护结束后出现责任不明或人员脱管的问题。

### 关联法条

《监察法》第 23、50 条。

---

**第一百二十条** 在管护期满前,将管护措施变更为留置措施的,按照本条例关于采取留置措施的规定执行。

### 条文主旨

本条是关于将管护措施变更为留置措施的规定。

### 条文解读

在管护措施期限届满前,如果监察机关根据案件进展认为已具备采取留置措施的条件,可以将管护措施依法转化为留置措施,并全面适用《监察法》及《监察法实施条例》中关于留置措施的专门程序规定。本条规定从较为温和的临时性管护措施升级为对人身自由更为严格限制的留置措施,实质上体现的是调查措施适用强度的质变和程序的高度收敛。留置措施本质上是监察机关所能采取的最严厉的人身强制措施,其适用应严格限制在明确的法律条件和程序保障之下。与管护措施相比,留置措施在自由剥夺程度、时间长度、对被调查人日常生活的影响及其后续法律后果方面均更为严重,因此不得出现以"管护之名"行"留置之实"的情形,否则将产生变相羁押、程序违法和人权保障缺失的风险。

本条中"在管护期满前"的表述,具有极强的程序边界设定意义。它明确传达出一个原则,留置决定必须在管护期届满前依法作出、完成相关程序,否则管护措施应当依法解除。监察机关不得以未完成程序或其他借口拖延管护期限,更不得在期满之后继续以管护名义实质性羁押当事人。管护措施转为留置措施并非"自动延续"或"程序叠加",而是必须重新启动独立的留置程序,并严格遵循《监察法》第24条所规定的留置适用条件。例如,是否属于涉嫌严重职务违法或职务犯罪;案情是否重大复杂;是否存在逃跑、自杀、串供、伪造或毁灭证据等可能情形。此外,启动留置措施必须履行一系列严格程序,包括履行内部审批手续、制定留置决定书、向被调查人明确告知留置原因与权利义务、通知其家属和所在单位等。《监察法实施条例》第312条对留置场所的保密、消防、医疗、防疫、餐饮及安保等方面安全制度也均有明确规定。需要特别强调的是,不得以管护审批手续代替留置审批程序,两者虽衔接但性质有别,程序不能混用。

### 关联法条

《监察法》第24条。

## 第九节 留 置

> **第一百二十一条** 监察机关调查严重职务违法或者职务犯罪,对于符合监察法第二十四条第一款规定的,经依法审批,可以对被调查人采取留置措施。
>
> 监察法第二十四条第一款规定的已经掌握其部分违法犯罪事实及证据,是指同时具备下列情形:
>
> (一)有证据证明发生了违法犯罪事实;
>
> (二)有证据证明该违法犯罪事实是被调查人实施;
>
> (三)证明被调查人实施违法犯罪行为的证据已经查证属实。
>
> 部分违法犯罪事实,既可以是单一违法犯罪行为的事实,也可以是数个违法犯罪行为中任何一个违法犯罪行为的事实。
>
> 监察法第二十四条第一款规定的重要问题,是指对被调查人涉嫌的严重职务违法或者职务犯罪,在定性处置、定罪量刑等方面有重要影响的事实、情节及证据。

**条文主旨**

本条是关于采取留置措施具体情况的规定。

**条文解读**

留置措施是监察机关调查严重职务违法和职务犯罪的重要手段,必须依法严格采取、慎重使用,在实体和程序方面都加以严格限制。根据《监察法》第24条第1款的规定,监察机关采取留置措施,应当同时满足三个方面的必要条件。本条对此予以重申并有所细化。

第一,在案件定性层面,被调查人应当涉嫌贪污贿赂、失职渎职等严重职务违法或者职务犯罪。从行为性质和情节轻重来讲,适用留置措施的应当是严重的贪污贿赂、失职渎职等行为,其他的职务犯罪行为或者违法犯罪行为、轻微的情况下,则一般不采取留置措施。所谓"严重职务违法",是指涉嫌的职务违法行为情节严重,可能被给予撤职以上政务处分。

第二,在证据前提层面,要求监察机关已经掌握部分违法犯罪事实及证据,仍有重要问题需要进一步调查。根据本条第2款的规定,所谓"已经掌握其部分违法犯罪事实及证据",应当同时具备以下三种情形:有证据证明发生了违法犯罪事实;有证据证明该违法犯罪事实是被调查人实施;证明被调查人实施违法犯罪行为的证据已经查证属实。这三种情形并非选择关系,而是并列关系,监察机关仅仅具备其中一两种情形,不能视为"已经掌握其部分违法犯罪事实及证据"。当然,部分违法犯罪事实,既可以是单一违法犯罪行为的事实,也可以是数个违法犯罪行为中任何一个违法犯罪行为的事实。仍有需要进一步调查的"重要问题",则是指对被调查人涉嫌的严重职务违法或者职务犯罪,在定性处置、定罪量刑等方面有重要影响的事实、情节及证据。

第三,在适用情形层面,要求应当符合《监察法》第24条第1款列举的四种情形之一。其中第一种情形是"涉及案情重大、复杂",而针对如何认定"可能逃跑、自杀""可能串供或者伪造、隐匿、毁灭证据""可能有其他妨碍调查行为"等后三种情形,《监察法实施条例》第122—124条作出了细化规定。

### 关联法条

《监察法》第24条。

---

**第一百二十二条** 被调查人具有下列情形之一的,可以认定为监察法第二十四条第一款第二项所规定的可能逃跑、自杀:

(一)着手准备自杀、自残或者逃跑的;
(二)曾经有自杀、自残或者逃跑行为的;
(三)有自杀、自残或者逃跑意图的;
(四)其他可能逃跑、自杀的情形。

---

### 条文主旨

本条是关于"可能逃跑、自杀"具体情况的规定。

### 条文解读

根据《监察法》第24条的规定,对于可能逃跑、自杀的被调查人,在符合其他法定条件的前提下,监察机关可依法对其采取留置措施。此种留置在实践中常被称作"保护性留置"。对于如何准确认定"可能逃跑、自杀",本条提供了若干具体标准:一是着手准备自杀、自残或者逃跑的,如被调查人使用伪造的身份证件购买出境机票;二是曾经有自杀、自残或者逃跑行为的,此类被调查人再次自杀、自残或者逃跑的可能性往往更大;三是有自杀、自残或者逃跑意图的,如被调查人向朋友表达了想要逃跑的想法;四是其他可能逃跑、自杀的情形,这是为避免列举不全而设置的兜底情形,需要结合案件的具体情况加以研判。

### 关联法条

《监察法》第24条。

---

**第一百二十三条** 被调查人具有下列情形之一的,可以认定为监察法第二十四条第一款第三项所规定的可能串供或者伪造、隐匿、毁灭证据:

(一)曾经或者企图串供,伪造、隐匿、毁灭、转移证据的;

(二)曾经或者企图威逼、恐吓、利诱、收买证人,干扰证人作证的;

(三)有同案人或者与被调查人存在密切关联违法犯罪的涉案人员在逃,重要证据尚未收集完成的;

(四)其他可能串供或者伪造、隐匿、毁灭证据的情形。

---

### 条文主旨

本条是关于"可能串供或者伪造、隐匿、毁灭证据"具体情况的规定。

### 条文解读

根据《监察法》第24条第3项的规定,对于可能串供或者伪造、隐匿、毁灭证据的被调查人,在符合其他法定条件的前提下,监察机关可依法对其采取留置措施。对于如何准确认定"可能串供或者伪造、隐匿、毁灭证据",本条提供了若干具体标准:

一是曾经或者企图串供,伪造、隐匿、毁灭、转移证据的。串供是指被调查人之间,或者被调查人与其他有关人员之间,为了达到使被调查人逃避法律责任追究的目的,互相串通以捏造口供的行为。伪造证据是指行为人故意制造虚假的证据材料,具体包括模仿真实证据而制造假证据、凭空捏造虚假的证据,以及对真实证据加以变更改造使其丧失或减弱证明作用的情形。隐匿、毁灭证据是指人为地将证据藏匿,妨害证据出现,使证据价值减少、消失的一切行为。被调查人采取积极行动伪造、隐匿、毁灭证据,包括被调查人主动销毁已经存在的证据,将证据转移隐藏,制造假的证据或者对证据进行伪造、变造等改变证据本来特征和信息。被调查人对与案件有重要关系的情节,故意作虚假证明、销毁证据等,意图陷害他人或者隐匿罪证,即属于该种情形。

二是曾经或者企图威逼、恐吓、利诱、收买证人,干扰证人作证的。此类行为对证人的人身安全造成了严重威胁,也干扰了监察机关正常的办案活动,因此有必要采取留置措施。

三是有同案人或者与被调查人存在密切关联违法犯罪的涉案人员在逃,重要证据尚未收集完成的。适用此种情形需要把握两方面的条件:一方面,有同案人或者与被调查人存在密切关联违法犯罪的涉案人员在逃。其中,"同案人"通常是指与被调查人共同实施违法犯罪行为的人员,"存在密切关联"则应结合具体案件进行判断。另一方面,重要证据尚未收集完成,这主要是为了避免被调查人与在逃的同案人、涉案人员串供或者伪造、隐匿、毁灭证据。

四是其他可能串供或者伪造、隐匿、毁灭证据的情形。这是为避免列举不全而设置的兜底情形,需要结合案件的具体情况加以研判。

### 关联法条

《监察法》第 24 条。

---

第一百二十四条　被调查人具有下列情形之一的,可以认定为监察法第二十四条第一款第四项所规定的可能有其他妨碍调查行为:

（一）可能继续实施违法犯罪行为的;

（二）有危害国家安全、公共安全等现实危险的;

（三）可能对举报人、控告人、被害人、证人、鉴定人等相关人员实施打击报复的;

（四）无正当理由拒不到案,严重影响调查的;

（五）其他可能妨碍调查的行为。

---

### 条文主旨

本条是关于"可能有其他妨碍调查行为"具体情况的规定。

### 条文解读

根据《监察法》第 24 条的规定,对于可能有其他妨碍调查行为的被调查人,在符合其他法定条件的前提下,监察机关可依法对其采取留置措施。对于如何准确认定"可能有其他妨碍调查行为",本条提供了若干具体标准:

一是可能继续实施违法犯罪行为的。若被调查人有继续实施违法犯罪行为的可能性,就有可能对监察机关的调查取证活动造成阻碍,不利于监察工作的顺利开展。是否可能继续实施违法犯罪行为,需要从被调查人已经实施的违法犯罪所体现的主观恶性和犯罪习性进行考察,比如是否属于惯犯、是否已养成犯罪习性等。此外,如果有一定的证据证明被调查人已经开始策划、预备实施某种犯罪,也可以认定为可能继续实施违法犯罪行为。

二是有危害国家安全、公共安全等现实危险的。准确适用该情形,应当把握好"现实危险"这一要件。概言之,现实危险是有证据或迹象表明的危险,而且此种危险应当具有一定的紧迫性,即如果不采取断然措施,将使得国家安全和公共安全遭到损害。

三是可能对举报人、控告人、被害人、证人、鉴定人等相关人员实施打击报复的。若被调查人有此种行为,不仅会对相关人员的人身安全等合法权益造成侵害,而且会让相关人员难以配合监察机关的办案活动,进而有碍于调查工作的正常开展。

四是无正当理由拒不到案,严重影响调查的。适用此种情形需要把握三方面的条件:第一,监察机关应当依法通知被调查人到案;第二,被调查人拒不到案且没有正当理由;第三,拒不到案的行为严重影响调查。

五是其他可能妨碍调查的行为。这是为避免列举不全而设置的兜底情形,需要结合案件的具体情况加以研判。

**关联法条**

《监察法》第24条。

---

**第一百二十五条** 对下列人员不得采取留置措施:
(一)患有严重疾病、生活不能自理的;
(二)怀孕或者正在哺乳自己婴儿的妇女;
(三)生活不能自理的人的唯一扶养人。
上述情形消失后,根据调查需要可以对相关人员采取留置措施。

### 条文主旨

本条是关于不得采取留置措施人员的规定。

### 条文解读

根据本条第1款的规定,监察机关不得对三类人员采取留置措施。当然,根据本条第2款的规定,不得采取留置措施的情形消失之后,监察机关有权根据调查需要,对相关人员采取留置措施。例如,若被调查人患有的严重疾病已得到部分治愈,可以基本实现生活自理,依然可以对其采取留置措施。

第一,监察机关不得对患有严重疾病、生活不能自理的人员采取留置措施。该项体现出本条例对被调查人生命权、健康权的尊重与维护。被调查人员是否达到患有严重疾病、因年老残疾等原因生活不能自理的标准,需要根据医学的判定标准予以认定。

第二,监察机关不得对怀孕或者正在哺乳自己婴儿的妇女采取留置措施。该项体现出本条例对妇女权益的保护。一旦妇女被确定处于怀孕状态或正处于哺乳期,监察机关就不得对该妇女采取留置措施,以避免对其身心健康造成损害。

第三,若被调查人为生活不能自理的人的唯一扶养人,监察机关亦不得对其采取留置措施。扶养有广义和狭义之分。广义上的扶养泛指特定亲属之间根据法律的明确规定而存在的经济上相互供养、生活上相互照顾的权利义务关系,包括长辈亲属对晚辈亲属的"抚养"、平辈亲属之间的"扶养"和晚辈亲属对长辈亲属的"赡养"三种具体形态。狭义上的扶养则专指平辈亲属之间尤其是夫妻之间依法发生的经济供养和生活扶助的权利义务关系。根据《民法典》的规定,民法中的扶养采取狭义上的概念,而根据本条的精神,此处的"扶养"是从广义的角度而言的。

### 关联法条

《刑事诉讼法》第67、74、165条;《最高人民法院关于适用〈中华人民共和国刑事诉讼法〉的解释》第169条;《人民检察院刑事诉讼规则》第580条。

---

**第一百二十六条** 采取留置措施时,调查人员不得少于二人,应当向被留置人员宣布《留置决定书》,告知被留置人员权利义务,要求其在《留置决定书》上签名、捺指印。被留置人员拒绝签名、捺指印的,调查人员应当在文书上记明。

### 条文主旨

本条是关于采取留置措施具体要求的规定。

### 条文解读

根据本条规定,在对被调查人采取留置措施时,应当由不少于 2 名调查人员进行。调查人员应当依照规定出示证件,向被留置人员宣布《留置决定书》,告知被留置人员权利义务。被留置人员的权利包括获得饮食、休息和安全保障,申请将留置措施变更为责令候查措施等,义务则主要是配合监察机关调查。同时,调查人员应要求被留置人员在《留置决定书》上签名、捺指印。被留置人员拒绝签名、捺指印的,调查人员应当在文书上记明。

### 关联法条

《监察法》第 44 条;《中国共产党纪律检查机关监督执纪工作规则》第 40、41 条。

---

**第一百二十七条** 采取留置措施后,应当在二十四小时以内通知被留置人员所在单位和家属。当面通知的,由有关人员在《留置通知书》上签名。无法当面通知的,可以先以电话等方式通知,并通过邮寄、转交等方式送达《留置通知书》,要求有关人员在《留置通知书》上签名。有关人员拒绝签名的,调查人员应当在文书上记明。

因可能伪造、隐匿、毁灭证据,干扰证人作证或者串供等有碍调查情形而不宜通知的,应当按规定报批,记录在案。有碍调查的情形消失后,应当立即通知被留置人员所在单位和家属。

---

### 条文主旨

本条是关于采取留置措施后履行通知义务的规定。

### 条文解读

留置措施涉及范围广、留置时间较长,采取留置措施后,被留置人与外界失去联系,被留置人所在单位和家属可能会误以为被留置人已经失踪或者死亡,进而产生恐慌。基于此,根据本条第 1 款的规定,监察机关在采取留置措施后,应当在 24 小时内通知被留置人员所在单位和家属,当然无法通知的除外。向被留置人员所在单位和家属进行通知,能够保障相关主体的知情权和监督权,如根据《监察法实施条例》第110条的规定,被留置人员的近亲属有权申请变更为责令候查措施。监察机关履行通知义务,通常应当当面通知,要求有关人员在《留置通知书》上签名。由于特殊原因无法当面通知的,可以先以电话等方式通知,并通过邮寄、转交等方式送达《留置通知书》,要求有关人员在《留置通知书》上签名。有关人员拒绝签名的,调查人员应当在文书上记明。

当然,根据本条第2款的规定,如果向被留置人员所在单位和家属进行通知,可能会出现伪造、隐匿、毁灭证据,干扰证人作证或者串供等有碍调查的情形,监察机关可以不进行通知,但应当按规定报批,记录在案。一旦这些有碍调查的情形消失,监察机关应当立即通知被留置人员所在单位和家属。

### 关联法条

《监察法》第50条;《中国共产党纪律检查机关监督执纪工作规则》第41条。

---

**第一百二十八条** 监察机关采取留置措施后,应当在二十四小时以内对涉嫌职务违法的被调查人进行谈话,对涉嫌职务犯罪的被调查人进行讯问。

### 条文主旨

本条是关于对被留置人员进行谈话或讯问的规定。

### 条文解读

对符合法定条件的被调查人采取留置措施,是为了更好地开展案件调查工作,不能是"留而不查"。加之监察机关采取留置措施有法定期限的要求,若能在尽可能短的期限内完成调查工作,既有利于监察工作的高效开展,也有利于被调查人权益的有效保障。正因如此,根据本条规定,监察机关采取留置措施后,应当在24小时以内对涉嫌职务违法的被调查人进行谈话,对涉嫌职务犯罪的被调查人进行讯问。至于如何对被留置人员进行谈话或讯问,则应适用《监察法》和《监察法实施条例》有关谈话、讯问的规定。

### 关联法条

《监察法》第50条。

> 第一百二十九条　留置时间不得超过三个月，自向被留置人员宣布之日起算。具有下列情形之一的，经审批可以延长一次，延长时间不得超过三个月：
> （一）案情重大，严重危害国家利益或者公共利益的；
> （二）案情复杂，涉案人员多、金额巨大，涉及范围广的；
> （三）重要证据尚未收集完成，或者重要涉案人员尚未到案，导致违法犯罪的主要事实仍须继续调查的；
> （四）其他需要延长留置时间的情形。
> 省级以下监察机关采取留置措施的，延长留置时间应当报请上一级监察机关批准。
> 延长留置时间的，应当在留置期满前向被留置人员宣布延长留置时间的决定，要求其在《延长留置时间决定书》上签名、捺指印。被留置人员拒绝签名、捺指印的，调查人员应当在文书上记明。
> 延长留置时间的，应当及时通知被留置人员所在单位和家属。

### 条文主旨

本条是关于留置时间及其延长的规定。

### 条文解读

1. 留置时间一般不得超过3个月

《监察法》第48条第1款和本条第1款均规定，"留置时间不得超过三个月"。由此可见，在一般情况下，留置时间不得超过3个月。这里的3个月是固定期限，不因案件情况的变化而变化，不能因发现"新罪"（监察机关之前未掌握的被调查人的职务违法犯罪）重新计算留置期限。

2. 延长一次留置时间的情形

根据《监察法》第48条第1款的规定，在特殊情况下，留置时间可以延长1次，延长时间不得超过3个月。至于何为"特殊情况"，本条第1款进行了细化：

第一，案情重大，严重危害国家利益或者公共利益的。此类案件的社会危害程度极高，监察机关将留置时间予以延长是为保护国家安全和社会公共秩序稳定所作出的必然选择。

第二，案情复杂，涉案人员多、金额巨大，涉及范围广的。就"涉案人员多"而言，实践中，一些重大职务犯罪案件往往具有集团化、家族化、团伙化的特点，利益关系复杂,涉案人员众多。对"金额巨大"的认定,可参照《最高人民法院、最高人民检察院关于办理贪污贿赂刑事案件适用法律若干问题的解释》,即涉案金额在20万元以上不满300万元的,应当认定为"数额巨大"。"涉及范围广"是指此类案件的覆盖面、影响面较广。为保证案件调查的全面性与客观性,监察机关可以延长此类案件中被留置人员的留置时间。

第三,重要证据尚未收集完成,或者重要涉案人员尚未到案,导致违法犯罪的主要事实仍须继续调查的。此种情况下,违法犯罪的主要事实尚未查清,监察机关需要以延长被留置人员留置时间的方式保证调查工作的有序进行。若重要性程度较低的证据尚未收集完成,监察机关已完全掌握和摸清违法犯罪的主要事实,则不需要延长留置时间。

第四,其他需要延长留置时间的情形。本项为兜底性条款,确保列举情形的全面性与完整性。

3. 延长留置时间的批准、宣布和通知

本条第2款对省级以下监察机关延长留置时间的审批程序作出了规定,即省级以下监察机关采取留置措施的,若其打算延长留置时间,首先应报上一级监察机关批准。"以下"包括本数。换言之,省级监察机关采取留置措施的,延长留置时间应当报国家监察委员会批准;设区的市级监察委员会采取留置措施的,延长留置时间应当报省级监察委员会批准;县级监察委员会采取留置措施的,延长留置时间应当报设区的市级监察委员会批准。

本条第3款就监察机关何时宣布延长留置时间的决定作出了规定。监察机关必须在留置期满前向被留置人员宣布延长留置时间的决定,并形成《延长留置时间决定书》。被留置人员应当在《延长留置时间决定书》上签名、捺指印,以表示对监察机关延长留置时间决定的知悉。被留置人员拒绝签名、捺指印并不影响《延长留置时间决定书》的法律效力,在此种情况下,调查人员应当秉持客观真实的原则,在文书上将该情况加以记载。

本条第4款就延长留置时间的通知作出规定。监察机关若延长被留置人的留置时间,负有通知被留置人员所在单位和家属的义务。《监察法实施条例》第127条规定了采取留置措施后履行通知义务的要求。基于此,延长留置时间的决定也应当在24小时以内通知被留置人员所在单位和家属。

**关联法条**

《监察法》第48、50条。

> 第一百三十条　对涉嫌职务犯罪的被调查人可能判处十年有期徒刑以上刑罚，监察机关按照本条例第一百二十九条规定延长期限届满，仍不能调查终结的，经审批可以再延长，再延长时间不得超过二个月。
>
> 省级以下监察机关需要再延长留置时间的，应当逐级报送国家监察委员会批准。
>
> 再延长留置时间的，应当在留置期满前向被留置人员宣布再延长留置时间的决定，要求其在《再延长留置时间决定书》上签名、捺指印。被留置人员拒绝签名、捺指印的，调查人员应当在文书上记明。
>
> 再延长留置时间的，应当及时通知被留置人员所在单位和家属。

## 条文主旨

本条是关于留置时间再延长的规定。

## 条文解读

1. 留置时间再延长的适用条件

《监察法》第 48 条第 2 款明确规定留置期限在延长一次之后，可依法再延长，再延长的时间不超过 2 个月。这被认为是为了"适应监察办案实际，解决重大复杂案件留置期限紧张的问题"[①]。留置期限再延长应当同时符合以下三方面的条件：一是在案件本身层面，被调查人可能被判处 10 年有期徒刑以上刑罚。二是在案件调查层面，延长期限届满，监察机关仍不能调查终结。三是在程序要件层面，省级以下监察机关需要再延长留置时间的，应当逐级报送国家监察委员会批准；国家监察委员会需要再延长留置时间的，应由其自行决定。

2. 留置时间的再延长宣布和通知

根据本条第 2 款的规定，监察机关必须在留置期满前向被留置人员宣布再延长留置时间的决定，并形成《再延长留置时间决定书》。被留置人员应当在《再延长留置时间决定书》上签名、捺指印，以表示对监察机关再延长留置时间决定的知悉。被留置人员拒绝签名、捺指印并不影响《再延长留置时间决定书》的法律效力，调查人员应当秉持客观真实的原则，在文书上将该情况加以记载。再延长留置时间的，监察

---

[①] 瞿芃：《推进新时代监察工作高质量发展：有关负责人就监察法修改答记者问》，载《中国纪检监察报》2024 年 12 月 26 日，第 2 版。

机关应当及时通知被留置人员所在单位和家属。具体的通知方式和程序,可按《监察法实施条例》第 127 条的规定执行。

#### 关联法条

《监察法》第 48 条。

---

**第一百三十一条** 报请批准延长或者再延长留置时间,应当在报请材料中写明被留置人员基本情况、主要案情和留置后调查工作进展情况、下一步调查工作计划、延长或者再延长留置时间的具体理由及起止时间。

报请批准延长或者再延长留置时间,应当根据案件具体情况和实际工作需要,提出合理、必要的时间建议。

上级监察机关收到报请批准延长或者再延长留置时间的申请后,应当及时研究,在原留置期限届满前按程序作出决定。

---

#### 条文主旨

本条是关于延长或者再延长留置时间审批程序的规定。

#### 条文解读

根据《监察法》第 48 条的规定,监察机关延长或者再延长留置时间,应当履行相应的审批手续。比如,省级以下监察机关采取留置措施的,延长留置时间应当报上一级监察机关批准。《监察法实施条例》第 131 条对延长或者再延长留置时间的审批程序作出了更细致的规定。第一,采取留置措施的监察机关想要延长或者再次延长留置时间,应当向有权批准的监察机关提交报请材料,并在报请材料中写明被留置人员基本情况、主要案情和留置后调查工作进展情况、下一步调查工作计划、延长或者再延长留置时间的具体理由及起止时间。第二,尽管延长时间不得超过 3 个月,再延长时间不超过 2 个月,但这并不是说一定要用满这些时间。相反,采取留置措施的监察机关在报请批准延长或者再延长留置时间时,应当根据案件具体情况和实际工作需要,提出合理、必要的时间建议。第三,上级监察机关收到报请批准延长或者再延长留置时间的申请后,应当及时研究,在原留置期限届满前按程序作出决定。

#### 关联法条

《监察法》第 48 条。

> **第一百三十二条** 省级以上监察机关在调查期间,发现涉嫌职务犯罪的被调查人另有与留置时的罪行不同种的重大职务犯罪或者同种的影响罪名认定、量刑档次的重大职务犯罪,经审批可以依照监察法第四十八条第三款的规定重新计算留置时间。留置时间重新计算以一次为限。
> 
> 依照前款规定重新计算留置时间的,国家监察委员会调查部门应当自发现之日起五日以内履行报批程序,省级监察机关应当自发现之日起五日以内报请国家监察委员会批准。
> 
> 重新计算留置时间的,应当自作出决定之日起五日以内向被留置人员宣布,要求其在《重新计算留置时间决定书》上签名、捺指印,并及时通知被留置人员所在单位和家属。被留置人员拒绝签名、捺指印的,调查人员应当在文书上记明。

### 条文主旨

本条是关于留置时间重新计算的规定。

### 条文解读

2024年12月修正的《监察法》,在第48条第3款新增了留置期限重新计算的规定。这在一定程度上借鉴了《刑事诉讼法》有关重新计算侦查羁押时限的规定。比较来看,《刑事诉讼法》第160条第1款规定,"在侦查期间,发现犯罪嫌疑人另有重要罪行的,自发现之日起依照本法第一百五十六条的规定重新计算侦查羁押期限"。

重新计算留置期限应同时符合以下三方面的条件:一是实施主体是省级以上监察机关。二是在适用条件上,发现涉嫌职务犯罪的被调查人另有与留置时的罪行不同种的重大职务犯罪或者同种的影响罪名认定、量刑档次的重大职务犯罪。三是在程序方面,其规定审批主体是国家监察委员会,即省级监察机关决定重新计算留置时间须经国家监察委员会批准,国家监察委员会可以自行决定重新计算留置时间。其中,省级监察机关发现有重新计算留置期限的情形,应当自发现之日起5日以内报请国家监察委员会批准;国家监察委员会调查部门发现有重新计算留置期限的情形,应当自发现之日起5日以内履行报批程序。

留置时间的重新计算也应履行相应的宣布和通知程序,即根据本条第3款的规定,重新计算留置时间的,监察机关应当自作出决定之日起5日以内向被留置人员宣布。被留置人员应当在《重新计算留置时间决定书》上签名、捺指印,以表示对重新计算留置时间决定的知悉。被留置人员拒绝签名、捺指印的,并不影响《重新计算留置时间决定书》的法律效力,在此种情况下,调查人员应当秉持客观真实的原则,在文书上将该情况加以记载。同时,监察机关还应根据《监察法实施条例》第 127 条的规定,将重新计算留置时间的决定通知被留置人员所在单位和家属。

> **关联法条**

《监察法》第 48 条。

---

**第一百三十三条** 重新计算留置时间的,留置时间不得超过三个月。新发现的罪行具有本条例第一百二十九条、第一百三十条规定情形的,可以依法延长和再延长留置时间。但是,此前已经根据本条例第一百三十条规定再延长留置时间的,不得再次适用该规定再延长留置时间。

---

> **条文主旨**

本条是关于留置时间重新计算后延长或者再延长的规定。

> **条文解读**

既然是"重新计算留置时间",就意味着此前业已经过的留置时间不再作数。相应地,重新计算后的留置时间应适用《监察法》第 48 条第 1 款和《监察法实施条例》第 129 条第 1 款的规定,即重新计算的留置时间一般不得超过 3 个月。同时,重新计算后的留置时间亦可适用延长和再延长的规定。例如,如果符合《监察法》第 48 条第 1 款和《监察法实施条例》第 129 条的规定,重新计算的留置时间可以延长一次,延长时间不得超过 3 个月。当然,如果在留置时间重新计算之前,监察机关已经根据《监察法》第 48 条第 2 款和《监察法实施条例》第 130 条进行过留置时间再延长,那么重新计算后的留置时间不得适用再延长的规定。简而言之,无论是否对留置时间进行重新计算,有关留置时间再延长的规定都只能适用一次。

> **关联法条**

《监察法》第 48 条。

> **第一百三十四条** 对被留置人员不需要继续采取留置措施的,应当按规定报批后解除留置或者变更为责令候查措施。留置期满的,应当按规定报批后予以解除。
>
> 解除留置措施的,调查人员应当向被留置人员宣布解除留置措施的决定,由其在《解除留置决定书》上签名、捺指印;变更为责令候查措施的,应当向被留置人员宣布变更为责令候查措施的决定,由其在《变更留置决定书》上签名、捺指印。被留置人员拒绝签名、捺指印的,调查人员应当在文书上记明。
>
> 解除留置措施或者变更为责令候查措施的,应当及时通知被留置人员所在单位和家属、申请人。调查人员应当与交接人办理交接手续,并由其在《解除留置通知书》或者《变更留置通知书》上签名。无法通知或者有关人员拒绝签名的,调查人员应当在文书上记明。不得因办理交接手续延迟解除或者变更留置措施。
>
> 案件依法移送人民检察院审查起诉的,留置措施自犯罪嫌疑人被执行拘留时自动解除,不再办理解除法律手续。

### 条文主旨

本条是关于解除或变更留置措施的规定。

### 条文解读

本条第 1 款规定,对被留置人员不需要继续采取留置措施的,应当按规定报批,及时解除留置或者变更为责令候查措施。对被留置人员不需要继续采取留置措施的情况,包括留置期限届满,被留置人员妨碍调查的情况已经消除,以及被留置人员符合《监察法实施条例》第 125 条所规定的不得采取留置措施的情形等。

本条第 2 款规定,解除留置措施的,调查人员应当向被留置人员宣布解除留置措施的决定,由其在《解除留置决定书》上签名、捺指印。变更为责令候查措施的,调查人员应当向被留置人员宣布变更为责令候查措施的决定,被留置人员应在《解除留置决定书》或者《变更留置决定书》上签名、捺指印。当然,被留置人员拒绝签名、捺指印的,调查人员应当在文书上记明。由此可见,被留置人员拒绝签名、捺指印的,并不影响《解除留置决定书》或者《变更留置决定书》的生效。在此种情形下,调查人员应当在文书上客观准确地将被留置人员拒绝签名、捺指印的情况予以记载说明。

本条第 3 款规定,解除留置措施或者变更为责令候查措施的,调查人员应当及时通知被留置人员所在单位和家属、申请人。之所以规定要向"申请人"通知，是因为根据《监察法实施条例》第110条的规定，被留置人员的近亲属有权向监察机关申请变更为责令候查措施。如果基于被留置人员近亲属的申请，而将留置措施变更为责令候查措施，自然要向该申请人进行通知。通知被留置人员家属是保障被留置人家属的知情权的体现，避免家属产生不必要的猜测和恐慌。被留置人员往往是领导干部，又以有关单位、企业领导干部居多，如果不及时告知被留置人员所在单位已解除留置措施，可能会影响所在单位和企业的正常运转。调查人员应当与交接人办理交接手续，并由交接人在《解除留置通知书》或者《变更留置通知书》上签名。当然，无法通知有关人员或者有关人员拒绝签名的，调查人员应当在文书上记明。"无法通知"主要指被留置人员所在单位或家属地址不明，以及无单位或无家属等情况。

本条第4款规定，案件依法移送人民检察院审查起诉的，留置措施自犯罪嫌疑人被执行拘留时自动解除，不再办理解除法律手续。刑事拘留由公安机关负责执行，是指公安机关、人民检察院在侦查过程中，于紧急情况下临时剥夺某些现行犯或重大嫌疑分子的人身自由的一种强制措施。本条第4款明确了犯罪嫌疑人被执行拘留后，不必履行审批手续即可解除留置措施。如此一来，既提高了监察机关的工作效率，又避免了检察机关决定采取强制措施的期间占用监察机关的法定留置期间或者占用法定审查起诉期间的问题，更有利于监察与司法的有效衔接。

### 关联法条

《监察法》第48、50条；《刑事诉讼法》第170条；《最高人民法院关于适用〈中华人民共和国刑事诉讼法〉的解释》第218、235条；《人民检察院刑事诉讼规则》第142、145、146条；《中国共产党纪律检查机关监督执纪工作规则》第57条。

## 第十节 查询、冻结

> **第一百三十五条** 监察机关调查严重职务违法或者职务犯罪，根据工作需要，按规定报批后，可以依法查询、冻结涉案单位和个人的存款、汇款、债券、股票、基金份额等财产。

### 条文主旨

本条是关于查询、冻结措施适用情形的规定。

### 条文解读

从实践经验来看,监察机关调查职务违法和职务犯罪,相当多的问题涉及有关单位和个人的存款、汇款、债券、股票、基金份额等财产。为了有效查清案件,使监察机关能充分行使职权,赋予监察机关必要的查询、冻结权限是十分必要的。

本条对查询、冻结措施的适用条件作出了规定,主要包括:一是案件类型条件,查询、冻结措施所涉及的案件是监察机关已经开始调查的涉嫌贪污贿赂、失职渎职等严重职务违法或者职务犯罪案件。二是出于监察工作的需要,也就是在调查涉嫌贪污贿赂、失职渎职等严重职务违法或者职务犯罪案件时,如果不采取查询、冻结等措施,极有可能出现涉案单位和个人转移存款、汇款、债券、股票、基金份额等财产,进而出现伪造、隐匿、毁灭证据之情形。三是被采取查询、冻结措施的对象必须是涉案单位和个人,不得涉及其他与案件无关的单位和个人。四是按规定报批,比如冻结同级党委管理的正职领导干部财产,应报监察机关主要负责人审批。

### 关联法条

《监察法》第 26、59、69、74 条;《中国共产党纪律检查委员会工作条例》第 36 条第 4 款;《中国共产党纪律检查机关监督执纪工作规则》第 39、40、47 条。

---

**第一百三十六条** 查询、冻结财产时,调查人员不得少于二人。调查人员应当出具《协助查询财产通知书》或者《协助冻结财产通知书》,送交银行或者其他金融机构、邮政部门等单位执行。有关单位和个人应当予以配合,并严格保密。

查询财产应当在《协助查询财产通知书》中填写查询账号、查询内容等信息。没有具体账号的,应当填写足以确定账户或者权利人的自然人姓名、身份证件号码或者市场主体名称、统一社会信用代码等信息。

冻结财产应当在《协助冻结财产通知书》中填写冻结账户名称、冻结账号、冻结数额、冻结期限起止时间等信息。冻结数额应当具体、明确,暂时无法确定具体数额的,应当在《协助冻结财产通知书》上明确写明"只收不付"。冻结证券和交易结算资金时,应当明确冻结的范围是否及于孳息。

冻结财产,应当为被调查人及其所扶养的亲属保留必需的生活费用。

> 条文主旨

本条是关于采取查询、冻结措施具体要求的规定。

> 条文解读

本条第 1 款是监察机关的调查人员采取查询、冻结措施时应当遵循的要求和程序的规定。第一，监察机关不得只派遣 1 名调查人员对监察对象采取查询、冻结措施。对调查人员人数设定方面的要求，既可以保障查询、冻结措施的公开透明，增强查询、冻结措施的公正性和公信力，确保整个调查过程客观、真实、有效；亦能够实现调查人员之间的共同配合、相互监督，依法有序完成查询、冻结工作，避免纠纷的产生。第二，采取查询、冻结措施时，调查人员应当出具《协助查询财产通知书》或者《协助冻结财产通知书》，送交银行或者其他金融机构、邮政部门等单位执行。出具法律文书是调查人员采取查询、冻结措施时必须履行的工作程序。通过出具《协助查询财产通知书》《协助冻结财产通知书》，调查人员履行了对有关单位和个人的告知义务，既保障了有关单位和个人的知情权，也有助于保证查询、冻结措施的公信力和权威性。此外，本款还规定了有关单位和个人应当履行的义务。一方面，有关单位和人员应当配合调查人员的工作。这里的"配合"并非另行赋予监察机关强制权，而是提示有关单位和个人应当为查询、冻结工作提供方便，协助履行查询、冻结手续，不得以保密为由进行阻碍。另一方面，有关单位和个人还负有严格保密的义务，不得将查询、冻结的过程与内容等泄露给其他人。若掌握相关信息的单位和个人拒不配合监察机关的查询、冻结行为，监察机关可以依法追究其相应的责任。

本条第 2 款是关于监察机关在《协助查询财产通知书》中填写内容的规定。根据本款规定，一般来说，被调查人有具体账号的，调查人员应当在《协助查询财产通知书》中填写查询账号、查询内容等信息。没有具体账号的，调查人员应当填写足以确定账户或者权利人的自然人姓名、身份证件号码或者市场主体名称、统一社会信用代码等信息，以保证查询工作的准确性。

本条第 3 款是关于监察机关在《协助冻结财产通知书》中填写内容的规定。根据本款规定，填写《协助冻结财产通知书》应满足以下几个要求：第一，基本信息全面化。冻结财产应当在《协助冻结财产通知书》中填写基本信息，具体包括冻结账户名称、冻结账号、冻结数额、冻结期限起止时间等信息。第二，冻结数额明确化。在冻结数额方面，冻结数额应当具体、明确，暂时无法确定具体数额的，应当在《协助冻结财产通知书》上明确写明"只收不付"。第三，冻结范围明确化。监察机关应当对能够冻结的财产范围做到心中有数,不得随意扩大和缩小,确保不重不漏。冻结证券和交易结算资金时,应当明确冻结的范围是否及于孳息,此处的孳息指的是法定孳息。

本条第4款是针对被调查人及其所扶养的亲属所作出的规定。根据本款规定,冻结财产时应当为被调查人及其所扶养的亲属保留必需的生活费用。必需的生活费用,是指维持居民基本或最低生活需要的费用,它包括维持被调查人及其所扶养的亲属生存需要和维持劳动力简单再生产所必需的费用。为被调查人及其所扶养的亲属保留必需的生活费用,可以保障被调查人及其所扶养的亲属最基本的生活需求,体现出监察机关对被调查人及其所扶养亲属合法权益的保护。

### 关联法条

《监察法》第26、59、69、74条;《中国共产党纪律检查委员会工作条例》第36条第4款;《中国共产党纪律检查机关监督执纪工作规则》第39、40、47条;《金融机构协助查询、冻结、扣划工作管理规定》。

**第一百三十七条** 调查人员可以根据需要对查询结果进行打印、抄录、复制、拍照,要求相关单位在有关材料上加盖证明印章。对查询结果有疑问的,可以要求相关单位进行书面解释并加盖印章。

### 条文主旨

本条是关于固定查询结果的规定。

### 条文解读

根据本条规定,调查人员可以根据实际需要,对查询结果进行打印、抄录、复制、拍照,还可以要求相关单位在有关材料上加盖证明印章,以此彰显查询结果的公信力和证明力。同时,如果调查人员对查询结果有疑问,可以要求相关单位进行书面解释,该书面解释应当加盖相关单位的印章。本条规定的打印是指调查人员把电脑或其他电子设备中的查询结果,通过打印机等输出在纸张或其他记录物上的行为;抄录是指调查人员将查询结果抄写并记录的行为;复制是指调查人员以印刷、复印、临摹、拓印、录音、录像、翻录、翻扫等方式将查询结果制作一份或者多份的行为;拍照是指调查人员利用照相机或手机等工具拍摄查询结果的行为。需要强调的是,调查人员必须根据实际需要,对查询结果进行打印、抄录、复制、拍照,不得查询与案件调查工作无关的信息,更不得将与案件调查工作无关的信息进行打印、抄录、复制、拍照,以避免信息的滥用、误用与泄露,否则,调查人员应当承担相应的法律责任。

### 关联法条

《监察法》第 26、59、69、74 条。

---

**第一百三十八条** 监察机关对查询信息应当加强管理,规范信息交接、调阅、使用程序和手续,防止滥用和泄露。

调查人员不得查询与案件调查工作无关的信息。

---

### 条文主旨

本条是关于对查询信息进行规范管理的规定。

### 条文解读

规定本条的主要目的是增强查询信息的安全性,保证查询过程的保密性和严肃性,并且也满足了把监督调查权关进制度笼子里的要求。信息时代,信息查询呈现出点多面广的特点,对依法、科学地确定工作范围提出了很高的要求。监察机关应当充分考虑、全面研判,对能够查询的信息范围做到心中有数,做到应查尽查、应调尽调,确保不重不漏。

根据本条第 1 款的规定,监察机关应当加强对查询信息的管理,规范信息交接、调阅、使用程序和手续。第一,规范信息交接程序和手续。要使交接方与接受方在交接过程中做到有法可依、责任分明,从而使接受方在交接完成后能够进一步顺利开展监察工作。第二,规范信息调阅程序和手续。调阅查询信息应严格履行借阅登记、签收等相关程序和手续,当面点交清楚,以防止查询信息在调阅过程中被泄露、丢失。第三,规范信息使用程序和手续。保证相关人员使用查询信息全过程的安全性,严格规范查询程序。同时,监察机关应当防止信息出现被滥用、泄露的问题。滥用是指调查人员基于故意的心态,明知自己过度过限使用信息的行为会发生致使公共财产、国家和人民利益遭受重大损失的结果,希望或者放任这种结果发生的行为。在实务中,持间接故意心态的情况比较多。泄露在主观方面表现为故意或过失的心态。故意是指调查人员明知查询的信息属于监察工作秘密而有意识地将其泄露给不应知悉的人;过失是指调查人员由于疏忽大意或过于自信,未能采取必要措施防止查询到的信息被泄露给不应知悉者。

调查人员查询案件信息必须具备实质意义上的正当理由,即有充分的证据证明查询信息的行为是正当且合理的。本条第 2 款主要就调查人员查询信息的权限范围作出了规定。根据本款规定,调查人员只能查询与案件调查工作相关的信息,对于与案件调查工作无关的信息,调查人员不享有查询的权力。实务中,监察机关应当根据具体情况综合研判、灵活处理,使滥用、泄露信息者承担相应的法律责任。

### 关联法条

《金融机构协助查询、冻结、扣划工作管理规定》第 7 条。

---

**第一百三十九条** 冻结财产的期限不得超过六个月。冻结期限到期未办理续冻手续的,冻结自动解除。

有特殊原因需要延长冻结期限的,应当在到期前按原程序报批,办理续冻手续。每次续冻期限不得超过六个月。

---

### 条文主旨

本条是关于冻结期限及其延长的规定。

### 条文解读

根据本条第 1 款的规定,冻结财产的最长期限是 6 个月。若冻结期限已到期,但监察机关却未办理续冻手续,此时冻结措施自动解除。需要说明的是,"不得超过六个月"并不是说要用满这 6 个月,如果案件相对简单,监察机关可在短时间内完成相关调查工作,便应设定少于 6 个月的冻结期限,以便更好地保障相关主体的合法权益。

本条第 2 款是关于延长冻结期限的规定。本款规定,若有特殊原因需要延长冻结期限的,监察机关应当在到期前按照原程序报批,办理续冻手续。特殊原因包括案件尚未调查完毕、监察机关发现新的案件线索并可能影响案件结果等情况。续冻期限也有相应的限制,即每次续冻期限不得超过 6 个月。

### 关联法条

《金融机构协助查询、冻结、扣划工作管理规定》第 16 条。

> **第一百四十条** 已被冻结的财产可以轮候冻结,不得重复冻结。轮候冻结的,监察机关应当要求有关银行或者其他金融机构等单位在解除冻结或者作出处理前予以通知。
>
> 监察机关接受司法机关、其他监察机关等国家机关移送的涉案财物后,该国家机关采取的冻结期限届满,监察机关续行冻结的顺位与该国家机关冻结的顺位相同。

### 条文主旨

本条是关于轮候冻结、续行冻结的规定。

### 条文解读

在我国,公安机关、国家安全机关、人民检察院和人民法院等国家机关,均有权对公民、法人和其他组织的财产进行冻结。对于已经被冻结的财产,不得重复冻结。比如《金融机构协助查询、冻结、扣划工作管理规定》第17条规定,"有权机关要求对已被冻结的存款再行冻结的,金融机构不予办理并应当说明情况"。这是因为在冻结期限内,相关人员已无法通过提取、转移等方式处理该财产。正因如此,根据本条第1款的规定,对于已经被冻结的财产,监察机关不得要求对其进行重复冻结,但可以轮候冻结。所谓"轮候冻结",是指前一冻结一经解除,登记在先的轮候冻结即自动生效,无须等到新冻结手续办理完毕。为此,监察机关对已被冻结的财产进行轮候冻结,应当要求有关银行或者其他金融机构等单位在解除冻结措施或者作出处理前予以通知。

本条第2款就监察机关与司法机关、其他监察机关在移送涉案财物时续行冻结的顺位问题作出了规定。监察机关与司法机关、其他监察机关在案件移送过程中,涉及冻结涉案财物的,应当密切配合、加强协作,防止涉案财物被转移、隐匿、损毁、灭失。根据本款规定,监察机关在接受司法机关、其他监察机关等国家机关移送的涉案财物后,若该国家机关采取的冻结期限届满,监察机关续行冻结的顺位与该国家机关冻结的顺位相同,以保证案件的有序推进,提高案件的审理效率,同时保证各机关之间的互相配合。

### 关联法条

《人民检察院刑事诉讼规则》第213条;《公安机关办理刑事案件程序规定》第242条;《金融

机构协助查询、冻结、扣划工作管理规定》第 17、22 条。

> **第一百四十一条** 冻结财产应当通知权利人或者其法定代理人、委托代理人，要求其在《冻结财产告知书》上签名。冻结股票、债券、基金份额等财产，应当告知权利人或者其法定代理人、委托代理人有权申请出售。
>
> 对于被冻结的股票、债券、基金份额等财产，权利人或者其法定代理人、委托代理人申请出售，不损害国家利益、被害人利益，不影响调查正常进行的，经审批可以在案件办结前由相关机构依法出售或者变现。对于被冻结的汇票、本票、支票即将到期的，经审批可以在案件办结前由相关机构依法出售或者变现。出售上述财产的，应当出具《许可出售冻结财产通知书》。
>
> 出售或者变现所得价款应当继续冻结在其对应的银行账户中；没有对应的银行账户的，应当存入监察机关指定的专用账户保管，并将存款凭证送监察机关登记。监察机关应当及时向权利人或者其法定代理人、委托代理人出具《出售冻结财产通知书》，并要求其签名。拒绝签名的，调查人员应当在文书上记明。

### 条文主旨

本条是关于对被冻结的特定财产进行出售变现的规定。

### 条文解读

本条第 1 款规定了监察机关在采取冻结财产措施时的通知义务。监察机关冻结财产时应当通知权利人或者其法定代理人、委托代理人，并要求上述人员在《冻结财产告知书》上签名。若监察机关冻结的是股票、债券、基金份额等财产，则应当告知权利人或者其法定代理人、委托代理人有权申请出售。

根据本条第 2 款的规定，如果被冻结的是股票、债券、基金份额等财产，权利人或者其法定代理人、委托代理人有申请出售的权利，但应符合以下三方面的条件：第一，出售或变现行为不损害国家利益、被害人利益，比如以明显低于市场行情的价格进行出售。第二，出售或变现行为不影响调查工作正常进行。第三，在程序上，必须经过依法审批，才可以将被冻结财产依法出售或者变现。若被冻结的汇票、本票、支票即将到期，经依法审批后，可以在案件办结前由相关机构依法出售或者变现。此外，对于上述两类被冻结的财产，监察机关经审批同意出售的，应当向协助出售的机构出具

《许可出售冻结财产通知书》。

根据本条第3款的规定,出售或者变现所得价款应当继续冻结在其对应的银行账户中;若没有对应的银行账户,则应当存入监察机关指定的专用账户保管,并将存款凭证送监察机关登记。换言之,被冻结的财产出售或变现之后,财产被冻结的性质状态并不因此发生变化,所以出售或者变现所得的价款仍应继续冻结。这种处理方式是基于权利人的要求或者客观情势的变化所进行的合理变通,不仅保护了被调查人的财产权利,而且维持了被冻结财产的实际价值。监察机关对权利人或者其法定代理人、委托代理人具有告知义务,应当及时向权利人或者其法定代理人、委托代理人出具《出售冻结财产通知书》,并要求其签名。若权利人或者其法定代理人、委托代理人拒绝签名,调查人员应当在文书上将有关情况予以记明。

### 关联法条

《人民检察院刑事诉讼规则》第214条;《公安机关办理刑事案件程序规定》第246条。

---

**第一百四十二条** 对于冻结的财产,应当及时核查。经查明与案件无关的,经审批,应当在查明后三日以内将《解除冻结财产通知书》送交有关单位执行。解除情况应当告知被冻结财产的权利人或者其法定代理人、委托代理人。

---

### 条文主旨

本条是关于解冻无关财产的规定。

### 条文解读

监察机关对于冻结的财产,应当及时进行认真核实和审查。经审查后,凡是与案件无关的财产,经审批,应当在查明情况后3日以内解除冻结措施,予以退回。其中的"与案件无关",是指冻结的财产并非违法所得,也不具有证明被调查人是否违法犯罪、罪轻、罪重的作用,不能作为证据使用,与违法犯罪行为没有任何牵连。具体而言,根据本条规定,若监察机关查明冻结的财产与案件无关,经审批,应当在查明后3日以内将《解除冻结财产通知书》送交有关单位执行。在此过程中,监察机关还负有告知义务,必须将解除情况及时告知被冻结财产的权利人或者其法定代理人、委托代理人,以保障相关人员的知情权。这有利于树立监察机关依规依纪依法办案的良好形象,最大限度地赢得人民群众对全面从严治党、党风廉政建设和反腐败斗争工作的理解和支持。

**关联法条**

《监察法》第 26 条第 2 款。

## 第十一节 搜 查

> **第一百四十三条** 监察机关调查职务犯罪案件,为了收集犯罪证据、查获被调查人,按规定报批后,可以依法对被调查人以及可能隐藏被调查人或者犯罪证据的人的身体、物品、住处、工作地点和其他有关地方进行搜查。

**条文主旨**

本条是关于搜查措施适用情形的规定。

**条文解读**

根据《监察法》第 27 条第 1 款和本条的规定,监察机关有权采取搜查措施,目的是收集犯罪证据、查获被调查人。采取搜查措施应当符合以下三方面的条件:第一,搜查仅适用于调查涉嫌职务犯罪案件,故而对涉嫌职务违法案件的调查不能使用搜查措施。第二,监察机关仅能在法定范围内进行搜查,这些范围主要有涉嫌职务犯罪的被调查人的身体、物品、住处、工作地点,可能隐藏被调查人或者犯罪证据的人的身体、物品、住处、工作地点,以及涉嫌职务犯罪的被调查人可能藏身或者隐匿证据的其他有关地方。第三,监察机关仅能在按规定报批后采取搜查措施,比如监察机关需要对同级党委管理的正职领导干部采取搜查措施的,应当报同级党委主要负责人审批。

**关联法条**

《监察法》第 27 条;《中国共产党纪律检查机关监督执纪工作规则》第 40 条;《纪检监察机关派驻机构工作规则》第 39 条。

> **第一百四十四条** 搜查应当在调查人员主持下进行,调查人员不得少于二人。搜查女性的身体,由女性工作人员进行。
> 
> 搜查时,应当有被搜查人或者其家属、其所在单位工作人员或者其他见证

> 人在场。调查人员应当向被搜查人或者其家属、见证人出示《搜查证》，要求其签名或者盖章。被搜查人或者其家属不在场，或者拒绝签名、盖章的，调查人员应当在文书上记明。

### 条文主旨

本条是关于采取搜查措施具体要求的规定。

### 条文解读

规定本条的主要目的是确保搜查程序的正当性，保障搜查工作合法进行。搜查是《监察法》赋予监察机关的调查措施之一。由于搜查措施为法律赋予监察机关的调查措施，具有较强的专业需求，故搜查应当在调查人员的主持下进行。为了保证搜查活动的公平公正公开，不得仅由单一的调查人员主持搜查活动，应该确保执行搜查措施的调查人员不少于2人。搜查女性身体时，应当由女性工作人员进行，这是对女性的特殊保护，防止在搜查时出现人身侮辱等违法行为，确保被搜查女性的人格尊严和人身安全不受侵犯。

从尊重被搜查人财产权和知情权的角度出发，调查人员在搜查时，应确保被搜查人或其家属在场。为了确保和证明搜查的合法性、正当性，还应当有被搜查对象所在单位的工作人员或者其他见证人在场。因为被搜查对象为公职人员，在没有其他见证人的情况下，被搜查人所在单位的工作人员应当在场。从职务回避的角度出发，搜查人员不得作为见证人。搜查人员在执行具体的搜查任务时，还应当向被搜查人或者其家属、见证人出示《搜查证》。通常来说，《搜查证》需要详细准确写明被搜查人的有关信息、搜查的目的、搜查机关、执行人员以及搜查日期等内容。根据实际需要，搜查现场还应有维护秩序的保卫人员、现场拍照摄像的技术人员、提供医疗保障的医务人员等，做到分工明确、高质高效。如需公安机关协助进行搜查，则要提前沟通协调，并出具《提请协助采取搜查措施函》。[①]

### 关联法条

《监察法》第27、44条；《中国共产党纪律检查机关监督执纪工作规则》第40条；《纪检监察机关派驻机构工作规则》第39条。

---

① 参见杜源：《运用搜查措施需把好三道关口》，载《中国纪检监察报》2020年5月27日，第8版。

> 第一百四十五条　搜查时，应当要求在场人员予以配合，不得进行阻碍。对以暴力、威胁等方法阻碍搜查的，应当依法制止。对阻碍搜查构成违法犯罪的，依法追究法律责任。

### 条文主旨

本条是关于在场人员配合搜查的规定。

### 条文解读

规定本条的主要目的是保障监察机关运用搜查措施调查案件的秩序，维护监察机关的权威，克服和排除对监察机关依法履职的各种阻碍和干扰，保证搜查活动的顺利进行。本条规定主要分为三个方面的内容：第一，为了保证反腐败工作的顺利进行，对于监察机关的搜查活动，本条要求在搜查现场的人员不得阻碍调查人员的工作。现场人员具有配合监察机关进行搜查工作的义务，不仅不能阻碍监察机关的工作，而且应当配合监察机关完成搜查任务。第二，对以暴力、威胁等方法阻碍搜查的，应当依法制止。当监察机关仅凭自身能力无法制止阻碍搜查行动的人员时，可以提请公安机关予以协助。第三，本条规定了阻碍搜查工作的法律责任。《监察法》第8章和《监察法实施条例》第8章专门规定了有关单位和个人违反法律有关规定的法律责任，如果违法行为构成犯罪，还应当依法追究刑事责任。

### 典型案例

E省纪委监委依纪依法决定对涉嫌受贿犯罪的国土资源厅副厅长F立案审查调查并采取留置措施。随着案件调查的深入，调查组了解到F在家乡老宅可能藏有大量的赃款赃物和有关证据，亟须采取搜查措施取得并固定相关证据。鉴于F家族在当地势力庞大，而且一些子弟有涉黑背景，省纪委监委提请公安机关予以配合。开始搜查时，F家族子弟10多人聚集在老宅门口，公然以暴力威胁调查组，随同开展搜查工作的公安干警依法将这些人带离现场，帮助调查组顺利对F老宅进行了搜查，在地下室查获200万元现金、10公斤金条、90多箱茅台酒、一批古玩字画以及其他相关证据。在公安机关和纪检监察机关的相互配合下，搜查出的大量证据促使F交代了长期以来收受贿赂的有关情况。[①]

---

[①] 参见《〈中华人民共和国监察法〉案例解读》，中国方正出版社2018年版，第217页。

### 关联法条

《监察法》第 27 条;《刑法》第 277 条;《治安管理处罚法》第 61 条第 1 款;《公职人员政务处分法》第 62 条第 2 项。

> **第一百四十六条** 对搜查取证工作,应当全程同步录音录像。
> 对搜查情况应当制作《搜查笔录》,由调查人员和被搜查人或者其家属、见证人签名或者盖章。被搜查人或者其家属不在场,或者拒绝签名、盖章的,调查人员应当在笔录中记明。
> 对于查获的重要物证、书证、视听资料、电子数据及其放置、存储位置应当拍照,并在《搜查笔录》中作出文字说明。

### 条文主旨

本条是关于搜查工作全程同步录音录像和制作笔录的规定。

### 条文解读

本条第 1 款是对记录搜查工作的要求,要求搜查取证工作应当全程同步录音录像。对搜查工作全程进行录音录像的目的是留存备查,这既是对搜查工作的规范,也是对被搜查人的保护。录音录像一要"全程",二要"同步"。"全程"说明了录音录像应当符合自始至终不间断的要求。为了避免调查权的滥用,录音录像的时间绝对不能由监察机关自身自由掌握,而应当"同步"进行,录音录像的音频、视频进展要求完全一致。

本条第 2 款是对制作《搜查笔录》的具体要求。调查人员应当在搜查现场制作《搜查笔录》,对搜查情况进行记录。《搜查笔录》通过说明搜查过程的合法和真实,证明搜查获得的证据具有证明力。例如,根据《最高人民法院关于适用〈中华人民共和国刑事诉讼法〉的解释》第 86 条第 1 款的规定,在搜查过程中提取、扣押的物证、书证,未附笔录或者清单,不能证明物证、书证来源的,不得作为定案的根据。《搜查笔录》应由调查人员和被搜查人或者其家属、见证人签名或者盖章。调查人员在《搜查笔录》上签名或盖章的目的是证明其已经履行了职务行为,要求被搜查人及其家人在《搜查笔录》上签名或盖章的目的是确保被搜查对象的权利得到保障,而见证人签名的目的是证明其对搜查过程的见证行为。为了保证搜查程序的正当性,维护被搜查对象的合法权利,当出现被搜查人或者其家属不在场或者拒绝签名的情况时,调查人员应当在笔录中记明。

本条第3款是记录查获的重要证据放置、存储位置的规定,这些重要证据包括物证、书证、视听资料、电子数据等。当监察机关在搜查时查获了这些重要证据时,搜查人员应当对重要证据放置、存储位置进行拍照,并在《搜查笔录》中作出文字说明。

### 典型案例

2020年7月30日,湖北省仙桃市纪委监委对该市人大城乡建设和环境资源保护委员会副主任委员、二级调研员郭某某采取留置措施并进行审查调查。当日下午,在郭某某位于仙桃大道高新园公寓的家中,市纪委监委专案组成员亮明身份后,向郭某某的妻左某某出具了仙桃市监委搜查证,并在2名见证人公开见证下开展搜查工作,搜查过程全程同步录音录像。搜查完成后,办案人员会同2名见证人和左某某一一核对可能涉案的相关财物。核对准确无误后,现场制作搜查笔录,出具扣押文书和扣押清单,现场搜查人员、见证人和左某某三方同时签字确认。[①] 该条不仅赋予了监察机关运用搜查措施调查案件的权限,更是规范了监察机关搜查的程序和要求,确保搜查严格依法进行,防止滥用搜查权,以顺利查明犯罪事实,有力惩治腐败。

### 关联法条

《监察法》第44条;《中国共产党纪律检查机关监督执纪工作规则》第48、49条;《最高人民法院关于适用〈中华人民共和国刑事诉讼法〉的解释》第86条第1款。

---

**第一百四十七条** 搜查时,应当避免未成年人或者其他不适宜在搜查现场的人在场。

搜查人员应当服从指挥、文明执法,不得擅自变更搜查对象和扩大搜查范围,严禁单独进入搜查区域。搜查的具体时间、方法,在实施前应当严格保密。

---

### 条文主旨

本条是关于文明规范开展搜查工作的规定。

---

[①] 参见张胜军:《把规范化法治化融入工作全过程》,载《中国纪检监察报》2021年1月18日,第1版。

### 条文解读

为维护监察机关的良好形象,保障被搜查人及其他有关人员的合法权益,搜查人员应当文明开展搜查工作。根据本条第 1 款的规定,在搜查过程中,应当妥善采取措施,避免未成年人或者其他不适宜在搜查现场的人在场。对于被搜查人或者家属在场的,应当指定专人对其予以关注。[1] 对该款中"其他不适宜在搜查现场的人"的理解,应当在实践中具体把握,比如监察机关在搜查时要避免被调查人的高龄父母、病人等人员在场,避免给此类人群造成不必要的伤害,维护其身心健康,确保搜查工作更加安全文明。[2]

根据本条第 2 款的规定,搜查人员应当讲政治、顾大局,严格执行搜查方案,强化程序意识。搜查人员应当服从指挥,遵守工作纪律和工作秩序。不仅要做到依法监察,而且要做到文明执法。案件调查和搜查工作是严肃的政治任务,必须加强统一领导。搜查方案是由监察机关相关工作的负责人召开会议研究确定的,是进行搜查工作的具体规划和部署。调查人员在开展搜查工作的过程中,应当严格依据搜查方案确定的搜查范围、搜查对象和事项展开工作。调查人员在搜查过程中,应当时刻注意保障被搜查人的财产权利,不得无故损坏搜查现场的物品,也不得擅自扩大搜查对象和范围,用权需审慎。搜查工作的性质和职责,决定了在工作过程中势必会接触到一定的秘密,调查人员要严格保守秘密,不能失密泄密,更不能以密谋私。

### 关联法条

《监察法》第 27 条。

---

**第一百四十八条** 在搜查过程中查封、扣押财物和文件的,按照查封、扣押的有关规定办理。

### 条文主旨

本条是关于搜查过程中查封、扣押财物和文件的规定。

---

[1] 参见中央纪委国家监委案件监督审理室:《准确把握〈监察法实施条例〉中案件监督管理工作相关规定》,载中央纪委国家监委网站,https://www.ccdi.gov.cn/yaowenn/202209/t20220907_216370.html。
[2] 参见王多:《如何把握监察法实施条例关于搜查工作的相关规定 坚持依法规范、细致全面、精准有效》,载《中国纪检监察》2022 年第 14 期。

**条文解读**

由《监察法实施条例》第143条的规定可知,监察机关采取搜查措施的目的之一便是"收集犯罪证据"。正因如此,监察机关在运用搜查措施调查案件过程中,遇到被搜查人的财物、文件需要查封、扣押的情况时,应当按照查封、扣押的有关规定办理。具体来说,《监察法》第28、44、69条对查封、扣押进行了规定,《监察法实施条例》第4章第13节则是对查封、扣押的专节规定。此外,诸如《中国共产党纪律检查机关监督执纪工作规则》等党内法规对查封、扣押的规定,监察机关同样应当遵守。

**关联法条**

《监察法》第28、44、69条;《中国共产党纪律检查机关监督执纪工作规则》第47、48条。

## 第十二节 调 取

**第一百四十九条** 监察机关按规定报批后,可以依法向有关单位和个人调取用以证明案件事实的证据材料。

**条文主旨**

本条是关于采取调取措施的总体规定。

**条文解读**

调取是指监察机关为获取被调查人涉嫌职务违法或职务犯罪的证据,要求有关单位或个人提供相关材料,并根据需要进行拍照、录像、复印和复制的一种调查措施。调取是调查职务违法犯罪案件时收集、固定证据的一项重要措施。监察机关在调查过程中,对于所发现的被调查人涉嫌职务违法或职务犯罪的财物、文件和电子数据等信息,需要及时、全面、准确地收集、固定,以防止涉嫌违法犯罪的单位或者人员藏匿、毁灭证据,便于及时有效地查清案件。调取具有很强的针对性,监察机关向有关单位和个人直接取得证据,能够快速了解案件情况,掌握关键的书证物证。在立案调查阶段和立案之前的初核阶段,调取都是监察机关"青睐"的一种外围取证手段。

监察机关需要报批才能使用调取措施调查案件。比如省级以下监察机关调取同级党委管理的正职领导干部的个人有关事项报告材料,应当报同级监察机关主要负责人审批。再者,被采取调取措施的对象是与案件有关的单位和个人,调取的内容是用以证明案件事实的证据材料。此处"用以证明案件事实"中的"用以"意指该证据材料的关联性,即被调取的证据证明的事实与所调查的案件事实之间存在某种联系。而"证明案件事实"这一要求涉及证据的真实性,即所调取的证据材料必须是能证明案件的真实性、不依赖于主观意识而存在的客观事实。

## 关联法条

《监察法》第 28 条;《中国共产党纪律检查机关监督执纪工作规则》第 34、40、46、47 条;《纪检监察机关派驻机构工作规则》第 39 条。

---

**第一百五十条** 调取证据材料时,调查人员不得少于二人。调查人员应当依法出具《调取证据通知书》,必要时附《调取证据清单》。

有关单位和个人配合监察机关调取证据,应当严格保密。

---

## 条文主旨

本条是关于调取措施程序性要求的规定。

## 条文解读

规定本条的目的在于严格证据调取的程序规定,确保监察机关依法行使调取权,保障被调取人的合法权利,保证所调取证据材料的秘密性和安全性。

本条第 1 款分为两部分。第一部分是对调取证据材料时在场工作人员数量的规定,即当监察机关运用调取措施调查案件时,在场的调查人员应不少于 2 人。第二部分是对调取工作中有关文书的规定。为了保障被调取对象的合法权益,监察机关在调取证据材料前应当履行告知义务,依法出具《调取证据通知书》,告知调取目的、调取对象、调取内容和被调取对象所享有的权利等事项,必要时还应当附有《调取证据清单》。《调取证据清单》需要载明调取证据的内容,包括证据名称和种类、证据属性特征、证明对象和证明内容等。这里的"必要时"可以理解为监察机关认为需要调取的证据材料数量、种类较多。附证据清单的目的是便于监察机关梳理相关证据,提高调取效率。

本条第 2 款是对调取证据保密工作的规定。《监察法》第 18 条第 2 款规定了监察机关及其工作人员对监督、调查过程中知悉的各种信息的保密义务,而此处保密义务针对的主体是与调取工作相关的单位和个人。这是因为此类单位和个人配合监察机关开展了调取工作，从而知晓了一些案件信息，唯有严格保密才能确保案件的正常办理。

### 关联法条

《监察法》第18、28、44条。

---

**第一百五十一条** 调取物证应当调取原物。原物不便搬运、保存，或者依法应当返还，或者因保密工作需要不能调取原物的，可以将原物封存，并拍照、录像。对原物拍照或者录像时，应当足以反映原物的外形、内容。

调取书证、视听资料应当调取原件。取得原件确有困难或者因保密工作需要不能调取原件的，可以调取副本或者复制件。

调取物证的照片、录像和书证、视听资料的副本、复制件的，应当书面记明不能调取原物、原件的原因，原物、原件存放地点，制作过程，是否与原物、原件相符，并由调查人员和物证、书证、视听资料原持有人签名或者盖章。持有人无法签名、盖章或者拒绝签名、盖章的，应当在笔录中记明，由见证人签名。

---

### 条文主旨

本条是关于调取物证、书证、视听资料的规定。

### 条文解读

本条第1款规定了监察机关调取物证的要求。物证是指能证明案件真实情况的一切实物和痕迹。监察机关办案过程中的常见物证包括钱款、房产、车辆、手表、古玩字画等财物。实践中，物证因其特有的客观性、稳定性和不可替代性特征，对于案件事实的认定发挥着令人更为信服的证明作用，是审查、鉴别其他证据的有效依据。原物往往具有较强的证明力，调取物证应当遵循调取原物的原则。监察机关在审查物证时要审查原物是否存在，只有在原物不便搬运、保存，依法应当返还，或者因保密工作需要不能调取等情形下，才可以将原物封存，并拍照、录像。而且，在对原物拍照、录像过程中，对拍照、录像也有很高的要求，即应当足以反映原物的外形、内容。只有经与原物核对无误，或者经鉴定证明真实，或者以其他方式确能证明其真实性的物证的照片、录像才能作为定案依据。

本条第2款规定了监察机关调取书证、视听资料的要求。书证,是监察机关在办案过程中,依照有关程序调取的,以文字、符号或图画等表达内容来证明案件事实的证据材料。视听资料,是指利用录音、录像、电子计算机储存的资料和数据等来证明案件事实的一种证据。与调取物证的要求相同,在调取书证和视听资料时也应当遵循最佳证据规则,以取得原件为首要取证目的。如果取得原件确有困难或者因保密工作需要不能调取原件的,可以调取副本或者复制件。在调取视听资料的副本或者复制件时,要注意其完整性,确保能客观反映案件事实,不得私自剪切、模糊处理。

本条第3款规定了调取物证的照片、录像和书证、视听资料的副本、复制件的程序要求。具体来说,如果没有调取物证的原物,书证、视听资料的原件,只是调取了物证的照片、录像和书证,视听资料的副本、复制件,那么,应当书面记明不能调取原物、原件的原因,原物、原件存放地点,制作过程,是否与原物、原件相符,并由调查人员和物证、书证、视听资料原持有人签名或者盖章。当然,持有人无法签名、盖章或者拒绝签名、盖章的,应当在笔录中记明,并由见证人签名。

### 关联法条

《监察法》第28条;《中国共产党纪律检查机关监督执纪工作规则》第46条第2款;《人民检察院刑事诉讼规则》第209条;《最高人民法院关于适用〈中华人民共和国刑事诉讼法〉的解释》第82—84条。

---

**第一百五十二条　调取外文材料作为证据使用的,应当交由具有资质的机构和人员出具中文译本。中文译本应当加盖翻译机构公章。**

### 条文主旨

本条是关于调取外文材料的规定。

### 条文解读

本条是关于调取外文材料作为证据使用的规定,该规定的目的在于规范监察机关调取的外文材料的使用途径,提高调取效率,便于调取获得的材料作为证据使用。调取外文材料作为证据使用的,应当交由具有资质的机构和人员出具中文译本。尽管有一些文字材料确实不是用中文书写的,但应当允许此类证据的提交,但提交的同时必须将其转换为中华人民共和国通用的语言文字;并且,调取的该类外文资料必须交由具有资质的机构和人员出具中文译本。"具有资质"说明该类机构和人员获得了相应的法律认证或许可从事相关翻译活动。此外,相关中文译本应当加盖翻译机构公章。公章在所有印章中具有最高的效力,在现行的监察和司法实践中,审查是否盖有法人公章成为判断法律行为是否成立和生效的重要标准。该翻译机构对相关中文译本加盖公章说明该机构认可了经翻译后文本的准确性。

### 关联法条

《最高人民法院关于适用〈中华人民共和国刑事诉讼法〉的解释》第78条。

---

**第一百五十三条** 收集、提取电子数据,能够扣押原始存储介质的,应当予以扣押、封存并在笔录中记录封存状态。无法扣押原始存储介质的,可以采取调取、勘验检查措施,通过现场或者网络远程收集、提取电子数据,但应当在笔录中记明不能扣押的原因、原始存储介质的存放地点或者电子数据的来源等情况。

由于客观原因无法或者不宜采取前款规定方式收集、提取电子数据的,可以采取打印、拍照或者录像等方式固定相关证据,并在笔录中说明原因。

收集、提取的电子数据,足以保证完整性,无删除、修改、增加等情形的,可以作为证据使用。

收集、提取电子数据,应当制作笔录,记录案由、对象、内容,收集、提取电子数据的时间、地点、方法、过程,并附电子数据清单,注明类别、文件格式、完整性校验值等,由调查人员、电子数据持有人(提供人)签名或者盖章;电子数据持有人(提供人)无法签名或者拒绝签名的,应当在笔录中记明,由见证人签名或者盖章。有条件的,应当对相关活动进行录像。

---

### 条文主旨

本条是关于收集、提取电子数据的规定。

### 条文解读

规定本条的目的在于明确收集、提取电子数据的具体要求。电子数据是案件发生过程中形成的,以数字化形式存储、处理、传输的,能够证明案件事实的数据。电子数据在物质形态、存在方式及外在特征等方面均有别于传统证据类型。与物证、书证、证人证言等传统的证据形式相比,电子数据能够比较客观、形象地反映案件事实,因而在监察调查工作尤其是在职务犯罪案件的调查工作中越来越受到重视。

本条第1款规定了收集、提取电子证据的最佳证据原则和要求。监察机关在收集、提取电子数据时,能够扣押电子数据的原始存储介质的,应当予以扣押并进行封存,在笔录中记录封存状态。无法扣押原始存储介质的,可以采取调取、勘验检查措施,通过现场或者网络远程收集、提取电子数据,但应当在笔录中详细记明不能扣押的原因、原始存储介质的存放地点或者电子数据的来源等情况。

本条第2款规定了不能按照本条第1款规定收集、提取电子数据的替代措施。监察机关收集、提取电子数据以扣押、封存原始存储介质并记明笔录为原则。当由于客观因素无法或者不宜采取上述方式收集、提取电子数据时,可以选择打印、拍照或者录像等方式固定相关证据,并在笔录中说明原因。

本条第3款规定了收集、提取的电子数据作为证据使用的前提,即电子数据足以保证完整性,无删除、修改、增加等情形,只有完整无损无删改的电子数据才能作为证据。该要求也是为了确保监察机关获取的电子数据能够在刑事诉讼中作为证据使用。因为根据《最高人民法院关于适用〈中华人民共和国刑事诉讼法〉的解释》第114条的规定,电子数据如果有增加、删除、修改等情形,影响电子数据真实性的,那便不得作为定案的根据。

本条第4款规定了记录收集、提取电子数据的过程的要求。为保证监察机关收集、提取电子数据的公平公正公开,防止调查权被滥用,对于调查人员收集、提取电子数据的过程应当制作笔录,笔录的内容应包括案由、对象、内容,收集、提取电子数据的时间、地点、方法、过程。由于电子数据的特殊性,调查人员还应当制作电子数据清单,注明电子数据的类别、文件格式、完整性校验值等,将填写完的电子数据清单附于笔录后,由调查人员、电子数据持有人(提供人)签名或盖章。当出现电子数据持有人(提供人)无法签名或者拒绝签名的特殊情况时,调查人员应当在笔录中记明,并由见证人签名或者盖章。具备录像条件的,监察机关应当对收集、提取电子数据相关活动的全过程进行录像。

### 实务难点指引

电子数据作为现代网络信息技术衍生的新型证据形式,其虚拟性特征使证据收集更加注重客观真实。在收集、提取电子数据时,如何确保收集、提取到的电子数据的真实性呢?具体来讲,其一,在电子数据提取、分析过程中,要注意通过判断存储信息的介质来推断生成的电子数据是否真实可靠。同时,注意是否存在人为删除、增加、修改计算机内某些信息的行为。其二,在获取电子数据后,将相关数据从原始存储介质复制到专用证据存储设备时,注意对整个拷贝过程用摄像机等设备全程记录;对数据原始存储介质进行封存、提取的过程中应制作文书,由提取人、见证人等相关人员签名或盖章。其三,注意收集、提取的电子数据是否完整,与案件相关联的电子数据是否收集全面。比如,随着云技术的不断发展,一些被调查人会将电子数据存储在网络云盘中,这就要求调查人员在收集电子数据时,尽可能做到全面收集。①

### 关联法条

《监察法》第 28、36 条;《人民检察院刑事诉讼规则》第 65、336 条;《最高人民法院关于适用〈中华人民共和国刑事诉讼法〉的解释》第 110—115 条。

---

**第一百五十四条** 调取的物证、书证、视听资料等原件,经查明与案件无关的,经审批,应当在查明后三日以内退还,并办理交接手续。

---

### 条文主旨

本条是关于退还无关证据材料原件的规定。

### 条文解读

规定本条的目的在于规范调取程序的后续退还工作,及时返还被调取人的财物、文件与材料,保障被调取人的财产权。调取物证、书证、视听资料等原件的目的是证实违法犯罪行为。但是,监察机关在运用调取措施调查案件的同时也要切实保障公民的相关权利。所以,经查明所调取的物证、书证、视听资料等原件与案件无关后,应当及时返还这些物件材料。及时返还的前提是要查明这些物件材料"与案件无关",这意味着在返还之前监察机关需要事先查证核实它们与案件是否具有关联性。如果监察机关不能查明所调取的物证、书证、视听资料等原件与案件有关,则应当退还。退还物证、书证、视听资料等原件,同样需要经过审批。需要注意的是,审批流程应该在查明后的 3 日内完成,审批完毕若没有发现问题就应该及时退还这些物件材料。在退还过程中,程序意识不可或缺,不能仅仅完成实质上的退还动作,还应该就所退

---

① 参见王汉文、樊帅:《电子数据取证应注意的几个问题》,载《中国纪检监察报》2020 年 9 月 2 日,第 8 版。

还的物证、书证、视听资料等原件办理交接手续,退还物品和交接手续的步骤均完成后才可以视为退还流程的结束。

**关联法条**

《监察法》第 28 条第 3 款。

## 第十三节 查封、扣押

> **第一百五十五条** 监察机关按规定报批后,可以依法查封、扣押用以证明被调查人涉嫌违法犯罪以及情节轻重的财物、文件、电子数据等证据材料。
> 
> 对于被调查人到案时随身携带的物品,以及被调查人或者其他相关人员主动上交的财物和文件,依法需要扣押的,依照前款规定办理。对于被调查人随身携带的与案件无关的个人用品,应当逐件登记,随案移交或者退还。

**条文主旨**

本条是关于采取查封、扣押措施的总体规定。

**条文解读**

规定本条的目的在于明确监察机关查封、扣押的职权,使监察机关更好地查明职务违法犯罪案件的事实,提高办案效率,威慑腐败犯罪。查封,是指监察机关对涉案人员的财物、文件、电子数据等证据材料就地封存的调查措施。扣押,是指为防止被调查人处分、转移财产而对涉案财产采取的扣留、保管的调查措施。查封、扣押是监察机关调查职务犯罪案件时收集、固定证据的重要措施。监察机关在调查过程中,对于所发现的被调查人涉嫌职务违法或职务犯罪的财物、文件、电子数据等证据材料,需要及时、全面、准确地收集、固定,防止涉嫌违法犯罪的单位或者人员藏匿、毁灭证据,以便及时有效地查清案件。[1]

本条第 1 款规定了查封、扣押的前提、对象和内容。查封、扣押采取"令状主义",应当在立案后进行,查封、扣押之前要严格履行审批手续,报同级监察机关分管领导

---

[1] 参见中共中央纪律检查委员会中华人民共和国国家监察委员会法规室编写:《〈中华人民共和国监察法〉释义》,中国方正出版社 2018 年版,第 143—144 页。

审批。查封、扣押作为一种职权行为,应当秉持严谨的态度和细致的作风,监察机关要依法进行查封、扣押。查封、扣押的材料需要能够作为证据,具有相应的关联性,能用来证明被调查对象涉嫌违法犯罪以及情节轻重的行为。对于不能立即查明是否为与案件有关的可疑文件、资料和其他物品也可以查封、扣押,但是应当及时进行审查。查封、扣押财物和文件并不局限于有罪证据,凡是能够证明犯罪嫌疑人无罪、罪轻、从轻、减轻或者免除处罚的财物和文件也在上述规定范围之内。查封的对象包括财物、文件、电子数据等证据材料。

本条第 2 款补充规定了查封、扣押的其他情形以及针对该情形的后续处理步骤。对于被调查人到案时随身携带的物品,以及被调查人或者其他相关人员主动上交的财物和文件,监察机关依法需要扣押的,按规定报批后,可以进行查封、扣押。因案件可能已进入调查阶段,所以对于经过查明与案件无关的被调查人随身携带的私人物品,在逐件登记后,应随案移交或退还。

### 关联法条

《监察法》第 28 条;《中国共产党纪律检查机关监督执纪工作规则》第 40、47、48 条;《纪检监察机关派驻机构工作规则》第 39 条。

---

第一百五十六条　对查封、扣押工作,应当全程同步录音录像。

查封、扣押时,应当出具《查封/扣押通知书》,调查人员不得少于二人。持有人拒绝交出应当查封、扣押的财物和文件的,可以依法强制查封、扣押。

调查人员对于查封、扣押的财物和文件,应当会同在场见证人和被查封、扣押财物持有人进行清点核对,开列《查封/扣押财物、文件清单》,由调查人员、见证人和持有人签名或者盖章。持有人不在场或者拒绝签名、盖章的,调查人员应当在清单上记明。

查封、扣押财物,应当为被调查人及其所扶养的亲属保留必需的生活费用和物品。

---

### 条文主旨

本条是关于查封、扣押措施程序性要求的规定。

### 条文解读

规定本条的目的在于规范监察机关查封、扣押的流程,完善查封、扣押的步骤,规范相关登记表及清单的填写,维护监察机关的权威,在查封、扣押过程中体现人文关怀。

本条第 1 款明确应对查封、扣押工作全程同步录音录像。这既是对重要取证工作的规范,也是对调查人员的保护。尤其是在监察机关开展查封、扣押等调查取证工作时,必须依法全程同步录音录像,并保持录音录像资料的完整性,妥善保管、及时归档、留存备查。这里要注意的是,必须保证"全过程"录音录像。如果录制设备的开启和关闭时间完全由调查人员自由掌握,录音录像就不能发挥证明取证工作合法性的作用。

本条第 2 款是对执行查封、扣押措施的程序规定。查封、扣押应出具《查封/扣押通知书》,其中应当载明查封、扣押的事由、原因、财物、数量、时间。为了保证公平公正,防止调查人员独断专行,查封、扣押的人数不得少于 2 人。基于监察机关执行职务行为的正当性和强制性,当持有人拒绝交出应当查封、扣押的财物和文件时,监察机关可以依法强制进行查封、扣押。

本条第 3 款是对查封、扣押的文书的规定。执行查封、扣押措施时,对于查封、扣押的财物和文件,调查人员应当与在场见证人和被查封、扣押财物持有人一同当面进行清点核对,逐一拍照、登记、编号,开列清单,由上述人员核对签字或者盖章。开列的《查封/扣押财物、文件清单》,要详细备注查封、扣押的时间、地点。为了保障被调查人的权利,查封、扣押时还应当有见证人在场,调查人员、见证人和持有人需要在《查封/扣押财物、文件清单》上签名或者盖章。当持有人不在场或者拒绝签名、盖章时,调查人员应当在清单上记明。

本条第 4 款规定了查封、扣押时生活必需费用和物品的保留问题。被采取查封、扣押措施的被调查人作为我国公民,为了维护其基本权利,监察机关应体恤其生活所需,为被调查人以及其所扶养的亲属保留必需的生活费用和物品。

### 关联法条

《监察法》第 28、44 条;《中国共产党纪律检查机关监督执纪工作规则》第 47、48 条。

第一百五十七条 查封、扣押不动产和置于该不动产上不宜移动的设施、家具和其他相关财物,以及车辆、船舶、航空器和大型机械、设备等财物,必要时可以依法扣押其权利证书,经拍照或者录像后原地封存。调查人员应当在查封清单上记明相关财物的所在地址和特征,已经拍照或者录像及其权利证书被扣押的情况,由调查人员、见证人和持有人签名或者盖章。持有人不在场或者拒绝签名、盖章的,调查人员应当在清单上记明。

查封、扣押前款规定财物的,必要时可以将被查封财物交给持有人或者其近亲属保管。调查人员应当告知保管人妥善保管,不得对被查封财物进行转移、变卖、毁损、抵押、赠予等处理。

调查人员应当将《查封/扣押通知书》送达不动产、生产设备或者车辆、船舶、航空器等财物的登记、管理部门,告知其在查封期间禁止办理抵押、转让、出售等权属关系变更、转移登记手续。相关情况应当在查封清单上记明。被查封、扣押的财物已经办理抵押登记的,监察机关在执行没收、追缴、责令退赔等决定时应当及时通知抵押权人。

## 条文主旨

本条是关于查封、扣押不动产和特殊动产的规定。

## 条文解读

规定本条的目的在于明确查封、扣押不动产和特殊动产的具体流程,规范查封、扣押的步骤,保障被调查人的财产权和其他合法权益。

本条第1款规定了查封、扣押不动产和特殊动产的具体程序。本款规定的查封、扣押对象包括了不动产和置于该不动产上不宜移动的设施、家具和其他相关财物,以及车辆、船舶、航空器和大型机械、设备等财物,这些财物总体可以类型化为不动产和特殊动产。因为此类不动产和特殊动产价值较高、难以移动,且一般来说只有进行了权属登记才能发生民事法律效力,所以监察机关在必要时可以扣押其权利证书,经拍照或者录像后原地封存就能达到查封、扣押的效果。基于不动产和特殊动产的相关特性,对于此类财物的查封、扣押,除遵循《监察法实施条例》第156条的规定外,调查人员还应当在其查封清单上记明相关财物的所在地址和特征,已经拍照或者录像及其权利证书已被扣押的情况,并由调查人员、见证人和持有人签名或者盖章。持有人不在场或者拒绝签名、盖章的,调查人员应当在清单上记明。

本条第 2 款是关于查封、扣押的不动产和特殊动产保管事项的规定。前面已经提到，由于此类财物价值较高，不宜随案移送，所以监察机关在必要时可以将被查封财物交给持有人或者其近亲属保管。交付保管后，监察机关应当履行相应的告知和监管义务，要求保管人妥善保管被查封押的财物，不得对被查封财物进行转移、变卖、毁损、抵押、赠予等处理。当保管人违法处理被查封扣押的财物时，监察机关应当终止保管人的保管行为，并且依法追究保管人的法律责任。

本条第 3 款规定调查人员想查封、扣押不动产和特殊动产时，应当通知相关部门。本款规定的通知对象包括不动产、生产设备或者车辆、船舶、航空器等财物的登记、管理部门。调查人员应当向这些部门送达《查封/扣押通知书》，并告知其在查封期间禁止办理抵押、转让、出售等权属关系变更、转移登记手续。这是因为，根据《民法典》第 399 条第 5 项的规定，依法被查封、扣押的财产不得抵押。

如果被查封、扣押的财物已经办理抵押登记，监察机关和相关部门在执行没收、追缴、责令退赔等决定时，应当及时通知抵押权人，以维护抵押权人的正当权益。

**关联法条**

《民法典》第 399、423 条；《国家监察委员会办公厅、自然资源部办公厅关于不动产登记机构协助监察机关在涉案财物处理中办理不动产登记工作的通知》；《国家监察委员会办公厅、公安部办公厅关于规范公安机关协助监察机关在涉案财物处理中办理机动车登记工作的通知》。

---

**第一百五十八条** 查封、扣押下列物品，应当依法进行相应的处理：

（一）查封、扣押外币、金银珠宝、文物、名贵字画以及其他不易辨别真伪的贵重物品，具备当场密封条件的，应当当场密封，由二名以上调查人员在密封材料上签名并记明密封时间。不具备当场密封条件的，应当在笔录中记明，以拍照、录像等方法加以保全后进行封存。查封、扣押的贵重物品需要鉴定的，应当及时鉴定。

（二）查封、扣押存折、银行卡、有价证券等支付凭证和具有一定特征能够证明案情的现金，应当记明特征、编号、种类、面值、张数、金额等，当场密封，由二名以上调查人员在密封材料上签名并记明密封时间。

（三）查封、扣押易损毁、灭失、变质等不宜长期保存的物品以及有消费期限的卡、券，应当在笔录中记明，以拍照、录像等方法加以保全后进行封存，或者经审批委托有关机构变卖、拍卖。变卖、拍卖的价款存入专用账户保管，待调查终结后一并处理。

（四）对于可以作为证据使用的录音录像、电子数据存储介质,应当记明案由、对象、内容,录制、复制的时间、地点、规格、类别、应用长度、文件格式及长度等,制作清单。具备查封、扣押条件的电子设备、存储介质应当密封保存。必要时,可以请有关机关协助。

（五）对被调查人使用违法犯罪所得与合法收入共同购置的不可分割的财产,可以先行查封、扣押。对无法分割退还的财产,涉及违法的,可以经被调查人申请并经监察机关批准,由被调查人亲属或者被调查人委托的其他人员在监察机关监督下自行变现后上缴违法所得及孳息,也可以由监察机关在结案后委托有关单位拍卖、变卖,退还不属于违法所得的部分及孳息；涉及职务犯罪的,依法移送司法机关处置,并说明涉嫌犯罪所得及孳息数额。

（六）查封、扣押危险品、违禁品,应当及时送交有关部门,或者根据工作需要严格封存保管。

### 条文主旨

本条是关于查封、扣押特殊物品的规定。

### 条文解读

规定本条的目的在于规范监察机关对被查封、扣押的特殊物品的处理行为。

本条第1项规定了监察机关查封、扣押贵重物品的要求。外币、金银珠宝、文物、名贵字画以及其他不易辨别真伪的贵重物品,具有金额大、价值高的特点。为了妥善保管此类物品,查封、扣押时具备当场密封条件的,应当立即当场密封。从规避风险和防止权力被滥用的角度出发,在密封此类贵重财物时应该由2名以上调查人员在密封材料上签名并记录密封的时间。如果不具备当场密封条件,调查人员应当在笔录中记明原因,并且以拍照、录像等方法加以保全后进行封存。原则上,价值越高的物品保管方式越严格,因此对于价值不明的物品应当及时通过鉴定的方式知悉其具体价值。对于查封、扣押的贵重物品需要鉴定的,应该及时鉴定。

本条第2项规定了监察机关查封、扣押支付凭证和现金的要求。对于存折、银行卡、有价证券等支付凭证和具有一定特征能够证明案情的现金,调查人员应当记明特征、编号、种类、面值、张数、金额等。因为这些支付凭证和现金具有一定的价值,所以调查人员应当当场将其密封,由2名以上调查人员在密封材料上签名并记明密封时间。

本条第 3 项规定了监察机关查封、扣押易损毁、灭失、变质等不宜长期保存的物品以及有消费期限的卡、券的要求。对于易损毁、灭失、变质等不宜长期保存的物品以及有消费期限的卡、券,为及时固定、保全证据,调查人员应当在笔录中记明,同时以拍照、录像等方法加以保全后进行封存。对于不经过及时处理价值会有所贬损的物品,应该经审批后委托有关机构变卖、拍卖。为了保证变卖、拍卖工作的廉洁性,变卖、拍卖的价款应该存入专用账户保管,待调查终结后一并处理。

本条第 4 项规定了监察机关查封、扣押可作为证据使用的录音录像、电子证据存储介质的要求。存储介质是指存储数据的载体,具有一定的特殊性。调查人员在查封录音录像、电子证据存储介质时,应当记明案由、对象、内容、录制、复制的时间、地点、规格、类别、应用长度、文件格式及长度等,并且制作清单。为了固定证据,具备查封、扣押条件的电子设备、存储介质应当密封保存。必要时,还可以请求有关机关予以协助。

本条第 5 项规定了监察机关查封、扣押被调查人不可分割的财产的要求。为了在维护被调查人的财产权和调查职务违法犯罪之间达成平衡,对于被调查人使用违法犯罪所得与合法收入共同购置的不可分割的财产,监察机关可以先行查封、扣押。对无法分割退还的财产,涉及违法的,可以经被调查人申请并经监察机关批准,由被调查人亲属或者被调查人委托的其他人员在监察机关监督下自行变现后上缴违法所得及孳息;也可以由监察机关在结案后委托有关单位拍卖、变卖,退还不属于违法所得的部分及孳息。当然,如果这些财物涉及职务犯罪的,依法移送司法机关处置,并说明涉嫌犯罪所得及孳息数额。

本条第 6 项规定了监察机关查封、扣押危险品、违禁品的要求。危险品是指能对健康、安全、财产和环境产生危险的物品。违禁品指法律规定不准私自制造、购买、使用、持有、储存、运输进出口的物品。为了保护调查人员、被调查人以及相关人员的人身安全,对于危险品、违禁品,应当及时将该类物品送交有关部门进行专门处理,或者根据工作需要严格封存保管。

**实务难点指引**

实务中,查封、扣押存折、银行卡、有价证券等支付凭证时有哪些需要注意的事项呢?对于银行卡、存折等银行或证券账户的物理介质,要在《查封/扣押财物、文件清单》上详细备注查封、扣押的时间、地点。因为查封或扣押的物理介质所显示的数额并不能完全代表相应账户内的资金数量,该账户内的资金可能由其他的方式予以控制或及时转出,造成"保管上的失误"。需要注意的是,相关人员主动或按要求向专用账户上交涉嫌违纪及职务违法犯罪款项时,银行出具的客户回单是"单据",并不是款项实物,因此查封、扣押清单填报时要注意,只能在"款物名称"栏填写"交款单据或客户回单"等描述性内容,并在"备注"栏内说明上交款项的金额,不能在"款物名称"栏内直接填写为"××元"。因为相关人员提交的客户回单只能证明其曾经向纪检监察专用账户转款,该款项是否到达指定的专用账户,需要纪检监察机关涉案财物管理部门核对确认。所以,只有获取涉案财物管理部门出具的款项到账凭证后,该客户回单、到账收据、查封扣押清单的组合才能作为一套完整的证据资料。

### 关联法条

《中国共产党纪律检查机关监督执纪工作规则》第47条;《最高人民法院关于适用〈中华人民共和国刑事诉讼法〉的解释》第437条;《公安机关办理刑事案件程序规定》第230、236条;《公安机关涉案财物管理若干规定》第11条;《人民检察院刑事诉讼涉案财物管理规定》第12条。

> **第一百五十九条** 对于需要启封的财物和文件,应当由二名以上调查人员共同办理。重新密封时,由二名以上调查人员在密封材料上签名、记明时间。

### 条文主旨

本条是关于财物和文件启封及重新密封的规定。

### 条文解读

规定本条的目的在于明确监察机关启封已被密封的财物和文件的程序,促使监察机关严格依法履行职责,推进调查工作的规范化、法治化。本条分为两部分。第一部分是对办理启封财物和文件工作的调查人员的人数规定。为了保证启封工作的廉洁性与严谨性,对于需要启封的财物和文件,应当由2名以上调查人员共同办理。第二部分是对相关调查人员重新密封相关财物和文件的要求的规定。《监察法实施条例》第158条规定了首次密封相关物品时的要求。同首次密封的规定一致,相关调查人员在重新密封时,也应当由2名以上调查人员在密封材料上签名、记明时间。

### 实务难点指引

实务中,监察机关将已经启封的财物或文件重新密封时,是否需要由原来启封该财物或文件的调查人员签名？查封财物和文件的调查人员,其查封行为实际上是作为监察机关工作人员的职务行为,需要报请上级批准。启封行为是职务行为,而再次密封时的调查人员所进行的同样是职务行为,代表的是机关意志而非本人意志,故其不具有人员上的不可替代性。所以重新密封时,按照法律规定,只需要由2名以上调查人员在密封材料上签名、记明时间,而不是一定需要由原来启封该财物或文件的调查人员来签名。

### 关联法条

《中国共产党纪律检查机关监督执纪工作规则》第42条;《人民检察院刑事诉讼涉案财物管理规定》第15条;《公安机关办理刑事案件适用查封、冻结措施有关规定》第39条。

---

**第一百六十条** 查封、扣押涉案财物,应当按规定将涉案财物详细信息、《查封/扣押财物、文件清单》录入并上传监察机关涉案财物信息管理系统。

对于涉案款项,应当在采取措施后十五日以内存入监察机关指定的专用账户。对于涉案物品,应当在采取措施后三十日以内移交涉案财物保管部门保管。因特殊原因不能按时存入专用账户或者移交保管的,应当按规定报批,将保管情况录入涉案财物信息管理系统,在原因消除后及时存入或者移交。

---

### 条文主旨

本条是关于管理被查封、扣押涉案财物的规定。

### 条文解读

规定本条的目的在于加强对被查封、扣押涉案财物的管理,让监察机关善用涉案财物信息管理系统,提高监察机关信息化能力,促进依规依纪依法调查,严格内部管理,严防"灯下黑"。涉案财物管理是纪检监察工作的重要组成部分。党的十八大以来,随着纪检监察工作力度的加大,涉案财物数量大幅增长,暂扣、处置过程中的风险逐渐加大,管理难度与日俱增。为彻底解决涉案财物管理底数不清、账物不符、监管乏力、重复劳动等问题,2016年6月,中央纪委决定由案件监督管理室牵头建设涉案财物信息管理系统。该系统依托纪检监察内网运行,分别设置了委领导、监督检查(审查调查)部门、机关事务管理局、案件审理室和案件监督管理室5类用户,具有涉案财物登记、移交、保管、审理、处置、监督、查询等功能。通过该系统,将所有涉案财物信息纳入集中统一管理,确保每件涉案财物来源清晰,去向明了,轨迹可查,全程监控,实现了"情况明、数字准",有效提高了涉案财物管理工作信息化水平。①

本条第 1 款规定了监察机关将查封、扣押涉案财物信息及文书录入并上传涉案财物信息管理系统的程序。监察机关在对涉案财物采取查封、扣押措施后,应按照相关规定,将涉案财物详细信息以及《查封/扣押财物、文件清单》录入并上传至监察机关涉案财物信息管理系统,从而避免出现"有物无单""有单无物"的情形。

本条第 2 款规定了涉案款项和涉案物品的管理。为促进依规依纪依法调查,严格涉案财物的内部管理,监察机关对于涉案款项,应当在采取措施后 15 日以内存入监察机关指定的专用账户;对于涉案物品,应当在采取措施后 30 日以内移交涉案财物保管部门保管。在保管的过程中,监察机关还应当确定专门的人员定期对被查封、扣押的涉案财物进行对账核查,确保账实相符。如果出现特殊原因导致涉案款项和涉案物品不能按时存入专用账户或者移交保管的,应当按规定报批,在报批后将保管情况录入涉案财物信息管理系统,并在原因消除后及时存入或者移交。

### 关联法条

《监察法》第 51 条;《中国共产党纪律检查机关监督执纪工作规则》第 47、48、50 条。

---

**第一百六十一条** 对于已移交涉案财物保管部门保管的涉案财物,根据调查工作需要,经审批可以临时调用,并应当确保完好。调用结束后,应当及时归还。调用和归还时,调查人员、保管人员应当当面清点查验。保管部门应当对调用和归还情况进行登记,全程录像并上传涉案财物信息管理系统。

---

### 条文主旨

本条是关于临时调用已移交保管的涉案财物的规定。

### 条文解读

规定本条的目的在于明确临时调用已移交保管的涉案财物的程序,促进临时调用程序的法治化、规范化。本条包括三方面的内容:一是明确了临时调用已移交保管

---

① 参见周根山:《中央纪委国家监委机关全面使用涉案财物信息管理系统》,载《中国纪检监察报》2018 年 6 月 26 日,第 1 版。

的涉案财物的前提。临时调用已移交保管的涉案财物,应当经过严格的审批手续,并且审查时需要确定临时调用是根据调查工作需要。调取、交接都需要进行严格的登记,只有经过批准才能临时调用已移交涉案财物保管部门保管的涉案财物。二是规定了临时调用和归还时调查人员、保管人员的责任。在临时调用和归还已移交涉案财物保管部门保管的涉案财物时,调查人员、保管人员应当当面清点查验,确保完好,避免涉案财物出现丢失、破损或其他影响涉案财物完整性的情况。三是规定了临时调用保管部门的责任。对于已移交保管的涉案财物,保管部门不仅应当对调用的情况进行登记,还应该对归还情况进行登记,并且对于调用和归还过程应当全程录像并上传涉案财物信息管理系统。

### 关联法条

《中国共产党纪律检查机关监督执纪工作规则》第47、48、50条。

---

**第一百六十二条** 对于被扣押的股票、债券、基金份额等财产,以及即将到期的汇票、本票、支票,依法需要出售或者变现的,按照本条例关于出售冻结财产的规定办理。

### 条文主旨

本条是关于出售、变现被扣押财产的规定。

### 条文解读

规定本条的目的是确保监察机关依法出售、变现被扣押的有价证券等财产,促进相关程序的衔接。由于债券、股票、基金份额等财产以及有效期即将届满的汇票、本票、支票等有价证券的市场价值波动大,为了减少办案过程中不必要的损失,防止财物价值贬损,所以对于依法需要出售或者变现的上述财产和资产,监察机关可以依法先行处置。本条采用了准用性规则,即对于出售或者变现的被扣押的股票、债券、基金份额等财产以及即将到期的汇票、本票、支票等有价证券,应按照《监察法实施条例》关于出售冻结财产的规定办理,主要是第141条的规定。

### 关联法条

《人民检察院刑事诉讼规则》第214条;《公安机关办理刑事案件程序规定》第246条;《监察

法实施条例》第 141 条。

> **第一百六十三条** 监察机关接受司法机关、其他监察机关等国家机关移送的涉案财物后,该国家机关采取的查封、扣押期限届满,监察机关续行查封、扣押的顺位与该国家机关查封、扣押的顺位相同。

### 条文主旨

本条是关于续行查封、扣押顺位的规定。

### 条文解读

规定本条的目的在于保护被调查人的合法财产,确保轮候查封、扣押过程的规范化、法治化。本条规定了监察机关续行查封、扣押的顺位。执行实践中,同一涉案财物被轮候查封的现象非常普遍,甚至存在多次轮候查封的情形。若查封机关属于同一系统,则不存在分歧。然而,如果查封机关属于不同的系统,如人民法院、人民检察院、公安机关、监察委员会等,那么,想要自行协商解决或报共同上级机关决定并达成书面意见则很难操作。本条对监察机关续行查封、扣押的顺位作出规定,即监察机关接受司法机关、其他监察机关等国家机关移送的涉案财物后,在该国家机关采取的查封、扣押期限届满后,基于监察机关的政治属性,监察机关可以承续前一国家机关查封、扣押的顺位,即监察机关续行查封、扣押的顺位与该国家机关查封、扣押的顺位相同。

### 关联法条

《人民检察院刑事诉讼规则》第 213 条;《公安机关办理刑事案件程序规定》第 242 条;《金融机构协助查询、冻结、扣划工作管理规定》第 22 条。

> **第一百六十四条** 对查封、扣押的财物和文件,应当及时进行核查。经查明与案件无关的,经审批,应当在查明后三日以内解除查封、扣押,予以退还。解除查封、扣押的,应当向有关单位、原持有人或者近亲属送达《解除查封/扣押通知书》,附《解除查封/扣押财物、文件清单》,要求其签名或者盖章。

### 条文主旨

本条是关于解除查封、扣押措施的规定。

### 条文解读

《监察法》第 28 条第 3 款规定,"查封、扣押的财物、文件经查明与案件无关的,应当在查明后三日内解除查封、扣押,予以退还"。在此基础上,本条对解除查封、扣押措施的程序进行了细化。

第一,本条规定了查封、扣押的核查要求。监察机关在查封、扣押相关财物和文件后,应当对该财物和文件进行及时核查。"及时"表明监察机关在完成查封、扣押的程序后应从快从速进行核查,避免因为核查不及时导致被调查对象的权利受到减损。核查的事项主要是查封、扣押财物和文件与案件是否存在关联性。

第二,本条规定了查封、扣押措施解除的前提与时限。由于查封、扣押措施本身并不改变物品的权属关系,为了更好地保护物品权利人的合法权益,查明被查封、扣押的财物、文件与案件并无关联的,监察机关有义务解除相关措施并退还。解除查封、扣押措施的前提是"经查明与案件无关",此外同样应当经过审批。解除查封、扣押措施和退还的时限是查明后的 3 日以内。

第三,本条规定了解除查封、扣押措施后监察机关的通知义务。监察机关在查封、扣押时应当出具《查封/扣押通知书》,开列《查封/扣押财物、文件清单》。与之相对应的是,在解除查封、扣押措施时,也应当向有关单位、原持有人或者近亲属送达《解除查封/扣押通知书》,附《解除查封/扣押财物、文件清单》,并且要求上述对象签名或者盖章。

### 关联法条

《监察法》第 28 条第 3 款。

---

**第一百六十五条** 在立案调查之前,对监察对象及相关人员主动上交的涉案财物,经审批可以接收。

接收时,应当由二名以上调查人员,会同持有人和见证人进行清点核对,当场填写《主动上交财物登记表》。调查人员、持有人和见证人应当在登记表上签名或者盖章。

> 对于主动上交的财物,应当根据立案及调查情况及时决定是否依法查封、扣押。

### 条文主旨

本条是关于立案前接收主动上交涉案财物的规定。

### 条文解读

规定本条的目的在于明确立案调查之前监察机关接收主动上交的涉案财物的程序步骤,实现接收程序的法治化、规范化。监察机关进行调查活动,要防止被调查人及相关人员转移涉案财物,给党和国家带来损失。监察机关在立案调查之前接收主动上交的涉案财物是收集、固定证据的重要措施,能够使监察机关快速了解案件情况,迅速固定关键证据,对于突破案件发挥着重要作用。

本条第1款规定了监察机关在立案调查之前接收主动上交的涉案财物的前提。因为临时接收强调的是暂时性和提前性,所以接收措施一般是在立案调查之前的线索处置、初步核实阶段使用。本条规定的接收的对象是监察对象及相关人员主动上交的涉案财物。同查封、扣押措施一样,监察机关接收主动上交的涉案财物同样需要经过审批。

本条第2款是对接收的具体程序和文书的规定。监察机关采取临时接收措施时,调查人员不得少于2人。对于临时接收的财物,调查人员应当会同持有人和见证人进行清点核对,当场填写《主动上交财物登记表》。包括调查人员在内的上述人员都应当在登记表上签名或者盖章。

本条第3款规定了对主动上交的财物的处理。即对于临时接收的财物,监察机关应当根据立案及调查情况及时决定是否依法查封、扣押,如果满足查封、扣押的条件,监察机关经过审查报批后可以依法决定实施查封、扣押措施。

### 关联法条

《中国共产党纪律检查机关监督执纪工作规则》第34、47条。

## 第十四节　勘验检查、调查实验

> **第一百六十六条**　监察机关按规定报批后,可以依法对与违法犯罪有关的场所、物品、人身、尸体、电子数据等进行勘验检查。

### 条文主旨

本条是关于采取勘验检查措施的总体规定。

### 条文解读

规定本条的目的在于促使监察机关准确、快速地查明案情,保证勘验检查过程客观、公正,确保结论的准确性。勘验、检查是监察机关的调查措施之一。勘验检查是未亲历案件事实者于案发后对案件有关场所、物品、人身等进行观察检验的行为。一般而言,勘验、检查的对象为与违法犯罪有关的场所、物品、人身、尸体和电子数据等。勘验的对象为无生命客体,如场所、生物尸体、电子数据等;检查的对象为有生命客体,如人身。作为监察机关的调查手段之一,勘验检查同样采取"令状主义",需要报批之后才能进行。监察机关是行使勘验检查职权的主体,因此监察机关之外的非特定主体均为义务客体,配合监察机关调查职务违法和职务犯罪行为是每个社会主体的义务。勘验检查的对象包括与违法犯罪有关的场所、人身、痕迹、物品、尸体、电子数据等,具体措施包括现场勘验,物证、书证检验,人身检查等。

### 典型案例

某市 K 区 M 派出所在编民警 S 与辖区内经营色情场所的 H 是小学同学,二人来往较多。S 曾多次向 H 通风报信,帮助其躲避警方"扫黄打非"清理行动,并先后多次收受 H 所送的大量财物。K 区纪委监委接到群众举报后,对反映的问题进行了初步核实,基本证实了这一事实,于是对 S 立案审查调查并采取了留置措施。调查过程中,S、H 都承认此事,并称两人是通过短信、微信联系的,但事后对相关信息都作了删除处理。为了调取相关证据、形成完整的证据链,纪委监委决定委托公安机关对 S、H 的手机进行勘验检查,通过法定程序收集恢复提取 S 和 H 手机上的电子数据。通过对手机进行勘验,调查人员恢复提取了被删除的短信、微信数据,发现 S 曾 3 次通过短信、2次通过微信向H通风报信,并且信息内容十分明确。[①] 本案中,勘验措施的使用对于案件的调查起到了重要作用。

### 关联法条

《监察法》第29、44条;《中国共产党纪律检查机关监督执纪工作规则》第34、40条。

---

**第一百六十七条** 依法需要勘验检查的,应当制作《勘验检查证》;需要委托勘验检查的,应当出具《委托勘验检查书》,送具有专门知识的人办理。

---

### 条文主旨

本条是关于勘验检查文书的规定。

### 条文解读

规定本条的目的在于规范勘验检查文书的制作与出示,促进依规依纪依法审查调查。对于依法需要勘验检查的事项,应当制作《勘验检查证》。与其他调查措施一样,进行勘验检查的调查人员也需要出示此项调查行为的证明文件,以佐证其行为的合法性。有些勘验检查工作,监察机关调查人员即可进行,但有些勘验检查活动比较复杂,需要更多的专业知识,因此,在必要的时候,监察机关可以指派或者聘请具有专门知识和相关资质的人员进行。需要委托勘验检查的,应当出具《委托勘验检查书》,送具有专门知识的人办理。需要注意的是,被指派或者聘请参与勘验检查的人员只能就案件中的专门性问题作出结论,不能就法律适用问题作出结论。

### 关联法条

《监察法》第29、44条;《刑事诉讼法》第130条;《公安机关刑事案件现场勘验检查规则》第6、13条。

---

**第一百六十八条** 勘验检查应当由二名以上调查人员主持,邀请与案件无关的见证人在场。勘验检查情况应当制作笔录,并由参加勘验检查人员和见证

---

[①] 参见《〈中华人民共和国监察法〉案例解读》,中国方正出版社2018年版,第228-229页。

> 人签名或者盖章。
> 　　勘验检查现场、拆封电子数据存储介质应当全程同步录音录像。对现场情况应当拍摄现场照片、制作现场图,并由勘验检查人员签名或者盖章。

### 条文主旨

本条是关于勘验检查程序性要求的规定。

### 条文解读

规定本条的目的在于维护监察机关的权威,规范勘验检查措施的程序,便于监察机关收集证据。

本条第 1 款分为两部分。第一部分是对勘验检查人员的规定。为了保证勘验、检查工作的合法性、有序性,满足调查工作的需要,勘验、检查工作应当在监察机关调查人员的组织和主持下进行,并且应当由 2 名以上调查人员主持。为了保证勘验检查工作的公平公正,监察机关应当邀请与案件无关的见证人在场,对于见证人的数量没有强制性规定。第二部分是对勘验检查工作相关文书的规定。调查人员对于勘验检查情况应当制作笔录。勘验笔录,是指办案人员对于与犯罪有关的场所、物品、痕迹、尸体等进行勘查、检验过程中所作的记载,包括文字记录、绘图、照相、录像、模型等材料。勘验笔录可以分为现场勘验笔录、物证检验笔录、尸体检验笔录、侦查实验笔录等。由于勘验笔录是办案人员依照法定程序并运用一定的设备和技术手段对勘验对象情况的客观记录,所以,其客观性较强,也比较可靠。它的主要作用在于固定证据及其所表现的各种特征,供进一步研究分析使用,便于发现和收集证据,确定调查方向,揭露和证实犯罪人的罪行,鉴别其他证据的真伪,认定案件事实。检查笔录,是指办案人员为确定被害人、犯罪嫌疑人、被告人的某些特征、伤害情况或生理状态,而对他们的人身进行检验和观察后所作的客观记载。检查笔录以文字记载为主,也可采取拍照等其他有利于准确、客观记录的方法。无论是勘验笔录还是检查笔录都需要勘验检查人员和见证人签名或者盖章。

本条第 2 款规定了监察机关调查人员勘验检查现场、拆封电子数据存储介质的要求。基于电子数据高科技性和易被破坏性的特点,为了更好地保存证据,监察机关在运用勘验检查措施调查时,对于勘验检查现场、拆封电子数据存储介质等工作应当全程同步录音录像。并且,对现场情况应当拍摄现场照片、制作现场图,并由勘验检查人员签名或者盖章。

### 关联法条

《监察法》第29、44条;《最高人民法院关于适用〈中华人民共和国刑事诉讼法〉的解释》第102、103条。

---

**第一百六十九条** 为了确定被调查人或者相关人员的某些特征、伤害情况或者生理状态,可以依法对其人身进行检查。必要时可以聘请法医或者医师进行人身检查。检查女性身体,应当由女性工作人员或者医师进行。被调查人拒绝检查的,可以依法强制检查。

人身检查不得采用损害被检查人生命、健康或者贬低其名誉、人格的方法。对人身检查过程中知悉的个人隐私,应当严格保密。

对人身检查的情况应当制作笔录,由参加检查的调查人员、检查人员、被检查人员和见证人签名或者盖章。被检查人员拒绝签名、盖章的,调查人员应当在笔录中记明。

---

### 条文主旨

本条是关于人身检查的规定。

### 条文解读

规定本条的目的在于规范监察机关进行人身检查的程序,保护被调查人的各项合法权利。对人身进行检查是监察机关确定被害人、犯罪嫌疑人的某些特征、伤害情况或者生理状态,以查明案件事实的调查活动。确定被调查人或者相关人员的某些特征,需要通过人身检查,查看被调查人或者相关人员的身体表面有什么特征,如相貌、皮肤颜色、特殊痕迹、身体各部有无缺损等;确定被调查人或者相关人员的伤害情况,检查查看被害人受伤害的部位、程度、伤势形状等;确定生理状态,主要是检查被调查人或者相关人员有无生理缺陷,比如智力发育情况,是否智力低下,各种生理机能情况等。这些检查有利于查清案件的性质、犯罪的手段和方法及犯罪的情节,这对认定犯罪事实、查明犯罪人具有重要意义。为了保护公民的合法权利,保证人身检查的顺利进行,调查人员进行人身检查时,必须严格按照法律的规定进行。

本条第1款规定了人身检查的程序。人身检查的目的是确定被调查人或者相关人员的某些特征、伤害情况或者生理状态。因为人身检查需要具备专门知识的储备,所以监察机关在必要时可以聘请法医或者医师进行人身检查。人身检查根据适用对象不同而有所区分,由于女性的身体检查具有一定的敏感性与隐私性,为了最大限度保护女性身体权益,保证检查活动顺利进行,本条特别规定,检查女性身体,应当由女性工作人员或者医师进行。监察机关的检查措施具有强制性,为了行使对公职人员的监督职责,严厉惩治腐败,被调查人拒绝检查的,可以依法强制检查,女性被调查人拒绝检查的,也可以依法强制检查。

本条第2款规定了对被检查人权利的保护。生命权是最根本的人权,人身检查不得采用损害被检查人生命、健康的方式或手段。人格尊严不受侵犯是公民的一项基本权利。监察机关在运用检查措施调查案件过程中,不得损害公民的人格尊严,不能采用贬低被检查人名誉、人格的方法。隐私是自然人的私人生活安宁和不愿为他人知晓的私密空间、私密活动、私密信息。监察机关对人身检查过程中知悉的个人隐私,应当严格保密。

本条第3款是对人身检查文书的规定。对人身检查的情况应当制作笔录,由参加检查的调查人员、检查人员、被检查人员和见证人签名或者盖章。被检查人员拒绝签名或者盖章的,调查人员应当在笔录中记明。

### 关联法条

《监察法》第29、44条。

> 第一百七十条　为查明案情,在必要的时候,经审批可以依法进行调查实验。调查实验,可以聘请有关专业人员参加,也可以要求被调查人、被害人、证人参加。
>
> 进行调查实验,应当全程同步录音录像,制作调查实验笔录,由参加实验的人签名或者盖章。进行调查实验,禁止一切足以造成危险、侮辱人格的行为。
>
> 调查实验的条件与事件发生时的条件有明显差异,或者存在影响实验结论科学性的其他情形的,调查实验笔录不得作为认定案件的依据。

### 条文主旨

本条是关于调查实验的规定。

### 条文解读

调查实验是指监察机关在调查过程中,调查人员为了确定对案件调查有重要意义的某一事实或现象是否存在,或在某种条件下能否发生、怎样发生,参考发案时的种种条件,再现该事实或现象的一种调查措施。调查实验的作用在于为确定是否立案提供依据,为查明案情提供依据,为审查职务违法犯罪证据提供依据。调查实验可以独立进行,也可以在现场勘验过程中进行,但其并不是每个案件的必经程序。通过调查实验确定在一定条件下能否听到某种声音或看到某种现象,在一定条件下能否完成某一种行为,在什么条件下能够发生某种现象,在某种条件下某种行为和某种痕迹是否一致,在某种条件下使用某种工具能否留下某种痕迹等。

本条第 1 款规定了调查实验的前提和参与人。只有为了查明案情,监察机关为了确定对案件调查有重要意义的某一事实或现象是否存在,或在某种条件下能否发生、怎样发生,在必要的时候经过审批才可以进行调查实验。因为职务违法和职务犯罪情况复杂,手段和形式多种多样,特别是利用现代科学技术手段实施的违法犯罪,采用一般的调查措施可能难以得出正确结论,必须运用一定的科学方法和专门知识才能查明案件情况,所以调查实验可以聘请有关专业人员参加。此外,为了保证调查实验的公开公平,也可以邀请被调查人、被害人、证人参加。值得注意的是,被调查人、被害人、证人的参与属于自愿行为,不能强迫其参与。

本条第 2 款是对调查实验的程序要求和限制。为了保障被调查人的合法权利,进行调查实验,应当进行全程同步录音录像,并制作调查实验笔录,由参加实验的人签名或者盖章。因为调查实验可能涉及不同种类的实验行为或方法,所以监察机关在进行调查实验时,切记不能实施危险、侮辱人格、造成不良影响的行为,要时刻尊重被调查人的人格尊严,依规依纪依法进行调查实验。

本条第 3 款是此次修改《监察法实施条例》时新增的,目的是确保监察证据符合刑事诉讼对证据的要求。因为根据《最高人民法院关于适用〈中华人民共和国刑事诉讼法〉的解释》第 107 条的规定,侦查实验的条件与事件发生时的条件有明显差异,或者存在影响实验结论科学性的其他情形的,侦查实验笔录不得作为定案的根据。

**典型案例**

2021 年 8 月 1 日,云南省普洱市某区生活垃圾处理场发生 5 人死亡、1 人受伤的重大人员伤亡事故。该区纪委监委迅速成立专案组展开调查,通过初步了解,专案组发现该伤亡事故可能是在生活垃圾处理场违规偷排渗滤液的过程中发生的。专案组找相关工作人员进行了多轮谈话,但是收获甚微,后专案组人员提出调查实验方案,即"可以调取一定时期内这些渗滤液处理设备的用电量,再根据渗滤液处理设备的功率,通过调查实验,推演出使用这些电量的情况下,渗滤液处理的实际数量"。调查实验的结果证实,垃圾处理场实际处理的渗滤液远低于其记录的数量。面对这一调查实验结果,相关人员才如实交代了多年来垃圾处理场场长、副场长多次指使职工利用雨天、夜间等不易被发现的时段偷排渗滤液的事实。事发当晚,垃圾处理场职工就是按照场长、副场长的指使,在偷排渗滤液的过程中发生了伤亡事故。①

### 关联法条

《监察法》第 29 条第 2 款;《最高人民法院关于适用〈中华人民共和国刑事诉讼法〉的解释》第 107 条。

---

**第一百七十一条** 调查人员在必要时,可以依法让被害人、证人和被调查人对与违法犯罪有关的物品、文件、尸体或者场所进行辨认;也可以让被害人、证人对被调查人进行辨认,或者让被调查人对涉案人员进行辨认。

辨认工作应当由二名以上调查人员主持进行。在辨认前,应当向辨认人详细询问辨认对象的具体特征,避免辨认人见到辨认对象,并告知辨认人作虚假辨认应当承担的法律责任。几名辨认人对同一辨认对象进行辨认时,应当由辨认人个别进行。辨认应当形成笔录,并由调查人员、辨认人签名或者盖章。

---

### 条文主旨

本条是关于辨认工作的规定。

### 条文解读

辨认是指调查人员在调查职务违法和职务犯罪案件的过程中,为了查明案件的有关事实,组织人员对与犯罪有关的物品、文件、尸体、场所或者对被调查人进行辨认,作出判断的调查活动。

本条第 1 款规定了辨认的前提、主体和对象。辨认活动开展的前提是"必要",如果监察机关的调查人员认为确有必要,就可以依法组织开展辨认活动。一般来说,辨认的主体是被害人、证人和被调查人,辨认的对象是与违法犯罪有关的物品、文件、尸体或者场所。监察辨认的主体存在转换的可能,监察机关也可以让被害人、证人对被

---

① 参见李姝、高文飞:《"让心存侥幸者丢掉幻想"》,载《中国纪检监察报》2023 年 5 月 22 日,第 7 版。

调查人进行辨认,或者让被调查人对涉案人员进行辨认。

本条第 2 款是关于辨认程序的规定。为了确保辨认工作的顺利开展和平稳进行,辨认工作应当由 2 名以上调查人员主持进行。辨认前,监察机关应当充分做好准备工作,调查人员应向辨认人详细询问辨认对象的具体特征,避免辨认人提前见到辨认对象,从而影响辨认的公正性和准确性。监察机关应当告知辨认人作虚假辨认所应承担的法律责任。特别需要注意的是,辨认应当个别进行。具体来说,在几名辨认人对同一辨认对象进行辨认时,应当由辨认人依次逐一对该辨认对象进行辨认,避免两个及两个以上辨认人共同辨认的情况出现。为了保证辨认的合法公正,辨认应当形成笔录,并由调查人员、辨认人签名或者盖章。《最高人民法院关于适用〈中华人民共和国刑事诉讼法〉的解释》第 105 条对辨认笔录的审查认定有明确要求,监察机关开展辨认工作、制作辨认笔录时应当严格按照法律规定进行。

### 关联法条

《最高人民法院关于适用〈中华人民共和国刑事诉讼法〉的解释》第 105 条。

---

**第一百七十二条** 辨认人员时,被辨认的人数不得少于七人,照片不得少于十张。

辨认人不愿公开进行辨认时,应当在不暴露辨认人的情况下进行辨认,并为其保守秘密。

---

### 条文主旨

本条是关于对人员进行辨认的规定。

### 条文解读

规定本条的目的在于规范监察机关组织开展辨认人员工作的程序,明确监察机关保护辨认人的义务,有利于维护辨认人的合法权利。一般对人的辨认有两种方法:一是在混杂条件下直接对被辨认人进行辨认,即辨认人通过直接观察或感知、比较调查人员提供的一组辨认对象的外貌或动作姿势来进行辨认。二是在混杂条件下对被辨认人的照片进行辨认,即辨认人通过对调查人员提供的一组辨认照片上人的外貌的直接观察或感知、比较来进行辨认。

本条第 1 款规定了被辨认人员及其照片的数量。为了提高辨认的准确性,最大概率降低盲选的巧合,监察机关组织辨认人员时,应该将被辨认的人员或其照片混入其他人员或照片中。组织辨认前,应当向辨认人详细询问辨认对象的具体特征,严格禁止辨认人提前见到辨认对象。辨认人员时,被辨认的人数不得少于7人,照片不得少于10张。

本条第2款规定了对辨认人的保护。辨认可以在公开情况下进行,也可以不公开进行。为了保护辨认人的合法权利和人身安全,辨认人不愿公开进行辨认的,监察机关应当在不暴露辨认人的情况下组织进行辨认,并为其保守秘密。

### 关联法条

《人民检察院刑事诉讼规则》第226条;《最高人民法院关于适用〈中华人民共和国刑事诉讼法〉的解释》第105条。

---

**第一百七十三条** 组织辨认物品时一般应当辨认实物。被辨认的物品系名贵字画等贵重物品或者存在不便搬运等情况的,可以对实物照片进行辨认。辨认人进行辨认时,应当在辨认出的实物照片与附纸骑缝上捺指印予以确认,在附纸上写明该实物涉案情况并签名、捺指印。

辨认物品时,同类物品不得少于五件,照片不得少于五张。

对于难以找到相似物品的特定物,可以将该物品照片交由辨认人进行确认后,在照片与附纸骑缝上捺指印,在附纸上写明该物品涉案情况并签名、捺指印。在辨认人确认前,应当向其详细询问物品的具体特征,并对确认过程和结果形成笔录。

---

### 条文主旨

本条是关于对物品进行辨认的规定。

### 条文解读

本条第1款分为三部分。第一部分规定了辨认物品的原则,即一般应当辨认实物,且辨认物品应当在监察机关的组织下有序进行。第二部分规定了辨认物品的例外情形,即被辨认的物品系名贵字画等贵重物品或者存在不便搬运等情况。由于此类物品价值较高或不便移动,此时可以不遵循上一部分所述的辨认实物原则,而可以对该实物的照片进行辨认。第三部分规定了对辨认人确认辨认结果的要求。辨认人应在辨认出的实物照片与附纸骑缝上捺指印予以确认,在附纸上写明该实物涉案情况并签名、捺指印,以确认辨认行为的效力。

本条第2款规定了混杂条件下辨认物品的要求。为确保辨认的效果,最大概率降低盲选的巧合,辨认物品应当在混杂条件下进行。辨认物品时,同类物品不得少于5件,照片不得少于5张。

本条第3款规定了辨认特定物的要求。对于难以找到相似物品的特定物,可以将该物品照片交由辨认人进行确认。辨认人确认后应当在照片与附纸骑缝上捺指印,在附纸上写明该物品涉案情况并签名、捺指印。在辨认人确认前,应当向其详细询问物品的具体特征,并对确认过程和结果形成辨认笔录,以备审查。

### 实务难点指引

监察机关组织辨认物品过程中,不仅要遵照本条的规定,保证辨认物品的数量,同时在选取同类物品的时候也要再三考虑,以确保辨认结果的公正性。有的调查人员只追求数量符合法律规定,而没有结合辨认对象的特征选择陪衬客体。例如,在实务中,某地监察机关在组织对涉案50克金条的辨认过程中,选择100克金条和200克金条作为陪衬物品,即便辨认人顺利辨认出涉案的50克金条,该辨认结果也不能作为定案根据使用。有的陪衬物品照片大小不同,放置方向不同,有的带有编号,有的没有编号,有的有包装,有的没有包装,导致混杂辨认因缺乏相似度或者相似程度悬殊,大大降低了辨认结果的真实性,甚至会影响其作为证据的能力。[①]

事实上,监察机关在组织辨认物品时,可以完善辨认前的准备工作。相关调查人员应当确保辨认物品数量符合法律规定、质量相近、在具有充分辨识度的同时又不能相差过大。而且,监察机关在选取同类物品时,应先审核物品是种类物还是特定物。对于除了原有的品类特征外并无其他明显特征的,如同一型号手机、同一品牌香烟、钱币等种类,以及难以找到相似物品的特定物,应该遵照本条例的规定,在将该物品照片交由辨认人进行确认后,让辨认人在该特定物照片与附纸骑缝上捺指印,在附纸上写明该物品涉案情况并签名、捺指印。在辨认人确认前,应当向其详细询问物品的具体特征,并对确认过程和结果形成笔录。

### 关联法条

《最高人民法院关于适用〈中华人民共和国刑事诉讼法〉的解释》第105条。

---

[①] 参见马艳燕:《怎样审核辨认笔录》,载《中国纪检监察报》2021年5月26日,第6版。

**第一百七十四条** 辨认笔录具有下列情形之一的,不得作为认定案件的依据:

(一)辨认开始前使辨认人见到辨认对象的;

(二)辨认活动没有个别进行的;

(三)辨认对象没有混杂在具有类似特征的其他对象中,或者供辨认的对象数量不符合规定的,但特定辨认对象除外;

(四)辨认中给辨认人明显暗示或者明显有指认嫌疑的;

(五)辨认不是在调查人员主持下进行的;

(六)违反有关规定,不能确定辨认笔录真实性的其他情形。

辨认笔录存在其他瑕疵的,应当结合全案证据审查其真实性和关联性,作出综合判断。

### 条文主旨

本条是关于辨认笔录的规定。

### 条文解读

规定本条的目的在于严格规范辨认笔录的形式,依规依纪依法形成辨认笔录,便于后续审查和证据转化。监察机关在调查过程中形成的辨认笔录是在调查人员的主持下,由被调查人、证人对涉案人员、物品、文件等进行辨认时,记载辨认情况和结果的文字记录。辨认笔录对于确定调查方向、印证其他证据、查明案件事实具有重要意义。辨认笔录是以笔录的方式全面、客观地记录辨认全过程和辨认结果,并由在场相关人员签名确认的法律文书。

1. 辨认笔录不得作为认定案件依据的情形

本条第1款规定了辨认笔录不得作为认定案件依据的情形,分为6项。

第1项是辨认开始前使辨认人见到辨认对象的情形。一旦辨认人事先见到辨认对象将会受到一定的偏见或外部诱导的影响,容易形成先入为主的判断,从而使后续的辨认程序流于形式,导致辨认人的辨认结论不是来自"现场见闻"而是由于"事先所见"。

第2项是辨认活动没有个别进行的情形。需要注意的是,辨认活动中应该遵循个别辨认规则。在某些情况下,即使辨认人记忆中的信息是正确的,但由于辨认组织者采取了不规范、不科学的措施,对辨认人的记忆造成了干扰,也会导致最终的辨认结论出现误差。辨认应当在无干扰的"真空"环境里进行。但在实践中,为了方便起见,一些调查人员经常在同一时间、同一场所召集所有辨认人开展辨认工作,辨认结论的可靠性因此大受影响。

第3项是辨认对象没有混杂在具有类似特征的其他对象中,或者供辨认的对象数量不符合规定的情形。为降低辨认出错的概率,提高辨认的准确性,故在设置辨认陪衬的人或物品时,不仅有数量上的要求,而且应保证辨认陪衬的人或物品与目标物之间具有高度相似性。值得注意的是,同一辨认人对与同一案件有关的辨认对象进行多组辨认的,不得重复使用陪衬照片或陪衬人。

第4项是辨认中给辨认人明显暗示或者明显有指认嫌疑的情形。辨认前通过讯问、询问或谈话工作让辨认人供述、陈述辨认对象的详细特征是体现辨认结果客观真实性的程序保障措施,但不论是在辨认前还是辨认时,监察机关都不能有明显暗示或指认行为。

第5项是辨认不是在调查人员主持下进行的情形。辨认活动具有相当的专业性,应当由监察机关的调查人员主持开展,不是在调查人员主持下进行的辨认所形成的笔录不得作为认定案件的依据。

第6项是违反有关规定,不能确定辨认笔录真实性的其他情形。该项作为兜底补充情形,规定了这些情形中监察机关的审查重点为辨认笔录的真实性。

2. 对瑕疵辨认笔录进行综合判断

本条第2款规定了辨认笔录存在其他瑕疵的情形。辨认笔录形成过程中可能出现各种各样难以预料的情况,此时监察机关应当结合全案证据审查其真实性和关联性,从而作出综合判断,判断该笔录能否作为认定案件的依据。

## 第十五节 鉴 定

**第一百七十五条** 监察机关为解决案件中的专门性问题,按规定报批后,可以依法进行鉴定。

鉴定时应当出具《委托鉴定书》,由二名以上调查人员送交具有鉴定资格的鉴定机构、鉴定人进行鉴定。

**条文主旨**

本条是关于采取鉴定措施的总体规定。

**条文解读**

监察机关在调查过程中的鉴定权,是一种监督鉴定权,与诉讼中的鉴定在时间和属性上有一定的交叉,但不完全相同。在监察事务中,监察机关的鉴定可以参照《全国人民代表大会常务委员会关于司法鉴定管理问题的决定》进行规范。鉴定通常是指办案机关为了解决案件中的专门性问题,指派或聘请具有专门知识的人,就案件中某些专门性问题进行鉴别和判断的活动。鉴定人出具的鉴定意见是《监察法》规定的证据种类之一。鉴定对于查明事实真相,揭露犯罪,保护公民权利具有重要作用。监察机关的鉴定是否科学准确,关系到能否正确认定职务违法犯罪案件的事实,尤其在调查疑难案件中,充分运用最新科学技术进行鉴定,可以取得其他证据无法取代的结果。所以,为了保证鉴定的准确性、科学性,监察机关运用鉴定措施必须严格依照法律规定进行。

本条第1款规定了监察机关运用鉴定措施调查案件的前提。首先,进行鉴定的目的是解决案件中的"专门性问题"。本条所规定的"专门性问题",主要是指监察机关在调查过程中遇到的必须运用专门的知识和经验作出科学判断的问题。实践中,对一些专门性问题进行的鉴定主要包括:(1)法医类鉴定,包括法医病理鉴定、法医临床鉴定、法医精神类鉴定、法医物证鉴定和法医毒物鉴定;(2)物证类鉴定,包括文书鉴定、痕迹鉴定;(3)声像资料鉴定,包括对录音带、录像带、磁盘、光盘、图片等载体上所记录的声音、图像信息的真实性、完整性及其所反映的情况、过程进行的鉴定,以及对记录的声音、图像中的语音、人体、物体作出的认定。此外,有的案件还需要会计鉴定,包括对账目、表册、单据、发票、支票等书面材料进行鉴别判断;技术问题鉴定,包括对涉及工业、交通、建筑等科学技术方面的问题进行鉴别判断等。其次,作为监察机关的调查措施之一,鉴定措施采取"令状主义",经过监察机关相关负责人审批,制作委托鉴定文书,可以依法进行鉴定。鉴定的主体是国家监察机关,监察鉴定由国家启动,但当事人有向监察机关申请启动鉴定的权利。

本条第2款规定了监察机关委托鉴定的流程。鉴定时应当出具《委托鉴定书》,由2名以上调查人员送交具有鉴定资格的鉴定机构、鉴定人进行鉴定。监督并不是监察机关一家的事情,支持、配合、协助监察机关的工作,是全体公民共同的社会责任,其中就包括专业人士运用专业知识进行鉴定。监察机关指派、聘请的鉴定机构,需要具有相应部门认定的鉴定资格。监察机关指派、聘请的鉴定人,需要具备法律法规规定的条件,可以是公安机关等侦查机关的刑事技术人员或其他专职人员,也可以是其他具有专门知识的鉴定人。

### 关联法条

《监察法》第 30 条;《中国共产党纪律检查机关监督执纪工作规则》第 40 条第 1 款;《全国人民代表大会常务委员会关于司法鉴定管理问题的决定》。

---

第一百七十六条　监察机关可以依法开展下列鉴定:

（一）对笔迹、印刷文件、污损文件、制成时间不明的文件和以其他形式表现的文件等进行鉴定;

（二）对案件中涉及的财务会计资料及相关财物进行会计鉴定;

（三）对被调查人、证人的行为能力进行精神病鉴定;

（四）对人体造成的损害或者死因进行人身伤亡医学鉴定;

（五）对录音录像资料进行鉴定;

（六）对因电子信息技术应用而出现的材料及其派生物进行电子数据鉴定;

（七）其他可以依法进行的专业鉴定。

---

### 条文主旨

本条是关于鉴定范围的规定。

### 条文解读

规定本条的目的在于明确监察机关采取鉴定措施的范围和种类,依规依纪依法开展鉴定工作。

本条第 1 项是对笔迹、印刷文件、污损文件、制成时间不明的文件和以其他形式表现的文件等进行鉴定的规定。文件检验鉴定应当由具备文件检验鉴定资格的人员实施。监察机关在办理案件时,需要进行文件检验鉴定的,应当填写委托书,提出委托要求。委托文件检验鉴定时,应当提供文件物证的原件,样本材料应当符合检验要求并经过委托单位确认。

本条第 2 项是对案件中涉及的财务会计资料及相关财物进行会计鉴定的规定。会计鉴定是指在办理有关经济、财务方面的犯罪案件时,由会计专业人员对有关账簿、表册等进行核查鉴定,以确定是否与真实情况和有关制度相符,有无伪造、销毁、涂改等犯罪行为存在。会计鉴定在与职务犯罪作斗争的过程中具有重要意义。

本条第 3 项是对被调查人、证人的行为能力进行精神病鉴定的规定。进行精神病鉴定的主要任务是对涉及法律问题又患有或被怀疑患有精神疾病的当事人进行精神病学鉴定,为监察机关查办职务违法犯罪案件和后续的审查起诉、审判环节提供专家证词和审理案件的医学依据。对精神病的鉴定首先是从临床精神病学的基础出发,全面检查分析,确定被调查人、证人有无精神病,同时从法律的角度确定相关人员犯罪时的精神状态及严重程度和它与犯罪的因果关系两方面考虑,具体判断标准如下:一是不能辨认自己的行为,一个人虽患有精神疾病,但如果仍有辨认自己行为的能力,还是要负相应的刑事责任。二是不能控制自己的行为,即虽可能有辨认能力但丧失了控制能力,其行为已无法受到主观意识的支配和控制。三是必须是在发生危害行为的当时处于不能辨认或者不能控制自己行为的状态。四是在精神疾病的间歇期或是疾病缓和期出现危害行为的,因其精神活动已恢复正常,即不能评定为无责任能力。五是处于智能缺损状态,即尚未完全丧失辨认或者控制自己行为能力的状态,应当在一定程度上负刑事责任。

本条第4项是对人体造成的损害或者死因进行人身伤亡医学鉴定的规定。人身伤亡医学鉴定又包括人身伤害医学鉴定和人身死亡医学鉴定。

本条第5项是对录音录像资料进行鉴定的规定。录音录像资料鉴定又称为声像资料鉴定,包括但不限于:(1)声像资料的完整性检验;(2)说话人鉴定;(3)语音人身分析;(4)噪声分析;(5)噪声降除;(6)微弱语音增强;(7)图像鉴定;(8)声像器材的鉴定;(9)音像制品检验鉴定;(10)语音内容整理;(11)动态特征、质量、数量的检验鉴定;(12)声纹鉴定;(13)录音资料内容整理;(14)录音资料真实性检验;(15)图像辨认。

本条第6项是对因电子信息技术应用而出现的材料及其派生物进行电子证据鉴定的规定。电子证据是指由电子信息技术应用而出现的各种能够证明案件真实情况的材料及其派生物。电子证据鉴定是鉴定人根据相关的理论和方法,对电子证据进行检验鉴定,并出具意见的一项专门性技术活动。电子证据的鉴定范围包括:(1)电子证据数据内容一致性的认定;(2)各类存储介质或设备存储数据内容的认定;(3)各类存储介质或设备已删除数据内容的认定;(4)加密文件数据内容的认定;(5)计算机程序功能或系统状况的认定;(6)电子证据的真伪及形成过程的认定;(7)根据需要进行的关于电子证据的其他认定。

本条第7项是其他可以依法进行的专业鉴定的规定。此项为本条的兜底款项。随着时代的发展,为解决案件中的专门性问题,需要鉴定的对象的范围和种类也在不断扩大,因此本款项的设置有助于监察机关灵活应对时代变化给监察鉴定工作带来的挑战。

### 关联法条

《刑法》第 18 条;《刑事诉讼法》第 149 条;《精神卫生法》第 34 条;《物证类司法鉴定执业分类规定》第 4—15 条。

> 第一百七十七条　监察机关应当为鉴定提供必要条件,向鉴定人送交有关检材和对比样本等原始材料,介绍与鉴定有关的情况。调查人员应当明确提出要求鉴定事项,但不得暗示或者强迫鉴定人作出某种鉴定意见。
>
> 监察机关应当做好检材的保管和送检工作,记明检材送检环节的责任人,确保检材在流转环节的同一性和不被污染。

### 条文主旨

本条是关于监察机关为鉴定提供必要条件的规定。

### 条文解读

规定本条的目的在于明确监察机关在鉴定过程中的责任和义务,确保鉴定过程符合法律规定,保障鉴定行为和鉴定结果的独立性。

本条第 1 款规定了监察机关在鉴定过程中的责任和义务。监察机关在调查过程中的鉴定权为监督鉴定权,这意味着监察机关在鉴定过程中不直接进行鉴定工作,而是需要依照法律法规委托送交具有鉴定资格的鉴定机构、鉴定人进行鉴定。在委托鉴定时,监察机关要主动配合,并力所能及地为鉴定提供必要条件,主动向鉴定人送交有关检材和对比样本等原始材料,介绍与鉴定有关的情况。并且调查人员应当明确提出要求鉴定的事项,不能对鉴定人进行技术上的干预,更不能强迫或暗示鉴定人或鉴定机构作出某种不真实的倾向性结论。

本条第 2 款规定了监察机关对于检材的保管和送检义务。检验材料的保管对于后续鉴定工作的进行至关重要。如果检验材料在前一步骤的工作中遭到污染、破坏,那么其后续鉴定的有效性就会受到非常大的影响。因此,监察机关应当做好检材的保管和送检工作,记明检材送检环节的责任人,确保检材在流转环节的同一性和不被污染。

### 关联法条

《人民检察院刑事诉讼规则》第 219 条;《最高人民法院关于适用〈中华人民共和国刑事诉讼

法〉的解释》第 97 条;《公安机关办理行政案件程序规定》第 88 条;《公安机关办理刑事案件程序规定》第 250 条;《司法鉴定程序通则》第 18、24 条。

> **第一百七十八条** 鉴定人应当在出具的鉴定意见上签名,并附鉴定机构和鉴定人的资质证明或者其他证明文件。多个鉴定人的鉴定意见不一致的,应当在鉴定意见上记明分歧的内容和理由,并且分别签名。
> 
> 监察机关对于法庭审理中依法决定鉴定人出庭作证的,应当予以协调。
> 
> 鉴定人故意作虚假鉴定的,应当依法追究法律责任。

### 条文主旨

本条是关于鉴定人出具鉴定意见的规定。

### 条文解读

规定本条的目的在于明确鉴定人的义务和法律责任,规范鉴定人的鉴定行为,有助于监察机关切实践行协助义务,严格履行鉴定程序。

本条第 1 款规定了鉴定人的义务。鉴定人,是指取得鉴定人资格,在鉴定机构中从事法医类、物证类、声像资料、司法会计鉴定以及心理测试等工作的专业技术人员。鉴定人应当按照依法、科学、公正、独立的原则开展鉴定工作。鉴定人依法享有以下权利:(1)了解与鉴定有关的案件情况,要求委托单位提供鉴定所需的资料;(2)进行必要的勘验、检查;(3)查阅与鉴定有关的案件材料,询问与鉴定事项有关的人员;(4)对违反法律规定委托的案件、不具备鉴定条件或者提供虚假鉴定资料的案件,有权拒绝鉴定;(5)对与鉴定无关问题的询问,有权拒绝回答;与其他鉴定人意见不一致时,有权保留意见;(6)法律、法规规定的其他权利。鉴定人参与鉴定的主要目的是帮助专门机关查清案件事实。因此,鉴定人应当履行下列义务:(1)严格遵守法律、法规和鉴定工作规章制度;(2)保守案件秘密;(3)妥善保管送检的检材、样本和资料;(4)接受委托单位对于鉴定有关问题的咨询;(5)出庭接受质证;(6)法律、法规规定的其他义务。因此,鉴定人应当在出具的鉴定意见上签名。除了签名之外,鉴定人还需要在签名的鉴定意见后面附鉴定机构和鉴定人的资质证明或者其他证明文件,以证明鉴定机构和鉴定人具备鉴定的资格。如果存在多个鉴定人,并且多个鉴定人的鉴定意见不一致,不以其中一个鉴定人的意见为主要依据,而应当在鉴定意见上记明存在分歧的内容和理由,并且由鉴定人分别签名。

本条第2款规定了监察机关对于鉴定人出庭作证的协助义务。鉴定人出庭作证充分保障了当事人对鉴定意见提出异议的权利,有助于在庭审过程中给予诉讼当事人解疑释惑的机会,确保体现公正与效率。让鉴定人出庭作证接受当事人的质询和法庭询问,成为对鉴定意见质证的一种正当程序和必要方式。由于鉴定意见是鉴定人在观察、检验、分析等科学技术活动的基础上得出的主观性认识结论,解答的是案件中的专门性问题,因此,鉴定意见是否正当需要经过诉讼双方的质证与法庭的最终认可。鉴定人出庭作证就鉴定人的资格、鉴定的方法和过程、鉴定对象等一系列问题直接接受当事人和法庭的询问,才能保证鉴定意见证据的可靠性。监察机关对于法庭审理中依法决定鉴定人出庭作证的,应当予以协调配合,以保证鉴定结果的质证和转化。

本条第3款规定了鉴定人虚假鉴定的法律责任。鉴定人故意作虚假鉴定的,应当依法追究其法律责任;构成犯罪的,应当依法追究其刑事责任。虚假鉴定,是指出具不符合事实的鉴定意见,也即鉴定人作出了与根据自己的知识或技能所得到的结论相反的结论。由于不了解情况,或粗心大意、业务水平低而提供了错误的鉴定意见,同样属于虚假鉴定,该鉴定意见不应予以采信,但不属于故意范畴,所以不应按照"故意作虚假鉴定"进行处罚。

### 关联法条

《监察法》第30条;《刑法》第305条;《最高人民法院关于适用〈中华人民共和国刑事诉讼法〉的解释》第97—99条。

---

**第一百七十九条** 调查人员应当对鉴定意见进行审查。对经审查作为证据使用的鉴定意见,应当告知被调查人及相关单位、人员,送达《鉴定意见告知书》。

被调查人或者相关单位、人员提出补充鉴定或者重新鉴定申请,经审查符合法定要求的,应当按规定报批,进行补充鉴定或者重新鉴定。

对鉴定意见告知情况可以制作笔录,载明告知内容和被告知人的意见等。

---

### 条文主旨

本条是关于对鉴定意见进行审查和告知的规定。

### 条文解读

本条第 1 款规定了调查人员的审查、告知和送达义务。调查人员应当对鉴定意见进行审查。在审查鉴定意见时,一要审核鉴定意见的形式要件是否完备,是否注明提起鉴定的事由、鉴定委托人、鉴定机构、鉴定要求、鉴定过程、鉴定方法、鉴定日期等相关内容,是否由鉴定机构加盖鉴定专用章并由鉴定人签名、盖章,鉴定意见是否明确等。二要审核实质要件,比如鉴定机构和鉴定人是否具有法定资质,鉴定是否超过鉴定机构业务范围和技术条件,检材来源、取得、保管、送检是否符合法律及相关规定,鉴定的程序、方法、分析过程是否符合专业的检验鉴定程序和技术方法要求,鉴定人是否存在回避情形等。三要审核鉴定意见能否与在案的其他证据相互印证,有无明显冲突。如果出现冲突,能否有合理的解释。为保证被调查人的权利,对经审查作为证据使用的鉴定意见,监察机关应当告知被调查人及相关单位、人员,送达《鉴定意见告知书》。调查机关有将鉴定意见告知被调查人及相关单位、人员的义务。该项义务主要是为了确保当事人知情权的实现,并以此为基础更好地制定救济策略。履行该义务的主体是监察机关;义务的内容是告知对经审查作为证据使用的鉴定意见,并送达《鉴定意见告知书》。

本条第 2 款规定了被调查人申请补充鉴定以及重新鉴定的权利。实践中,很多鉴定意见对于职务犯罪的认定以及量刑具有重要意义。因此,为了保障被调查人的权利,应当允许被调查人对鉴定意见提出异议。被调查人或者相关单位、人员知晓鉴定意见后,有权申请补充或重新鉴定。该项权利可以视为对被调查对象的救济。对于补充鉴定和重新鉴定的具体情形,《监察法实施条例》第 180、181 条作出了规定。

本条第 3 款规定了对鉴定意见告知情况制作笔录的要求。为充分保障被调查人及相关单位、人员的知情权、参与权和监督权,对鉴定意见告知情况可以制作笔录,以备相关需要。需要注意的是,本条例对鉴定意见告知情况是否制作笔录的用词是"可以",而不是"应当",所以监察机关对鉴定意见告知情况的笔录制作有一定的主观裁量权。在制作该笔录过程中,监察机关需要在笔录中载明告知内容和被告知人的意见等。

### 关联法条

《最高人民法院关于适用〈中华人民共和国刑事诉讼法〉的解释》第 97—99 条。

> **第一百八十条** 经审查具有下列情形之一的,应当补充鉴定:
> (一)鉴定内容有明显遗漏的;
> (二)发现新的有鉴定意义的证物的;
> (三)对鉴定证物有新的鉴定要求的;
> (四)鉴定意见不完整,委托事项无法确定的;
> (五)其他需要补充鉴定的情形。

### 条文主旨

本条是关于补充鉴定情形的规定。

### 条文解读

补充鉴定是指为使鉴定意见更加充实完善,而在原鉴定的基础上对案件中某些遗漏的专门性问题进行鉴别和判断并得出结论的一种活动。补充鉴定的认定需要经过监察机关的相关审查,经过审查监察机关认定需要补充鉴定的,才能启动补充鉴定程序。根据本条的规定,应当补充鉴定的情形包括下列5种:一是鉴定内容有明显遗漏的;二是发现新的有鉴定意义的证物的;三是对鉴定证物有新的鉴定要求的;四是鉴定意见不完整,委托事项无法确定的;五是其他需要补充鉴定的情形。补充鉴定既可以是调查人员对鉴定意见进行审查,认为有必要补充鉴定;也可以是被调查人对鉴定意见有异议,申请补充鉴定并经监察机关审批同意。

### 实务难点指引

需要补充鉴定的,是应当另行确定鉴定机构和鉴定人,还是可以保持原来的鉴定机构和鉴定人不变?《监察法实施条例》第180条并没有明确规定补充鉴定是否应当另行确定鉴定机构和鉴定人,但第181条规定了重新鉴定的情况下,应当另行确定鉴定机构和鉴定人。我们认为,在监察机关认为需要补充鉴定的情形下,可以保持原来的鉴定机构和鉴定人不变。事实上,补充鉴定的目的在于弥补原鉴定意见的不足,从而保证鉴定意见的全面性和客观性。鉴定人员和鉴定机构是否更换并不会影响补充鉴定的鉴定结果和鉴定目的,所以可以由原鉴定机构和鉴定人进行补充鉴定的工作。

> **第一百八十一条** 经审查具有下列情形之一的,应当重新鉴定:
> (一)鉴定程序违法或者违反相关专业技术要求的;
> (二)鉴定机构、鉴定人不具备鉴定资质和条件的;
> (三)鉴定人故意作出虚假鉴定或者违反回避规定的;
> (四)鉴定意见依据明显不足的;
> (五)检材虚假或者被损坏的;
> (六)其他应当重新鉴定的情形。
> 决定重新鉴定的,应当另行确定鉴定机构和鉴定人。

### 条文主旨

本条是关于重新鉴定情形的规定。

### 条文解读

重新鉴定是监察机关经过审查后认为原鉴定意见难以采信时,委托原鉴定人以外的鉴定机构和鉴定人对同一专门性问题进行再次鉴定的行为。重新鉴定是我国鉴定救济的一种非常重要的途径,它在发现案件事实真相、维护当事人合法权益等方面发挥着重要的作用。在我国目前的刑事司法实践中,重新鉴定的启动频率较高,在某种程度上更正了错误的鉴定意见,保障了当事人合法的诉讼权利。

本条第1款分为6项,分别规定了重新鉴定的6种情形。启动重新鉴定程序的主体是监察机关,监察机关启动重新鉴定程序需要经过事先审查。经审查具有下列情形之一的,应当重新鉴定:一是鉴定程序违法或者违反相关专业技术要求的;二是鉴定机构、鉴定人不具备鉴定资质和条件的;三是鉴定人故意作出虚假鉴定或者违反回避规定的;四是鉴定意见依据明显不足的;五是检材虚假或者被损坏的;六是其他应当重新鉴定的情形。

本条第2款规定了重新鉴定中对于鉴定人和鉴定机构的要求。监察机关决定重新鉴定的,应当进行审查。为了保证重新鉴定结果的客观性、公正性和权威性,监察机关决定重新鉴定的,应当另行确定鉴定机构和鉴定人。

### 实务难点指引

鉴定机构社会化后,鉴定意见不客观、不公正的现象时有发生,申请重新鉴定的比例有上涨的趋势。加之在我国的鉴定实践中,行使重新鉴定申请权并无限制,导致同一问题反复鉴定,鉴定意见之间的矛盾不仅无法排除,而且愈发复杂。这种多头鉴定、重复鉴定问题,同样严重影响了鉴定的客观性、科学性和权威性,在一定程度上影响了司法公正,也浪费了相当多的鉴定资源。如何规范重新鉴定程序,防止重复鉴定浪费司法资源、造成诉讼拖延是一个复杂的课题。实务中,我国现行法律法规及相关司法解释对重新鉴定的次数限制问题并不明确。反复鉴定是当前鉴定体制诸多弊端的集中体现。申请重新鉴定是当事人的合法权益,也是法律规定的正当程序,但是为了查明案件事实而无限制地启动重新鉴定程序是不妥当的。无限制的重新鉴定,容易造成案件久拖不决,给当事人带来诉累,不仅损害了鉴定结果的客观性、科学性和权威性,也极大地损害了国家法律的严肃性。我们认为,监察机关在审查重新鉴定的前提条件时,应适当限制重新鉴定的次数,在保障监察鉴定的客观性、公正性和权威性,维护被调查人合法权利的同时,对于多次重新鉴定而久拖不决的现象也应当坚决制止,提高办案效率。

**第一百八十二条** 因无鉴定机构,或者根据法律法规等规定,监察机关可以指派、聘请具有专门知识的人就案件的专门性问题出具报告。

### 条文主旨

本条是关于就专门性问题出具报告的规定。

### 条文解读

根据《全国人民代表大会常务委员会关于司法鉴定管理问题的决定》的规定,国家对鉴定人和鉴定机构实行登记管理制度,鉴定业务主要包括法医类鉴定、物证类鉴定、声像资料鉴定。然而,现实中的专业性问题层出不穷,司法鉴定的范围却非常有限,无法一一涵盖。此时,允许具有专门知识的人出具报告已不仅仅是应急之策,而是已成为常态。[①] 正因如此,《最高人民法院关于适用〈中华人民共和国刑事诉讼法〉的解释》第 100 条第 1 款明确规定,"因无鉴定机构,或者根据法律、司法解释的规定,指派、聘请有专门知识的人就案件的专门性问题出具的报告,可以作为证据使用"。相应地,《监察法实施条例》第 182 条也作出类似的规定。需要注意的是,尽管此处的

---

[①] 参见姜启波、周加海等:《〈关于适用刑事诉讼法的解释〉的理解与适用》,载《人民司法》2021 年第 7 期。

"出具报告"有异于"出具鉴定意见",但考虑到这些报告亦可作为证据使用,因此,无论是监察机关指派、聘请具有专门知识的人出具报告,还是具有专门知识的人就案件的专门性问题出具报告,都应参照《监察法》和《监察法实施条例》有关鉴定的规定。

### 关联法条

《最高人民法院关于适用〈中华人民共和国刑事诉讼法〉的解释》第100条。

## 第十六节 技 术 调 查

> **第一百八十三条** 监察机关根据调查涉嫌重大贪污贿赂等职务犯罪需要,依照规定的权限和程序报经批准,可以依法采取技术调查措施,按照规定交公安机关或者国家有关执法机关依法执行。

### 条文主旨

本条是关于采取技术调查措施的总体规定。

### 条文解读

职务犯罪通常具有高智能性、高隐蔽性的特点,常规调查手段往往力有不逮,此时就需要借助技术调查措施。技术调查措施,是指利用现代科技手段,秘密收集、获取犯罪证据的各种调查措施的总称,一般包括电话监听、电子监控、秘密拍照或录像、邮件检查等方式。因为技术调查措施的技术性、隐蔽性特点,会在一定程度上侵害被调查对象的隐私权,所以需要在打击职务犯罪与保障合法权益之间保持恰当平衡。对此,本条明确了监察机关在重大职务犯罪中经由严格审批,获得与公安机关"技术侦查"相一致的"技术调查"权限。[1]

本条主要规定了三个方面的问题:第一,唯有针对"涉嫌重大贪污贿赂等职务犯罪",监察机关才可以采取技术调查措施。至于何为"重大贪污贿赂等职务犯罪",《监察法实施条例》第323条第2款进行了列举式的规定。第二,监察机关采取技术调查措施必须依照规定的权限和程序报经批准。对同级党委管理的正职领导干部采取技术调查措施,在履行纪检监察机关和党委政法委批准手续基础上,应当报同级党

---

[1] 参见秦前红主编:《〈中华人民共和国监察法〉解读与适用》,法律出版社2025年版,第128-129页。

委主要负责人审批。其中,省级以下监察机关采取技术调查措施,还应当报上一级监察机关批准。第三,技术调查措施应当按照规定交公安机关或者国家有关执法机关依法执行。技术调查措施对专业性具有一定要求,需要专门的工具和技能,交由有关机关执行,可以保证技术调查工作的顺利进行,也有助于保护公民的隐私权、个人信息权等。同时,也可以通过机关之间的配合、制约,来规范技术调查措施的使用。

### 关联法条

《监察法》第 31 条;《监察法实施条例》第 323 条。

> 第一百八十四条　依法采取技术调查措施的,监察机关应当出具《采取技术调查措施委托函》《采取技术调查措施决定书》和《采取技术调查措施适用对象情况表》,送交有关机关执行。其中,设区的市级以下监察机关委托有关执行机关采取技术调查措施,还应当提供《立案决定书》。

### 条文主旨

本条是关于技术调查措施文书的规定。

### 条文解读

当监察机关依法采取技术调查措施时,必须向执行机关提供《采取技术调查措施委托函》、《采取技术调查措施决定书》和《采取技术调查措施适用对象情况表》。这些文书分别承担着不同的功能和作用:《采取技术调查措施委托函》是以监察机关名义向执行机关发出、委托执行机关采取技术调查措施的函件,函件应记载采取技术调查措施的种类、适用对象、期限等基本信息。《采取技术调查措施决定书》是监察机关经报批程序后签发的决定文书,应记载采取技术调查措施的事由、原因、种类、适用对象、期限、签发日期等基本信息。《采取技术调查措施决定书》是开展技术调查措施的直接依据和核心文件,其签发日期是技术调查措施期限的起算之日。《采取技术调查措施适用对象情况表》是监察机关制作的情况说明文件,应记载技术调查措施适用对象的基本情况,包括适用对象的姓名、出生年月、身份证件、住址等信息。

在设区的市级以下监察机关委托有关执行机关采取技术调查措施时,除了上述三种文书外,还应当提供《立案决定书》。这是因为根据《监察法实施条例》第 59 条第 1 款的规定,设区的市级以下监察机关在初步核实中不得采取技术调查措施,这意味着技术调查措施只能在立案后使用。因此,提供《立案决定书》是证明案件已经进入调查阶段的重要文件,进一步证明案件的严重性和调查的必要性,为采取技术调查措施提供更充分的依据。

**关联法条**

《监察法》第 31 条;《监察法实施条例》第 59 条第 1 款。

---

**第一百八十五条** 技术调查措施的期限按照监察法的规定执行,期限届满前未办理延期手续的,到期自动解除。

对于不需要继续采取技术调查措施的,监察机关应当按规定及时报批,将《解除技术调查措施决定书》送交有关机关执行。

需要依法变更技术调查措施种类或者增加适用对象的,监察机关应当重新办理报批和委托手续,依法送交有关机关执行。

---

**条文主旨**

本条是关于技术调查措施期限、解除和变更的规定。

**条文解读**

1. 技术调查措施的期限

根据《监察法》第 31 条第 2 款的规定,技术调查措施的期限自批准决定签发之日起 3 个月内有效;对于复杂、疑难案件,期限届满仍有必要继续采取技术调查措施的,经过批准可以延长,每次不得超过 3 个月。期限届满前未办理延期手续的,到期自动解除。这一期限的设定,是基于职务犯罪调查的复杂性和紧迫性的考量。一方面,职务犯罪往往涉及大量的证据收集和事实查证工作,调查过程较为复杂,需要给予监察机关一定的时间来开展工作,因此设定了 3 个月的有效期;另一方面,这一期限也体现了对调查效率的要求,防止调查工作无限期拖延,避免因调查时间过长对被调查人生活和工作造成不必要的影响。

2. 技术调查措施的解除程序

当监察机关发现不需要继续采取技术调查措施时,应按照规定及时报批。这体现了对权力行使的严格限制,防止技术调查措施的无端延续,保护公民合法权益。经报批后,监察机关需将《解除技术调查措施决定书》送交有关机关执行,确保技术调查措施及时终止，防止对被调查对象造成不必要的干扰和影响。解除程序的设计一方面对监察机关的权力进行了有效制约。监察机关在采取技术调查措施后，不能随意决定是否继续实施该措施，而是必须根据案件调查的实际情况进行判断。只有在确实不需要继续采取技术调查措施的情况下，才能启动解除程序。另一方面，这也是对公民合法权益的重要保障。技术调查措施往往会对被调查对象的隐私权、通信秘密等基本权利产生一定影响。及时解除不必要的技术调查措施，可以最大限度地减少对被调查对象正常生活和工作的干扰，保护其合法权利不受侵犯。

3. 技术调查措施的变更程序

技术调查措施的种类和适用对象可能随着案件调查的深入而需要调整。原有的技术调查措施可能不再适用，或者需要增加新的适用对象来进一步挖掘案件线索。然而，变更技术调查措施涉及对公民权利的新一轮限制，因此这种变更必须重新办理报批和委托手续。报批过程中，监察机关需要对变更的必要性和合理性进行详细说明，包括变更的原因、预期目标以及对案件调查的促进作用等；然后依法送交有关机关执行，以确保技术调查措施的合法性和针对性，避免因措施不当而影响调查效果或侵犯公民合法权利。这一程序要求体现了对技术调查措施的动态管理和严格规范，保障了技术调查措施在法治轨道上根据案件实际情况灵活调整。

**关联法条**

《监察法》第 31 条。

---

**第一百八十六条** 对于采取技术调查措施收集的信息和材料，依法需要作为刑事诉讼证据使用的，监察机关应当按规定报批，出具《调取技术调查证据材料通知书》向有关执行机关调取。

对于采取技术调查措施收集的物证、书证及其他证据材料，监察机关应当制作书面说明，写明获取证据的时间、地点、数量、特征以及采取技术调查措施的批准机关、种类等。调查人员应当在书面说明上签名。

对于采取技术调查措施获取的证据材料，如果使用该证据材料可能危及有关人员的人身安全，或者可能产生其他严重后果的，应当采取不暴露有关人员身份、技术方法等保护措施。必要时，可以建议由审判人员在庭外进行核实。

### 条文主旨

本条是关于采取技术调查措施获取证据材料的规定。

### 条文解读

根据本条第1款的规定,监察机关想要将采取技术调查措施收集的信息和材料作为刑事诉讼证据使用的,应当按规定报批并向执行机关出具《调取技术调查证据材料通知书》,这是关于监察机关将采取技术调查措施所获材料作为刑事诉讼证据使用的程序要求。该规定旨在确保采取技术调查措施所获材料能够合法、有效地转化为刑事诉讼证据,并且为监察机关与司法机关之间的证据衔接提供了规范化的操作流程,避免因程序瑕疵导致证据被排除,确保刑事诉讼的顺利进行。

根据本条第2款的规定,对于采取技术调查措施收集的物证、书证及其他证据材料,监察机关应当按要求进行相应的处理。具体来说,监察机关应当制作书面说明,详细记录获取证据的时间、地点、数量、特征以及采取技术调查措施的批准机关和种类等信息,并由调查人员签名。该规定旨在确保采取技术调查措施获取证据的合法性和可追溯性。通过制作书面说明,详细记录证据的获取过程和相关信息,有助于在后续的司法程序中证明证据的来源和合法性;而调查人员的签名则进一步增强了证据的可信度,确保调查过程的真实性和透明度。

根据本条第3款的规定,监察机关应当对技术调查人员提供保护措施。如果使用通过技术调查措施获得的证据材料可能危及有关人员的人身安全,或者可能产生其他严重后果的,应当采取不暴露有关人员身份、技术方法等保护措施;必要时,可以建议由审判人员在庭外进行核实。该规定体现的是对相关人员安全和权益的保护。技术调查措施获取的证据可能涉及线人、证人或其他合作人员的身份信息,使用这些证据可能使相关人员面临安全威胁。因此,该条规定采取保护措施是为了避免相关人员因证据的使用而受到伤害。

### 关联法条

《最高人民法院关于适用〈中华人民共和国刑事诉讼法〉的解释》第116—122条。

**第一百八十七条** 调查人员对采取技术调查措施过程中知悉的国家秘密、工作秘密、商业秘密、个人隐私和个人信息,应当严格保密。

> 采取技术调查措施获取的证据、线索及其他有关材料,只能用于对违法犯罪的调查、起诉和审判,不得用于其他用途。
> 对采取技术调查措施获取的与案件无关的材料,应当经审批及时销毁。对销毁情况应当制作记录,由调查人员签名。

### 条文主旨

本条是关于采取技术调查措施时的保密义务的规定。

### 条文解读

本条第 1 款规定的是调查人员在技术调查过程中对各类敏感信息的保密义务。对采取技术调查措施过程中知悉的国家秘密、工作秘密、商业秘密、个人隐私和个人信息,调查人员应当严格保密。调查人员的保密义务是平衡调查权力行使与权利保护的关键环节。除了考虑到调查过程中对公民信息权、隐私权的侵害以外,保密义务也是确保调查实效的关键。因为社会公众愿意配合监察机关的调查,很大程度上正是基于对监察机关能够妥善保管和使用其信息的信任。只有在确保信息保密的前提下,技术调查措施才能被公众接受和信任,调查人员也才能顺利开展调查。

本条第 2 款规定的是对采取技术调查措施所获材料的用途限定,确保这些材料的使用符合法定目的。采取技术调查措施获取的证据、线索及其他有关材料,只能用于对违法犯罪的调查、起诉和审判,不得用于其他用途。实施技术调查措施很大程度上会使公民某些权利受到限制,因此必须严格限定其用途,防止权力的滥用。将这些材料的使用范围限定在违法犯罪的调查、起诉和审判过程中,确保技术调查措施所获取的信息不会被用于其他与案件不相关的目的,从而保护公民的合法权益。

本条第 3 款规定的是对与案件无关材料的处理程序。对采取技术调查措施获取的与案件无关的材料,应当经审批及时销毁。对销毁情况应当制作记录,由调查人员签名。这体现了对权力行使的严格监督和对公民权利的保护。在技术调查过程中获取的一些与案件无关的材料如果不及时销毁,则可能会被不当利用,导致公民隐私泄露或其他不良后果。

### 关联法条

《监察法》第 31 条;《最高人民法院关于适用〈中华人民共和国刑事诉讼法〉的解释》第 116—122 条。

## 第十七节 通 缉

> **第一百八十八条** 县级以上监察机关对在逃的应当被留置人员,依法决定在本行政区域内通缉的,应当按规定报批,送交同级公安机关执行。送交执行时,应当出具《通缉决定书》,附《留置决定书》等法律文书和被通缉人员信息,以及承办单位、承办人员等有关情况。
>
> 通缉范围超出本行政区域的,应当报有决定权的上级监察机关出具《通缉决定书》,并附《留置决定书》及相关材料,送交同级公安机关执行。

### 条文主旨

本条是关于依法决定实施通缉措施和送交执行的规定。

### 条文解读

根据本条第 1 款的规定,通缉措施的适用对象是"在逃的应当被留置人员"。具体来说,通缉对象必须同时符合以下两个方面的条件:一方面,通缉对象是"在逃"的人员,即其逃避抓捕、下落不明;另一方面,通缉对象必须是"应当被留置人员",既包括被采取留置措施后逃跑的人员,也包括被留置前就已经潜逃的人员。需要注意的是,对"应当被留置人员"的判断,应以监察机关作出留置决定为前提。换言之,尽管被调查人符合《监察法》和《监察法实施条例》规定的留置情形,但若监察机关未依法作出留置决定,则不能对其采取通缉措施。

本条第 1 款还规定,监察机关采取通缉措施应当按规定报批。对已批准采取留置措施的同级党委管理的干部采取通缉措施,应报监察机关主要负责人审批;对已批准采取留置措施的同级党委管理的干部以外的人员采取通缉措施,报监察机关分管领导审批。

根据《监察法》第 32 条和本条第 1 款的规定,监察机关仅有权决定通缉,具体执行工作应由公安机关负责。在完成监察机关内部的审批手续后,监察机关应送交同级公安机关执行。送交执行时,应当出具《通缉决定书》,附《留置决定书》等法律文书和被通缉人员信息,以及承办单位、承办人员等有关情况。如果通缉范围超出本行政区域的,应根据本条第 2 款的规定,由监察机关报有决定权的上级监察机关出具《通缉决定书》,并附《留置决定书》及相关材料,送交同级公安机关执行。

## 关联法条

《监察法》第 32 条;《中国共产党纪律检查机关监督执纪工作规则》第 40 条第 1 款。

> 第一百八十九条 国家监察委员会依法需要提请公安部对在逃人员发布公安部通缉令的,应当先提请公安部采取网上追逃措施。如情况紧急,可以向公安部同时出具《通缉决定书》和《提请采取网上追逃措施函》。
>
> 省级以下监察机关报请国家监察委员会提请公安部发布公安部通缉令的,应当先提请本地公安机关采取网上追逃措施。

## 条文主旨

本条是关于公安部发布通缉令的规定。

## 条文解读

根据《公安机关办理刑事案件程序规定》第 274 条第 2 款的规定,县级以上公安机关在自己管辖的地区内,可以直接发布通缉令。"公安部通缉令"是由公安部发布的面向全国通缉在逃人员的命令,公安部对重大在逃人员实行的是"A、B 级通缉令"。

根据本条第 1 款的规定,一般情况下,国家监察委员会提请公安部采取网上追逃措施,是提请发布公安部通缉令的前置程序。根据《公安机关办理刑事案件程序规定》第 351 条第 1 款的规定,网上追逃指的是通过网上工作平台发布犯罪嫌疑人相关信息、拘留证或者逮捕证。网上追逃是公安机关内部的协作方式,仅供公安机关查询比对,对外保密。各级公安机关在申请发布"公安部通缉令"之前,被通缉人信息必须先上网,及时录入"公安部在逃人员信息数据库"。国家监察委员会提请采取网上追逃措施的,应当向公安部出具《提请采取网上追逃措施函》。当然,在一些紧急情况下,国家监察委员会可以向公安部同时出具《通缉决定书》和《提请采取网上追逃措施函》,此时便不必先提请公安部采取网上追逃措施。

本条第 2 款规定的是省级以下监察机关提请发布公安部通缉令的程序。省级以下监察机关需要提请公安部发布公安部通缉令的,应当先提请本地公安机关采取网上追逃措施,并逐级报请国家监察委员会同意,由国家监察委员会提请公安部发布。其背后的考量因素有二:一是公安部通缉令是由公安部发布的面向全国通缉在逃人员的命令,覆盖范围广泛,具有较强社会影响力。由国家监察委员会对省级以下监察机关提请发布的公安部通缉令进行审核把关,可以避免省级以下监察机关随意使用该措施。二是由国家监察委员会统一提请,有助于落实同级协作原则,避免因多头联系造成协调不畅。需要说明的是,省级以下监察机关应先由本地公安机关采取网上追逃措施,是因为网上追逃的录入权限属于县级以上公安机关,相关操作由各地公安机关完成,而并非集中在公安部层面。如将此类基础性技术操作直接上报国家监察委员会,再由其提请公安部处理,明显增加了不必要的行政成本。

### 关联法条

《监察法》第 32 条;《公安机关办理刑事案件程序规定》第 274—282、351 条。

> **第一百九十条** 监察机关接到公安机关抓获被通缉人员的通知后,应当立即核实被抓获人员身份,并在接到通知后二十四小时以内派员办理交接手续。边远或者交通不便地区,至迟不得超过三日。
>
> 公安机关在移交前,将被抓获人员送往当地监察机关留置场所临时看管的,当地监察机关应当接收,并保障临时看管期间的安全,对工作信息严格保密。
>
> 监察机关需要提请公安机关协助将被抓获人员带回的,应当按规定报批,请本地同级公安机关依法予以协助。提请协助时,应当出具《提请协助采取留置措施函》,附《留置决定书》复印件及相关材料。

### 条文主旨

本条是关于监察机关接收被抓获的被通缉人员的规定。

### 条文解读

本条第 1 款规定的是监察机关在接到公安机关抓获被通缉人员通知后的交接义务及时限要求。该规定旨在确保监察机关迅速响应、及时交接被通缉人员,防止因交接拖延而引发安全风险,及时推进监察调查工作。公安机关在抓获被通缉人员后,被通缉人员处于一种临时羁押状态,继续由公安机关看管将加重其执法负担;而且由于被通缉人员并非处于监察机关留置状态下,其权利义务尚无明确的规范,存在安全、脱逃或泄密等风险。因此,监察机关应当在接到通知后 24 小时内办理人员交接手续,边远或交通不便地区应当在 3 日内完成。

本条第 2 款规定的是在正式交接前,公安机关可将被抓获人员送往当地监察机关的留置场所临时看管。此项安排具有现实必要性:一方面公安机关不具备留置措施的实施权限,另一方面监察机关尚未完成法定的交接手续,亟须过渡性的安全管理措施。此时,抓获所在地监察机关应当树立全国监察工作"一盘棋"的协作意识,依法依规予以接收,并切实履行安全管理职责,同时严格执行保密制度。

本条第 3 款规定的是监察机关可以提请本地同级公安机关协助将被抓获人员带回的规定。监察机关不配备类似检察机关、审判机关"司法警察"性质的专业强制执行队伍,因此为保证交接顺利,将被抓获人员及时安全带回,防止被抓获人员脱逃,监察机关可以提请本地同级公安机关依法予以协助。在提请公安机关协助前,监察机关应当按规定报批。提请协助时,监察机关应当向同级公安机关出具《提请协助采取留置措施函》,并附《留置决定书》复印件及相关材料。

### 关联法条

《监察法》第 4 条第 3 款;《公安机关办理刑事案件程序规定》第 153、277 条。

> 第一百九十一条 监察机关对于被通缉人员已经归案、死亡,或者依法撤销留置决定以及发现有其他不需要继续采取通缉措施情形的,应当经审批出具《撤销通缉通知书》,送交协助采取原措施的公安机关执行。需要撤销网上追逃措施的,监察机关应当出具《撤销网上追逃通知书》,送交协助采取原措施的公安机关执行。

### 条文主旨

本条是关于撤销通缉措施的规定。

### 条文解读

本条的内容在《监察法实施条例》修订时有所调整,即在原有规定基础上新增了撤销网上追逃措施的规定。条文主要包括以下三个方面的内容。

一是撤销通缉措施的适用情形。包括三种情形:其一,被通缉人员已经归案、死亡。"归案"包括被通缉人员自动投案和被抓获两种情形。既然被通缉人员已到案,已无继续发布通缉令的必要;若该人员死亡,也当然丧失继续追捕的现实基础。两者意味着通缉目的已实现或通缉条件已消灭。此处应当注意的是,撤销通缉措施并不等同于撤销案件。根据《监察法》第55条的规定,监察机关在调查贪污贿赂、失职渎职等职务犯罪案件过程中,被调查人死亡,有必要继续调查的,应当继续调查并作出结论。如果因为腐败分子逃匿或者死亡,就放弃了对其违纪违法行为的惩治和对违法所得的处理,会严重影响人民群众对党风廉政建设和反腐败斗争工作的信心,也难以对腐败行为形成震慑。其二,监察机关依法撤销留置决定。根据《监察法》的规定,通缉措施针对的对象,是已经依法决定留置但尚未执行的在逃人员,监察机关依法撤销留置决定后,该对象即不再具备继续通缉的条件。本条规定的撤销留置与《监察法实施条例》第134条规定的解除留置措施存在区别。"撤销留置",是指留置决定作出后、在执行留置措施前,由于案件情况、拟留置对象的个人情况等发生重大变化或者有新的发现,不需要或者不适宜执行留置措施,监察机关按规定报批后将留置措施予以撤销。"解除留置",是指留置措施已经执行后,对被留置人员不需要继续采取留置措施的,监察机关按规定报批后予以解除,或者监察机关依法将案件移送起诉的,留置措施自犯罪嫌疑人被拘留时自动解除。其三,其他不需要继续采取通缉措施的情形。本条是兜底条款,需要承办机关根据具体情况进行判断、作出决定。实践中,可能出现嫌疑人已被他案羁押等情形,这些情形足以使通缉措施失去继续适用的合理基础。此时,监察机关可根据案件具体情况依法作出撤销决定。

二是撤销通缉措施的程序。监察机关决定撤销通缉措施的,应当严格履行内部审批程序,确保程序正当、材料完备。监察机关按规定报批后出具《撤销通缉通知书》,送交协助采取通缉措施的公安机关执行。公安机关收到监察机关的法律文书后,应当按规定及时撤销通缉措施。《撤销通缉通知书》应当以被通缉人员为单位制作,针对一名被通缉人员制发一份通知书。

三是撤销网上追逃措施的程序。监察机关认为有必要撤销网上追逃措施的,应当按规定出具《撤销网上追逃通知书》,送交协助采取网上追逃措施的公安机关执行。公安机关收到监察机关的法律文书后,应当按照规定及时撤销网上追逃措施,具体由其刑侦部门负责操作,将相关人员信息从全国在逃人员信息系统中予以删除或撤销录入。

**关联法条**

《公安机关办理刑事案件程序规定》第281条;《监察法》第55条。

## 第十八节　限制出境

> **第一百九十二条**　监察机关为防止被调查人及相关人员逃匿境外,按规定报批后,可以依法决定采取限制出境措施,交由移民管理机构依法执行。

**条文主旨**

本条是关于采取限制出境措施的总体规定。

**条文解读**

本条主要包括三个方面内容。

一是限制出境措施的适用对象。适用对象是可能逃匿境外的被调查人及相关人员,既包括涉嫌职务违法和职务犯罪的被调查人,也包括涉嫌行贿犯罪或共同职务犯罪的涉案人员,还包括与案件相关的其他人员。本条第一句明确指出,限制出境措施的核心目的是"防止被调查人及相关人员逃匿境外",体现出限制出境措施的预防性功能。据此,限制出境措施显然不是针对所有被调查人及相关人员,而是结合具体情况,针对那些可能逃匿境外的被调查人及相关人员。对这些人员是否可能逃匿境外的判断,应当根据案件性质、人员行为特征、外逃迹象等客观情况进行综合研判,不能主观臆断。另外需要注意的是,这里的"境外"既包括国外,也包括我国港澳台地区。

二是限制出境措施的审批。监察机关依法决定采取限制出境措施,应当按规定报批。根据《监察法》第33条的规定,监察机关采取限制出境措施,必须由省级以上监察机关批准,既不得委托给其他机关、组织和个人行使,也不能由省级以下监察机关批准。要求由较高层级的监察机关来批准,体现了所谓"宽打窄用"的原则,以此防止限制出境措施的随意使用,从而切实保护公民合法权利。同时,省级以上监察机关在决定是否批准采取限制出境措施时,应当恪守必要性的原则,不得随意扩大限制出境措施的适用范围。

三是限制出境措施的执行。监察机关依法决定采取限制出境措施的,应当交由移民管理机构依法执行。需要说明的是,对限制出境措施,《监察法》第33条规定的是交"公安机关"依法执行,而本条规定的是交"移民管理机构"依法执行。这是因为根据2018年通过的《深化党和国家机构改革方案》,我国组建了国家移民管理局,该局加挂中华人民共和国出入境管理局牌子,归口公安部管理,统一履行出入境管理与边防检查执法职责。该机构负责中国公民和外国人出入境、停留居留、难民认定、遣返移交等事务,实际上已成为公安机关中专责执行限制出境措施的职能部门。

### 关联法条

《监察法》第33、74条;《出境入境管理法》第6、11、12、59、65条;《中国共产党纪律检查机关监督执纪工作规则》第34、40条。

---

**第一百九十三条** 监察机关采取限制出境措施应当出具有关函件,与采取限制出境措施决定书等文书材料一并送交移民管理机构执行。其中,采取边控措施的,应当附《边控对象通知书》;采取法定不批准出境措施的,应当附《法定不准出境人员报备表》。

---

### 条文主旨

本条是关于限制出境措施文书的规定。

### 条文解读

监察机关依法作出限制出境决定后,应及时将《采取限制出境措施委托函》等有关函件和《采取限制出境措施决定书》等文书材料一并送交移民管理机构。文书材料的内容应当具体明确,《采取限制出境措施决定书》应列明被限制出境对象的基本信息、限制出境理由和限制出境期限等,以便移民管理机构后续执行。

"边控"是限制出境措施的一种执行方式,适用于那些已持有出境证件、可能随时出境的重点对象。根据调查工作需要,监察机关可以依法决定对应当予以限制出境的有关人员采取边控措施。决定采取边控措施的,在送交移民管理机构执行时,除出具有关函件和《采取限制出境措施决定书》外,还应当附《边控对象通知书》。需要说明的是,边控措施适用于已经获得有效出境证件的人员,控制对象包括中国公民、持有效签证的外国人以及无国籍人士。其中,监察机关要求扣留边控对象的,应当向移民管理机构提供留置决定书。被扣留人员为涉嫌职务犯罪被通缉人员的,还应当提供通缉决定书。

与"边控"不同,"法定不批准出境"主要针对尚未取得出境证照的中国公民。其核心是通过行政审批环节限制其获得出境许可,从源头上阻断其出逃可能。具体而言,中国公民若申请护照或其他出境证件,需经公安机关出入境管理机构审查。根据调查工作需要,监察机关可以依法决定对应当予以限制出境的有关人员采取法定不批准出境措施。决定采取法定不批准出境措施的,在送交移民管理机构执行时,除了出具有关函件和《采取限制出境措施决定书》外,还应当附《法定不准出境人员报备表》。

### 关联法条

《出境入境管理法》第 6、11、12、59、60、65 条;《护照法》第 6、13 条;《出境入境边防检查条例》第 8 条;《中国公民往来台湾地区管理办法》第 12 条;《中国公民因私事往来香港地区或者澳门地区的暂行管理办法》第 13 条;《中国共产党纪律检查机关监督执纪工作规则》第 34 条。

---

**第一百九十四条** 限制出境措施有效期不超过三个月,到期自动解除。

到期后仍有必要继续采取边控措施的,应当按原程序报批。承办部门应当出具有关函件,在到期前与《延长限制出境措施期限决定书》一并送交移民管理机构执行。延长期限每次不得超过三个月。

到期后仍有必要继续采取法定不批准出境措施的,应当在报备期满三日前按规定再次办理法定不批准出境人员报备手续。

---

### 条文主旨

本条是关于限制出境措施期限及其延长的规定。

### 条文解读

较之于修改前的《监察法实施条例》,本条对限制出境措施的延长期限及程序进行了更加明确和细化的规定,将"边控措施"和"法定不批准出境措施"在延长期限程序上予以区分,分别设定操作规范。

本条第 1 款规定的是限制出境措施的一般期限,包括两点要求:一是限制出境措施有效期不超过 3 个月。二是限制出境措施到期后自动解除。到期自动解除,意味着监察机关无须另行出具解除文书或通知执行机关。

本条第 2 款规定的是边控措施的期限延长,包括两点要求:一是监察机关在边控措施到期后认为有必要继续采取边控措施的,应当按照原程序报批。延长期限每次不得超过 3 个月。"按原程序报批"是指按照《监察法实施条例》第 192、193 条的决定采取限制出境措施的程序报批。二是经批准后,监察机关承办部门应当出具有关函件,在措施到期前与《延长限制出境措施期限决定书》《边控对象通知书》等文书材料一并送交移民管理机构执行。经批准延长后,监察机关承办部门应当在原边控措施有效期届满前,向移民管理机构提交有关函件以及《延长限制出境措施期限决定书》。应当注意的是,这里的"到期后仍有必要继续采取边控措施"并不意味着措施可在到期后再予延续,而是指监察机关在现行措施尚未届满时作出判断,认为到期后依然存在限制出境的客观需要,故应提前完成报批及送达手续。若未在原期限届满前完成手续,边控措施即自动失效,后续应重新启动限制出境措施的程序。

本条第 3 款规定的是法定不批准出境措施的延长。监察机关在法定不批准出境措施届满前认为法定不批准出境措施届满后仍有必要继续采取该措施的,应在原措施报备到期前 3 日内再次办理相关手续,确保报备连续不中断。续报时,应首先由省级以上监察机关审批,审批通过后监察机关应根据《监察法实施条例》第 192 条的规定,向移民管理机构出具正式函件、重新出具的《采取限制出境措施决定书》等文书材料,并附送《法定不准出境人员报备表》。同时,本条未另设延长时限标准,延续适用本条第 1 款关于"不超过三个月"的规定。

### 关联法条

《出境入境管理法》第 6、11、12、59、60、65 条;《出境入境边防检查条例》第 8 条。

---

**第一百九十五条** 监察机关接到口岸移民管理机构查获被决定采取留置措施的边控对象的通知后,应当于二十四小时以内到达口岸办理移交手续。无法及时到达的,应当委托当地监察机关及时前往口岸办理移交手续。当地监察机关应当予以协助。

---

### 条文主旨

本条是关于移交被决定采取留置措施的边控对象的规定。

### 条文解读

本条主要包括两个方面内容:一是当口岸移民管理机构查获被决定采取留置措施的边控对象时,监察机关应当在接到通知后的 24 小时内到达口岸,依法及时办理移交手续。边控对象往往涉及重大职务违法或职务犯罪案件,监察机关尽快带回相关人员,有利于迅速开展后续调查工作,防止串供毁证等情形的发生,也有利于保证边控对象的安全。另外,口岸移民管理机构并非专责看管机关,监察机关及时接收可有效减轻其看管压力。二是明确监察机关无法及时到达口岸时委托办理移交手续的要求。在一些边远、交通不便地区,决定采取边控措施的监察机关如确因客观原因无法在规定时限内抵达口岸的,应当依法委托口岸所在地监察机关代为办理移交手续。此类情形下,监察机关对委托并无选择余地,"应当"委托而非"可以"委托,具有强制性。受委托的当地监察机关应当重视此项工作,牢固树立全局意识,积极配合、主动履责,确保移交过程依法、安全、顺利进行。

> **第一百九十六条** 对于不需要继续采取限制出境措施的,应当按规定报批,及时予以解除。承办部门应当出具有关函件,与《解除限制出境措施决定书》一并送交移民管理机构执行。

### 条文主旨

本条是关于解除限制出境措施的规定。

### 条文解读

限制出境是一项具有较强约束性的临时性控制措施,只有在被调查人或相关人员存在逃匿境外风险的情况下,方可依法采取。限制出境措施的解除一般有两种:一是自动解除。根据《监察法实施条例》第194条第1款规定,限制出境措施有效期不超过3个月,到期自动解除。二是批准解除。随着案件进展,被调查人已无逃匿可能,或者案件已审查终结、移送处理,继续采取限制出境措施已无必要的,应当依法及时解除,解除限制出境措施应当按照规定履行报批程序。监察机关在依法作出解除决定后,承办部门应当及时向移民管理机构出具有关函件,并随附《解除限制出境措施决定书》。移民管理机构据此更新相关控制信息,撤销边控或不批准出境的限制措施。

### 关联法条

《监察法》第33条。

> **第一百九十七条** 县级以上监察机关在重要紧急情况下,经审批可以依法直接向口岸所在地口岸移民管理机构提请办理临时限制出境措施,期限不超过七日,不能延期。

**条文主旨**

本条是关于临时限制出境措施的规定。

**条文解读**

假若遇到紧急突发情况,为避免被调查人及相关人员出逃,本条明确了临时限制出境措施。采取该措施应注意以下问题:一是临时限制出境措施的适用条件。临时限制出境措施是特殊规定,一般情况下不得采取该措施。只有遇到重要紧急情况,经审批后,才能提请口岸移民管理机构采取该措施。二是临时限制出境措施的主体。临时限制出境措施的提请主体是县级以上监察机关,执行主体是口岸所在地的口岸移民管理机构。与正式限制出境措施不同,临时限制出境为应急性操作,监察机关可以在审批通过后直接向口岸移民管理机构提出采取临时限制出境措施的请求,无须通过其他机关办理,以保障快速采取控制措施,防止被调查人及相关人员出逃行为的发生。三是临时限制出境措施的期限。为防止临时限制出境措施滥用或异化为变相的长期限制手段,本条明确规定其有效期限不得超过7日,且不得延期。在临时限制出境措施期限届满之前,如确有必要继续限制出境,应当由监察机关依照正式程序报批,依法采取《监察法》和《监察法实施条例》规定的正式限制出境措施。

# 第五章 监察程序

## 第一节 线索处置

> **第一百九十八条** 监察机关应当对问题线索归口受理、集中管理、分类处置、定期清理。

**条文主旨**

本条是关于问题线索处置的总体规定。

**条文解读**

在相当长的时间内,"问题线索是被称为案件线索的。案件线索改称反映领导干部问题线索,都不仅仅是称谓的变化,而是内涵的深化,体现了职能的转变"[1]。对反映公职人员涉嫌职务违法犯罪的问题线索进行处置,既是监察机关监督执法工作的重要工作内容和抓手,也是监察机关开展工作的基础和前提。本条对问题线索的处置作出了总体性规定。

对问题线索归口受理,是为了避免重复受理、多头受理或者无人受理。《监察法实施条例》第202条规定了问题线索归口受理机制,确立了信访举报、案件监督管理、监督检查、调查等部门分工负责的体制。其中,信访举报部门归口受理本机关管辖监察对象涉嫌职务违法和职务犯罪问题的检举控告,统一接收有关监察机关以及其他单位移送的相关检举控告。案件监督管理部门统一接收巡视巡察机构和审计机关、执法机关、司法机关等其他机关移送的职务违法和职务犯罪问题线索。

对问题线索集中管理,既要求案件监督管理部门对问题线索实行集中管理、动态

---

[1] 王岐山:《全面从严治党 把纪律挺在前面 忠诚履行党章赋予的神圣职责——在中国共产党第十八届中央纪律检查委员会第六次全体会议上的工作报告》,载《中国纪检监察》2016年第2期。

更新,定期汇总、核对问题线索及处置情况;亦要求问题线索承办部门指定专人负责管理线索,逐件编号登记、建立管理台账。

对问题线索分类处置,是为了精准高效处置好问题线索。当前,问题线索处置方式主要有适当了解、谈话函询、初步核实、暂存待查、予以了结等。针对不同的问题线索,监察机关应当采取相应的处置方式。例如,线索反映的问题具有一定的可查性,但由于时机尚未成熟等,可以暂存待查的方式处置问题线索。

对问题线索定期清理,是指监察机关有关部门按程序报批后,定期对其管理的问题线索进行清查和梳理,适时掌握问题线索流转和处置情况。[①] 中央纪委曾印发《纪检监察机关问题线索管理办法》,对问题线索归口受理、集中管理、分类处置、及时办理、定期清理、安全保密等各项工作提出了具体要求,推动纪检监察机关有关部门在问题线索管理工作中各司其职、相互协调、相互制约,进一步健全内控机制。[②]

### 关联法条

《监察法》第39—41、74条;《公职人员政务处分法》第63条第1项;《监察官法》第52条第3项;《中国共产党纪律检查委员会工作条例》第35、36、53条;《中国共产党纪律检查机关监督执纪工作规则》第8、11、20—25条;《纪检监察机关处理检举控告工作规则》第6、54条;《纪检监察机关派驻机构工作规则》第37条。

> **第一百九十九条** 监察机关对于报案或者举报应当依法接受。属于本级监察机关管辖的,依法予以受理;属于其他监察机关管辖的,应当在五个工作日以内予以转送。
>
> 监察机关可以向下级监察机关发函交办检举控告,并进行督办,下级监察机关应当按期回复办理结果。

### 条文主旨

本条是关于接受报案或者举报的规定。

---

[①] 参见中共中央纪律检查委员会中华人民共和国国家监察委员会法规室编写:《〈中华人民共和国监察法实施条例〉释义》,中国方正出版社2022年版,第270页。

[②] 王卓:《中央纪委印发〈纪检监察机关问题线索管理办法〉构建上下贯通的问题线索管理体系》,载中央纪委国家监委网2022年8月30日,https://www.ccdi.gov.cn/toutiaon/202208/t20220830_214449_m.html。

### 条文解读

根据《监察法》第38条的规定，监察机关对于报案或者举报，应当接受并按照有关规定处理。对于不属于本机关管辖的，应当移送主管机关处理。《监察法实施条例》第199条对接受报案或者举报作出了细化规定，主要包括以下三方面的内容。

首先是明确了监察机关对于报案或者举报有接受的义务。"报案"和"举报"存在一定的差异，所谓报案指的是有关单位或者个人（包括案件当事人）在发现职务违法或职务犯罪事实，但嫌疑人不明之时，向纪检监察机关揭露和报告的行为。而举报指的是案件当事人以外的有关单位将其发现的事实以及职务犯罪或职务违法嫌疑人向纪检监察机关揭发报告的行为。两者的主要不同之处在于：报案的主体包括案件的被害人而且主要是案件的被害人，而举报的主体是案外的单位和个人；并且，举报所提供的信息往往更加具体明确。[1]

其次是对于报案或举报的处理。第一，对于属于本级监察机关管辖的，依法予以受理，这是"本级监察机关"的职责所在。不同监察机关的职权存在差异，对于属于法定的由本级监察机关管辖的问题线索，相应的监察机关必须受理。第二，对于不属于本监察机关管辖的，应当在5个工作日内予以转送。监察机关在管理权限和属地管辖方面的职权受到了较为严格的限制，如报案人将甲市的有关案件举报给乙市的监察机关，此时就不属于乙市地域管辖的范围。为方便人民群众和有关单位报案、举报，对于不属于本监察机关管辖的，监察机关不可推脱，而应当在5个工作日内转送。这一规定的目的在于最大限度地方便人民群众，只要发现公职人员涉嫌职务违法或者职务犯罪，就可以向任何一个级别的监察机关报案或者举报，而不论举报或者报案是否"对口"。

最后是监察机关可以向下级监察机关发函交办检举控告，并进行督办。《宪法》第125条第2款规定："国家监察委员会领导地方各级监察委员会的工作，上级监察委员会领导下级监察委员会的工作。"可见，监察机关内部是领导与被领导的关系，也就是作为最高监察机关的国家监察委员会领导地方各级监察委员会的工作，上级监察委员会领导下级监察委员会的工作。监察机关采取这种领导体制的目的是保证党对反腐败工作的集中统一领导，确保下级监察机关对上级监察机关的服从。在此领导体制之下，上级监察机关可以向下级监察机关交办检举控告案件，并对相关情况进行督办。同时，为保障下级监察机关办理检举控告的速度和及时处理疑难问题，下级

---

[1] 参见樊崇义主编：《刑事诉讼法学》（第5版），法律出版社2020年版，第328－329页。

监察机关应当按期向上级监察机关回复办理结果。

> **关联法条**

《监察法》第 38 条;《中国共产党纪律检查机关监督执纪工作规则》第 20 条;《纪检监察机关处理检举控告工作规则》第 7—23 条。

**第二百条** 对于涉嫌职务违法或者职务犯罪的公职人员自动投案的,应当依法接待和办理。

> **条文主旨**

本条是关于办理公职人员自动投案的规定。

> **条文解读**

党的十八大以来,在反腐败高压态势的强大震慑之下,以及受到"坦白从宽"政策的感召,愈来愈多涉嫌职务违法或者职务犯罪的公职人员选择自动投案。自动投案是指涉嫌严重职务违法或者职务犯罪的公职人员,在主观方面表现为认识到自己的行为构成职务违法或者职务犯罪,并愿意接受法律的制裁,对自己的行为表现出悔意,体现了嫌疑人改过自新的善意;在客观上表现为嫌疑人存在主动向监察机关等国家机关投案的行为。

对于自动投案的公职人员,监察机关应当依法接待和办理。具体来说,监察机关的信访举报、监督检查、审查调查等部门,应根据职责分工接待自动投案人员。有关人员向纪检监察机关信访举报、监督检查、审查调查等部门自动投案的,上述部门应当立即安排两名以上工作人员接待,核实其身份信息,简要了解拟交代的问题、投案事由等,做好简要记录,并向本监察机关相关负责人报告。其中,信访举报部门接待自动投案人后,认为其交代的问题属于本监察机关管辖的,报本监察机关相关负责人批准后,通知相关部门接管自动投案人。

> **实务难点指引**

在 2021 年 9 月公布的《监察法实施条例》中,第 170 条规定的是"对于涉嫌职务违法或者职务犯罪的公职人员主动投案的,应当依法接待和办理"。2025 年修改的《监察法实施条例》则在第 200 条规定,"对于涉嫌职务违法或者职务犯罪的公职人员自动投案的,应当依法接待和办理"。自动投案与主动投案虽是一字之差,但在内涵上有着较大区别。特别是根据《刑法》第67条第1款的规定,犯罪以后自动投案,如实供述自己的罪行的,是自首。对于自首的犯罪分子,可以从轻或者减轻处罚。其中,犯罪较轻的,可以免除处罚。因此,唯有仔细甄别自动投案与主动投案,才能实现监察调查与刑事司法的有机衔接,准确认定自首,公正高效地处理职务犯罪案件。监察机关在出具到案经过时,应当客观表述被调查人的到案情形,为司法机关将来依法认定被告人的到案经过、认罪态度等量刑情节提供有力支撑。对于投案的被调查人,纪检监察机关表述为"主动投案"、积极配合审查调查即可,不宜代替司法机关提前认定"投案自首"。[1]

### 关联法条

《监察法》第25、34条;《刑法》第67条;《中国共产党纪律检查机关监督执纪工作规则》第3条第3项。

---

**第二百零一条** 监察机关对于执法机关、司法机关等其他机关移送的问题线索,应当及时审核,并按照下列方式办理:

(一)本单位有管辖权的,及时研究提出处置意见;

(二)本单位没有管辖权但其他监察机关有管辖权的,在五个工作日以内转送有管辖权的监察机关;

(三)本单位对部分问题线索有管辖权的,对有管辖权的部分提出处置意见,并及时将其他问题线索转送有管辖权的机关;

(四)监察机关没有管辖权的,及时退回移送机关。

---

### 条文主旨

本条是关于办理其他机关移送问题线索的规定。

### 条文解读

监察过程中线索来源具有多样性,不仅包括监察机关自己发现的线索、人民群众和有关单位报案举报,还包括其他机关在履行职务过程中发现的线索。《监察法》规

---

[1] 参见唐玉迪:《主动投案等于自首吗》,载《中国纪检监察》2020年第12期。

定,人民法院、人民检察院、公安机关、审计机关等国家机关在工作中发现公职人员涉嫌职务违法犯罪线索的,应当移送监察机关,由监察机关依法调查处置。如此规定,在于发挥不同的国家机关的作用,在反腐败过程中形成合力。监察机关对于执法机关、司法机关等其他机关移送的问题线索,应当及时审核,这有助于明确监察机关的职权,避免在反腐败过程中出现推诿和争执。

第一,如果其他机关移送的问题线索属于本监察机关管辖的范围,则应当及时研究提出处置意见。《监察法》规定了监察机关管辖原则,即不同机关按照监察管理权限管辖本辖区内的监察事项,对于其他机关移送的问题线索,相关监察机关应当及时研究并提出监察意见。在法定期限内办理问题线索是法治的要求,对于相关问题不能久拖不决,否则会影响反腐败的进行和相关人员权利的保障。虽然《监察法》和本条例并未规定具体的期限,但相关监察机关也应当在合理的期限内及时研究并提出监察意见。

第二,如果受移送的监察机关对问题线索并无管辖权,但其他监察机关有管辖权的,应当在5个工作日内移送有管辖权的监察机关。不同机关之间分工不同,执法机关、司法机关等可能难以完全了解不同监察机关的管辖权之别,其移送可能存在"偏差"。对此,受移送的监察机关不可推诿,也应当接受,认定自己无管辖权但其他监察机关有管辖权的,应在5个工作日内转送有管辖权的监察机关。

第三,受移送的监察机关如果对受移送的部分问题线索有管辖权,则应对有管辖权的部分提出处置意见。监察法律关系中的管辖是国家监察机关在受理职务违法犯罪案件方面的权限和职责划分,科学合理地划定管辖权对于监察权的有效行使具有积极意义。实践中,职务违法犯罪嫌疑人的行为可能涉及几个监察机关,既可能涉及同级不同地监察机关,也可能涉及不同级别的监察机关。在此情形下,受移送的监察机关应当对自己有管辖权的部分提出处置意见,对于超出自己管辖范围的问题线索应当移送有管辖权的监察机关。

第四,如果受移送的问题线索监察机关无管辖权,则应当及时将问题线索退回移送机关,即"从哪里来,回到哪里去"。根据《监察法》第11条的规定,监察机关的职权是依照《监察法》和有关法律规定履行监督、调查、处置职责,具体而言包括廉政教育权,对国家公职人员职务违法和职务犯罪的调查权,以及对国家公职人员职务违法和职务犯罪的处置权。所以,如果移送的问题线索并非《监察法》第11条规定的监察机关的职权,则应当将移送的问题线索退回给移送机关。

**实务难点指引**

对于其他机关移送的问题线索,《监察法》和《监察法实施条例》并未规定处置的时间,按照《中国共产党纪律检查机关监督执纪工作规则》的规定,线索处置不得拖延和积压,处置意见应当在收到问题线索之日起1个月内提出,并制定处置方案,履行审批手续。因此,处置意见应当在1个月内提出。对于本身无管辖权,但其他监察机关有管辖权的,《监察法实施条例》规定的是在5个工作日内转送有管辖权的监察机关,基于监察机关的领导体制,对于不同级别之间的移送,应当认定为逐级移送,如县级监察机关移送给省级监察机关的问题线索,应当首先移送给设区的市级监察机关,而后移送给省级监察机关。此外,按照相关规定,人民法院、人民检察院、公安机关、审计机关等国家机关发现公职人员涉嫌贪污贿赂、失职渎职等职务违法或者职务犯罪的问题线索,只要认为涉嫌贪污贿赂、失职渎职等职务违法或者职务犯罪行为,就可以移送监察机关处理,并不要求一定被认定为存在贪污贿赂、失职渎职等职务违法或者职务犯罪行为。

### 典型案例

顾某,中共党员,江苏省某市公安局某庄派出所聘用制联防队员。2018年12月,市公安局对犯罪嫌疑人蒋某某和陈某某等人执行监视居住,顾某受单位委派执行看护任务。在看守犯罪嫌疑人陈某某期间,顾某违规通过手机与陈某某家人联系,并以能办理取保候审为名,骗取陈某某家人现金14万余元。市公安局接到陈某某家人报案后,依法对顾某立案侦查并采取强制措施。经查,顾某除上述诈骗犯罪外,另有违规向犯罪嫌疑人蒋某某提供通讯设备,帮助蒋某某向外传递信息等涉嫌帮助犯罪分子逃避处罚的犯罪事实。依据《监察法》的相关规定,市公安局将该线索移送市监察委员会。2019年3月,顾某受到开除党籍处分,其涉嫌犯罪问题移送检察机关依法审查起诉。2019年9月,顾某被市人民法院一审判处有期徒刑7年,并处罚金3万元。①

### 关联法条

《监察法》第37条;《刑事诉讼法》第19条;《中国共产党党内监督条例》第37、40、41条;《中国共产党纪律检查机关监督执纪工作规则》第20、21条;《人民检察院刑事诉讼规则》第13、17、357条;《公安机关办理刑事案件程序规定》第14、29条;《关于人民检察院立案侦查司法工作人员相关职务犯罪案件若干问题的规定》。

---

① 参见江苏省江阴市纪委监委:《图解纪法》,载《中国纪检监察报》2020年1月15日,第8版。

> **第二百零二条** 信访举报部门归口受理本机关管辖监察对象涉嫌职务违法和职务犯罪问题的检举控告,统一接收有关监察机关以及其他单位移送的相关检举控告,移交本机关监督检查部门或者相关部门,并将移交情况通报案件监督管理部门。
>
> 案件监督管理部门统一接收巡视巡察机构和审计机关、执法机关、司法机关等其他机关移送的职务违法和职务犯罪问题线索,按程序移交本机关监督检查部门或者相关部门办理。
>
> 监督检查部门、调查部门在工作中发现的相关问题线索,属于本部门受理范围的,应当报送案件监督管理部门备案;属于本机关其他部门受理范围的,经审批后移交案件监督管理部门分办。

### 条文主旨

本条是关于问题线索归口受理和移交办理的规定。

### 条文解读

对于监察对象涉嫌职务违法和职务犯罪问题的检举控告,由信访举报部门归口受理。此外,对于有关监察机关以及其他单位移送的相关检举控告,同样由信访举报部门统一接收。信访举报部门在受理或接受相关检举控告后,应当将问题线索移交本机关监督检查部门或者相关部门,同时将移交情况通报案件监督管理部门。根据《纪检监察机关处理检举控告工作规则》的相关规定,县级以上监察机关应当明确承担信访举报工作职责的部门和人员,设置接待群众的场所,公开检举控告地址、电话、网站等信息,公布有关规章制度,归口接收检举控告。对属于受理范围的检举控告,信访举报部门应当进行编号登记,按规定录入检举举报平台。

对于巡视巡察机构和审计机关、执法机关、司法机关等其他机关移送的职务违法和职务犯罪问题线索,由案件监督管理部门统一接收。案件监督管理部门统一接收相关问题线索后,则应按程序移交本机关监督检查部门或者相关部门办理。此外,对于派驻或者派出监察机构、监察专员等移交的信访举报以外的问题线索,同样由案件监督管理部门统一办理。[①]

---

[①] 参见中共中央纪律检查委员会中华人民共和国国家监察委员会法规室编写:《〈中国共产党纪律检查机关监督执纪工作规则〉释义》,中国方正出版社2019年版,第96页。

对于监督检查部门、调查部门在工作中发现的相关问题线索,如果属于本部门受理范围,该部门可以直接予以处置,但应及时向案件监督管理部门进行备案。如果属于本监察机关其他部门受理范围,应在经监察机关相关负责人审批之后及时移交给案件监督管理部门。继而由案件监督管理部门提出分办意见,按程序报批后转交给相关监督检查、调查部门办理。

### 关联法条

《监察法》第 38、39 条;《中国共产党纪律检查委员会工作条例》第 35 条;《中国共产党巡视工作条例》第 25、30、35 条;《中国共产党纪律检查机关监督执纪工作规则》第 20 条;《纪检监察机关处理检举控告工作规则》第 8、10、14—19、54 条。

---

**第二百零三条** 案件监督管理部门应当对问题线索实行集中管理、动态更新,定期汇总、核对问题线索及处置情况,向监察机关主要负责人报告,并向相关部门通报。

问题线索承办部门应当指定专人负责管理线索,逐件编号登记、建立管理台账。线索管理处置各环节应当由经手人员签名,全程登记备查,及时与案件监督管理部门核对。

---

### 条文主旨

本条是关于案件监督管理部门和问题线索承办部门管理问题线索的规定。

### 条文解读

管理好问题线索是监察工作得以良好开展的基本条件。建立规范合理的问题线索管理制度有助于破解上述难题,实现对纪检监察人员权力行使的有效制约。案件监督管理部门对问题线索实行集中管理、动态更新有助于实现对问题线索的全面掌握、统筹管理,进而避免案件管理的不规范,杜绝以案谋私现象的发生。案件监督管理部门还应当对问题线索进行定期汇总、核对问题线索及处置情况,以提升对问题线索处置的规范化水平。实践中,这些处置有的是程序性的,有的是实质性的。其中,程序性的处置是案件监督管理部门按照监督执纪部门的联系范围和职责权限提出分流方案,报批后将问题线索移送有关监督执纪部门,由监督执纪部门按照谈话函询、初步核实、暂存待查、予以了结这四类处置方式研判处理。实质性的处置是案件监督管理部门对问题线索既提出分流方案,又提出具体处置意见,报批后由相关监督执纪部门办理。

本条第 2 款对问题线索承办部门如何管理问题线索提出了要求。此处的"问题线索承办部门"主要是指监督检查部门、调查部门和干部监督部门等。具体来说,这些承办部门应当指定专人负责管理线索,逐件编号登记、建立管理台账。此举既有利于承办部门自身的内部监督管理,也可以确保案件监督管理部门对本监察机关问题线索集中的统一管理。无论是案件监督管理部门还是问题线索承办部门,对于问题线索流转的各个环节都要做到签字留痕,应当由经手人员签名,全程登记备查。

### 关联法条

《中国共产党纪律检查机关监督执纪工作规则》第 11、12、22—25 条;《纪检监察机关处理检举控告工作规则》第 17—19 条。

> **第二百零四条** 监督检查部门应当结合问题线索所涉及地区、部门、单位总体情况进行综合分析,提出处置意见并制定处置方案,经审批按照适当了解、谈话、函询、初步核实、暂存待查、予以了结等方式进行处置,或者按照职责移送调查部门处置。

### 条文主旨

本条是关于问题线索处置方式的规定。

### 条文解读

根据《监察法》第 40 条的规定,监察机关对监察对象的问题线索,应当按照有关规定提出处置意见。《监察法实施条例》第 204 条明确了 6 类问题线索处置方式,分别是适当了解、谈话、函询、初步核实、暂存待查、予以了结。其中,适当了解的问题线索处置方式,是 2025 年修改的《监察法实施条例》新增的。问题线索处置方案的选择,不能"只见树木不见森林",而应结合问题线索所涉及地区、部门、单位总体情况进行综合分析。处理好问题线索有助于反腐败工作的顺利推进,能够保障相关人员的合法权益,问题线索往往不是孤立存在的,会涉及不同地区、不同部门和单位的不同情况,因此,应当因地和因时制宜,准确把握党中央对反腐形势的判断,准确运用监督执纪"四种形态",经常开展批评和自我批评,及时进行谈话提醒、批评教育、责令检查、诫勉,让"红红脸、出出汗"成为常态,党纪轻处分、组织调整成为违纪处理的大多数,党纪重处分、重大职务调整的成为少数,严重违纪涉嫌犯罪追究刑事责任的成为极少数,实现政治效果、社会效果和法律效果的平衡。

监督检查部门在综合分析问题线索所涉及地区、部门、单位总体情况的基础之上,提出不同的处置意见。首先,如果问题线索反映的是一般问题,通常进行的是谈话和函询,谈话以面对面的方式进行,函询以书面方式展开,两者既可以分别使用,也可以叠加使用。谈话、函询可以充分发挥"红红脸、出出汗"的效果,使问题早发现、早解决,给有关人员改过自新的机会。其次,初步核实针对的是涉嫌职务违法或者职务犯罪的问题线索较为具体、明确,有查证的可能,通过对问题线索的核实,判断相关线索的真实性,进而决定是否开展立案审查,维护监察工作的严肃性和准确性。再次,暂存待查指的是问题线索虽然具有可查性,但是囿于各种主客观条件,暂不具备核查条件,而将相关问题线索予以暂存,待条件成熟之时开启调查工作。最后,予以了结指问题线索反映的问题不真实或者不具备开展核查工作的可能性,因而对问题线索予以了结。具体情形包括:虽有职务违法事实,但情节轻微不需要追究法律责任;已经建议有关单位作出处理的;问题线索反映的人员已经过世等。

此外,根据《中国共产党纪律检查机关监督执纪工作规则》第21条第2款的规定,线索处置不得拖延和积压,处置意见应当在收到问题线索之日起1个月内提出,并制定处置方案,履行审批手续。

### 关联法条

《监察法》第40条;《中国共产党纪律检查委员会工作条例》第35条;《中国共产党纪律检查机关监督执纪工作规则》第21条。

---

**第二百零五条** 采取适当了解方式处置问题线索,应当按规定报批后,依法依规向有关单位和个人了解情况,验证问题的真实性,不得采取限制人身、财产权利的措施,不得与被反映人接触。

承办部门应当根据适当了解的情况,提出谈话、函询、初步核实、拟立案调查、予以了结、暂存待查,或者移送有关部门、机关处理等建议,按程序报批后办理。

---

### 条文主旨

本条是关于以适当了解方式处置问题线索的规定。

### 条文解读

将适当了解作为一种问题线索处置方式,是 2025 年修改的《监察法实施条例》增加的内容。而在此之前,亦有党内法规对适当了解作出过规定,即中共中央办公厅 2020 年 1 月印发的《纪检监察机关处理检举控告工作规则》第 17 条第 2 款规定,"监督检查部门对属于本级受理的检举控告,应当结合日常监督掌握的情况,进行综合分析、适当了解,经集体研究并履行报批程序后,以谈话函询、初步核实、暂存待查、予以了结等方式处置,或者按规定移送审查调查部门处置"。《纪检监察机关派驻机构工作规则》第 37 条第 2 款第 1 句规定,"派驻机构应当结合日常监督掌握的情况,对问题线索进行综合分析、适当了解,采取谈话函询、初步核实、暂存待查、予以了结等方式进行处置"。不过,这两部党内法规中的"适当了解",更多的是线索处置的前期工作,并非一种独立的线索处置方式。

以适当了解的方式处置问题线索,应当在按规定报批后,依法依规向有关单位和个人了解情况。具体来说,可以通过查找公开信息、调阅有关资料、向实名举报人了解情况、向有关纪检监察机关或者被反映人所在单位相关人员了解情况、监督调研等方式进行适当了解。但应注意的是,采取适当了解方式处置问题线索时,不得采取留置、查封、扣押等限制人身权利和财产权利的措施,也不得与被反映人接触。通过适当了解的方式掌握相关情况之后,承办部门应当提出谈话、函询、初步核实、拟立案调查、予以了结、暂存待查,或者移送有关部门、机关处理等建议,按程序报批后办理。从这个意义上来说,适当了解虽然已成为一种独立的线索处置方式,但同时也是一种中间措施,即可以根据适当了解的情况采取进一步的处理方案。

### 关联法条

《纪检监察机关处理检举控告工作规则》第 17 条第 2 款;《纪检监察机关派驻机构工作规则》第 37 条第 2 款。

---

**第二百零六条** 采取谈话方式处置问题线索的,按照本条例第七十八条、第七十九条规定办理。

函询应当以监察机关办公厅(室)名义发函给被反映人,并抄送其所在单位和派驻监察机构主要负责人。被函询人应当在收到函件后十五个工作日以内写出说明材料,由其所在单位主要负责人签署意见后发函回复。被函询人为所

> 在单位主要负责人的,或者被函询人所作说明涉及所在单位主要负责人的,应当直接发函回复监察机关。
> 
> 被函询人已经退休的,按照第二款规定程序办理。
> 
> 监察机关根据工作需要,经审批可以对谈话、函询情况进行抽查核实。
> 
> 承办部门应当根据谈话、函询的情况,提出初步核实、拟立案调查、予以了结、暂存待查,或者移送有关部门、机关处理等建议,按程序报批后办理。

### 条文主旨

本条是关于以谈话、函询方式处置问题线索的规定。

### 条文解读

1. 采取谈话方式处置问题线索

对一般性问题线索的处置,可以采取谈话方式进行,对监察对象给予警示、批评、教育。谈话应当在监察机关谈话场所、具备安全保障条件的工作地点等场所进行,明确告知谈话事项,注重谈清问题、取得教育效果。采取谈话方式处置问题线索的,经审批可以由监察人员或者委托被谈话人所在单位主要负责人等进行谈话。监察机关谈话应当形成谈话笔录或者记录。谈话结束后,可以根据需要要求被谈话人在 15 个工作日以内作出书面说明。被谈话人应当在书面说明每页签名,修改的地方也应当签名。委托谈话的,受委托人应当在收到委托函后的 15 个工作日以内进行谈话。谈话结束后及时形成谈话情况材料报送监察机关,必要时附被谈话人的书面说明。

2. 采取函询方式处置问题线索

以函询方式处置问题线索,应当以监察机关办公厅(室)名义发函给被反映人,由此彰显函询工作的严肃性和规范性。函询应当抄送被反映人所在单位和派驻监察机构主要负责人,这有利于所在单位履行主体责任、派驻监察机构履行监督责任。被函询人应当在收到函件后 15 个工作日以内写出说明材料,由其所在单位主要负责人签署意见后发函回复。如果被函询人为所在单位主要负责人,或者被函询人所作说明涉及所在单位主要负责人,应当直接发函回复监察机关。公职人员在退休之后,同样可能因为有问题线索而被函询,此时按照本条第 2 款的规定办理即可。

3. 根据谈话、函询的情况进行相应处理

谈话、函询承办部门应当在谈话结束或者收到函询回复后 1 个月内写出情况报告和处置意见,按程序报批,根据不同的情形进行相应的处理。主要包括 4 种情形:

一是反映不实,或者没有证据证明存在问题的,予以采信了结,并向被函询人发函反馈。二是问题轻微,不需要追究纪律或法律责任的,采取谈话提醒、批评教育、责令检查、诫勉谈话等方式处理。三是反映问题比较具体,被反映人予以否认但否认理由不充分具体,或者说明存在明显问题的,一般应当再次谈话或者函询;发现被反映人涉嫌违纪或者职务违法、职务犯罪问题需要追究纪律和法律责任的,应当提出初步核实的建议。四是对诬告陷害者,依规依纪依法予以查处。必要时可以对被反映人谈话、函询的说明情况进行抽查核实。此外,谈话、函询材料应当存入廉政档案。

**典型案例**

2020年10月,四川省自贡市纪委监委接到关于A有关问题的信访反映,并按规定进行初步核实。四川省自贡市纪委监委就相关问题向A函询,A接受函询时心存侥幸,对抗组织审查,与他人共谋串通,企图掩盖其参与投资入股行为,甚至在得知利益关联人接受调查并被采取留置措施后,仍不向组织如实交代问题,反而大搞封建迷信,伙同他人前往寺庙烧香拜佛求符,祈求"平安"。2020年12月,四川省自贡市纪委监委对A涉嫌严重违纪违法问题立案审查调查,并采取留置措施。2021年7月,A被开除党籍、开除公职。2022年12月,A因犯受贿罪被依法判处有期徒刑4年,并处罚金25万元。[①]

**关联法条**

《监察法》第19条;《公职人员政务处分法》第12条;《中国共产党党内监督条例》第21条;《中国共产党党员教育管理工作条例》第28条;《中国共产党纪律检查机关监督执纪工作规则》第15条;《党委(党组)落实全面从严治党主体责任规定》第16条。

---

**第二百零七条** 监察机关对具有可查性的职务违法和职务犯罪问题线索,应当按规定报批后,依法开展初步核实工作。采取初步核实方式处置问题线索,应当确定初步核实对象,制定工作方案,明确需要核实的问题和采取的措施,成立核查组。

在初步核实中应当注重收集客观性证据,确保真实性和准确性。在初步核

---

[①] 参见刘金鹭、何倩:《以权敛财当股东 贪欲不遏酿苦果》,载《中国纪检监察报》2024年6月19日,第7版。

> 实中发现或者受理被核查人新的具有可查性的问题线索的,应当经审批纳入原初核方案开展核查。
> 　　核查组在初步核实工作结束后应当撰写初步核实情况报告,列明被核查人基本情况、反映的主要问题、办理依据、初步核实结果、存在疑点、处理建议,由全体人员签名。
> 　　承办部门应当综合分析初步核实情况,提出拟立案调查、予以了结、暂存待查,或者移送有关部门、机关处理等建议,按照批准初步核实的程序报批。

### 条文主旨

本条是关于以初步核实方式处置问题线索的规定。

### 条文解读

在2021年9月公布的《监察法实施条例》中,"初步核实"是"线索处置"之外的单独1节。而在2025年6月公布的修改后的《监察法实施条例》中,与初步核实相关的内容被整合在"线索处置"一节。此般调整更符合初步核实的性质,即其乃是线索处置的方式之一。在初步核实活动中,监察机关对受理和发现的反映监察对象涉嫌违法犯罪的问题线索,进行初步了解、核实。作为监察机关调查工作的重要环节,其任务是了解反映的主要问题是否存在,为是否立案提供根据,即初步查明有无违法犯罪事实等情况,并收集一定证据材料,进而通过对问题线索的核实,判断相关线索的真实性,决定是否开展立案审查。

1. 初步核实前的准备

根据本条第1款的规定,初步核实针对的是涉嫌职务违法或者职务犯罪的问题线索较为具体、明确,有查证的可能。以初步核实方式处置问题线索的,应当依法履行审批程序。这里的审批程序,是指一般应当报监察机关相关负责人审批。在进行初步核实工作时,应当确定初步核实对象,制定初步核实工作方案,并将方案报承办部门主要负责人和监察机关分管负责人审批。在工作方案中,不仅要明确初步核实的依据、需要核实的问题、主要采取的措施,而且要明确核查组的人员以及相关方法、步骤、时间、范围和程序等。

2. 初步核实中的工作

初步核实工作能为监察立案提供依据,是立案的前提和基础。初步核实工作是为了确定问题线索是否存在,是否具备可查性。所以,核实应当客观公正,不能先入为主,搞"有罪推定"。虽然本条第 2 款规定要注重收集客观性证据,但在特定情况下也应当收集言词类证据,做到证据收集的全面准确。应通过两方面的努力,确保初步核实的真实性和准确性,为最终是否立案提供依据。在初步核实过程中,问题线索指向的问题可能会被排除,也可能在初步核实过程中发现被核查人具有新的可查性问题线索。对此,如果发现新的问题线索就按规定重新审批,确定核实对象,制定工作方案,明确需核实的问题和采取的措施,重新成立核查组,会造成监察制度资源的浪费,也可能使问题线索流失,因而重新启动初步核实程序确无必要。所以,对于在初步核实过程中新发现问题线索或者受理被核查人有新的可查性问题线索的,应在经过审批后纳入原初核方案进行核查。

3. 初步核实后的处理

初步核实工作结束后,核查组应当撰写初步核实情况报告,其中需要列明被核查人基本情况、反映的主要问题、办理依据、初步核实结果、存在疑点、处理建议等主要事项。为了保证权责一致、有权必有责,核查组撰写的初步核实情况报告应当由全体人员签名备查。核查组在承办部门的直接领导下开展工作,对于核查组撰写的初步核实情况报告,承办部门应当对初步核实情况进行综合分析,并提出处置建议。具体来说,承办部门应当综合分析初步核实情况,提出拟立案调查、予以了结、暂存待查,或者移送有关部门、机关处理等建议,并按照批准初步核实的程序报批。其中,立案调查,是指经过初步核实,发现被核查人可能涉嫌职务违法或者犯罪,需要追究其法律责任的,应按照规定的程序报请立案。予以了结,是指对于问题不存在或者无证据证明存在问题的。暂存待查,是指初步核实发现尚不能完全排除问题存在的可能性,在现有条件下难以进一步开展工作的,则应当在履行报批手续后予以暂存待查,待条件成熟之时再开启调查工作。移送有关部门、机关,是指发现被核查之人存在职务违法问题,但不需要给予政务处分的,可以视情况移送给有关部门或者机关处理并提出处置意见。

**关联法条**

《监察法》第 41、42 条;《中国共产党纪律检查委员会工作条例》第 35、36 条;《中国共产党纪律检查机关监督执纪工作规则》第 32—35 条;《纪检监察机关处理检举控告工作规则》第 17 条第 2 款;《纪检监察机关派驻机构工作规则》第 28、37、38 条。

> **第二百零八条** 监察机关根据适当了解、谈话、函询或者初步核实情况,发现公职人员有职务违法行为但情节较轻的,可以按照本条例第二百三十一条规定处理,予以了结。

### 条文主旨

本条是关于以予以了结方式处置问题线索的规定。

### 条文解读

所谓"予以了结",是指线索反映的问题失实或没有可能开展核查工作而采取的线索处置方式。根据本条的规定,监察机关根据适当了解、谈话、函询或者初步核实情况,发现公职人员有职务违法行为但情节较轻的,可以采取予以了结的方式处置问题线索,还可以依法进行谈话提醒、批评教育、责令检查,或者予以诫勉。这些方式可以单独使用,也可以依据规定合并使用。其中,谈话提醒、批评教育应当由监察机关相关负责人或者承办部门负责人进行,可以由被谈话提醒、批评教育人所在单位有关负责人陪同;经批准也可以委托其所在单位主要负责人进行。对谈话提醒、批评教育情况应当制作记录。被责令检查的公职人员应当作出书面检查并进行整改。整改情况在一定范围内通报。诫勉由监察机关以谈话或者书面方式进行。采取谈话方式予以诫勉的,应当由监察机关相关负责人或者承办部门负责人进行;经批准也可以委托诫勉对象所在单位主要负责人进行。对谈话情况应当制作记录。

### 关联法条

《中国共产党纪律检查委员会工作条例》第 35 条第 3 款;《中国共产党纪律检查机关监督执纪工作规则》第 21、35 条;《纪检监察机关处理检举控告工作规则》第 17 条第 2 款;《纪检监察机关派驻机构工作规则》第 37 条第 2 款。

> **第二百零九条** 检举控告人使用本人真实姓名或者本单位名称,有电话等具体联系方式的,属于实名检举控告。监察机关对实名检举控告应当优先办理、优先处置,依法给予答复。虽有署名但不是检举控告人真实姓名(单位名称)或者无法验证的检举控告,按照匿名检举控告处理。
>
> 信访举报部门对属于本机关受理的实名检举控告,应当在收到检举控告之

> 日起十五个工作日以内按规定告知实名检举控告人受理情况,并做好记录。
> 　　调查人员应当将实名检举控告的处理结果在办结之日起十五个工作日以内向检举控告人反馈,并记录反馈情况。对检举控告人提出异议的应当如实记录,并向其进行说明;对提供新证据材料的,应当依法核查处理。

### 条文主旨

本条是关于实名检举控告处理程序的规定。

### 条文解读

　　检举控告是纪检监察机关获取信息和案件线索的重要来源。公职人员的工作往往同人民群众的切身利益直接相关,使民众了解具体情况,通过具体措施保障人民群众参与到反腐败斗争中具有十分重要的意义。检举控告可以实名或匿名的形式进行,其中实名检举控告反映的情况通常更具可查性。

　　本条第 1 款对实名检举控告进行了界定,即检举控告人使用本人真实姓名或者本单位名称,有电话等具体联系方式的,属于实名检举控告。监察机关信访举报部门可以通过电话、面谈等方式核实是否属于实名检举控告。虽有署名但不是检举控告人真实姓名(单位名称)或者无法验证的检举控告,按照匿名检举控告处理。监察机关提倡、鼓励实名检举控告,对实名检举控告优先办理、优先处置,依法给予答复。实名检举控告经查证属实,对突破重大案件起到重要作用,或者为国家、集体挽回重大经济损失的,监察机关可以按规定对检举控告人予以奖励。

　　本条第 2 款规定,对属于本机关受理的实名检举控告,信访举报部门应当在收到检举控告之日起 15 个工作日以内按规定告知实名检举控告人受理情况,并做好记录。此外,根据《纪检监察机关处理检举控告工作规则》第 26 条的规定,重复检举控告的,不再告知。

　　本条第 3 款规定,对于实名检举控告,调查人员应当在办结之日起 15 个工作日以内向检举控告人反馈处理结果,并记录反馈情况。如果检举控告人对处理结果提出异议,调查人员应当如实记录,并向检举控告人进行说明,做好答疑解惑工作。如果检举控告人提供了新的证据材料,承办部门应当核查处理。这里所说的"新的证据材料",是指前期检举控告过程中未提供,且监察机关在调查过程中未能收集到的证据材料。[①]

**关联法条**

《监察法》第 67、72、73 条;《公职人员政务处分法》第 11、13、32、47、53、62、63 条;《中国共产党纪律检查委员会工作条例》第 50、52 条;《中国共产党纪律检查机关监督执纪工作规则》第 16、65 条;《纪检监察机关派驻机构工作规则》第 27 条;《纪检监察机关处理检举控告工作规则》第 24—30 条。

## 第二节 立 案

**第二百一十条** 监察机关已经掌握监察对象涉嫌职务违法或者职务犯罪的部分事实和证据,认为需要追究其法律责任的,应当按规定报批后,依法立案调查。

**条文主旨**

本条是关于立案条件的规定。

**条文解读**

在 2021 年 9 月公布的《监察法实施条例》中,监察机关立案调查的前提是"经过初步核实"。诚然,在通常情况下,立案调查之前需要经过初步核实,但初步核实并非立案必经的前置程序。正因如此,修改后的《监察法实施条例》删去了"经过初步核实"的规定。

立案要符合以下三方面的要求。一是监察机关已经掌握监察对象涉嫌职务违法或者职务犯罪的部分事实和证据,强调部分事实和证据而不是全部事实和证据。在初步核实阶段就掌握全部事实和证据既无必要也不现实,如果要掌握全部证据才能立案将导致相当多的问题线索最终无法立案,并且,最终是否能作为证据只能由人民法院认定。

二是监察机关认为需要追究监察对象的法律责任。如上文所述,存在证据和事实并不必然就要追究法律责任,也可能因问题轻微,作谈话处理。所以,要进入立案

---

① 参见中共中央纪律检查委员会中华人民共和国国家监察委员会法规室编写:《〈中华人民共和国监察法实施条例〉释义》,中国方正出版社 2022 年版,第 282 页。

程序还必须要追究被监察对象的法律责任。需要注意的是,应当给予政务处分但因被调查人退休、离职、死亡等因素无法给予相应政务处分的,其虽属于无法给予政务处分或者即使给予政务处分也无实际执行意义的特殊情形,但仍属于应当追究法律责任的情形,应当立案并作出相应处理。①

三是按照规定履行报批手续。监察机关有关负责人应当依照规定的权限和程序审批,对于符合立案要求的,批准立案;对于不符合立案要求的,不批准立案。按照《中国共产党纪律检查机关监督执纪工作规则》第38条的规定,对符合立案条件的,承办部门应当起草立案审查调查呈批报告,经纪检监察机关主要负责人审批,报同级党委主要负责人批准,予以立案审查调查。立案审查调查决定应当向被审查调查人宣布,并向被审查调查人所在党委(党组)主要负责人通报。

### 实务难点指引

派驻机构是派出机关的组成部分,与驻在单位是监督和被监督的关系。在立案工作中,派驻机构要处理好与派出机关、驻在单位的关系。结合《纪检监察机关派驻机构工作规则》第38条规定,派驻机构立案程序涉及两个方面的问题。一方面,派驻机构立案的审批程序。这具体涉及两种情况:一是报派驻机构主要负责人审批的情况:派驻机构经过初步核实,需要进行立案审查调查的;二是报派出机关审批的情况:对驻在单位党组(党委)直接领导的党组织、党组(党委)管理的领导班子成员中的正职领导干部立案和副职领导干部涉嫌严重职务违法、职务犯罪立案的。另一方面,征求意见程序。这具体涉及3种情况。一是在一般情况下,派驻机构在立案前,应当征求驻在单位党组(党委)主要负责人意见;二是如果后者有不同意见,应当报派出机关决定;三是在特殊情况下,如确因安全保密等原因,也可以在立案后及时向驻在单位党组(党委)主要负责人通报,但须经派出机关同意。

### 关联法条

《监察法》第42条;《公职人员政务处分法》第27条;《中国共产党纪律检查委员会工作条例》第36条;《中国共产党纪律检查机关监督执纪工作规则》第37、38条;《纪检监察机关派驻机构工作规则》第38条。

---

① 参见常青华:《监察立案需注意什么》,载《中国纪检监察报》2023年10月7日,第6版。

第二百一十一条　监察机关立案调查职务违法或者职务犯罪案件,需要对涉嫌行贿犯罪、介绍贿赂犯罪或者共同职务犯罪的涉案人员立案调查的,应当一并办理立案手续。需要交由下级监察机关立案的,经审批交由下级监察机关办理立案手续。

对单位涉嫌受贿、行贿等职务犯罪,需要追究法律责任的,依法对该单位办理立案调查手续。对事故(事件)中存在职务违法或者职务犯罪问题,需要追究法律责任,但相关责任人员尚不明确的,可以以事立案。对单位立案或者以事立案后,经调查确定相关责任人员的,按照管理权限报批确定被调查人。

监察机关根据人民法院生效刑事判决、裁定和人民检察院不起诉决定认定的事实,需要对监察对象给予政务处分的,可以由相关监督检查部门依据司法机关的生效判决、裁定、决定及其认定的事实、性质和情节,提出给予政务处分的意见,按程序移送审理。对依法被追究行政法律责任的监察对象,需要给予政务处分的,应当依法办理立案手续。

### 条文主旨

本条是关于特殊立案制度的规定。

### 条文解读

如果说《监察法实施条例》第 210 条规定的是一般立案制度,那么本条则是对特殊立案制度的规定,具体包括四类特殊案件的立案程序。

一是对涉案人员立案调查。根据《监察法》第 24 条第 2 款的规定,对涉嫌行贿犯罪或者共同职务犯罪的涉案人员,监察机关可以依法采取留置措施。正因如此,《监察法实施条例》《关于进一步推进受贿行贿一起查的意见》等针对职务违法和犯罪案件涉案人员立案程序作出了规定。监察机关在立案调查职务违法或者职务犯罪案件之时,可能需要对涉嫌行贿犯罪、介绍贿赂犯罪或者共同职务犯罪的涉案人员立案调查,于此情形下,监察机关应当一并办理立案手续。在必要时,有的案件经审批可以由上级监察机关交由下级监察机关立案。

二是对单位涉嫌犯罪立案调查。根据《刑法》第 30 条的规定,公司、企业、事业单位、机关、团体实施的危害社会的行为,法律规定为单位犯罪的,应当负刑事责任。对于单位犯罪,我国采取的是双罚制,即《刑法》第 31 条规定的,"单位犯罪的,对单位判处罚金,并对其直接负责的主管人员和其他直接责任人员判处刑罚。本法分则和其他法律另有规定的,依照规定"。在监察机关调查的犯罪中,单位受贿罪、对单位行贿罪、私分罚没财物罪等犯罪主体均包括单位。如果单位涉嫌职务犯罪,需要追究法律责任,应当对该单位办理立案调查手续。

三是以事立案。事故(事件)中存在的职务违法或者职务犯罪,如大型群众性活动重大安全事故罪,一般有较为明确的事故责任人。不过,在证据不充分或者有其他特殊情形之时,很难在短时间内确定相关责任人员。此时便可以以事立案,也就是不以特定被调查人为立案对象,而针对事项开展调查,在能够确定相关责任人员时,再按照《监察法》等规定的管理权限经审批确定被调查人。

四是根据生效法律文书进行立案调查。公职人员受到刑事追责,其行为不一定是职务犯罪,还有可能涉及其他刑事犯罪。一般而言,公职人员的职务犯罪由监察机关调查,而非职务犯罪则由其他国家机关调查,并不必然涉及监察机关,如故意杀人罪,其一般程序是公安机关侦查,人民检察院提起公诉,人民法院作出判决,此过程中并不涉及监察机关。所以,如果人民法院作出了生效的判决或者裁定,或者人民检察院作出了不起诉决定,监察机关应当根据两个机关认定的事实,对于需要给予监察对象政务处分的,可以由相关监督检查部门依据司法机关的生效判决、裁定、决定及其认定的事实、性质和情节,提出给予政务处分的意见,并按照程序移送审理。公职人员被追究行政法律责任,如受到行政处罚,应当给予政务处分的,监察机关可以根据行政处罚决定认定的事实和情节给予政务处分。当然,被追究行政法律责任和司法决定存在重大不同,行政处罚决定应当办理立案手续,经过立案程序调查,而司法决定则不需要。这一区别的原因在于司法机关的决定具有终局性,即"司法最终原则",而行政机关的决定并不具有此般效力。所以,行政机关作出的决定,应当依法办理立案手续,待立案调查核实之后,再给予政务处分。

### 实务难点指引

根据《监察法实施条例》第 211 条第 1 款的规定,对于涉嫌行贿犯罪、介绍贿赂犯罪或者共同职务犯罪的涉案人员,有些时候是交由下级监察机关立案调查的。此时,上下级监察机关应当保持沟通,确保公职人员的"主案"和涉案人员的"关联案件"的办理步调一致。例如,在"主案"移送审理时,一并提出对"关联案件"被审查调查人的处理建议,避免上级纪检监察机关还未对"主案"被审查调查人提出处理意见,下级纪检监察机关已将"关联案件"被审查调查人移送司法机关处理,导致"主案"移送前后涉案人员处理标准不统一,或者一个"主案"涉及的多名涉案人员因交给不同纪检监察机关立案查处而出现处理尺度不平衡的情况。①

### 关联法条

《监察法》第 24 条第 2 款;《公职人员政务处分法》第 49 条;《刑法》第 30、31 条。

---

**第二百一十二条** 对案情简单、经过初步核实已查清主要职务违法事实,应当追究监察对象法律责任,不再需要开展调查的,立案和移送审理可以一并报批,履行立案程序后再移送审理。

---

### 条文主旨

本条是关于立案和移送审理一并报批的规定。

### 条文解读

在通常情况下,监察机关在立案调查完成之后再进行审理。但对有些案件而言,因案情相对简单,经过初步核实便已经查清主要职务违法事实。此时,若应追究监察对象法律责任,便不再需要开展调查,而是可以将立案和移送审理一并报批,履行立案程序后再移送审理。此般制度设计其实兼顾了办案质量和办案效率。精准适用立案和移送审理一并报批程序,关键要解决好"什么案件可以适用""一并报批的标准是什么""如何报批及履行流程"等问题。

第一,对"案情简单"的判断,关键看案情是否适宜合并报批处理,具体可从以下两个方面把握。一是违法事实简单。从类型看,仅限于职务违法问题,对于涉嫌职务犯罪的不适用。从程度看,原则上限于轻微或者一般违法问题,对于涉嫌严重违法的一般不宜适用。从情节看,原则上限于常见违法问题,对于涉及新型、疑难、复杂违法问题,在事实证据、定性处理等方面可能存在较大争议的一般不宜适用。二是拟处理意见简单。原则上限于拟适用第二种、第三种形态处分的案件,拟适用第四种形态处分的案件不得适用。其中,对于拟适用第三种形态处分,立案后处分前需与组织部门沟通提出重大职务职级调整建议的案件,一般应当审慎适用。

第二,关于"已查清主要职务违法事实""应当追究监察对象法律责任""不再需

---

① 参见代杰:《规范做好职务犯罪案件涉案人员处理工作》,载《中国纪检监察报》2022 年 3 月 9 日,第 7 版。

要开展调查"的要求,关键看案件是否达到了移送审理的标准,具体可从以下三个方面把握。一是定案事实均已查清且分类定性。被核查人所涉问题线索均已查清或者处置,拟认定的违法事实均已准确分类定性、正确引用条规,不需要进一步开展研究论证工作。二是定案证据均已达到相应证据标准。定案事实均有证据证实,定案证据真实、合规、合法且证据之间不存在无法排除的矛盾,违法证据分别达到"明确合理可信"和"清晰且令人信服"的程度,不需要进一步开展调查取证工作。三是对人员、财物均已提出明确意见。对被核查人已提出处分意见,处分涉及的相关免去职务、终止资格等事项均已或者能够及时办理完毕,涉案财物均已暂扣到位、鉴定完成并对其提出明确处理意见,对被核查人和涉案财物不需要进一步采取有关措施。

第三,关于"经过初步核实""立案和移送审理可以一并报批""履行立案程序后再移送审理"的要求,具体可从以下四个方面把握。一是做实初核工作。若适用该程序在立案后不再进一步开展审查调查工作,初核为必经程序,且需按照初核措施权限和审查调查标准开展。二是规范报批程序。案件承办部门应当制作立案并移送审理的请示,问题线索来源、初核简况、被核查人基本情况、初核查清的主要违法事实、涉案财物处理建议报告等作为请示附件一并报批。初核报告可与立案并移送审理报告同时报批。三是严格立案程序。立案并移送审理请示经审批后,案件承办部门应当及时向被审查调查人宣布《立案决定书》,告知被审查调查人权利义务,送达《被审查调查人权利义务告知书》,并再次释明适用该程序的内容和后果。四是有效衔接审理。履行立案程序后,案件承办部门应及时将立案并移送审理请示,连同全部案卷材料一并移交案件审理部门。案件审理部门提出补证建议的,应当及时按要求办理并将补证报告及相关材料移送案件审理部门。必要时,案件承办部门可在拟适用该程序前听取案件审理部门意见。[①]

**第二百一十三条** 上级监察机关需要指定下级监察机关立案调查的,应当按规定报批,向被指定管辖的监察机关出具《指定管辖决定书》,由其办理立案手续。

`条文主旨`

本条是关于指定管辖案件立案程序的规定。

---

[①] 参见钟纪晟:《如何精准适用立案并移送审理程序》,载中央纪委国家监委网站,https://www.ccdi.gov.cn/yaowenn/202206/t20220622_200678_m.html。

### 条文解读

根据《监察法》第 17 条第 1 款的规定,上级监察机关可以将其所管辖的监察事项指定下级监察机关管辖,也可以将下级监察机关有管辖权的监察事项指定给其他监察机关管辖。《监察法实施条例》第 213 条对指定管辖案件的立案程序作出了规定。第一,上级监察机关需要指定下级监察机关立案调查的,应当按规定报批。具体来说,设区的市级监察委员会将同级党委管理的公职人员涉嫌职务违法或者职务犯罪案件指定下级监察委员会管辖的,应当报请省级监察委员会批准;省级监察委员会将同级党委管理的公职人员涉嫌职务违法或者职务犯罪案件指定下级监察委员会管辖的,应当报送国家监察委员会相关监督检查部门备案。第二,上级监察机关应当向被指定管辖的监察机关出具《指定管辖决定书》。第三,对于指定管辖案件,应当由被指定管辖的监察机关办理立案手续。

### 实践样本

据中央纪委国家监委驻工业和信息化部纪检监察组、黑龙江省纪委监委消息,中国烟草实业发展中心原党组成员、副总经理王某某涉嫌严重违纪违法,目前正接受中央纪委国家监委驻工业和信息化部纪检监察组纪律审查,经国家监察委员会指定,黑龙江省监察委员会对其立案监察调查。对此,中央纪委国家监委驻工业和信息化部纪检监察组一位工作人员解释说,王某某长期在黑龙江任职,且主要涉嫌违法问题发生在黑龙江,国家监察委员会将王某某涉嫌职务违法问题线索交由黑龙江省监察机关调查,更便于案件调查工作开展,节省人力物力,提高工作效率。[①]

### 关联法条

《监察法》第 17 条;《公职人员政务处分法》第 51 条;《中国共产党纪律检查机关监督执纪工作规则》第 9 条。

---

**第二百一十四条** 批准立案后,应当由二名以上调查人员出示证件,向被调查人宣布立案决定。宣布立案决定后,应当及时向被调查人所在单位等相关

---

① 参见冯国刚:《对非中管干部的监察调查,为何由国家监委指定监察机关?》,载中央纪委国家监委网站,https://www.ccdi.gov.cn/toutiaon/202006/t20200616_97590.html。

组织送达《立案通知书》,并向被调查人所在单位主要负责人通报。

对涉嫌严重职务违法或者职务犯罪的公职人员立案调查并采取留置措施的,应当按规定通知被调查人所在单位和家属,并向社会公开发布。

### 条文主旨

本条是关于立案宣布和通报的规定。

### 条文解读

《监察法》第 42 条第 3 款规定,"立案调查决定应当向被调查人宣布,并通报相关组织。涉嫌严重职务违法或者职务犯罪的,应当通知被调查人家属,并向社会公开发布"。在该规定的基础之上,《监察法实施条例》第 214 条对立案宣布和通报制度进行了细化。

根据本条第 1 款的规定,在批准立案之后,立案决定应当向被调查人宣布。具体来说,应当由 2 名以上调查人员向被调查人出示证件并宣布立案决定。在向被调查人宣布立案决定之后,监察机关还应当及时向被调查人所在单位等相关组织送达《立案通知书》,并向被调查人所在单位主要负责人通报。

根据本条第 2 款的规定,对涉嫌严重职务违法或者职务犯罪的公职人员立案调查并采取留置措施的,还应当按规定通知被调查人所在单位和家属,并向社会公开发布。可以发现,该款规定其实在《监察法》第 42 条第 3 款的基础之上,增加了"并采取留置措施"的条件。这是考虑到公职人员假若被采取留置措施,此时将有关情况一概向被调查人家属和社会公布,可能会对被调查人产生较大的思想压力,这将有碍于调查工作的顺利进行。[①]

### 实务难点指引

根据本条第 2 款的规定,对涉嫌严重职务违法或者职务犯罪的公职人员立案调查并被采取留置措施的,"应当按规定通知被调查人所在单位和家属"。此处的"有关规定"主要是指《监察法》和《监察法实施条例》的相关规定。例如,根据《监察法实施条例》第 127 条规定,在对被调查人采取留置措施后,应当在 24 小时以内通知被留

---

① 参见中共中央纪律检查委员会中华人民共和国国家监察委员会法规室编写:《〈中华人民共和国监察法实施条例〉释义》,中国方正出版社 2022 年版,第 296 页。

置人员所在单位和家属。因可能伪造、隐匿、毁灭证据,干扰证人作证或者串供等有碍调查情形而不宜通知的,应当按规定报批,记录在案。有碍调查的情形消失后,应当立即通知被留置人员所在单位和家属。

**关联法条**

《监察法》第42条第3款;《中国共产党纪律检查机关监督执纪工作规则》第38、43条;《纪检监察机关派驻机构工作规则》第38条第2款。

## 第三节 调 查

> **第二百一十五条** 监察机关对已经立案的职务违法或者职务犯罪案件应当依法进行调查,收集证据查明违法犯罪事实。
>
> 调查职务违法或者职务犯罪案件,对被调查人没有采取留置措施的,应当在立案后一年以内作出处理决定;对被调查人解除留置措施的,应当在解除留置措施后一年以内作出处理决定。案情重大、复杂的案件,经上一级监察机关批准,可以适当延长,但延长期限不得超过六个月。
>
> 被调查人在监察机关立案调查以后逃匿的,调查期限自被调查人到案之日起重新计算。

**条文主旨**

本条是关于调查工作总体要求和期限的规定。

**条文解读**

《监察法》第43条对监察调查工作提出了诸多要求,比如,调查应当"收集被调查人有无违法犯罪以及情节轻重的证据",以及"调查人员应当依法文明规范开展调查工作"。在《监察法》的基础之上,《监察法实施条例》第215条第1款对调查工作提出了总体要求,第2、3款则明确了调查期限。

1. 调查工作总体要求

立案之后便进入到调查阶段,调查的目的是查明违法犯罪事实。根据本条第1款的规定,对于已经立案的职务违法或者职务犯罪案件,监察机关应当依法进行调查,收集证据查明违法犯罪事实。监察机关进行调查、收集证据,关键是要收集被调查人违法犯罪的证据,但不得进行"有罪推定",要收集违法犯罪有或无的证据、重或轻的证据,依法进行,客观、全面地收集证据,而不是一味收集一方面的证据,同时还要对证据进行充分研究分析、鉴别真伪,进而找出案件证据与案件事实之间的客观内在联系,形成相互印证、完整稳定的证据链。

2. 调查工作的期限

《监察法》并未规定调查期限,《监察法实施条例》第 215 条第 2、3 款对调查期限作出了规定。调查期限的确立,既可以督促监察机关高效开展工作,亦是保障被调查人合法权益的有力之举。根据该条第 2 款的规定,对于没有被采取留置措施的被调查人,监察机关应当在立案后 1 年以内作出处理决定。对于被采取留置措施的被调查人,监察机关应当在解除留置措施后 1 年以内作出处理决定。当然,考虑到监察工作中的实际情况,如果调查的职务违法犯罪案件属于"案情重大、复杂的案件",那么经上一级监察机关批准,调查期限可以适当延长,但延长期限不得超过 6 个月。此外,如果被调查人在立案调查后逃匿,调查期限自被调查人到案之日起重新计算。

**实务难点指引**

根据《监察法实施条例》的相关规定,将案件移送审理后,案件审理部门有权将案件退回重新调查或者补充调查。根据《监察法》和《刑事诉讼法》的相关规定,检察机关在审查起诉时,有权将案件退回监察机关补充调查。无论是案件审理部门退回重新调查或者补充调查,还是检察机关退回监察机关补充调查,均不导致调查期限重新计算,而需与之前占用期限累计。

**关联法条**

《监察法》第 43 条;《公职人员政务处分法》第 42 条;《中国共产党纪律检查机关监督执纪工作规则》第 36—52 条。

---

第二百一十六条　案件立案后,监察机关主要负责人应当依照法定程序批准确定调查方案。

监察机关应当组成调查组依法开展调查。调查工作应当严格按照批准的方案执行,不得随意扩大调查范围、变更调查对象和事项,对重要事项应当及时请示报告。调查人员在调查工作期间,未经批准不得单独接触任何涉案人员及其特定关系人,不得擅自采取调查措施。

### 条文主旨

本条是关于批准和执行调查方案的规定。

### 条文解读

调查方案可以确保监察调查工作有章可循。因此,在案件立案之后,监察机关主要负责人应当主持召开专题会议,根据被调查人情况、案件性质和复杂程度等,集体研究确定调查方案。一般来说,调查方案的内容应包括:应当查明的问题和线索,调查步骤、方法,调查过程中需要采取哪些措施,预计完成任务的时间,以及应当注意事项等。

调查方案的具体执行者是调查组。因此,经监察机关相关负责人批准,监察机关应当成立调查组具体开展调查工作。调查方案是监察机关主要负责人主持召开专题会议确定的,调查方案一经确定,调查人员必须严格遵照执行,不得擅自变更方案内容,不得随意扩大调查范围、变更调查对象和事项。确有必要对调查方案进行调整的,应当由调查人员履行请示报告程序,报批准该调查方案的监察机关主要负责人批准。同时,调查人员对调查过程中的重要事项,应当集体研究后按程序进行请示报告。调查工作期间,调查人员未经批准不得单独接触任何涉案人员及其特定关系人,不得擅自采取调查措施。

### 关联法条

《监察法》第42、45条;《中国共产党纪律检查机关监督执纪工作规则》第39条。

---

**第二百一十七条** 调查组应当将调查认定的涉嫌违法犯罪事实形成书面材料,交给被调查人核对,听取其意见。被调查人应当在书面材料上签署意见。对被调查人签署不同意见或者拒不签署意见的,调查组应当作出说明或者注明情况。对被调查人提出申辩的事实、理由和证据应当进行核实,成立的予以采纳。

调查组对于立案调查的涉嫌行贿犯罪、介绍贿赂犯罪或者共同职务犯罪的涉案人员,在查明其涉嫌犯罪问题后,依照前款规定办理。

对于按照本条例规定,对立案和移送审理一并报批的案件,应当在报批前履行本条第一款规定的程序。

### 条文主旨

本条是关于调查材料交被调查人核对的规定。

### 条文解读

中央纪委1994年3月印发的《中国共产党纪律检查机关案件检查工作条例》第33条第1款规定,"调查组应将所认定的错误事实写成错误事实材料与被调查人进行核对"。《中国共产党纪律检查机关监督执纪工作规则》第51条第1款有类似规定,即"查明涉嫌违纪或者职务违法、职务犯罪问题后,审查调查组应当撰写事实材料,与被审查调查人见面,听取意见"。《监察法实施条例》第217条的规定与上述党内法规的规定一脉相承,因此该规定所进行的制度设计也被称作"涉嫌违法犯罪事实材料见面程序"。[①] 此般制度设计,既是监察机关规范办案、固定证据的需要,也是为了更全面地保障被调查人的合法权益。

根据本条第1款的规定,调查组应当将调查认定的涉嫌违法犯罪事实形成书面材料,交给被调查人核对,听取其意见。被调查人应当在书面材料上签署意见。调查人员不得强迫被调查人承认涉嫌违法犯罪的事实,被调查人签署不同意见或者拒不签署意见的,调查组则应作出说明或者注明情况。为了尽可能减少乃至杜绝调查工作中的失误,对于被调查人提出申辩的事实、理由和证据,调查组应当进行核实,其中成立的申辩应当予以采纳。

根据本条第2款的规定,对于立案调查的涉嫌行贿犯罪、介绍贿赂犯罪或者共同职务犯罪的涉案人员,在查明其涉嫌犯罪问题后,调查组同样应当依照本条第1款的规定,将调查认定的涉嫌犯罪事实形成书面材料,交给涉案人员核对,听取其意见。对于涉案人员提出申辩的事实、理由和证据,调查组应当进行核实,成立的予以采纳。

根据本条第3款的规定,对于立案和移送审理一并报批的案件,应当在报批前履行本条第1款规定的程序。这是因为根据《监察法实施条例》第112条的规定,对案情简单、经过初步核实已查清主要职务违法事实,应当追究监察对象法律责任,不再需要开展调查的,立案和移送审理可以一并报批,履行立案程序后再移送审理。换言之,于立案和移送审理一并报批的案件而言,其并没有经过严格意义上的调查程序,故而应当将"涉嫌违法犯罪事实材料见面程序"提前,即在立案前将调查认定的涉嫌

---

[①] 参见中共中央纪律检查委员会中华人民共和国国家监察委员会法规室编写:《〈中华人民共和国监察法实施条例〉释义》,中国方正出版社2022年版,第300页。

违法犯罪事实形成书面材料,交给被调查人核对。

### 关联法条

《公职人员政务处分法》第 43 条;《中国共产党纪律检查机关案件检查工作条例》第 33 条;《中国共产党纪律检查机关监督执纪工作规则》第 51 条。

---

**第二百一十八条** 调查组在调查工作结束后应当集体讨论,形成调查报告。调查报告应当列明被调查人基本情况、问题线索来源及调查依据、调查过程,涉嫌的主要职务违法或者职务犯罪事实,被调查人的态度和认识,处置建议及法律依据,并由调查组组长以及有关人员签名。

对调查过程中发现的重要问题和形成的意见建议,应当形成专题报告。

---

### 条文主旨

本条是关于调查报告和专题报告的规定。

### 条文解读

在调查工作结束之后,调查组应当集体讨论,形成调查报告。根据本条第 1 款的规定,调查报告应当列明被调查人基本情况、问题线索来源及调查依据、调查过程,涉嫌的主要职务违法或者职务犯罪事实,被调查人的态度和认识,处置建议及法律依据。其中,"问题线索来源"主要包括检举控告、巡视巡察移交、查办案件发现、被调查人自动投案交代等。"涉嫌的主要职务违法或者职务犯罪事实"是指被调查人的行为类型及其性质,应当围绕违法犯罪构成要件展开叙述,写明违法犯罪的时间、地点、人员、手段、结果以及是否有从重、加重、从轻、减轻等情节。[①] "被调查人的态度和认识"是指被调查人到案后的态度及其思想转变情况。"法律依据"应当具体到党规国法的条款。[②]

对调查过程中发现的重要问题和形成的意见建议,调查组应当形成专题报告。此处的"专题报告"是调查报告之外的单独报告。通常来说,专题报告针对的是调查工作中发现的涉及面较广,反映被调查人所在地区、部门共性问题或者代表性、典型

---

[①] 参见张剑峰:《撰写审查调查报告需注意六要》,载《中国纪检监察报》2020 年 5 月 13 日,第 8 版。

[②] 参见中共中央纪律检查委员会中华人民共和国国家监察委员会法规室编写:《〈中华人民共和国监察法实施条例〉释义》,中国方正出版社 2022 年版,第 303 页。

性的问题。这要求调查组在进行深入分析或者调研的基础上,有针对性地总结和提出意见建议,形成有价值的专题报告。①

### 关联法条

《中国共产党纪律检查机关监督执纪工作规则》第51、52条。

---

**第二百一十九条** 调查组对被调查人涉嫌职务犯罪拟依法移送人民检察院审查起诉的,应当起草《起诉建议书》。《起诉建议书》应当载明被调查人基本情况,调查简况,认罪认罚情况,采取监察强制措施的时间,涉嫌职务犯罪事实以及证据,对被调查人从重、从轻、减轻或者免除处罚等情节,提出对被调查人移送起诉的理由和法律依据,采取刑事强制措施的建议,并注明移送案卷数及涉案财物等内容。

调查组应当形成被调查人到案经过及量刑情节方面的材料,包括案件来源、到案经过,自动投案、如实供述、立功等量刑情节,认罪悔罪态度、退赃、避免和减少损害结果发生等方面的情况说明及相关材料。被检举揭发的问题已被立案、查破,被检举揭发人已被采取调查措施或者刑事强制措施、起诉或者审判的,还应当附有关法律文书。

---

### 条文主旨

本条是关于起草起诉建议书的规定。

### 条文解读

1.《起诉建议书》的起草及内容

对于被调查人涉嫌职务犯罪拟依法移送人民检察院审查起诉的案件,调查组应当起草《起诉建议书》。本条第1款对《起诉建议书》应包括的主要内容作出了规定。一是被调查人基本情况,主要有姓名、性别、出生日期、身份证号码、民族、籍贯、学历、职务、住址、户籍、工作经历等。二是调查简况。三是认罪认罚情况。载明该内容,有助于司法机关适用刑事诉讼中的认罪认罚从宽制度。四是采取监察强制措施的时

---

① 参见中共中央纪律检查委员会中华人民共和国国家监察委员会法规室编写:《〈中国共产党纪律检查机关监督执纪工作规则〉释义》,中国方正出版社2019年版,第162页。

间。这是考虑到管护、留置等监察强制措施,依法可以折抵刑期。五是涉嫌职务犯罪事实以及证据。六是对被调查人从重、从轻、减轻或者免除处罚等情节。七是对被调查人移送起诉的理由和法律依据。八是采取刑事强制措施的建议。这是为了做到监察强制措施与刑事强制措施的有序衔接。九是移送案卷数及涉案财物情况。

2. 形成被调查人到案经过及量刑情节方面的材料

为便于司法机关定罪量刑,调查组还应当形成被调查人到案经过及量刑情节方面的材料。根据本条第 2 款的规定,此类材料包括案件来源、到案经过、自动投案、如实供述、立功等量刑情节,认罪悔罪态度、退赃、避免和减少损害结果发生等方面的情况说明及相关材料。此外,根据《刑法》第 68 条的规定,犯罪分子有揭发他人犯罪行为,查证属实的,或者提供重要线索,从而得以侦破其他案件等立功表现的,可以从轻或者减轻处罚;有重大立功表现的,可以减轻或者免除处罚。为此,涉嫌职务犯罪的被调查人如果存在检举揭发事项,调查组同样应当形成相应的材料。其中,如果被检举揭发的问题已被立案、查破,被检举揭发人已被采取调查措施或者刑事强制措施、起诉或者审判的,则应当附立案决定书、起诉意见书、起诉书、裁判文书等有关法律文书。

---

**第二百二十条** 经调查认为被调查人构成职务违法或者职务犯罪的,应当区分不同情况提出相应处理意见,经审批将调查报告、职务违法或者职务犯罪事实材料、涉案财物报告、涉案人员处理意见等材料,连同全部证据和文书手续移送审理。

对涉嫌职务犯罪的案件材料应当按照刑事诉讼要求单独立卷,与《起诉建议书》、涉案财物报告、同步录音录像资料及其自查报告等材料一并移送审理。

调查全过程形成的材料应当案结卷成、事毕归档。

---

【条文主旨】

本条是关于移送审理程序的规定。

【条文解读】

1. 将相关材料移送审理

根据本条第 1 款的规定,经调查认为被调查人构成职务违法或者职务犯罪的,应当按程序报监察机关主要负责人批准,将相关材料移送审理。需要注意的是,移送审理时应当"区分不同情况提出相应处理意见",主要包括给予政务处分或者移送审查起诉的建议,以及对被调查人从重、从轻或者减轻处理的意见。移送审理的材料主要有调查报告、职务违法或者职务犯罪事实材料、涉案财物报告、涉案人员处理意见等,以及全部证据和文书手续。

2. 涉嫌职务犯罪的案件材料应单独立卷

涉嫌职务犯罪必然涉嫌职务违法,此类案件的移送审理应当分别立卷,以便将其中涉嫌职务犯罪案件的相关材料移送检察机关。根据本条第 2 款的规定,对涉嫌职务犯罪的案件材料单独立卷,应当按照刑事诉讼的要求进行。考虑到刑事诉讼中还会对涉案财物进行处理,以及需要出示同步录音录像,本条第 2 款还要求,在将刑事诉讼立卷移送审理时,应同《起诉建议书》、涉案财物报告、同步录音录像资料及其自查报告等材料一并移送。

3. 案结卷成、事毕归档

根据本条第 3 款的规定,调查全过程形成的材料应当案结卷成、事毕归档。其中,"案结卷成"要求在调查过程中同步进行案卷的归类和整理工作,不能待到调查即将结束时甚至结束之后突击归档。"事毕归档"则是指在调查工作完成之后,相关案件材料便已经按要求整理并归档。

### 关联法条

《中国共产党纪律检查机关监督执纪工作规则》第 52 条。

## 第四节 审 理

第二百二十一条 案件审理部门收到移送审理的案件后,应当审核材料是否齐全、手续是否完备。对被调查人涉嫌职务犯罪的,还应当审核相关案卷材料是否符合职务犯罪案件立卷要求,是否在调查报告中单独表述已查明的涉嫌犯罪问题,是否形成《起诉建议书》。

经审核符合移送条件的,应当予以受理;不符合移送条件的,经审批可以暂缓受理或者不予受理,并要求承办部门补充完善材料。

### 条文主旨

本条是关于受理移送审理案件的规定。

### 条文解读

根据《监察法》第 39 条第 1 款的规定,监察机关应当严格按照程序开展工作,建立问题线索处置、调查、审理各部门相互协调、相互制约的工作机制。在调查部门将案件移送给审理部门时,审理部门对相关材料进行审核,便属于审理部门对调查部门的制约。本条第 1 款规定了案件审理部门的审核重点,概言之就是"五个'是否'":对于所有移送审理的案件,均应审核"材料是否齐全"及"手续是否完备"。对于被调查人涉嫌职务犯罪的案件,还应当审核"相关案卷材料是否符合职务犯罪案件立卷要求","是否在调查报告中单独表述已查明的涉嫌犯罪问题",以及"是否形成《起诉建议书》"。经审核,如果以上"五个'是否'"均是肯定答案,便符合移送条件,此时案件审理部门应当予以受理。如果不符合移送条件,经审批可以暂缓受理或者不予受理,并要求承办部门补充完善材料。待材料补充完善之后再审核是否符合移送条件。

### 关联法条

《监察法》第 39 条第 1 款;《中国共产党纪律检查机关监督执纪工作规则》第 54、55 条。

---

**第二百二十二条** 案件审理部门受理案件后,应当成立由二人以上组成的审理组,全面审理案卷材料。

案件审理部门对于受理的案件,应当以监察法、政务处分法、刑法、《中华人民共和国刑事诉讼法》等法律法规为准绳,对案件事实和证据、性质认定、程序手续、涉案财物等进行全面审理。

案件审理部门应当强化监督制约职能,对案件严格审核把关,坚持实事求是、独立审理,依法提出审理意见。坚持调查与审理相分离的原则,案件调查人员不得参与审理。

---

### 条文主旨

本条是关于全面审理要求的规定。

### 条文解读

经案件审理部门审核符合受理条件的案件应移送审理。有鉴于此,根据本条第 1 款的规定,在决定受理之后,案件审理部门应当及时成立由 2 人以上组成的审理组,并确定主要承办人。审理组成立后,应当按照要求认真审理,全面系统地审理案卷材料,并针对案卷材料反映的违法犯罪事实提出认定意见和处理意见。

本条第2款规定了案件审理的具体依据和内容。一方面,案件审理部门对于受理的案件,应当以《监察法》《公职人员政务处分法》《刑法》《刑事诉讼法》等法律法规为准绳。如以《公职人员政务处分法》为准绳,对被调查人是否应受到政务处分进行判断。另一方面,案件审理工作遵循全面审理的原则,审理的内容包括案件事实和证据、性质认定、程序手续、涉案财物等,以确保办案活动事实清楚、证据确凿、定性准确、处理恰当、程序合法、手续完备。事实清楚是审理工作最基本的要求,指的是审查结论所依据的事实清楚。证据确凿指的是审核所依据的事实均有证据加以证明,所有的证据均依法取得,职务犯罪的证据还应当达到排除合理怀疑的证明标准。定性准确指的是对职务违法或者职务犯罪行为人的行为性质认定准确,无偏差。定性准确是正确处理监察案件的关键,定性是要确定被调查人的行为是构成职务违法还是职务犯罪,此罪还是彼罪,如果定性不准必然导致案件处理存在问题。处理恰当指的是根据上述认定的事实、证据、对案件的定性,依据法律法规和党内法规,给予被调查人恰当的处理。手续完备、程序合法是指处理监察案件应当符合法定程序,不仅实体处理合法,程序方面也应当严格依法进行。

审理工作既是调查工作的继续,也是对调查工作的审核把关。正因如此,本条第3款规定,案件审理部门应当强化监督制约职能,对案件严格审核把关,坚持实事求是、独立审理,依法提出审理意见。为了更有效地发挥审理部门监督制约的职能,本条第3款还明确了调查与审理相分离的原则,即案件调查人员不得参与审理。这是因为一旦案件调查人员参与到审理工作当中,难免会出现先入为主的情况,进而影响到案件的公正处理。

### 关联法条

《监察法》第39条第1款;《中国共产党纪律检查机关监督执纪工作规则》第54、55条;《纪检监察机关派驻机构工作规则》第9条。

---

**第二百二十三条** 审理工作应当坚持民主集中制原则,经集体审议形成审理意见。

---

### 条文主旨

本条是关于审理工作坚持民主集中制原则的规定。

### 条文解读

《监察法实施条例》第 6 条规定,"监察机关坚持民主集中制,对于线索处置、立案调查、案件审理、处置执行、复审复核中的重要事项应当集体研究,严格按照权限履行请示报告程序"。而《监察法实施条例》第 223 条对"审理工作应当坚持民主集中制原则"加以重申,更加表明民主集中制原则和集体审议制度对审理工作的重要性。审理工作中的集体审议,一方面是审理组集体讨论,即审理组在全面审阅卷宗材料的基础上,通过集体讨论研究,形成对涉嫌违法犯罪事实、性质的认定和处理建议,提交部门集体审议。另一方面是案件审理部门集体讨论,即案件审理部门在集体审议时,应当听取审理组的汇报,对重点问题进行认真研究,在民主讨论的基础上形成意见。[1] 此外,根据《中国共产党纪律检查机关监督执纪工作规则》第 55 条第 1 款第 4 项的规定,在审理工作中若出现争议较大的问题,应当及时报告,待到形成一致意见后再作出决定。

### 关联法条

《监察法》第 51 条;《公职人员政务处分法》第 4 条;《中国共产党纪律检查委员会工作条例》第 4 条;《中国共产党纪律检查机关监督执纪工作规则》第 10、53、55 条。

---

**第二百二十四条** 审理工作应当在受理之日起一个月以内完成,重大、复杂案件经批准可以适当延长。

---

### 条文主旨

本条是关于审理期限的规定。

### 条文解读

审理工作既要确保质量,也要做到办案有效率。正因如此,本条对审理期限作出了明确规定。在审理部门受理移送的案件后,审理期限开始起算。一般情况下,审理工作应当在受理之日起 1 个月以内完成;如果遇到重大、复杂的案件,经监察机关相

---

[1] 参见中共中央纪律检查委员会中华人民共和国国家监察委员会法规室编写:《〈中华人民共和国监察法实施条例〉释义》,中国方正出版社 2022 年版,第 313 页。

关负责人批准,可以适当延长审理期限。应予注意的是,审理期限的适当延长只是对监察机关办案总期限的分配,不能突破《监察法》对监察办案总期限的规定。此外,根据《监察法实施条例》第 226 条的规定,案件审理部门有权将案件退回重新调查或者补充调查。退回重新调查和补充调查的时间不计入期限时限。

### 关联法条

《中国共产党纪律检查机关监督执纪工作规则》第 55 条第 3 款。

---

**第二百二十五条** 案件审理部门根据案件审理情况,经审批可以与被调查人谈话,告知其在审理阶段的权利义务,核对涉嫌违法犯罪事实,听取其辩解意见,了解有关情况。与被调查人谈话应当在具备安全保障条件的场所进行,被调查人为在押的犯罪嫌疑人、被告人或者在看守所、监狱服刑人员的,按照本条例第八十三条规定办理。谈话时,案件审理人员不得少于二人。

具有下列情形之一的,一般应当与被调查人谈话:

(一)对被调查人采取留置措施,拟移送起诉的;
(二)可能存在以非法方法收集证据情形的;
(三)被调查人对涉嫌违法犯罪事实材料签署不同意见或者拒不签署意见的;
(四)被调查人要求向案件审理人员当面陈述的;
(五)其他有必要与被调查人进行谈话的情形。

---

### 条文主旨

本条是关于审理谈话的规定。

### 条文解读

正所谓兼听则明,案件审理部门不仅要对移送的案件材料进行审理把关,而且要从被调查人处了解相关情况。有鉴于此,《监察法实施条例》第 225 条对审理谈话制度作出了规定,此般制度设计既有利于案件审理部门克服"书面审"局限,也是维护被调查人合法权益的有力之举。[1] 与被调查人进行谈话并非审理的必经程序,而是

---

[1] 参见中央纪委国家监委案件审理室:《准确理解把握〈监察法实施条例〉中关于案件审理工作的规定(二)》,载《中国纪检监察报》2022 年 7 月 20 日,第 6 版。

案件审理部门根据案件审理情况决定采取的举措。同时,案件审理部门与被调查人谈话应当履行审批手续,即经监委分管领导审批。

审理谈话的内容主要有:一是告知被调查人在审理阶段的权利义务,如陈述、申辩、申请审理人员回避等权利,以及依法配合等义务。二是与被调查人就其涉嫌违法犯罪事实进行核对,并听取被调查人的辩解意见。三是向被调查人了解有关情况,特别是调查人员在调查过程中有无违法的情况。四是对被调查人进行必要的思想政治和纪律法律教育。为确保办案安全,与被调查人谈话应当在具备安全保障条件的场所进行。被调查人为在押的犯罪嫌疑人、被告人的,应当持以监察机关名义出具的介绍信、工作证件,商请有关案件主管机关依法协助办理。被调查人为在看守所、监狱服刑的人员的,应当持以监察机关名义出具的介绍信、工作证件办理。此外,在与被调查人进行审理谈话时,案件审理人员不得少于2人。

尽管审理谈话不是审理工作的必经程序,但根据本条第2款的规定,具有下列情形之一的,案件审理部门一般应当与被调查人谈话:一是对被调查人采取留置措施,拟移送起诉的;二是可能存在以非法方法收集证据情形的;三是被调查人对涉嫌违法犯罪事实材料签署不同意见或者拒不签署意见的;四是被调查人要求向案件审理人员当面陈述的;五是其他有必要与被调查人进行谈话的情形。

### 关联法条

《中国共产党党员权利保障条例》第35条;《中国共产党纪律检查机关监督执纪工作规则》第55条第1款第4项。

**第二百二十六条** 经审理认为主要违法犯罪事实不清、证据不足的,应当经审批将案件退回承办部门重新调查。

具有下列情形之一,需要补充完善证据的,经审批可以退回补充调查:

(一)部分事实不清、证据不足的;

(二)遗漏违法犯罪事实的;

(三)其他需要进一步查清案件事实的情形。

案件审理部门将案件退回重新调查或者补充调查的,应当出具审核意见,写明调查事项、理由、调查方向、需要补充收集的证据及其证明作用等,连同案卷材料一并送交承办部门。

承办部门补充调查结束后,应当经审批将补证情况报告及相关证据材料,

> 连同案卷材料一并移送案件审理部门;对确实无法查明的事项或者无法补充的证据,应当作出书面说明。重新调查终结后,应当重新形成调查报告,依法移送审理。
>
> 重新调查完毕移送审理的,审理期限重新计算。补充调查期间不计入审理期限。

### 条文主旨

本条是关于退回承办部门重新调查或补充调查的规定。

### 条文解读

1. 退回承办部门重新调查或补充调查的适用情形

本条第 1 款规定了退回承办部门重新调查的情形,即"经审理认为主要违法犯罪事实不清、证据不足",这是指占主要部分的违法犯罪事实达不到法定证明标准,无法认定被调查人构成违法犯罪。与此不同的是,根据本条第 2 款的规定,退回补充调查的情形之一是"部分事实不清、证据不足"。此外,退回补充调查的情形还包括遗漏违法犯罪事实,即在调查报告认定的涉嫌违法犯罪事实之外,还存在其他违法犯罪事实有待进一步查证,以及其他需要进一步查清案件事实的情形。

2. 退回承办部门重新调查或补充调查的处理流程

根据本条第 3 款的规定,案件审理部门将案件退回重新调查或者补充调查的,应当出具审核意见,写明调查事项、理由、调查方向、需要补充收集的证据及其证明作用等,连同案卷材料一并送交承办部门。承办部门应当根据案件审理部门的审核意见,开展重新调查或补充调查工作。承办部门补充调查结束后,应当经审批将补证情况报告及相关证据材料,连同案卷材料一并移送案件审理部门;对确实无法查明的事项或者无法补充的证据,应当作出书面说明。重新调查终结后,应当重新形成调查报告,依法移送审理。由此可见,补充调查只是使审理工作暂时停止,而重新调查则意味着整个审理工作的重启。尚需注意的是,重新调查完毕移送审理的,审理期限重新计算,实际效果相当于一次新的移送审理。与此不同的是,对于补充调查后移送审理的案件,仍须在原定的审理期限内完成审理工作,只是补充调查期间不计入审理期限。

### 关联法条

《中国共产党纪律检查机关监督执纪工作规则》第 55 条第 1 款第 5 项。

> 第二百二十七条　审理工作结束后应当形成审理报告,载明被调查人基本情况、调查简况、涉嫌违法或者犯罪事实、被调查人态度和认识、涉案财物处置、承办部门意见、审理意见等内容,提请监察机关集体审议。
>
> 对被调查人涉嫌职务犯罪需要追究刑事责任的,应当形成《起诉意见书》,作为审理报告附件。《起诉意见书》应当忠实于事实真象,载明被调查人基本情况,调查简况,采取监察强制措施的时间,依法查明的犯罪事实和证据,从重、从轻、减轻或者免除处罚等情节,涉案财物情况,涉嫌罪名和法律依据,采取刑事强制措施的建议,以及其他需要说明的情况。
>
> 案件审理部门经审理认为现有证据不足以证明被调查人存在违法犯罪行为,且通过退回补充调查仍无法达到证明标准的,应当提出撤销案件的建议。

## 条文主旨

本条是关于审理文书和提出撤销案件建议的规定。

## 条文解读

1. 审理工作结束后应当形成审理报告

根据《监察法》第 51 条的规定,监察机关在调查工作结束后,应当依法对案件事实和证据、性质认定、程序手续、涉案财物等进行全面审理,形成审理报告。《监察法实施条例》在《监察法》的基础之上,对包括审理报告在内的审理文书作出了更细致的规定。其中,审理报告是监察机关案件审理部门在案件审理结束之后就移送审理的案件的事实、证据、定性以及如何处理等方面形成的法律文书。根据《监察法实施条例》第 227 条第 1 款的规定,审理报告需要载明以下内容:被调查人基本情况、调查简况、涉嫌违法或者犯罪事实、被调查人态度和认识、涉案财物处置、承办部门意见、审理意见等。可以发现,审理报告与调查报告载明的内容有许多相似之处,但审理报告"不是调查报告的翻版,而是应当根据审理后认定的事实、情况进行制作"[1],以此为监察机关的集体审议起到前置的把关作用。

如果被调查人涉嫌职务犯罪、需要追究刑事责任,审理报告应当有《起诉意见书》作为附件。根据《监察法》第 52 条的规定,对涉嫌职务犯罪的,监察机关经调查认

---

[1] 中共中央纪律检查委员会中华人民共和国国家监察委员会法规室编写:《〈中华人民共和国监察法实施条例〉释义》,中国方正出版社 2022 年版,第 320 页。

为事实清楚,证据确实、充分的,制作《起诉意见书》,连同案卷材料、证据一并移送人民检察院依法审查,提起公诉。所以,制作《起诉意见书》应当在查清案件事实基础上,做到证据确实、充分。作为审理报告的附件,《起诉意见书》应当在审理报告中单独表述经审理认定的涉嫌职务犯罪的事实,并应当根据案件事实和调查取得的证据制作,反映被调查人的基本情况,调查简况,监察机关采取留置措施的时间,依法查明的犯罪事实和证据,是否存在从重、从轻、减轻处罚或者免除等情节,涉案财物情况,被调查人涉嫌的罪名和法律依据,采取刑事强制措施的建议等。

2. 证据不足时应提出撤销案件的建议

根据《监察法》第 52 条第 2 款的规定,监察机关经调查,对没有证据证明被调查人存在违法犯罪行为的,应当撤销案件,并通知被调查人所在单位。有鉴于此,若经案件审理部门审理,认为现有证据不足以证明被调查人存在违法犯罪行为,且通过退回补充调查仍无法达到证明标准的,案件审理部门应当提出撤销案件的建议。监察机关撤销案件,适用《监察法实施条例》第 237 条等的规定。

> **实务难点指引**

在审理阶段提出撤销案件建议时,需要注意以下三个具体问题。第一,在案件审理阶段提出撤销案件建议必须满足两个条件:一是现有证据不足以证明被调查人存在违法犯罪行为,二是通过退回补充调查仍无法达到证明标准。第二,退回补充调查的次数和提出撤销案件建议的期限。关于退回补充调查的次数,《监察法》《监察机关监督执法工作规定》等均没有明确规定。关于提出撤销案件建议的期限,《监察法实施条例》第 215 条第 2 款规定,对被调查人没有采取留置措施的,应当在立案后 1 年以内作出处理决定;对被调查人解除留置措施的,应当在解除留置措施后 1 年以内作出处理决定。案情重大复杂的案件,经上一级监察机关批准,可延长不超过 6 个月。在上述调查期限内,未能完成补充调查工作的,案件审理部门可以提出撤销案件的建议。第三,提出撤销案件建议的程序。案件审理部门提出撤销案件的建议应当经过监察机关集体审议,由案件承办部门按《监察法实施条例》第 237 条的规定进行办理。[①]

> **关联法条**

《监察法》第 51、52 条;《公职人员政务处分法》第 44 条第 2 项;《中国共产党纪律检查机关

---

① 参见中央纪委国家监委案件审理室:《准确理解把握〈监察法实施条例〉中关于案件审理工作的规定(三)》,载《中国纪检监察报》2022 年 7 月 27 日,第 6 版。

监督执纪工作规则》第 55、56 条;《党组讨论和决定党员处分事项工作程序规定》第 7 条。

> 第二百二十八条　上级监察机关办理下级监察机关管辖案件的,可以经审理后按程序直接进行处置,也可以经审理形成处置意见后,交由下级监察机关办理。

### 条文主旨

本条是关于提级管辖案件审查程序的规定。

### 条文解读

《监察法》明确了监察案件的提级管辖制度,即在第 16 条第 2 款规定,"上级监察机关可以办理下一级监察机关管辖范围内的监察事项,必要时也可以办理所辖各级监察机关管辖范围内的监察事项"。上级监察机关办理下级监察机关管辖的案件,此种"办理"不仅包括对案件进行调查,而且包括调查完成之后的审理。提级管辖的监察机关对案件进行审理之后,有以下两种处理方式:一是提级管辖的监察机关直接进行处置,二是形成处置意见后交由下级监察机关办理。与此类似,根据《中国共产党处分违纪党员批准权限和程序规定》第 10 条第 1 款的规定,上级纪委提级审查的,经审理形成处置意见后,可以交由下级纪委履行处分审批程序;也可以经上级纪委常委会审议同意后,直接作出党纪处分决定。但应注意的是,如果按照第二种方式进行处理,那么下级监察机关应当按照上级监察机关的处置意见,履行相应的集体审议审批程序,对被调查人进行相应的处置。在处置之后,下级监察机关还应将相关情况向上级监察机关进行报告。[①]

### 关联法条

《监察法》第 16 条第 2 款;《中国共产党处分违纪党员批准权限和程序规定》第 10 条第 1 款;《中国共产党纪律检查机关监督执纪工作规则》第 9 条。

---

[①] 参见中共中央纪律检查委员会中华人民共和国国家监察委员会法规室编写:《〈中华人民共和国监察法实施条例〉释义》,中国方正出版社 2022 年版,第 322 页。

> **第二百二十九条** 被指定管辖的监察机关在调查结束后应当将案件移送审理,提请监察机关集体审议。
>
> 上级监察机关将其所管辖的案件指定管辖的,被指定管辖的下级监察机关应当按照前款规定办理后,将案件报上级监察机关依法作出政务处分决定。上级监察机关在作出决定前,应当进行审理。
>
> 上级监察机关将下级监察机关管辖的案件指定其他下级监察机关管辖的,被指定管辖的监察机关应当按照第一款规定办理后,将案件送交有管理权限的监察机关依法作出政务处分决定。有管理权限的监察机关应当进行审理,审理意见与被指定管辖的监察机关意见不一致的,双方应当进行沟通;经沟通不能取得一致意见的,报请有权决定的上级监察机关决定。经协商,有管理权限的监察机关在被指定管辖的监察机关审理阶段可以提前阅卷,沟通了解情况。
>
> 对于前款规定的重大、复杂案件,被指定管辖的监察机关经集体审议后将处理意见报有权决定的上级监察机关审核同意的,有管理权限的监察机关可以经集体审议后依法处置。

### 条文主旨

本条是关于指定管辖案件审查程序的规定。

### 条文解读

《监察法》第 17 条第 1 款规定,"上级监察机关可以将其所管辖的监察事项指定下级监察机关管辖,也可以将下级监察机关有管辖权的监察事项指定给其他监察机关管辖"。但对于指定管辖案件的审理程序,《监察法》并未作出明确规定。《监察法实施条例》第 229 条确立了指定管辖案件"双重审理"的制度安排,即被指定管辖的监察机关和有管理权限的监察机关均应进行审理。

第一,上级监察机关有权将其所管辖的案件指定下级监察机关管辖,该下级监察机关在调查结束后应当将案件移送审理,提请该下级监察机关集体审议。同时,该下级监察机关还应将案件报上级监察机关依法作出政务处分决定。而上级监察机关在作出决定之前,应当进行审理。此种情形下,如果下级监察机关和上级监察机关的审理意见不一致,以上级监察机关的意见为准。

第二,上级监察机关有权将下级监察机关有管辖权的案件指定给其他监察机关管辖,被指定管辖的监察机关应当在调查结束后对案件进行审理。在审理工作完成之后,被指定管辖的监察机关应将案件送交有管理权限的监察机关依法作出政务处分决定,有管理权限的监察机关还应当进行审理。此种情形下,如果被指定管辖的监察机关与有管理权限的监察机关的审理意见不一致,双方应当进行沟通,若沟通不能取得一致意见,则应报请有权决定的上级监察机关决定。同时,对于重大、复杂案件,被指定管辖的监察机关可能会将处理意见报有权决定的上级监察机关审核同意,此时,处理意见代表的便是上级监察机关的意志,那么,有管理权限的监察机关可以经集体审议后依法处置。此外,经双方协商,在被指定管辖的监察机关开展审理工作时,有管理权限的监察机关可以提前阅卷,沟通了解情况。

### 实务难点指引

被指定管辖的监察机关在对案件进行审理时,有管理权限的监察机关可在一定程度上"提前介入",此即《监察法实施条例》第 229 条第 2 款规定的,"经协商,有管理权限的监察机关在被指定管辖的监察机关审理阶段可以提前阅卷,沟通了解情况"。随之而来的问题是,被指定管辖的下级监察机关在进行审理时,上级监察机关是否需要提前介入？对于指定管辖的重大职务犯罪案件,上级监察机关应当与被指定管辖的下级监察机关做好沟通衔接工作,上级监察机关承办案件的监督检查、审查调查部门可以根据案件具体情况,按程序报请本级纪检监察机关相关负责人审批后,商请本机关案件审理部门提前介入审理;同时,因工作需要,被指定管辖的下级监察机关认为需要上级监察机关提前介入审理的,也可以按程序报请上级监察机关案件审理部门提前介入审理。[①]

### 关联法条

《监察法》第 17 条第 1 款;《公职人员政务处分法》第 51 条;《中国共产党处分违纪党员批准权限和程序规定》第 10 条第 2 款;《中国共产党纪律检查机关监督执纪工作规则》第 9 条。

## 第五节 处 置

> **第二百三十条** 监察机关根据监督、调查结果,依据监察法、政务处分法等规定进行处置。

---

[①] 参见孙梦远:《"双审理"案件相关问题解析》,载《中国纪检监察报》2022 年 6 月 22 日,第 6 版。

### 条文主旨

本条是关于处置程序的总体规定。

### 条文解读

监察机关的履职行为不能止步于监督和调查,还须根据监督和调查结果作出相应的处置决定。处置职责是监察机关的三大职责之一,是"对监督、调查结果的反馈回应以及确保前两项职责得以实效化的保障"[1]。"以事实为根据,以法律为准绳"是开展监察工作必须遵循的原则,事实是基础和根本,法律是标准和尺度。[2] 监察机关在履行处置职责时,同样要有根据和依据,即《监察法实施条例》第 230 条规定的"监察机关根据监督、调查结果,依据监察法、政务处分法等规定进行处置"。

一方面,根据《监察法》第 52 条的规定,监察机关履行处置职责,必须以"监督、调查结果"为根据,《监察法实施条例》第 230 条重申了该要求,这是"以事实为根据"的原则在处置程序中的体现。处置程序可谓是监督、调查的后续程序,唯有监督、调查职责完成并有了一定的结果,监察机关才能据此作出相应的处置决定。但应注意的是,监督、调查结果并非处置的唯一根据。例如,对违法的公职人员作出政务处分决定,是监察机关履行处置职责的重要方面。而监察机关调查的只是公职人员的职务违法和职务犯罪行为,职务违法之外的其他违法行为并不属于监察机关的调查范围。从这个意义上来说,监察机关必然会根据其他国家机关对违法事实的认定,作出政务处分决定。此时,监察机关履行处置职责所依据的是"司法机关的生效判决、裁定、决定",而非"监督、调查结果"。[3]

另一方面,监察机关的处置活动必须"以法律为准绳",即监察机关的处置活动必须在查明案件事实的基础上,依照相关法律之规定对案件作出正确的处理,准确认定是否构成违法、犯罪,以及适用何种处罚,从而作出公正的处置决定。需要注意的是,尽管《监察法实施条例》明确把《监察法》和《公职人员政务处分法》列为处置的依据,但监察机关在履行处置职责时,依据的法律法规远不限于这两部法律。例如,将涉嫌职务犯罪的案件移送检察机关审查起诉,是监察机关履行处置职责的重要方面,此时监察机关还需要以《刑法》和《刑事诉讼法》为依据。由此可见,监察机关想要履

---

[1] 马怀德主编:《监察法学》,人民出版社 2019 年版,第 174 页。
[2] 参见中共中央纪律检查委员会中华人民共和国国家监察委员会法规室编写:《〈中华人民共和国监察法〉学习问答》,中国方正出版社 2018 年版,第 15 页。
[3] 参见秦前红主编:《监察法学教程》(修订版),法律出版社 2023 年版,第 337 - 338 页。

行好处置职责,不仅需要充分掌握《监察法》,还必须知晓监察领域的相关法律知识。

**关联法条**

《监察法》第11、13、52条。

> 第二百三十一条 监察机关对于公职人员有职务违法行为但情节较轻的,可以依法进行谈话提醒、批评教育、责令检查,或者予以诫勉。上述方式可以单独使用,也可以依据规定合并使用。
> 
> 谈话提醒、批评教育应当由监察机关相关负责人或者承办部门负责人进行,可以由被谈话提醒、批评教育人所在单位有关负责人陪同;经批准也可以委托其所在单位主要负责人进行。对谈话提醒、批评教育情况应当制作记录。
> 
> 被责令检查的公职人员应当作出书面检查并进行整改。整改情况在一定范围内通报。
> 
> 诫勉由监察机关以谈话或者书面方式进行。采取谈话方式予以诫勉的,应当由监察机关相关负责人或者承办部门负责人进行;经批准也可以委托诫勉对象所在单位主要负责人进行。对谈话情况应当制作记录。

**条文主旨**

本条是关于处置情节较轻职务违法行为的规定。

**条文解读**

《监察法》第52条第1款第1项规定,"对有职务违法行为但情节较轻的公职人员,按照管理权限,直接或者委托有关机关、人员,进行谈话提醒、批评教育、责令检查,或者予以诫勉"。在该规定的基础之上,《监察法实施条例》第231条进行了细化规定,如明确这些方式可以单独使用,也可以依据规定合并使用。

第一,进行谈话提醒、批评教育、责令检查,或者予以诫勉的前提,是"公职人员有职务违法行为但情节较轻"。这其中包含两个要素:一是存在职务违法行为,二是职务违法行为的情节较轻。"职务违法行为"是指行使公权力的公职人员利用职务之便所实施的违反法律规范的行为,但是该行为尚未违反刑法规范,未达到职务犯罪的追诉标准。"情节较轻"是指职务违法行为的社会危害性较低,尚未因为职务违法而明显侵害社会公共利益,使公众的生命与财产受到威胁,因此可以免于处分或免于承担相关法律责任。

第二,对有职务违法行为但情节较轻的公职人员进行谈话提醒、批评教育,原则上应由监察机关相关负责人或者承办部门负责人进行。但经批准,亦可由监察机关委托该公职人员所在单位主要负责人进行。如果由监察机关相关负责人或者承办部门负责人进行,则可以由被谈话提醒、批评教育人所在单位有关负责人陪同,这是主体责任和监督责任贯通协调的具体体现。[①] 此外,对谈话提醒、批评教育情况应当制作记录。

第三,对于公职人员有职务违法行为但情节较轻的,监察机关可以责令公职人员作出检查。责令检查的目的是督促公职人员吸取教训、保证不再重犯。需要注意的是,为了彰显责令检查这一措施的严肃性,公职人员进行检查时应当作出书面的检查。同时,检查本身不是目的,而是为了督促相关公职人员进行整改。因此,公职人员在作出书面检查时,还应当进行整改,整改情况需要在一定范围内予以通报。

第四,对有职务违法行为但情节较轻的公职人员予以诫勉,既可以通过谈话的形式进行,也可以通过书面的方式进行。其中,采取谈话方式予以诫勉的,应当由监察机关相关负责人或者承办部门负责人进行,经批准也可以委托诫勉对象所在单位主要负责人进行。以谈话方式进行诫勉的,应当就谈话情况制作记录。

### 关联法条

《监察法》第 52 条第 1 款;《公职人员政务处分法》第 12 条第 1 款;《公务员法》第 57 条第 2 款;《中国共产党纪律处分条例》第 5、19 条;《中国共产党纪律检查委员会工作条例》第 31 条第 2 款第 1 项;《事业单位工作人员处分规定》第 12 条;《中国共产党纪律检查机关监督执纪工作规则》第 30 条第 1 款第 2 项。

---

**第二百三十二条** 对违法的公职人员依法需要给予政务处分的,应当根据情节轻重作出警告、记过、记大过、降级、撤职、开除的政务处分决定,制作政务处分决定书。

---

### 条文主旨

本条是关于依法给予政务处分的规定。

---

[①] 参见中共中央纪律检查委员会中华人民共和国国家监察委员会法规室编写:《〈中华人民共和国监察法实施条例〉释义》,中国方正出版社 2022 年版,第 327 页。

### 条文解读

政务处分是国家监察体制改革和《监察法》作出的一项新的制度设计,虽其源于此前的政纪处分制度,但二者在处分主体、处分对象和处分事由等方面有着较大的差异。根据《监察法》第 11 条第 3 项的规定,对违法的公职人员依法作出政务处分决定,是监察机关履行处置职责的重要方面。《监察法》第 52 条第 1 款第 2 项还列举了"警告、记过、记大过、降级、撤职、开除"等政务处分类型。2020 年 6 月,全国人大常委会通过了《公职人员政务处分法》,对政务处分制度作出更加细致的规定。

第一,政务处分的前提是公职人员存在违法行为,即公职人员存在情节较重的违法行为但尚未构成犯罪。与《监察法实施条例》第 231 条第 1 款规定的"有职务违法行为但情节较轻"相比,本条的适用情形是已经产生了社会公共利益的损害事实,具有一定社会危害性,属于必须予以追究的情况。

第二,公职人员违法行为的情节轻重不同,对其作出的政务处分相应有所差异。按照《监察法》和《公职人员政务处分法》的设计,政务处分从轻到重依次是警告、记过、记大过、降级、撤职、开除。其中,警告是对违法的公职人员提出的告诫,以促使其认识和改正错误;记过和记大过是对违法行为的过错加以记载;降级是指降低公职人员的级别;撤职即撤销公职人员所担任的职务;开除则意味着解除公职人员与所在单位的人事关系或劳动关系,剥夺公职人员身份。

第三,决定给予政务处分的,应当制作政务处分决定书。政务处分决定书应当载明下列事项:被处分人的姓名、工作单位和职务;违法事实和证据;政务处分的种类和依据;不服政务处分决定,申请复审、复核的途径和期限;作出政务处分决定的机关名称和日期。政务处分决定书应当盖有作出决定的监察机关的印章。

### 实务难点指引

《公职人员政务处分法》第 3 条区分了政务处分和处分,前者的作出主体是监察机关,后者的作出主体则是公职人员的任免机关、单位。"政务处分"与"处分"既有相同之处,亦不乏相当的差别。其中,相同之处主要体现为:政务处分和处分都是对公职人员违法行为的否定评价,都属于一种惩戒措施;政务处分和处分的种类及适用,皆应根据《公职人员政务处分法》第 2、3 章的规定。而二者的差别体现在以下三个方面:一是作出的主体不同,政务处分是由监察机关作出的,处分则是由公职人员的任免机关、单位作出的;二是作出的程序不同,监察机关作出政务处分应当依照《公职人员政务处分法》的规定,任免机关、单位作出处分的程序则适用于其他法律、行政法规、国务院部门规章和国家有关规定；三是处分的根据不同，监察机关作出政务处分是根据其对公职人员的监督职责，任免机关、单位作出处分，除了基于其对公职人员的监督职责外，还包括教育和管理职责。

监察机关和任免机关、单位都有权对违法的公职人员作出政务处分或处分，但二者均需"按照管理权限进行"。此处所谓的"管理权限"，既可用来确定由哪一层级的监察机关作出政务处分决定，又可用来区分监察机关与任免机关、单位在进行政务处分时的权限，即对于违法的公职人员而言，哪些应由监察机关进行政务处分，哪些应由任免机关、单位进行处分，哪些情况下二者都有权进行政务处分或处分。《公职人员政务处分法》之所以对政务处分与处分作了区分，并构建了处分主体二元化的模式，原因在于二者的管理权限有较大差异。当然，鉴于监察机关履行的监督职责，若任免机关、单位应当给予处分而未给予，或者给予的处分违法、不当的，监察机关应当及时提出监察建议，督促任免机关、单位予以改正。

### 关联法条

《监察法》第11、52条；《公职人员政务处分法》；《监察官法》第64、65条；《中国共产党纪律处分条例》第31、35条；《中国共产党纪律检查机关监督执纪工作规则》第10、11条；《纪检监察机关派驻机构工作规则》第8、40—42条。

---

**第二百三十三条** 监察机关应当将政务处分决定书在作出后一个月以内送达被处分人和被处分人所在机关、单位，并依法履行宣布、书面告知程序。

政务处分决定自作出之日起生效。有关机关、单位、组织应当依法及时执行处分决定，并将执行情况向监察机关报告。处分决定应当在作出之日起一个月以内执行完毕，特殊情况下经监察机关批准可以适当延长办理期限，最迟不得超过六个月。

---

### 条文主旨

本条是关于政务处分决定送达和执行的规定。

### 条文解读

送达是政务处分活动中不可缺少的组成部分，其既可确保被处分人知晓政务处分决定的内容，亦可保证政务处分决定被有关机关、单位、组织执行。为此，《公职人员政务处分法》第46条规定,"政务处分决定书应当及时送达被处分人和被处分人所在机关、单位,并在一定范围内宣布。作出政务处分决定后,监察机关应当根据被处分人的具体身份书面告知相关的机关、单位"。该条并未明确政务处分决定书送达的具体时间,有鉴于此,《监察法实施条例》第233条第1款明确,监察机关应当将政务处分决定书在作出后1个月以内送达被处分人和被处分人所在机关、单位,并依法履行宣布、书面告知程序。

政务处分决定自作出之日起生效,政务处分期自政务处分决定生效之日起计算。根据《公职人员政务处分法》第45条第2款第5项的规定,政务处分决定书应当载明政务处分决定的作出日期。在政务处分决定生效之后,有关机关、单位、组织应当依法及时执行处分决定,并将执行情况向监察机关报告。尽管被处分人有权依法申请复审、复核,但复审、复核期间不停止原政务处分决定的执行。有关机关、单位、组织执行政务处分决定不得拖沓,而应在处分决定作出之日起1个月以内执行完毕,如降级以上的政务处分,应当由人事部门按照管理权限在作出政务处分决定后1个月内办理职务、工资及其他有关待遇等的变更手续。当然,有特殊情况难以及时执行的,经监察机关批准可以适当延长办理期限,但最迟不得超过6个月。

### 关联法条

《公职人员政务处分法》第45、46、54、56条;《中国共产党纪律处分条例》第45条;《中国共产党纪律检查委员会工作条例》第37条;《党组讨论和决定党员处分事项工作程序规定》第9—11条;《中国共产党处分违纪党员批准权限和程序规定》第19条;《中国共产党纪律检查机关监督执纪工作规则》第56条。

**第二百三十四条** 监察机关对不履行或者不正确履行职责造成严重后果或者恶劣影响的领导人员,可以按照管理权限采取通报、诫勉、政务处分等方式进行问责;提出组织处理的建议。

### 条文主旨

本条是关于监察问责方式的规定。

### 条文解读

根据《监察法》第11条第3项的规定,对履行职责不力、失职失责的领导人员进行问责,是监察机关履行处置职责的重要方面。不过,《监察法》并未明确规定监察问责的方式,为此,《监察法实施条例》借鉴党内问责的制度设计,在本条对监察问责方式作出了规定,具体包括通报、诫勉、政务处分等方式,或者提出组织处理的建议。

就上述问责的具体方式而言,"通报"指的是监察机关按照管理权限,对被问责的领导人员进行严肃批评,责令其作出正式书面的检查、认真改正自身的行为,并将上述问题在一定范围内予以公布,以便其他人员引以为戒,进而发挥警示作用。《中国共产党问责条例》同样把"通报"作为一类问责方式,并在第8条对"通报"进行了定义,即"责令整改,并在一定范围内通报",以及"进行严肃批评,责令作出书面检查、切实整改,并在一定范围内通报"。"诫勉"是以谈话或者书面方式进行批评与教育。"政务处分"是对失职失责、危害严重,应当给予政务处分的,依照《公职人员政务处分法》追究责任。上述3种方式的适用应当视具体事实情节而定,情节相对较轻的适用通报,情节相对较重的适用政务处分。再者,监察机关还可以采用监察建议的手段对符合问责情形的领导人员提出组织调整或组织处理的建议。"组织调整建议"是指监察机关可以建议有关单位应处置的领导人员不再担任相关职位,建议进行调整。"组织处理建议"是指监察机关可以建议有关单位如何处置相关领导人员,包括停职检查、责令辞职、免职、降职等。这本质是监察机关以监察建议的形式介入到组织内部对相关领导人员进行处理,从而发挥监察建议的作用。

**实务难点指引**

根据《中国共产党问责条例》第8条的规定,党内问责方式可以单独使用,也可以依据规定合并使用。所谓"合并使用",是指对同一问责对象,采取两种以上问责方式进行问责。不过,监察问责方式是否可以合并使用,《监察法》和《监察法实施条例》均未作出明确规定。一般来说,对于功能作用、惩戒后果不一样的问责方式可以合并使用。以下三类情况不宜合并使用:第一,若采取一种问责方式就足以达到上述目的,就没有必要采取两种以上问责方式。第二,功能和作用相近的问责方式,也不宜合并使用。第三,一般情况下,采取了较为严厉的措施,就没有必要再给予较轻的处罚。[①]

**关联法条**

《监察法》第11条;《中国共产党问责条例》第4—16条;《中国共产党纪律检查委员会工作

---

[①] 参见中共中央纪律检查委员会中华人民共和国国家监察委员会法规室编写:《〈中华人民共和国监察法实施条例〉释义》,中国方正出版社2022年版,第332页。

条例》第38条。

> **第二百三十五条** 监察机关依法向监察对象所在单位提出监察建议的,应当经审批制作监察建议书。
> 监察建议书一般应当包括下列内容:
> (一)监督调查情况;
> (二)发现的主要问题及其产生的原因;
> (三)整改建议内容和要求;
> (四)整改期限和反馈整改情况的要求;
> (五)提出异议的期限和方式。

### 条文主旨

本条是关于监察建议书的规定。

### 条文解读

根据《监察法》第52条第1款第5项的规定,监察机关根据监督、调查结果,依法对监察对象所在单位廉政建设和履行职责存在的问题等提出监察建议。监察建议书是监察机关作出监察建议的形式载体,是监察机关根据监督调查情况指出调查中发现的主要问题及其产生的原因,并提出具体整改建议的具有法律效力的法律文书。本条对监察建议书的具体要求作出了规定。监察建议书的制作需要经过审批,不得随意制作。

监察建议书应当载明以下五个方面的内容:一是监督调查情况。二是发现的主要问题及其产生的原因。一方面,监察建议书需要客观陈述监督调查情况的事实,如被调查人违法乱纪的具体事实与相关证据;另一方面,监察建议书需要客观陈述调查中发现的问题,包括被建议单位廉政建设、履行职责,如制度建设、权力配置和运行制约机制、监督体系等方面存在的问题,从而促进完善制度机制,以及分析上述问题产生的原因。三是整改建议内容和要求,以此为被建议单位所存在的问题提供整改方向与要求。四是整改期限和反馈整改情况的要求,这可以有效避免监察建议"一发了之"。五是提出异议的期限和方式,即监督对象所在单位收到监察建议后,可对监察建议提出异议,这是修改《监察法实施条例》时新增的。

### 实务难点指引

提出一份高质量的监察建议,应注意以下问题:第一,关于监督调查情况、调查中发现的主要问题,监察机关应当实事求是地记载,详细、准确地指出问题之所在,尤其是问题需要找准、原因分析需要深刻,这直接影响到监察建议的实效性与准确性。第二,监察机关所提出的监察建议,应当务实,做到具体问题具体分析,确保监察建议能够落地。第三,监察建议书载明的整改期限不宜过长,也不宜过短。时间过长会导致监察建议被怠慢,时间过短不利于监察建议的落实。

### 实践样本

宁夏回族自治区银川市纪委监委就核查线索中发现的问题,曾向该市供销合作社联合社下发了监察建议书,提出整改要求,明确整改时限。监察建议书指出,"你单位要强化日常监管,加强资金监督管理,建立健全投资资金监管制度措施,确保投资资金使用和项目实施意图一致"。收到监察建议书后,该供销社高度重视,成立社有企业投资项目整改工作领导小组,及时召开社有企业投资项目监察反馈问题通报警示会。制定《自治区供销合作社财政项目资金财务审计监督管理办法(试行)》《自治区供销合作社联合社综合改革股权投入资金管理办法(试行)》等制度,进一步堵塞漏洞,优化投资质效。[1]

### 关联法条

《监察法》第11、13、52、71条;《公职人员政务处分法》第3、61条;《中国共产党纪律检查机关监督执纪工作规则》第19条;《纪检监察机关处理检举控告工作规则》第34条;《纪检监察机关派驻机构工作规则》第14、44条。

---

**第二百三十六条** 监察机关在研究提出监察建议过程中,应当坚持问题导向、系统观念,加强分析研判,保证监察建议质量。

监察机关可以采取专题调研、部门会商、征求特约监察员等有关人员意见,以及与被建议单位或者其他有关方面沟通等方式,提高监察建议的针对性、可行性。

---

[1] 参见马晓:《用好用活纪检监察建议书》,载《中国纪检监察报》2023年2月19日,第2版。

### 条文主旨

本条是关于提高监察建议质量的规定。

### 条文解读

监察机关提出监察建议,不仅要做好"后半篇文章",即跟踪了解监察建议的采纳情况,指导、督促有关单位限期整改,推动监察建议落实到位;而且要做好"前半篇文章",即提出高质量的监察建议。特别是监察建议本身是否有较高水准,直接关系到监察建议预期功能能否充分实现。有鉴于此,2025 年修改后的《监察法实施条例》新增该规定,明确要求提高监察建议的针对性、可行性。

一方面,监察建议的提出应当坚持问题导向、系统观念,加强分析研判。所谓"坚持问题导向",要求监察建议针对监督、调查时发现的突出问题,可以说"问题找得准不准、深不深、全不全,直接影响到提出的建议对不对、实不实、好不好"[1]。因为监察建议指向的是监察对象所在单位廉政建设和履行职责存在的问题,所以在提出监察建议时不能只着眼于监察对象本人的违法犯罪问题,而应秉持系统思维,做到"既见树木又见森林"。

另一方面,根据《监察法》第 52 条的规定,提出监察建议作为一种监察处置方式,乃是监察机关根据监督、调查结果作出的。但监察建议着眼的是监察对象所在单位的全局,故而不能仅凭监督、调查结果就提出监察建议,而应通过更多元的方式,如监察机关可以采取专题调研、部门会商、征求特约监察员等有关人员意见,以及与被建议单位或者其他有关方面沟通等方式,以便对监察对象所在单位廉政建设和履行职责存在的问题形成更全面、客观、准确的认识。

### 实践样本

根据本条第 2 款的规定,为提高监察建议的针对性、可行性,监察机关可以开展专题调研、部门会商。贵州省纪委监委曾向省机关事务管理局党组制发关于加强公务用车管理的纪律检查建议。而在提出纪检监察建议之前,相关纪检监察工作人员调研走访 5 次、谈话 18 人次,和相关部门会商 10 余次,查阅材料 30 余份,以便多角度、全方位核查问题,确保所提问题真实准确。[2]

---

[1] 张剑峰:《如何写好纪检监察建议》,载《中国纪检监察报》2021 年 6 月 9 日,第 6 版。
[2] 参见黔清风:《纪委监委的监督利器——纪检监察建议》,载《贵州日报》2023 年 12 月 7 日,第 5 版。

**关联法条**

《监察法》第 11、13、52、71 条;《中国共产党纪律检查委员会工作条例》第 41 条;《中国共产党纪律检查机关监督执纪工作规则》第 19 条。

---

**第二百三十七条** 监察机关经调查,对没有证据证明或者现有证据不足以证明被调查人存在违法犯罪行为的,应当依法撤销案件。省级以下监察机关撤销案件后,应当在七个工作日以内向上一级监察机关报送备案报告。上一级监察机关监督检查部门负责备案工作。

省级以下监察机关拟撤销上级监察机关指定管辖或者交办案件的,应当将《撤销案件意见书》连同案卷材料,在法定调查期限到期七个工作日前报指定管辖或者交办案件的监察机关审查。对于重大、复杂案件,在法定调查期限到期十个工作日前报指定管辖或者交办案件的监察机关审查。

指定管辖或者交办案件的监察机关由监督检查部门负责审查工作。指定管辖或者交办案件的监察机关同意撤销案件的,下级监察机关应当作出撤销案件决定,制作《撤销案件决定书》;指定管辖或者交办案件的监察机关不同意撤销案件的,下级监察机关应当执行该决定。

监察机关对于撤销案件的决定应当向被调查人宣布,由其在《撤销案件决定书》上签名、捺指印,立即解除监察强制措施,并通知其所在单位。

撤销案件后又发现重要事实或者有充分证据,认为被调查人有违法犯罪事实需要追究法律责任的,应当重新立案调查。

---

**条文主旨**

本条是关于撤销案件程序的规定。

**条文解读**

根据《监察法》第 5 条的规定,监察机关开展工作应当以事实为根据。为此,假如被调查人不存在违法或者犯罪的事实,便应撤销案件并还被调查人以清白。《监察法》第 52 条第 2 款规定,"监察机关经调查,对没有证据证明被调查人存在违法犯罪行为的,应当撤销案件,并通知被调查人所在单位"。相应地,撤销案件也是监察机关履行处置职责的具体方式之一。本条在《监察法》相关规定的基础之上,对撤销案件程序作出了更细致的安排。

第一，撤销案件的前提是"没有证据证明或者现有证据不足以证明被调查人存在违法犯罪行为"。既包括完全没有证据证明，也包括现有证据尚不能证明。撤销案件属于监察机关的自我纠正行为。监察机关经过调查后发现没有证据或者现有证据不足以证明被调查人存在违法犯罪行为，才能依法撤销案件。需要注意的是，这里的证据必须是经过合法程序所获得的证据，即经过非法证据排除规则的检验。

第二，撤销案件有着严格的程序要求。省级以下监察机关撤销案件后，应当在7个工作日以内向上一级监察机关报送备案报告，具体由上一级监察机关监督检查部门负责备案工作。指定管辖或者交办案件的撤销有更严格的程序要求，即省级以下监察机关拟撤销上级监察机关指定管辖或者交办案件的，应当将《撤销案件意见书》连同案卷材料，在法定调查期限到期7个工作日前报指定管辖或者交办案件的监察机关审查。对于重大、复杂案件，在法定调查期限到期10个工作日前报指定管辖或者交办案件的监察机关审查。指定管辖或者交办案件的监察机关同意撤销案件的，下级监察机关应当作出撤销案件决定，制作《撤销案件决定书》；指定管辖或者交办案件的监察机关不同意撤销案件的，下级监察机关应当执行该决定。

第三，监察机关决定撤销案件之后，应当向被调查人宣布撤销案件的决定。被调查人应当在《撤销案件决定书》上签名、捺指印。被调查人被采取管护、留置、责令候查等监察强制措施的，应立即解除。因为监察调查活动会造成被调查公职人员的权益的暂时性克减，当满足撤销案件的条件时，这种克减便缺乏客观的事实基础与法律依据，若不立即解除留置等措施，会严重损害被调查人员的合法权益。此外，案件撤销后还应及时通知被调查人所在单位，这一程序性措施有利于监察机关为被调查人消除影响，必要时监察机关可以在一定范围内对被调查人的情况予以澄清，[①]从而保障被调查人的合法权益。

第四，监察机关办案需要遵循"以事实为依据，以法律为准绳"的原则，在没有证据证明或现有证据不足以证实被调查的公职人员存在违法或犯罪事实的情况下，监察机关自然应当尊重客观事实，撤销案件。但是，若出现可以重新证明被调查的公职人员存在违法或犯罪的事实，并且依法应当被追究法律责任，那么，自然也需要尊重客观事实，重新进行立案调查。需要说明的是，本条第5款规定的"违法犯罪事实"是指原违法犯罪事实。如果发现被撤销案件之外的其他新的违法犯罪事实，启动的撤销便不是"重新立案调查"，而是重新启动全新的核查程序，该立案的依法

---

① 参见马怀德主编：《〈中华人民共和国监察法〉理解与适用》，中国法制出版社2018年版，第177页。

立案处理。①

**实务难点指引**

本条第 5 款规定的是"重新立案调查",其启动条件是"撤销案件后又发现重要事实或者有充分证据"。与此相关的是,《监察法实施条例》第 210 条规定了监察机关立案调查的条件,即"监察机关已经掌握监察对象涉嫌职务违法或者职务犯罪的部分事实和证据",此种立案调查可称作"普通立案调查",以区别于"重新立案调查"。从以上两处规定的表述来看,"重新立案调查"要求发现"重要事实"或者有"充分证据",而"普通立案调查"则是"部分事实和证据"。由此可见,"重新立案调查"的启动条件高于"普通立案调查",这种设计有利于促使监察机关正确履行职责、提高调查工作效率,避免对监察机关撤销案件决定的法律效力造成消减,避免相关涉案人员及单位长期处于"不安定"状态。②

**关联法条**

《监察法》第 52 条第 2 款;《公职人员政务处分法》第 44 条第 2 项。

---

**第二百三十八条** 对于涉嫌行贿等犯罪的非监察对象,案件调查终结后依法移送起诉。综合考虑行为性质、手段、后果、时间节点、认罪悔罪态度等具体情况,对于情节较轻,经审批不予移送起诉的,应当采取批评教育、责令具结悔过等方式处置;应当给予行政处罚的,依法移送有关行政执法部门。

对于有行贿行为的涉案单位和人员,按规定记入相关信息记录,可以作为信用评价的依据。

对于涉案单位和人员通过行贿等非法手段取得的财物及孳息,应当依法予以没收、追缴或者责令退赔,不得没收、追缴与案件无关的财物。对于涉案单位和人员主动上交的涉案财物,应当严格核查,确系违法所得及孳息的,依法予以没收、追缴。对于违法取得的经营资格、资质、荣誉、奖励、学历学位、职称或者职务职级等其他不正当利益,应当建议有关机关、单位、组织依照法律法规及有关规定予以纠正处理。

---

① 参见中共中央纪律检查委员会中华人民共和国国家监察委员会法规室编写:《〈中华人民共和国监察法实施条例〉释义》,中国方正出版社 2022 年版,第 338 页。
② 参见宋冀峰:《从严把握重新立案调查的启动条件》,载《中国纪检监察报》2021 年 12 月 22 日,第 6 版。

### 条文主旨

本条是关于处置行贿等违法犯罪的规定。

### 条文解读

习近平总书记在二十届中央纪委二次全会上强调,"进一步健全完善惩治行贿的法律法规,完善对行贿人的联合惩戒机制"。① 根据《监察法》第 24 条第 2 款的规定,监察机关可以对涉嫌行贿犯罪的涉案人员进行留置。在完成调查工作之后,如何处置涉嫌行贿等犯罪的非监察对象等人员,《监察法》并未作出明确规定。为此,《监察法实施条例》第 238 条对涉嫌行贿等违法犯罪的涉案单位和人员的处置作出规定。

第一,对于涉嫌行贿等犯罪的非监察对象,监察机关应当在案件调查终结后依法移送起诉。当然,如果综合考虑行为性质、手段、后果、时间节点、认罪悔罪态度等具体情况,情节较轻的,可以不予移送起诉。不予移送起诉有严格的审批手续,同时,对于不予移送起诉的人员,监察机关应当采取批评教育、责令具结悔过等方式处置。此外,如果非监察对象的行为构成行政违法、应受到行政处罚,监察机关应当依法移送有关行政执法部门。如根据《海关法》第 90 条第 2 款的规定,报关人员向海关工作人员行贿的,处以罚款,若构成犯罪则应依法追究刑事责任。

第二,对于有行贿行为的涉案单位和人员,按规定记入相关信息记录,可以作为信用评价的依据。为了全面预防腐败行为,对于行贿的涉案单位和人员,除本条第 1 款规定的处置手段之外,还可以借助当前的信用评价体系,对其作出负面评价,在其参与社会活动、经济活动时,提高其准入门槛,从而预防违法犯罪行为的发生。例如,根据《公路施工企业信用评价规则(试行)》,公路施工企业信用评价等级分为 AA、A、B、C、D 五个等级,其中 D 级为信用差。如果公路施工企业"投标中有行贿行为",则其企业信用评价直接定为 D 级。

第三,对于因行贿等违法犯罪行为获得的利益应当依法处理。具体来说,对于涉案单位和人员通过行贿等非法手段取得的财物及孳息,应当依法予以没收、追缴或者责令退赔。对于涉案单位和人员主动上交的涉案财物,应当严格核查,确系违法所得及孳息的,依法予以没收、追缴。需要注意的是,与案件无关的财物不得没收、追缴。此外,有些利益并非财物及孳息,而是诸如资格资质、学历学位、荣誉奖励等无形利

---

① 李学仁:《一刻不停推进全面从严治党 保障党的二十大决策部署贯彻落实》,载《人民日报》2023 年 1 月 10 日,第 1 版。

益。对于违法取得的经营资格、资质、荣誉、奖励、学历学位、职称或者职务职级等其他不正当利益,监察机关应当建议有关机关、单位、组织依照法律法规及有关规定予以纠正处理。例如,相关人员通过行贿获得学位,监察机关应当建议学位授予单位根据《学位法》等相关规定,依法撤销该学位。

**典型案例**

赵某,群众,某管材销售公司实际控制人。2004年至2022年,A国企主要负责人甲应赵某请托,利用职务上的便利,帮助赵某将其代理的管材、管件品牌纳入A国企供应商名录,并通过向A国企相关负责人打招呼,帮助赵某承接相关供货业务。在此期间,赵某先后送给甲财物折合人民币共计260余万元。经审计,除去正当经营支出,赵某通过行贿所承接的业务获利共计4800余万元。赵某通过行贿进入A国企供应商名录,获得非财产性利益,此后其在甲的帮助下承接A国企业务均是基于进入供应商名录的前提条件,其承接A国企业务的获利4800余万元虽然不是直接经济利益,但属于行贿所获得的间接利益。在计算行贿获利数额的时候,已经将赵某投入的资金、劳务等正当经营支出刨除,因此,4800余万元属于行贿犯罪的违法所得,应当全部追缴。同时,赵某获得的进入A国企供应商名录的非财产性利益也应当予以纠正。[①]

**关联法条**

《监察法》第24、53条;《刑法》第389—393条;《中国共产党纪律检查委员会工作条例》第29条第1项;《中国共产党纪律检查机关监督执纪工作规则》第58条;《关于进一步推进受贿行贿一起查的意见》。

---

第二百三十九条 对查封、扣押、冻结的涉嫌职务犯罪所得财物及孳息应当妥善保管,并制作《移送司法机关涉案财物清单》随案移送人民检察院。对作为证据使用的实物应当随案移送;对不宜移送的,应当将清单、照片和其他证明文件随案移送。

对于移送人民检察院的涉案财物,价值不明的,应当在移送起诉前委托进

---

[①] 参见束龙:《通过行贿承接业务获利如何处置》,载中央纪委国家监委网站,https://www.ccdi.gov.cn/hdjln/ywtt/202304/t20230414_258678_m.html。

> 行价格认定。在价格认定过程中,需要对涉案财物先行作出真伪鉴定或者出具技术、质量检测报告的,应当委托有关鉴定机构或者检测机构进行真伪鉴定或者技术、质量检测。
>
> 对不属于犯罪所得但属于违法取得的财物及孳息,应当依法予以没收、追缴或者责令退赔,并出具有关法律文书。
>
> 对经认定不属于违法所得的财物及孳息,应当及时予以返还,并办理签收手续。

### 条文主旨

本条是关于分类处置涉案财物的规定。

### 条文解读

根据《监察法》第53条的规定,涉案财物的处置方式有二:对违法取得的财物,依法予以没收、追缴或者责令退赔;对涉嫌犯罪取得的财物,应当随案移送人民检察院。在此规定的基础之上,《监察法实施条例》第239条对涉案财物的分类处置进行了更细致的规定。

第一,对涉嫌职务犯罪所得财物及孳息,如果处在监察机关查封、扣押、冻结之下,那么监察机关应当妥善保管。在案件移送审查起诉时,监察机关应当制作《移送司法机关涉案财物清单》,将查封、扣押、冻结的涉嫌职务犯罪所得财物及孳息随案移送检察机关。对不宜移送的,应当将清单、照片和其他证明文件随案移送。此外,对于移送人民检察院的涉案财物,价值不明的,应当在移送起诉前委托进行价格认定。在价格认定过程中,需要对涉案财物先行作出真伪鉴定或者出具技术、质量检测报告的,应当委托有关鉴定机构或者检测机构进行真伪鉴定或者技术、质量检测。

第二,对不属于犯罪所得但属于违法取得的财物及孳息,监察机关应当依法予以没收、追缴或者责令退赔,并出具有关法律文书。"没收"是指将违法取得的财物强制收归国有,没收的财物一律上缴国库。"追缴"是指将违法取得的财物予以追回的行为,追缴的财物退回原所有人或者原持有人,依法不应退回的,上缴国库。"责令退赔"是指责令违法的公职人员将违法取得的财物予以归还,违法取得的财物已经被消耗、毁损的,用与之价值相当的财物予以赔偿。

第三,对经认定不属于违法所得的财物及孳息,监察机关应当及时予以返还,并办理签收手续。与此类似,涉嫌职务犯罪的案件移送检察机关审查起诉,假若检察机关决定撤销案件,那么,查封、扣押、冻结的犯罪嫌疑人的涉案财物需要返还犯罪嫌疑人的,应当解除查封、扣押或者书面通知有关金融机构、邮政部门解除冻结,返还犯罪嫌疑人或者其合法继承人。

#### 典型案例

某区副区长 A 某任职几年以来,放松了对自己各方面的要求,置党纪国法于不顾,借生病住院、逢年过节之机,大肆收受礼金,甚至利用职务便利,非法收受他人财物并为他人谋取利益。根据举报,该区所属某市纪委监委经初步核实,对 A 某涉嫌严重违纪违法问题进行了审查调查并对 A 某采取了留置措施。市纪委监委认定,A 某身为党员领导干部,理想信念动摇,政治纪律、组织纪律、廉洁纪律、群众纪律、工作纪律、生活纪律样样违反,违法收受礼金 30 万元。A 某利用职务便利非法收受他人财物并为他人谋取利益的行为涉嫌受贿犯罪,涉案金额 170 万元。市纪委监委按程序报批后依纪依法对 A 某给予了开除党籍处分和开除公职政务处分,对其违法取得的 30 万元礼金予以没收,对 A 某涉嫌受贿犯罪取得的 170 万元钱款随案移送人民检察院依法审查、提起公诉。[①]

#### 关联法条

《监察法》第 53 条;《公职人员政务处分法》第 25、27 条;《民营经济促进法》第 62 条;《事业单位工作人员处分规定》第 13 条;《中国共产党纪律检查机关监督执纪工作规则》第 47、48、50 条。

---

第二百四十条　监察机关经调查,对违法取得的财物及孳息决定追缴或者责令退赔的,可以依法要求公安、自然资源、住房城乡建设、市场监管、金融监管等部门以及银行等机构、单位予以协助。

追缴涉案财物以追缴原物为原则,原物已经转化为其他财物的,应当追缴转化后的财物。涉案财物已被用于清偿合法债务、转让或者设置其他权利负担,善意第三人通过正常市场交易、支付合理对价,并实际取得相应权利的,不得对善意取得的财物进行追缴。

有证据证明依法应当追缴、没收的涉案财物无法找到、被他人善意取得、价

---

① 参见《〈中华人民共和国监察法〉案例解读》,中国方正出版社 2018 年版,第 407 页。

> 值灭失减损或者与其他合法财产混合且不可分割的，可以依法追缴、没收被调查人的其他等值财产。
>
> 追缴或者责令退赔应当自处置决定作出之日起一个月以内执行完毕。因被调查人的原因逾期执行的除外。
>
> 人民检察院、人民法院依法将不认定为犯罪所得的相关涉案财物退回监察机关的，监察机关应当依法处理。

### 条文主旨

本条是关于违法取得财物及孳息追缴的规定。

### 条文解读

根据《监察法》第53条的规定，对于违法取得的财物，监察机关应当依法予以没收、追缴或者责令退赔。但是在调查实践中，被调查人会以各种形式藏匿赃款赃物，为后续追赃带来各种阻碍。有鉴于此，《监察法实施条例》第240条对违法取得财物及孳息的追缴或责令退赔作出明确规定。根据该条的规定，追缴或者责令退赔应当自处置决定作出之日起1个月以内执行完毕，但因被调查人的原因逾期执行的除外。

第一，监察机关决定对违法取得的财物及孳息进行追缴或者责令退赔，可以依法要求有关部门、单位予以协助。在实践中，与公私财物关联密切的部门、单位主要有公安、自然资源、住房城乡建设、市场监管、金融监管等部门以及银行等机构、单位，为此，本条明确规定监察机关可依法要求此类部门、单位进行协助。比如，根据《国家监察委员会办公厅、自然资源部办公厅关于不动产登记机构协助监察机关在涉案财物处理中办理不动产登记工作的通知》的规定，县级以上监察机关经过调查，对违法取得且已经办理不动产登记或者具备首次登记条件的不动产作出没收、追缴、责令退赔等处理决定后，在执行没收、追缴、责令退赔等决定过程中需要办理不动产转移等登记的，不动产登记机构应当按照监察机关出具的监察文书和协助执行通知书办理。

第二，涉案财物的追缴以追缴原物为原则，原物已经转化为其他财物的，应当追缴转化后的财物。如被调查人用受贿所得的钱款购买房屋，则应对该房屋进行追缴。通常来说，凡属违法所得及其孳息，监察机关均应予以追缴或者责令退赔。但在某些特殊情况下，涉案财物可能被善意第三人合法取得，比如涉案财物已被用于清偿合法债务、转让或者设置其他权利负担，善意第三人通过正常市场交易、支付合理对价，并实际取得相应权利的。此时，监察机关不得对善意取得的财物进行追缴。

第三,有证据证明依法应当追缴、没收的涉案财物无法找到,或被他人善意取得,或价值灭失减损,或与其他合法财产混合且不可分割的,为了体现"应追尽追"的精神,监察机关可以依法追缴、没收被调查人的其他等值财产。

第四,根据《监察法》第53条的规定,对涉嫌犯罪取得的财物,监察机关应当随案移送检察机关。不过,假若在人民检察院审查起诉、人民法院审理裁判之后,发现最初由监察机关移送的涉案财物并非犯罪所得,此时,人民检察院、人民法院应当依法将这些涉案财物退回监察机关。监察机关在收到退回的财物之后,应当按照《监察法》和《监察法实施条例》进行没收、追缴或者责令退赔等。

### 典型案例

四川省南充市纪委监委在查办南充市某区原副区长、公安局局长张某某案中,案发前张某某已将大部分违纪违法所得交给涉案建筑商,该建筑商承建了某市的工程项目,还有大量工程款尚未拨付,其手头没有足够的资金,导致张某某的涉案款无法追缴到位。对此,南充市纪委监委组织相关部门和人员专题研究,协商从该建筑商承建的某市工程款中扣划,保证了该案所有涉案财物全部追缴到位。[①]

### 关联法条

《监察法》第4、53条;《公职人员政务处分法》第25条;《关于进一步规范刑事诉讼涉案财物处置工作的意见》;《国家监察委员会办公厅、自然资源部办公厅关于不动产登记机构协助监察机关在涉案财物处理中办理不动产登记工作的通知》;《国家监察委员会办公厅、公安部办公厅关于规范公安机关协助监察机关在涉案财物处理中办理机动车登记工作的通知》。

---

**第二百四十一条** 监察对象对监察机关作出的涉及本人的处理决定不服的,可以在收到处理决定之日起一个月以内,向作出决定的监察机关申请复审。复审机关应当依法受理,并在受理后一个月以内作出复审决定。监察对象对复审决定仍不服的,可以在收到复审决定之日起一个月以内,向上一级监察机关申请复核。复核机关应当依法受理,并在受理后二个月以内作出复核决定。

上一级监察机关的复核决定和国家监察委员会的复审、复核决定为最终决定。

---

① 参见刘一霖:《一表联审多方联动 依法追缴涉案财物》,载《中国纪检监察报》2023年12月27日,第7版。

### 条文主旨

本条是关于复审、复核程序和效力的规定。

### 条文解读

复审、复核制度是监察救济的重要一环。"复审"是指监察机关对原处理决定进行审查、核实并作出复审决定的活动。复核是指上一级监察机关对下一级监察机关作出的复审决定进行审查、核实并作出复核决定的活动。《监察法》第 56 条对复审、复核作出了规定，《监察法实施条例》第 241 条予以进一步规定。

第一，申请复审、复核的主体是监察对象，即其不服监察机关作出的涉及本人的处理决定，可依法申请复审、复核。这些处理决定主要有监察问责决定、政务处分决定等。监察对象的亲属、朋友、利害关系人等，无权申请复审、复核。受理并进行复审的机关是作出决定的监察机关，受理并进行复核的机关是作出决定的监察机关的上一级监察机关。在纪检监察实践中，具体负责接收复审、复核申请的是监察机关的信访举报部门，具体负责承办复审、复核的则是监察机关的案件审理部门。

第二，无论是监察对象申请复审、复核，还是监察机关作出复审、复核决定，均应在法定期限内完成。一方面，监察对象申请复审、复核的时间限定在 1 个月，逾期则不具有申请复审、复核程序的机会。复审的时间限定是收到处理决定的 1 个月之内，复核的时间限定是收到复审决定的 1 个月之内。收到处理决定之日通常是指送达之日。另一方面，对受理复审、复核的机关作出复审、复核决定的时间进行限制，即复审机关应当在受理后 1 个月内作出复审决定，复核机关应当在受理后 2 个月内作出复核决定。对作出复审、复核决定的时间进行限制，是为了督促监察机关及时处理复审、复核申请，提高监察机关的工作效率，避免出现因监察机关拖延工作而导致的监察对象正当权益受损。

第三，监察复审、复核制度实行所谓的"二审制"，这既可避免监察资源的浪费，亦可防止监察对象无理纠缠。首先，监察对象向作出处理决定的监察机关提出复审申请。也就是说，监察对象对监察处理决定不服，必须先通过原机关提出复审申请。其次，若监察对象对复审决定不服，可向作出处理决定的监察机关的上一级监察机关申请复核。这一规定能够消减监察对象对作出决定的原监察机关"自我复审"而产生的不信任，从而增强监察调查与处置的权威性。[1] 最后，经过复核的决定为最终决定。

---

[1] 参见吴建雄主编：《监督、调查、处置法律规范研究》，人民出版社 2018 年版，第 246 页。

需要注意的是,考虑到国家监察委员会是《宪法》规定的最高监察机关,故国家监察委员会作出的复审、复核决定为最终决定。

**关联法条**

《监察法》第 56 条;《公职人员政务处分法》第 55—60 条;《中国共产党纪律处分条例》第 45 条第 2 款;《中国共产党纪律检查委员会工作条例》第 39 条第 2 款;《中国共产党纪律检查机关监督执纪工作规则》第 59 条;《纪检监察机关派驻机构工作规则》第 31 条。

---

第二百四十二条 复审、复核机关承办部门应当成立工作组,调阅原案卷宗,必要时可以进行调查取证。承办部门应当集体研究,提出办理意见,经审批作出复审、复核决定。决定应当送达申请人,抄送相关单位,并在一定范围内宣布。

复审、复核期间,不停止原处理决定的执行。复审、复核机关经审查认定处理决定有错误或者不当的,应当依法撤销、变更原处理决定,或者责令原处理机关及时予以纠正。复审、复核机关经审查认定处理决定事实清楚、适用法律正确的,应当予以维持。

坚持复审复核与调查审理分离,原案调查、审理人员不得参与复审复核。

---

**条文主旨**

本条是关于办理复审、复核案件的规定。

**条文解读**

1. 复审、复核机关承办部门成立工作组,经审批作出复审、复核决定

在实践中,具体承办复审、复核工作的是监察机关的案件审理部门。复审、复核机关承办部门应当成立工作组,调阅原案卷宗,必要时可以进行调查取证。调查取证意味着可以请原办案机关就有关问题进行说明、补充完善证据材料等,涉及专业技术问题等可以征求有关部门意见。[①] 复审、复核的承办部门应当集体研究,提出办理意见,经审批作出复审、复核决定。根据《中国共产党纪律检查机关监督执纪工作规则》

---

① 参见中共中央纪律检查委员会中华人民共和国国家监察委员会法规室编写:《〈中国共产党纪律检查机关监督执纪工作规则〉释义》,中国方正出版社 2019 年版,第 185 页。

第 59 条第 2 款的规定,此处的"经审批"指的是"报纪检监察机关相关负责人批准或者纪委常委会会议研究决定"。复审、复核决定应当送达申请人,抄送相关单位,并在一定范围内宣布。

根据《监察法实施条例》第 242 条的规定,复审、复核机关经审查认定,依照"无误""有误""不当"等三种不同情况进行处理。其中,"处理决定有错误"是指事实认定方面的错误或者法律适用方面的错误。事实方面的错误是指认定处理决定事实不清楚,即出现证据无法印证事实的情况。法律适用方面的错误是指适用法律不正确,具体事实不符合原法律适用所依据的法律规范的构成要件,或具体事实应当适用其他法律规范作为法律依据的情形。认定处理决定不当是指处理决定不具有正当性,如不符合比例原则。针对经审查认定处理决定有错误或者不当的情况,该规定对复审、复核机关设定了两项义务:一是撤销原处理决定或变更原处理决定。二是责令原处理机关及时予以纠正,并且复审、复核机关负有监督义务。而若认定处理决定无误,即处理决定事实清楚、适用法律正确,则应当维持原处理决定。

2. 复审、复核期间原处理决定的效力

监察机关根据《监察法》《公职人员政务处分法》《监察法实施条例》等法律法规作出的处理决定,具有法律上的约束力。若因被处理人申请复审、复核而停止执行,不仅有损法律的权威和尊严,而且不利于监察工作的高效开展,进而影响腐败治理效果。有鉴于此,本条第 2 款明确规定,"复审、复核期间,不停止原处理决定的执行"。

3. 复审、复核与调查审理分离的原则

根据本条第 3 款的规定,原案调查、审理人员不得参与复审、复核。这是为了保证复审、复核的独立性,从而确保复审、复核结果的公正性。因为原案调查、审理人员对案件存在先入为主的观念,若让他们参与复审、复核工作,这一先入为主的观念将会影响复审、复核结果的客观性、公正性,从而有损监察机关的权威,不利于保障监察对象的程序性权利。

### 实务难点指引

对于国家机关给予的否定评价,相对人通常有一定的救济途径。不过,相对人最大的顾虑在于:是否会因寻求救济而遭受打击报复。为了消除此种顾虑,现代法律制度中有相应的制度设计,如刑事诉讼法律制度中的"上诉不加刑原则"等。对于受到政务处分的公职人员,其有权提出复审、复核来寻求救济,为了消除其思想顾虑,《公职人员政务处分法》第 56 条第 2 款规定了"不因复审、复核加重政务处分"的原则,即公职人员不因提出复审、复核而被加重政务处分。正确理解该原则,需要注意以下两方面的问题：第一，对于公职人员提出复审、复核，监察机关不得加重其政务处分。但是，对于监察机关发现政务处分决定确有错误，从而主动启动的纠正程序，此时不应适用"不因复审、复核加重政务处分"的原则。第二，如果在复审、复核期间，监察机关发现公职人员存在其他违法行为，此时针对其他违法行为作出政务处分决定，并不违背"不因复审、复核加重政务处分"的原则。

### 关联法条

《监察法》第 56 条;《公职人员政务处分法》第 55—60 条;《监察官法》第 44 条;《中国共产党纪律处分条例》第 45 条;《中国共产党纪律检查委员会工作条例》第 39 条;《中国共产党纪律检查机关监督执纪工作规则》第 59 条。

## 第六节 移送审查起诉

> **第二百四十三条** 监察机关决定对涉嫌职务犯罪的被调查人移送起诉的，应当出具《起诉意见书》，连同案卷材料、证据及到案经过材料等，一并移送同级人民检察院。
>
> 监察机关案件审理部门负责与人民检察院审查起诉的衔接工作，调查、案件监督管理等部门应当予以协助。
>
> 国家监察委员会派驻或者派出的监察机构、监察专员调查的职务犯罪案件，应当依法移送省级人民检察院审查起诉。

### 条文主旨

本条是关于移送审查起诉的总体规定。

### 条文解读

1. 移送审查起诉的总体要求

本条第 1 款明确了移送审查起诉的总体要求：一是监察机关应当出具《起诉意见书》。结合《监察法实施条例》第 227 条第 2 款的规定，《起诉意见书》应当忠实于事实真象，载明被调查人基本情况，调查简况，采取监察强制措施的时间，依法查明的犯罪事实和证据，从重、从轻、减轻或者免除处罚等情节，涉案财物情况，涉嫌罪名和法律依据，采取刑事强制措施的建议，以及其他需要说明的情况。二是全面移送案卷材料和证据,即监察机关应当将《起诉意见书》、案卷材料、证据及到案经过材料等,一并移送同级人民检察院。三是同级移送,即监察机关应当向同级检察机关进行移送。本条第1款规定的"同级人民检察院",既包括监察机关所在地的同级人民检察院,也包括异地的同级人民检察院。当然,如果是国家监察委员会派驻或者派出的监察机构、监察专员调查的职务犯罪案件,则应当依法移送省级人民检察院审查起诉。

2.移送审查起诉工作的负责部门和协助部门

根据本条第2款的规定,在移送审查起诉工作中,具体与人民检察院对接的是监察机关的案件审理部门。在此前很长一段时期内,负责与人民检察院审查起诉工作衔接的是案件监督管理部门。《监察法实施条例》规定由案件审理部门负责与人民检察院审查起诉的衔接工作,主要是考虑到案件审理部门具体负责、深度参与与移送审查起诉相关的工作中,包括移送《起诉意见书》等文书材料,商请检察机关提前介入和指定管辖等工作,案件移送审查起诉后的补充提供证据材料、退回补充调查等工作也由案件审理部门负责对接。可以说,由案件审理部门负责协调衔接更为合适。[①]除案件审理部门外,调查、案件监督管理等部门也应当在各自的职责范围内,对整个审查起诉工作予以协助。

**关联法条**

《监察法》第52—54条;《中国共产党纪律检查机关监督执纪工作规则》第55条第1款;《纪检监察机关派驻机构工作规则》第43条。

---

第二百四十四条 涉嫌职务犯罪的被调查人和涉案人员符合监察法第三十四条、第三十五条规定情形的,结合其案发前的一贯表现、违法犯罪行为的情节、后果和影响等因素,监察机关经综合研判和集体审议,报请上一级监察机关批准,可以在移送人民检察院时依法提出从轻、减轻或者免除处罚等从宽处罚建议。报请批准时,应当一并提供主要证据材料、忏悔反思材料。

上级监察机关相关监督检查部门负责审查工作,重点审核拟认定的从宽处罚情形、提出的从宽处罚建议,经审批在十五个工作日以内作出批复。

---

[①] 参见中央纪委国家监委案件审理室:《准确理解把握〈监察法实施条例〉中关于案件审理工作的规定(四)》,载《中国纪检监察报》2022年8月3日,第6版。

### 条文主旨

本条是关于从宽处罚建议审批程序的规定。

### 条文解读

《监察法》第 34、35 条规定了从宽处罚建议制度,此般安排既能够鼓励被调查人犯罪后改过自新、将功折罪,积极配合监察机关的调查工作,争取宽大处理,体现了"惩前毖后、治病救人"的精神,也可以为监察机关顺利查清案件提供有利条件,从而节省人力物力成本,提高反腐败工作的效率。[①] 在《监察法》相关规定的基础之上,本条进一步明确了从宽处罚建议的提出程序。

1. 提出从宽处罚建议应符合法定情形

对于涉嫌职务犯罪的被调查人而言,若其主动认罪认罚并有以下情形之一的,监察机关可依法提出从宽处罚的建议:一是自动投案,真诚悔罪悔过的;二是积极配合调查工作,如实供述监察机关还未掌握的违法犯罪行为的;三是积极退赃,减少损失的;四是具有重大立功表现或者案件涉及国家重大利益等情形的。对于职务违法犯罪的涉案人员而言,若其揭发有关被调查人职务违法犯罪行为,查证属实,或者提供重要线索,有助于调查其他案件的,监察机关可依法提出从宽处罚的建议。如何精准认定是否符合这些法定情形,既应结合其案发前的一贯表现和违法犯罪行为的情节、后果和影响等因素,亦应依照《监察法实施条例》第 245—249 条的相关规定。

2. 提出从宽处罚建议的审批程序

监察机关向检察机关提出从宽处罚的建议,须经由严格的审批程序,概言之便是《监察法》第 34、35 条规定的"监察机关经领导人员集体研究,并报上一级监察机关批准"。首先,拟提出从宽处罚建议的监察机关应当进行综合研判和集体审议,审查重点是涉嫌职务犯罪的被调查人和职务违法犯罪的涉案人员是否符合法定条件。其次,拟提出从宽处罚建议的监察机关经综合研判和集体审议后,还应报请上一级监察机关批准。报请批准时,应当一并提供主要证据材料、忏悔反思材料。具体来说,上级监察机关相关监督检查部门应当负责审查工作,重点审核拟认定的从宽处罚情形、提出的从宽处罚建议,经审批在 15 个工作日以内作出批复。最后,经上一级监察机关批准,监察机关便可在移送人民检察院时依法提出从轻、减轻或者免除处罚等从宽

---

[①] 参见中共中央纪律检查委员会中华人民共和国国家监察委员会法规室编写:《〈中华人民共和国监察法〉释义》,中国方正出版社 2018 年版,第 160 页。

处罚建议。

**关联法条**

《监察法》第34、35条;《刑事诉讼法》第173条。

---

第二百四十五条　涉嫌职务犯罪的被调查人具有下列情形之一,如实交代自己主要犯罪事实的,可以认定为监察法第三十四条第一项规定的自动投案,真诚悔罪悔过:

(一)职务犯罪问题未被监察机关掌握或者监察机关正在就有关问题线索进行适当了解时,向监察机关投案的;

(二)在监察机关谈话、函询过程中,如实交代监察机关未掌握的涉嫌职务犯罪问题的;

(三)在初步核实阶段,尚未受到监察机关谈话时投案的;

(四)职务犯罪问题虽被监察机关立案,但尚未受到讯问或者采取监察强制措施,向监察机关投案的;

(五)因伤病等客观原因无法前往投案,先委托他人代为表达投案意愿,或者以书信、网络、电话、传真等方式表达投案意愿,后到监察机关接受处理的;

(六)涉嫌职务犯罪潜逃后又投案,包括在被通缉、抓捕过程中投案的;

(七)经查实确已准备去投案,或者正在投案途中被有关机关抓获的;

(八)经他人规劝或者在他人陪同下投案的;

(九)虽未向监察机关投案,但向其所在党组织、单位或者有关负责人员投案,向有关巡视巡察机构投案,以及向公安机关、人民检察院、人民法院投案的;

(十)具有其他应当视为自动投案的情形的。

被调查人自动投案后不能如实交代自己的主要犯罪事实,或者自动投案并如实供述自己的罪行后又翻供的,不能适用前款规定。

---

**条文主旨**

本条是关于"自动投案,真诚悔罪悔过"具体情形的规定。

**条文解读**

《监察法》第34条规定,涉嫌职务犯罪的被调查人主动认罪认罚的,监察机关可以提出从宽处罚建议。其中规定了4项认罪认罚的情形,本条即是对第1项内容"自动投案,真诚悔罪悔过"的细化。"自动投案"是指职务犯罪的被调查人在犯罪之后、到案之前,主动、自愿地将自己置于监察机关或者有关机关、个人的控制之下;"真诚悔罪悔过"则是指对自己的犯罪行为发自内心地予以反思、认罪,通常表现为如实交代自己的主要犯罪事实。可以说,"自动投案,真诚悔罪悔过"是《刑法》第67条第1款一般自首规定在《监察法》中的一种变相表达。

根据本条规定,"自动投案,真诚悔罪悔过"必须同时满足两个条件:第一,如实交代自己主要犯罪事实。"如实"是指既不缩小也不扩大自己的犯罪罪行;"主要犯罪事实"是指经综合考虑,已交代犯罪事实多于未交代犯罪事实的危害程度。此条件对应"真诚悔罪悔过"。第二,具有以下10种情形之一:

一是职务犯罪问题未被监察机关掌握或者监察机关正在就有关问题线索进行适当了解时,向监察机关投案的。其中,职务犯罪问题未被监察机关掌握,既包括职务犯罪问题尚未被任何人发现,也包括职务犯罪问题虽被他人发现但尚未被举报,监察机关还未发现相关情况。向监察机关投案,是指主动向监察机关投案,自觉地置于监察机关的控制之下。

二是在监察机关谈话、函询过程中,如实交代监察机关未掌握的涉嫌职务犯罪问题的。谈话、函询是纪检监察机关处置问题线索的常见方式。"谈话"是指纪检监察机关收到问题线索时找被反映人谈话,让其说清楚相关问题;"函询"则是向被反映人发函,让其对被反映问题作出书面解释。谈话、函询还只是处于线索处置阶段,被调查人尚未处在监察机关控制之下,此时其如实交代监察机关未掌握的涉嫌职务犯罪问题的,自然属于"自动投案,真诚悔罪悔过"的一种。

三是在初步核实阶段,尚未受到监察机关谈话时投案的。初步核实也是纪检监察机关处置问题线索的方式之一,其要求对具有可查性的涉嫌违纪或者职务违法、职务犯罪问题线索,扎实开展初步核实工作,收集客观性证据,确保真实性和准确性。在初步核实阶段,被调查人并未置于监察机关控制之下,在尚未受到监察机关谈话时更是如此,如果被调查人投案,如实交代自己主要犯罪事实的,属于"自动投案,真诚悔罪悔过"。

四是职务犯罪问题虽被监察机关立案,但尚未受到讯问或者未被采取监察强制措施,向监察机关投案的。监察机关立案,意味着经过初步核实,监察对象涉嫌职务违法犯罪,需要进行立案调查。但只要被调查人尚未受到讯问或者未被采取留置等监察强制措施,就不属于到案,未置于监察机关控制之下,符合自动投案的前提条件。

五是因伤病等客观原因无法前往投案,先委托他人代为表达投案意愿,或者以书信、网络、电话、传真等方式表达投案意愿,后到监察机关接受处理的。此时,被调查人是具有投案的主动性、自愿性的,事实上也确实有投案及如实交代的行为,只是客观上无法立刻投案而有所延后,符合自动投案的条件。

六是涉嫌职务犯罪潜逃后又投案,包括在被通缉、抓捕过程中投案的。被调查人即使已经潜逃,包括正在被通缉、抓捕,只要又主动投案,如实交代自己主要犯罪事实,就属于主动将自己置于监察机关控制之下。当然,如果正在被追捕,突然停下不跑的,不能看作自动投案,因为追捕本身即说明被调查人未完全脱离控制。

七是经查实确已准备去投案,或者正在投案途中被有关机关抓获的。即使被调查人还未投入监察机关控制之下,只要其准备投案,或者正在投案途中,就能说明其投案的主动性。这意味着被调查人具有较低的预防必要性,也在一定程度上节约了国家监察资源,可以认定为自动投案。

八是经他人规劝或者在他人陪同下投案的。无论是被调查人自己单独决定投案,还是经他人规劝或者在他人陪同下投案,只要其最终出于自己的意志决定投案,就能说明其主动性、自愿性,可以认定为自动投案。

九是虽未向监察机关投案,但向其所在党组织、单位或者有关负责人员投案,向有关巡视巡察机构投案,以及向公安机关、人民检察院、人民法院投案的。这种情况下,被调查人向党组织、单位、巡视巡察机构或者司法机关投案,实际上也能达到向监察机关投案的效果,可以认定为自动投案。

十是具有其他应当视为自动投案的情形的。这是兜底性的认定条款,可以根据纷繁复杂的案件情况赋予监察机关更大的自由裁量权,将诸如明知监察机关来抓捕自己,留在家里并未潜逃,也未拒捕的情形,认定为自动投案,从而更加符合认罪认罚的立法初衷。

除此之外,本条第2款也从反面规定了不能认定为"自动投案,真诚悔罪悔过"的情形:其一,被调查人自动投案后不能如实交代自己的主要犯罪事实的,包括未如实交代和未交代主要犯罪事实两种情况,这些均说明其未真诚悔罪悔过。其二,被调查人自动投案并如实供述自己的罪行后又翻供的,这也说明其没有真诚悔罪悔过。

**实务难点指引**

面对复杂的案件情况,在本条列举的各种情形之外,该如何判断其他情形是否属于"自动投案,真诚悔罪悔过"?对此,需要从认罪认罚制度的设置初衷出发,判断被调查人的行为能否传达其改过自新的态度,体现出预防必要性的降低,以及能否为监察机关的调查提供有利条件,节约人力物力,提高反腐败的效率。同时,要进一步把握"自动投案,真诚悔罪悔过"的具体要求:一是自动投案,其核心在于被调查人主动、自觉地将自己置于监察机关控制之下;二是真诚悔罪悔过,其关键在于被调查人是否如实交代自己的主要犯罪事实。只要从认罪认罚制度的立法初衷出发,牢牢把握以上两点具体要求,就可以准确判断其他情形是否满足"自动投案,真诚悔罪悔过"的成立条件。

> **关联法条**

《监察法》第 34 条;《刑法》第 67 条。

---

第二百四十六条　涉嫌职务犯罪的被调查人具有下列情形之一的,可以认定为监察法第三十四条第二项规定的积极配合调查工作,如实供述监察机关还未掌握的违法犯罪行为:

（一）监察机关所掌握线索针对的犯罪事实不成立,在此范围外被调查人主动交代其他罪行的;

（二）主动交代监察机关尚未掌握的犯罪事实,与监察机关已掌握的犯罪事实属不同种罪行的;

（三）主动交代监察机关尚未掌握的犯罪事实,与监察机关已掌握的犯罪事实属同种罪行的;

（四）监察机关掌握的证据不充分,被调查人如实交代有助于收集定案证据的。

---

> **条文主旨**

本条是关于"积极配合调查工作,如实供述监察机关还未掌握的违法犯罪行为"具体情形的规定。

> **条文解读**

《监察法》第 34 条规定,涉嫌职务犯罪的被调查人主动认罪认罚的,监察机关可以提出从宽处罚建议。其中规定了 4 项认罪认罚的情形,本条即是对第 2 项内容"积极配合调查工作,如实供述监察机关还未掌握的违法犯罪行为"的细化。如果说《监察法》第 34 条第 1 项规定的"自动投案,真诚悔罪悔过",需要以主动投案为前提条件,那么该条第 2 项的规定则适用于被动到案的被调查人。可以说,"积极配合调查工作,如实供述监察机关还未掌握的违法犯罪行为",从内在精神上类似于《刑法》第67条第2款规定的特别自首(准自首),只是在认定标准上作了更为宽松的规定。根据本条规定,"积极配合调查工作,如实供述监察机关还未掌握的违法犯罪行为"主要包括以下4种情形:

一是监察机关所掌握线索针对的犯罪事实不成立,在此范围外被调查人主动交代其他罪行的。这意味着,监察机关经调查之后,其掌握的线索所针对的犯罪事实并不能达到犯罪事实清楚、证据确实充分的程度,不成立犯罪。被调查人主动交代其他罪行,就是在供述监察机关还未掌握的违法犯罪行为,也能体现出其积极配合调查其他罪行的态度。

二是主动交代监察机关尚未掌握的犯罪事实,与监察机关已掌握的犯罪事实属不同种罪行的。首先,监察机关已经掌握了被调查人的犯罪事实,被调查人也处于监察机关控制之下,针对监察机关已经掌握的犯罪事实进行供述,最多属于坦白,还不能达到相当于自首的要求,所以被调查人必须交代监察机关尚未掌握的犯罪事实。其次,被调查人交代的犯罪事实能否认定为监察机关未掌握,应根据不同情形区别对待。如果该罪行已被通缉,一般应以该监察机关是否在通缉令发布范围内为标准作出判断,不在通缉令发布范围内的,应认定为未掌握,在通缉令发布范围内的,应认定为已掌握。最后,被调查人交代的犯罪罪行必须与监察机关已掌握的犯罪罪行属于不同罪行。结合《监察法实施条例》第324条的规定,同种罪行和不同种罪行应以罪名区分,但属选择性罪名或者在法律、事实上密切关联的犯罪,应当认定为同种罪行。

三是主动交代监察机关尚未掌握的犯罪事实,与监察机关已掌握的犯罪事实属同种罪行的。此情形与本条第2项规定的情形有所不同,不同之处在于被调查人交代的新的犯罪事实,是否与监察机关已掌握的犯罪事实属于同种罪行。属于不同种罪行的,适用第2项规定;属于同种罪行的,适用第3项规定。表面上,似乎并无区分被调查人主动交代监察机关尚未掌握的犯罪事实与监察机关已掌握的犯罪事实是否属同种罪行的必要,因为无论是否相同,均可以认定为"积极配合调查工作,如实供述监察机关还未掌握的违法犯罪行为"。但实际上,本条第3项规定只是监察机关放宽了"特别自首"的认定标准,但由于第2项和第3项具有重要区别,所以应当在从宽幅度上作出区分,即第3项在从宽处罚时应更为严格一些,对从宽幅度有所限制。

四是监察机关掌握的证据不充分,被调查人如实交代有助于收集定案证据的。虽然监察机关掌握相关证据,但可以证明的事实并不充分,此时也不能充分认定被调查人的罪行。被调查人对自己的罪行如实交代,供述了尚未被监察机关所掌握的证据,对收集定案证据产生重要帮助的,也可以认为是"如实供述监察机关还未掌握的违法犯罪行为",监察机关可以提出从宽处罚的建议。

### 实务难点指引

在实践中,面对各种各样的案情,难点在于如何准确认定被调查人交代的犯罪事实是否属于监察机关还未掌握的违法犯罪行为。对此,关键需要把握两点:其一,被调查人交代的犯罪事实与监察机关实际掌握的犯罪事实是否具有重要区别。这包括属于不同种罪行,或者虽属于同种罪行但属于新的犯罪事实,可以单独定罪,或者监察机关对犯罪事实虽有所掌握但并不充分,被调查人提供的犯罪事实相对于整个犯罪事实而言占有非常大的比例。其二,被调查人交代的犯罪事实对调查清楚其本人犯罪具有实质性帮助。这包括认定被调查人成立新的罪名,或者罪名相同但属于新的犯罪行为,或者与监察机关调查的犯罪行为一致,但对证据链的完善、犯罪的证明发挥重要作用。

### 关联法条

《监察法》第 34 条;《刑法》第 67 条;《刑事诉讼法》第 182 条。

---

**第二百四十七条** 涉嫌职务犯罪的被调查人具有下列情形之一的,可以认定为监察法第三十四条第三项规定的积极退赃,减少损失:

(一)全额退赃的;

(二)退赃能力不足,但被调查人及其亲友在监察机关追缴赃款赃物过程中积极配合,且大部分已追缴到位的;

(三)犯罪后主动采取措施避免损失发生,或者积极采取有效措施减少、挽回大部分损失的。

---

### 条文主旨

本条是关于"积极退赃,减少损失"具体情形的规定。

### 条文解读

《监察法》第 34 条规定,涉嫌职务犯罪的被调查人主动认罪认罚的,监察机关可以提出从宽处罚建议。其中规定了 4 项认罪认罚的情形,本条即是对第 3 项内容"积极退赃,减少损失"的细化。职务犯罪往往涉及权钱交易,被调查人通常会收受贿赂,也会利用公权力为他人谋取利益，或者利用职务便利侵吞、窃取、骗取或者以其他手段非法占有公共财物。这些违法犯罪所得的一切财物，均应当依法没收、追缴或者责令退赔。但在实践中，被调查人会以各种形式藏匿赃款赃物，为后续追赃带来各种阻碍。对此，被调查人主动上交违法犯罪所得的赃款赃物，减少国家、集体和公民的合法权益可能遭受的损失，就显得尤为重要。

积极退赃和减少损失往往是同时存在的，退赃也是减少损失的一种，不过有些被调查人属于滥用职权、玩忽职守等，本身并没有贪赃而是枉法，此时主动减少损失就可以了，所以积极退赃和减少损失是可以分开认定的。积极退赃和减少损失都属于罪后表现，可以在一定程度上说明被调查人的预防必要性较低，也是刑事政策上挽回国家、集体和个人损失的一种方式。根据本条规定，"积极退赃，减少损失"主要包括以下3种情形：

一是全额退赃的。被调查人贪污、受贿或者以其他非法手段获取的财物，在被调查时主动上交全部赃款赃物的，可以认为其态度积极，有一定的悔罪表现，也可以节约追赃所投入的监察资源。对此，要求全额退赃，既包括原有数额、价值的赃款赃物，也包括由其产生的孳息，必须全部上交、足额追回。

二是退赃能力不足，但被调查人及其亲友在监察机关追缴赃款赃物过程中积极配合，且大部分已追缴到位的。被调查人利用公权力而违法所得的赃款赃物，往往被用于购买房产、车辆等，贪图享乐、腐化堕落，通过高消费满足个人私欲。这种不当挥霍导致当监察机关调查时，被调查人已经不具备全额退赃的能力。考虑到这种情况的多发性，本条第2项规定虽然被调查人退赃能力不足，但同时符合以下两个条件的，也可以认定为"积极退赃，减少损失"：第一，被调查人及其亲友在监察机关追缴赃款赃物过程中积极配合，即按照监察机关要求，提供赃款赃物的明细，主动上交剩余赃款赃物，以体现积极退赃的态度，并节约追赃成本。第二，大部分赃款赃物已追缴到位，即经过被调查人及其亲友的配合，虽然不能全额退赃，但可以追缴大部分的赃款赃物，可以在一定程度上减少损失。如果大部分赃款赃物被挥霍，只能追缴少部分的赃款赃物，则不符合本条第2项规定。

三是犯罪后主动采取措施避免损失发生，或者积极采取有效措施减少、挽回大部分损失的。这分为两种具体情况：第一，被调查人的职务犯罪行为尚未导致公共财产、国家和人民利益遭受损失，积极主动采取措施，并有效避免损失发生的。第二，被调查人的职务犯罪行为已经造成损失，但积极采取有效措施，减少损失的进一步发生，或者挽回损失，使大部分损失得以避免发生的。

### 关联法条

《监察法》第34条;《刑法》第176、383条;《刑事诉讼法》第182条;《最高人民法院关于审理掩饰、隐瞒犯罪所得、犯罪所得收益刑事案件适用法律若干问题的解释》第2条;《最高人民法院、最高人民检察院关于办理贪污贿赂刑事案件适用法律若干问题的解释》第4条。

---

**第二百四十八条** 涉嫌职务犯罪的被调查人具有下列情形之一的,可以认定为监察法第三十四条第四项规定的具有重大立功表现:

(一)检举揭发他人重大犯罪行为且经查证属实的;

(二)提供其他重大案件的重要线索且经查证属实的;

(三)阻止他人重大犯罪活动的;

(四)协助抓捕其他重大职务犯罪案件被调查人、重大犯罪嫌疑人(包括同案犯)的;

(五)为国家挽回重大损失等对国家和社会有其他重大贡献的。

前款所称重大犯罪一般是指依法可能被判处无期徒刑以上刑罚的犯罪行为;重大案件一般是指在本省、自治区、直辖市或者全国范围内有较大影响的案件;查证属实一般是指有关案件已被监察机关或者司法机关立案调查、侦查,被调查人、犯罪嫌疑人被监察机关采取监察强制措施或者被司法机关采取刑事强制措施,或者被告人被人民法院作出有罪判决,并结合案件事实、证据进行判断。

监察法第三十四条第四项规定的案件涉及国家重大利益,是指案件涉及国家主权和领土完整、国家安全、外交、社会稳定、经济发展等情形。

---

### 条文主旨

本条是关于"具有重大立功表现或者案件涉及国家重大利益等情形"具体情形的规定。

### 条文解读

《监察法》第34条规定,涉嫌职务犯罪的被调查人主动认罪认罚的,监察机关可以提出从宽处罚建议。其中规定了4项认罪认罚的情形,本条即是对第4项内容"具有重大立功表现或者案件涉及国家重大利益等情形"的细化。

根据《刑法》第68条的规定，立功是指犯罪分子有揭发他人犯罪行为，查证属实，或者提供重要线索，从而得以侦破其他案件等行为。设立立功制度的作用有二：一是表明行为人对犯罪行为的痛恨，从而其再犯罪可能性会有所减少；二是基于政策考量，有利于发现、侦破其他犯罪案件，提高办案效率。只是《监察法》第34条第4项规定的只有重大立功，而不包括一般立功。本条第1款规定了5种重大立功表现的情形：一是检举揭发他人重大犯罪行为且经查证属实的；二是提供其他重大案件的重要线索且经查证属实的；三是阻止他人重大犯罪活动的；四是协助抓捕其他重大职务犯罪案件被调查人、重大犯罪嫌疑人（包括同案犯）的；五是为国家挽回重大损失等对国家和社会有其他重大贡献的。

需要说明的是，前3种重大立功表现均使用了"重大犯罪""重大案件""查证属实"等表述。结合本条第2款的规定，"重大犯罪"一般是指依法可能被判处无期徒刑以上刑罚的犯罪行为；"重大案件"一般是指在本省、自治区、直辖市或者全国范围内有较大影响的案件；"查证属实"一般是指有关案件已被监察机关或者司法机关立案调查、侦查，被调查人、犯罪嫌疑人被监察机关采取监察强制措施或者被司法机关采取刑事强制措施，或者被告人被人民法院作出有罪判决，并结合案件事实、证据进行判断。

至于本条第1款第4项规定的"协助抓捕其他重大职务犯罪案件被调查人、重大犯罪嫌疑人（包括同案犯）"，在实践中主要包括以下情形：第一，按照监察机关的安排，以打电话、发信息等方式将其他重大职务犯罪案件被调查人、重大犯罪嫌疑人（包括同案犯）约至指定地点的。第二，按照监察机关的安排，当场指认、辨认其他重大职务犯罪案件被调查人、重大犯罪嫌疑人（包括同案犯）。第三，带领调查人员抓获其他重大职务犯罪案件被调查人、重大犯罪嫌疑人（包括同案犯）。第四，提供监察机关尚未掌握的其他重大职务犯罪案件被调查人、重大犯罪嫌疑人的联络方式、藏匿地址等。

本条第3款是关于案件涉及国家重大利益情形的具体规定。国家重大利益，一般是指涉及国家层面的，与国家主权和领土完整、国家安全、外交、社会稳定、经济发展等具有明显关联的各项利益。将涉及国家重大利益情形设置为提出从宽处罚建议的依据之一，主要是基于政策考量，是对特殊情况的变通处理。需要说明的是，对涉嫌职务犯罪的被调查人适用本条第3款的规定，需要在实践中慎重把握、仔细研究，必要时可书面征求有关机关的意见。①

**关联法条**

《监察法》第 34 条;《刑法》第 68 条;《刑事诉讼法》第 182 条。

---

第二百四十九条　涉嫌行贿等犯罪的涉案人员具有下列情形之一的,可以认定为监察法第三十五条规定的揭发有关被调查人职务违法犯罪行为,查证属实或者提供重要线索,有助于调查其他案件:

（一）揭发所涉案件以外的被调查人职务犯罪行为,经查证属实的;

（二）提供的重要线索指向具体的职务犯罪事实,对调查其他案件起到实质性推动作用的;

（三）提供的重要线索有助于加快其他案件办理进度,或者对其他案件固定关键证据、挽回损失、追逃追赃等起到积极作用的。

---

**条文主旨**

本条是关于对涉案人员提出从宽处罚建议的具体情形的规定。

**条文解读**

根据《监察法》第 35 条的规定,职务违法犯罪的涉案人员揭发有关被调查人职务违法犯罪行为,查证属实的,或者提供重要线索,有助于调查其他案件的,监察机关经领导人员集体研究,并报上一级监察机关批准,可以在移送人民检察院时提出从宽处罚的建议。在职务犯罪中,除了被调查的公职人员,还有其他涉案人员,这些人员因参与案件而掌握很多重要信息、证据。《监察法》第 35 条即针对这部分人员规定了由监察机关提出从宽处罚建议的内容,鼓励违法犯罪涉案人员积极配合调查工作,将功折罪争取宽大处理,也为监察机关顺利查清案件提供有利条件,节省人力物力,提高反腐败工作的效率。② 而本条就是针对《监察法》第 35 条中"揭发有关被调查人职务违法犯罪行为,查证属实的,或者提供重要线索,有助于调查其他案件"这一规定的细

---

① 参见中共中央纪律检查委员会中华人民共和国国家监察委员会法规室编写:《〈中华人民共和国监察法实施条例〉释义》,中国方正出版社 2022 年版,第 363 页。

② 参见中共中央纪律检查委员会中华人民共和国国家监察委员会法规室编写:《〈中华人民共和国监察法〉释义》,中国方正出版社 2018 年版,第 165 页。

化,具体规定了3种情形:

一是揭发所涉案件以外的被调查人职务犯罪行为,经查证属实的。首先,涉嫌行贿等犯罪的涉案人员需要揭发所涉案件以外的被调查人的职务犯罪行为,如果其揭发的是自己所涉案件的被调查人或者其他涉案人员,只能算是如实供述罪行的坦白行为,不能认定为将功补过。其次,涉案人员揭发的可以是重大职务犯罪行为,也可以是一般职务犯罪行为,二者均可以认定为"揭发有关被调查人职务违法犯罪行为",只是在从宽处罚幅度上会有所区分。最后,涉案人员揭发的职务犯罪行为须经查证属实。所谓"查证属实",是指有关案件已被监察机关或者司法机关立案调查、侦查,被调查人、犯罪嫌疑人被监察机关采取监察强制措施或者被司法机关采取刑事强制措施,或者被告人被人民法院作出有罪判决,并结合案件事实、证据进行判断。

二是提供的重要线索指向具体的职务犯罪事实,对调查其他案件起到实质性推动作用的。此项情形需要同时满足三个条件:第一,涉案人员提供的必须是重要线索,如关键物证、关键证人等,能够对调查其他案件发挥重要作用。第二,提供的线索必须指向具体犯罪事实,可以据此直接确定待调查的事实和对象,而不能语焉不详。第三,提供的线索对调查其他案件起到实质性推动作用,这意味着此线索必须尚未由监察机关所掌握,而且监察机关通过该线索,可以顺利查清相关违法犯罪案件。因此,涉案人员提供的只是一般线索,提供的线索没有指明具体犯罪事实的,提供的线索与查实的犯罪事实不具有关联性的,提供的线索对其他案件的侦破或者其他犯罪嫌疑人的抓捕不具有实际作用的,这些均不能认定为"提供重要线索,有助于调查其他案件"。

三是提供的重要线索有助于加快其他案件办理进度,或者对其他案件固定关键证据、挽回损失、追逃追赃等起到积极作用的。涉案人员提供的重要线索,即使指向的不是职务犯罪而是其他类型犯罪,或者不是尚未发现的犯罪而是已经为监察机关所立案调查的犯罪,只要可以加快其他案件的办理进度,提高查案效率,就属于有助于监察机关调查其他案件的。此外,这里的重要线索既可以是帮助其他案件固定关键证据,有助于查清案件事实的,也可以是帮助采取有效措施,发挥挽回损失、追逃追赃等积极作用。

需要注意的是,涉案人员揭发有关被调查人职务违法犯罪行为,或者提供调查其他案件的重要线索时,其线索、材料来源有下列情形之一的,不能认定为符合《监察法》第35条之要求:第一,本人通过非法手段或者非法途径获取的;第二,本人因原担任的查禁犯罪等职务获取的;第三,他人违反监管规定向犯罪分子提供的;第四,负有查禁犯罪活动职责的国家机关工作人员或者其他国家工作人员利用职务便利提供的。

### 关联法条

《监察法》第35条;《刑法》第68条。

---

**第二百五十条** 从宽处罚建议一般应当在移送起诉时作为《起诉意见书》内容一并提出,特殊情况下也可以在案件移送后、人民检察院提起公诉前,单独形成从宽处罚建议书移送人民检察院。对于从宽处罚建议所依据的证据材料,应当一并移送人民检察院。

监察机关对于被调查人在调查阶段认罪认罚,但不符合监察法规定的提出从宽处罚建议条件,在移送起诉时没有提出从宽处罚建议的,应当在《起诉意见书》中写明其自愿认罪认罚的情况。

---

### 条文主旨

本条是关于从宽处罚建议提出程序的规定。

### 条文解读

《监察法》第34、35条仅原则规定,监察机关"可以在移送人民检察院时提出从宽处罚的建议"。至于提出从宽处罚建议的具体程序,本条有较细致的安排。

第一,监察机关提出从宽处罚建议的时间一般为移送起诉时一并提出。这是因为监察机关的从宽处罚建议将会影响检察机关在审查起诉阶段的相关决定。

第二,从宽处罚建议作为《起诉意见书》的内容一并提出。也就是说,《起诉意见书》中需要载明涉嫌职务犯罪的被调查人和涉案人员是否存在符合《监察法》第34、35条所规定的情形。若存在,则需要结合涉嫌职务犯罪的被调查人和涉案人员案发前的一贯表现以及违法犯罪行为的情节、后果和影响等因素,提出明确的从宽处罚建议。

第三,从宽处罚建议的材料要求。监察机关应当将从宽处罚建议所依据的证据材料一并移送检察机关。这是基于"监检配合"原则下的便利原则的考量,即便利检察机关确认监察机关所作的从宽处罚建议决定是否正确。监察机关必须确保移送的证据材料的完整性,如此才能提高监察机关与检察机关在反腐败领域的合作效能。

第四,本条规定了特殊情况下从宽处罚建议的提出时间与方式。"特殊情况"是指案件存在某一事实调查困难,影响到监察机关是否作出从宽处罚建议,但是监察机关又必须要移送起诉的情形。在此情形下，为了争取更多事实调查时间，以及不耽误诉讼程序，本条特别规定了从宽处罚建议可以单独移送检察机关。但是，为了保障既有的司法秩序，本条将单独移送的时间限定为案件移送后、人民检察院提起公诉前。也就是说，监察机关最迟必须在检察机关提起公诉前提出从宽处罚建议。这是因为当提起公诉后，公诉机关就已经确认了公诉策略，此时再提出从宽处罚建议就会影响诉讼程序。

第五，本条规定了当出现被调查人认罪认罚但不符合《监察法》规定的从宽处罚的条件时的处理规范。针对这一情形，监察机关在移送起诉时可以不提出从宽处罚建议，但必须履行程序性义务，即应当在《起诉意见书》中写明被调查人自愿认罪认罚的情况。如此规定，是为了便于检察机关在审查起诉阶段再次核实，进一步判断被调查人是否构成认罪认罚。这是监察机关办案过程中遵循实事求是的工作理念的体现，也是监察机关与检察机关共同合作的工作理念的体现。

### 关联法条

《监察法》第34、35条；《刑事诉讼法》第173、174、176条；《最高人民法院关于适用〈中华人民共和国刑事诉讼法〉的解释》第347—358条。

---

**第二百五十一条** 监察机关一般应当在正式移送起诉十日前，向拟移送的人民检察院采取书面通知等方式预告移送事宜。监察机关发现被调查人因身体等原因存在不适宜羁押等可能影响刑事强制措施执行情形的，应当通报人民检察院；被调查人已被采取留置措施的，可以在移送起诉前依法变更为责令候查措施。对于未采取监察强制措施的案件，可以根据案件具体情况，向人民检察院提出对被调查人采取刑事强制措施的建议。

---

### 条文主旨

本条是关于预告移送起诉的规定。

### 条文解读

本条创立了监察案件的预告移送审查起诉制度。监察机关向检察机关预告移送事宜，既提高了监察机关与检察机关之间配合衔接的效率，也提高了检察机关审查起诉的效率。具体而言，本条主要包含三个方面的内容：

第一,监察机关预告的方式。监察机关一般是书面通知拟移送的检察机关。书面通知是一种正式的通知方式,能够防止监察预告的形式化。当然,本条中的"等"字意味着监察机关除了采取书面通知的方式,也可以采取其他适宜的方式预告,但以书面通知的方式为主。

第二,监察机关预告的时间限制。监察机关一般在正式移送起诉 10 日前进行预告。对时间限制提出明确要求,有利于避免监察预告的随意性,确保监察案件预告移送审查起诉制度顺利运作。实践中,在正式移送起诉前的 10 日内,绝大多数案件已进入审理阶段,而且与人民检察院审查起诉的衔接工作也由案件审理部门负责,因此应由案件审理部门负责预告移送,调查部门、案件监督管理部门等予以协助。[1]

第三,监察机关预告的内容应当全面、准确。本条特别指出,监察机关发现被调查人因身体等原因存在不适宜羁押等可能影响刑事强制措施执行情形的,应当通报人民检察院。此举可以提高检察机关的工作效率,让检察机关提前作出相应调适,调整审查起诉方案。对于未采取留置措施的案件,监察机关可以根据具体案件情况,如被调查人的危害性、犯罪事实、身体情况等,提出对被调查人采取刑事强制措施的建议,如拘传、取保候审、监视居住、拘留、逮捕等。当然,预告移送不同于正式移送,不需要全面移送与定罪量刑有关的证据材料(包括起诉意见书、调查卷宗、涉案财物清单等)。

### 关联法条

《刑事诉讼法》第 170 条;《人民检察院刑事诉讼规则》第 146 条。

---

**第二百五十二条** 监察机关办理的职务犯罪案件移送起诉,需要指定起诉、审判管辖的,应当与同级人民检察院协商有关程序事宜。需要由同级人民检察院的上级人民检察院指定管辖的,应当商请同级人民检察院办理指定管辖事宜。

监察机关一般应当在移送起诉二十日前,将商请指定管辖函送交同级人民检察院。商请指定管辖函应当附案件基本情况,对于被调查人已被其他机关立案侦查的犯罪认为需要并案审查起诉的,一并进行说明。

---

[1] 参见张帅、孙庆帅:《如何理解和把握监察法实施条例规定的职务犯罪案件预告移送制度 加强信息沟通确保移送衔接顺畅》,载《中国纪检监察》2022 年第 9 期。

> 派驻或者派出的监察机构、监察专员调查的职务犯罪案件需要指定起诉、审判管辖的,应当报派出机关办理指定管辖手续。

## 条文主旨

本条是关于指定起诉、审判管辖办理程序的规定。

## 条文解读

根据《监察法》和《刑事诉讼法》的相关规定,监察管辖应按照干部管理权限和属地管辖相结合的原则确定,而起诉、审判管辖应按照以犯罪地为主、以居住地为辅的原则确定。对于监察机关立案调查的案件,若被调查人犯罪地或者居住地在本辖区,则本辖区司法机关有权管辖,不需要商请司法机关指定起诉、审判管辖。但若被调查人犯罪地和居住地均不在本辖区,则本辖区司法机关不具有管辖权;此时,监察机关在移送起诉前,需要按程序先行商请司法机关确定起诉、审判管辖。

一方面,本条规定了监察机关指定起诉、审判管辖时的协商原则。第一,监察机关需要指定起诉、审判管辖的,无论是何种指定,均须与同级检察机关协商,由同级检察机关办理指定管辖事宜。例如,设区的市级以上监察机关办理的职务犯罪案件,需要在本辖区内指定起诉、审判管辖的,由同级检察机关商同级人民法院办理指定管辖事宜。又如,地方监察机关办理的职务犯罪案件,需要跨越本辖区指定起诉、审判管辖的,由承办案件的监察机关的案件审理部门在移送起诉前与同级检察机关协商,由同级检察机关报有权决定的检察机关商同级人民法院办理。再如,需要同级检察机关的上级检察机关指定管辖的,则应商请同级检察机关办理指定管辖事宜。第二,派驻或者派出的监察机构、监察专员调查的职务犯罪案件需要指定起诉、审判管辖的,应当报派出机关办理指定管辖手续。国家监察委员会派驻机构、派出机构和中管企业监察机构调查的职务犯罪案件及关联案件,以及交由地方监察机关调查或与地方监察机关联合调查的职务犯罪案件及关联案件,依法需要指定起诉、审判管辖的,由国家监察委员会案件审理室会同相关监督检查室与最高人民检察院相关检察厅协商办理指定管辖事宜。[①] 这是因为派驻或者派出的监察机构、监察专员对派出机关负责,因此移送起诉应当由主责的派出机关负责。

---

① 参见周岩:《监察管辖与起诉、审判管辖如何衔接》,载中央纪委国家监委网站,https://www.ccdi.gov.cn/hdjl/ywtt/202103/t20210304_236919.html,2025 年 6 月 1 日访问。

另一方面,本条规定了监察机关与检察机关协商的具体规则。第一,时间限定为移送起诉 20 日前。由于其中涉及程序时间,监察机关应当秉持尽早、不拖延的原则进行协商。第二,将商请指定管辖函送交同级人民检察院,通过书面商请的方式进行。商请指定管辖函的内容应当包括:(1)案件基本情况。案件基本情况应当实事求是地载明,以体现移送管辖的必要性。(2)被调查人已被其他机关立案侦查的犯罪是否需要并案审查起诉,即出现一人犯数罪、共同犯罪、共同犯罪的犯罪嫌疑人还实施其他犯罪、多个犯罪嫌疑人实施的犯罪存在关联等情况。若存在,则需要在商请指定管辖函中进行说明,因为并案审查有利于检察机关查明案件事实和诉讼进行。说明的重点应当是本案与其他案件之间的关联性,以及并案审查的必要性。

### 关联法条

《人民检察院刑事诉讼规则》第 22、329 条。

**第二百五十三条　上级监察机关指定下级监察机关进行调查,移送起诉时需要人民检察院依法指定管辖的,应当按规定办理有关程序事宜。**

### 条文主旨

本条是关于指定调查案件协商确定司法管辖的规定。

### 条文解读

根据《监察法》第 17 条第 1 款的规定,上级监察机关可以将其所管辖的监察事项指定下级监察机关管辖。如果此类被指定管辖的案件涉嫌职务犯罪,就应当按规定办理指定管辖事宜。一方面,这是由我国监察体制中上级监察机关领导下级监察机关的特征所决定的,体现了"谁指派,谁负责"的原理。另一方面,案件是上级监察机关指定管辖的,说明案件本身是由上级监察机关管辖,这就涉及职务犯罪案件与普通刑事案件相比的特殊性,特别是监察管辖与干部管理权限相联系,因此仍由上级监察机关商检察机关、人民法院办理,如此才有利于通畅监察与检察之间的衔接,也有利于提高监察机关指定管辖案件的办理质量。

### 关联法条

《监察法》第 17 条;《人民检察院刑事诉讼规则》第 329 条。

> **第二百五十四条** 监察机关对已经移送起诉的职务犯罪案件,发现遗漏被调查人罪行需要补充移送起诉的,应当经审批出具《补充起诉意见书》,连同相关案卷材料、证据等一并移送同级人民检察院。
>
> 对于经人民检察院指定管辖的案件需要补充移送起诉的,可以直接移送原受理移送起诉的人民检察院;需要追加犯罪嫌疑人、被告人的,应当再次商请人民检察院办理指定管辖手续。

### 条文主旨

本条是关于补充移送起诉的规定。

### 条文解读

补充移送起诉制度彰显了监察机关实事求是的工作态度,也彰显了监察机关对结果正义的追求。随着科技的进步,犯罪手段不断升级,隐蔽性与复杂性不断提高。同时,腐败案件往往涉及面广,存在相关人员故意隐瞒事实而影响案件调查等情况,涉及违法所得向境外转移以及洗钱等问题,加大了监察调查的难度。但是,监察机关的调查活动时间有限。在上述背景之下,监察机关偶尔遗漏被调查人员的罪行成为不可避免的事实。因此,设立补充移送起诉制度是漏罪后的重要补救制度。具体而言,本条主要包括三个方面的内容:

第一,补充移送起诉的条件是发现被调查人存在遗漏的罪行。

第二,补充移送起诉的程序要求。首先,经过上级监察机关的审批。其次,向同级检察机关出具《补充起诉意见书》。《补充起诉意见书》应当内容完整,准确载明遗漏罪行的法律定性及其所依据的客观事实,做到"以事实为依据,以法律为准绳"。最后,出具《补充起诉意见书》时,须连同相关案卷材料、证据等一并移送。这里移送的案卷材料、证据是指补充移送起诉的相关案卷材料、证据,目的是确保补充起诉能够经得起检验,确保所补充起诉的罪行与客观事实相印证。

第三,补充移送起诉的对象通常为同级检察机关。对于经检察机关指定管辖的案件,补充移送起诉的对象是作出指定管辖决定的原受理移送起诉的检察机关。这是因为指定管辖的原理在于"谁指定,谁负责",指定管辖后的检察机关应当向作出指定管辖决定的检察机关负责。因此,监察机关可以直接向原受理移送起诉的检察机关补充移送起诉。这一规定提高了监察机关补充移送起诉的便利性与实效性,亦提高了检察机关的工作效率。这里还存在一个特殊的现象,如果补充移送起诉时需要追加犯罪嫌疑人、被告人,应该如何操作?由于追加犯罪嫌疑人、被告人会涉及管辖问题,因此需要再次商请检察机关办理指定管辖手续。具体而言,主要是商请办理指定起诉、审判管辖事宜后形成《起诉意见书》,连同案卷材料、证据一并移送被指定管辖的同级检察机关,由负责审查起诉的检察机关追加起诉或者另行起诉,属于共同犯罪的通常追加起诉。①

**典型案例**

李某是 A 市某局副局长,分管基建工作。在接受纪检监察机关审查调查期间,李某交代其收受老板黄某 2 万元,并利用职务之便为黄某谋取利益的问题。但至案件留置期满前,审查调查部门始终无法与黄某取得联系。在该案审理期间,李某表示愿意将该 2 万元主动上交组织,并办理了相关手续。2019 年 3 月,李某被开除党籍、开除公职,其涉嫌受贿 120 万元的问题移送检察机关依法审查起诉,涉案款物根据法律和党纪法规作出相应处理。2019 年 5 月,A 市监委在办理其他案件过程中找到了黄某,黄某主动交代了其与李某之间的经济往来情况。检察机关已对李某涉嫌受贿案提起公诉,法院尚未作出判决。最终,经 A 市纪委监委会议研究,A 市监委制作《补充起诉意见书》,将该起涉嫌受贿犯罪事实移送检察机关,对相关涉案款物处理以会议纪要形式作出书面决定,并将涉案款物清单、已处理凭证一并移送检察机关。检察机关收到《补充起诉意见书》及相关证明材料后,及时向法院进行了补充起诉。②

**关联法条**

《人民检察院刑事诉讼规则》第 356、423 条。

---

第二百五十五条 对于涉嫌行贿犯罪、介绍贿赂犯罪或者共同职务犯罪等关联案件的涉案人员,移送起诉时一般应当随主案确定管辖。

主案与关联案件由不同监察机关立案调查的,调查关联案件的监察机关在移送起诉前,应当报告或者通报调查主案的监察机关,由其统一协调案件管辖

---

① 参见周岩:《监察管辖与起诉、审判管辖如何衔接》,载中央纪委国家监委网站:https://www.ccdi.gov.cn/hdjl/ywtt/202103/t20210304_236919.html,2025 年 6 月 1 日访问。

② 参见王婷、王嵩:《移送审查起诉后查明的漏罪怎样处理》,载《中国纪检监察报》2019 年 7 月 31 日,第 8 版。

> 事宜。因特殊原因，关联案件不宜随主案确定管辖的，调查主案的监察机关应当及时通报和协调有关事项。

## 条文主旨

本条是关于关联案件移送起诉的规定。

## 条文解读

职务犯罪案件往往涉案人员多、社会影响面广，做好职务犯罪案件涉案人员处理工作，应当坚持主案、关联案件"一盘棋"，避免重主案轻关联案件的倾向。[1] 本条第1款确立了"随主案确定管辖"的原则，即对于涉嫌行贿犯罪、介绍贿赂犯罪或者共同职务犯罪等关联案件的涉案人员，移送起诉时一般应当随主案确定管辖。

在"随主案确定管辖"原则的适用过程中会遇到的难题是主案与关联案件由不同监察机关立案调查，此时，依据"主案确定管辖"原则，调查关联案件的监察机关应当主动配合调查主案的监察机关，在移送起诉前报告或者通报调查主案的监察机关，让调查主案的监察机关统一协调案件管辖事宜，从而确保关联案件在后续审查起诉环节的有序衔接，提高腐败案件的办理效率。此外，本条还规定了"随主案确定管辖"原则的例外，即当存在特殊原因，造成如关联案件案情重大复杂敏感、涉及国家安全利益、需要配合其他重大案件调查等，关联案件不宜随主案确定管辖时，关联案件也可以不随主案确定管辖。[2] 这一例外规则确保了关联案件确定管辖规则的灵活性和审理的公正性。

> **第二百五十六条** 监察机关对于人民检察院在审查起诉中书面提出的下列要求应当予以配合：
> （一）认为可能存在以非法方法收集证据情形，要求监察机关对证据收集的合法性作出说明或者提供相关证明材料的；
> （二）排除非法证据后，要求监察机关另行指派调查人员重新取证的；

---

[1] 参见代杰：《规范做好职务犯罪案件涉案人员处理工作》，载《中国纪检监察报》2022年3月9日，第7版。

[2] 参见中央纪委国家监委案件审理室：《准确理解把握〈监察法实施条例〉中关于案件审理工作的规定（四）》，载《中国纪检监察报》2022年8月3日，第6版。

> （三）对物证、书证、视听资料、电子数据及勘验检查、辨认、调查实验等笔录存在疑问，要求调查人员提供获取、制作的有关情况的；
> （四）要求监察机关对案件中某些专门性问题进行鉴定，或者对勘验检查进行复验、复查的；
> （五）认为主要犯罪事实已经查清，仍有部分证据需要补充完善，要求监察机关补充提供证据的；
> （六）人民检察院依法提出的其他工作要求。

### 条文主旨

本条是关于监察机关配合审查起诉工作的规定。

### 条文解读

通过国家机关之间的相互配合，从而达成腐败治理的制度合力，是《监察法》"配合原则"的价值追求。配合是相互的，既强调在监察机关案件调查过程中其他国家机关的配合，也强调其他国家机关在腐败案件的办理过程中监察机关的配合义务。监察机关负责案件调查，对案件的了解较为全面，由监察机关配合检察机关可以实现案件移送起诉的顺利与高效，避免检察机关因重复调查而浪费有限的检察资源。本条即为检察机关在审查起诉过程中可以要求监察机关配合的具体事项，主要包括以下情形：

第一，检察机关认为监察机关可能存在以非法方法收集证据的情形，如可能涉及：(1)采用殴打、违法使用戒具等暴力方法或者变相肉刑的恶劣手段，使被调查人遭受难以忍受的痛苦而违背意愿作出的供述；(2)采用以暴力或者严重损害本人及其近亲属合法权益等相威胁的方法，使被调查人遭受难以忍受的痛苦而违背意愿作出的供述；(3)采用非法拘禁等非法限制人身自由的方法收集的被调查人供述，或以威胁、引诱、欺骗及其他非法方式收集证据，以及出现侮辱、打骂、虐待、体罚或者变相体罚被调查人和涉案人员的情形。出现上述情形，检察机关可以要求监察机关对证据收集的合法性作出说明或者提供相关证明材料的，此时监察机关需要予以配合。排除非法证据是现代法治的基本要求，能够促进监察机关依法监察，防止冤假错案发生。

第二，检察机关排除非法证据后，要求监察机关另行指派调查人员重新取证的，监察机关需要予以配合。根据《人民检察院刑事诉讼规则》第341条的规定，人民检察院在审查起诉中发现有应当排除的非法证据，应当依法排除，同时可以要求监察机关或者公安机关另行指派调查人员或者侦查人员重新取证。重新取证的情况是监察机关无法对证据收集的合法性作出说明或者提供相关证明材料，因此被认为是非法证据予以排除。而部分证据被排除，就会导致案件事实的证明过程出现瑕疵，因此需要重新取证。此时，检察机关就可以要求监察机关予以配合，从而确保每一起案件经得起检验。

第三，检察机关对物证、书证、视听资料、电子数据及勘验检查、辨认、调查实验等笔录存在疑问，要求监察机关的调查人员提供获取、制作的有关情况的，监察机关需要予以配合。根据《人民检察院刑事诉讼规则》第336条的规定，人民检察院对物证、书证、视听资料、电子数据及勘验、检查、辨认、侦查实验等笔录存在疑问的，可以要求调查人员或者侦查人员提供获取、制作的有关情况，必要时也可以询问提供相关证据材料的人员和见证人并制作笔录附卷，对物证、书证、视听资料、电子数据进行鉴定。上述证据材料在实践中可能出现以下问题：物证、书证等与其他证据出现矛盾；对书证的修改缺乏解释，真实性缺乏鉴定；视听资料、电子数据没有及时提取或内容不完整；证据收集程序失范或来源不明；等等。作出这样的规定是为了进一步确保证明材料的合法性与正当性，需要监察机关配合提供获取、制作相关证据材料的有关情况。

第四，检察机关要求监察机关对案件中某些专门性问题进行鉴定，或者对勘验检查进行复验、复查的，监察机关需要予以配合。根据《人民检察院刑事诉讼规则》第332条的规定，检察机关认为需要对案件中某些专门性问题进行鉴定而监察机关或者公安机关没有鉴定的，应当要求监察机关或者公安机关进行鉴定。必要时，也可以由检察机关进行鉴定，或者由检察机关聘请有鉴定资格的人进行鉴定。检察机关自行进行鉴定的，可以商请监察机关或者公安机关派员参加，必要时可以聘请有鉴定资格或者有专门知识的人参加。结合《人民检察院刑事诉讼规则》第335条的规定，检察机关审查案件时，对监察机关或者公安机关的勘验、检查，认为需要复验、复查的，应当要求其复验、复查，检察机关可以派员参加；也可以自行复验、复查，商请监察机关或者公安机关派员参加，必要时也可以指派检察技术人员或者聘请其他有专门知识的人参加。对案件中某些专门性问题进行鉴定，是指检察机关认为监察机关对案件中重要的专门性问题没有进行鉴定，此时其可以要求监察机关予以协助。对勘验检查进行复验、复查是为了确保勘验检查结果的准确性，从而保证案件结果的准确性、公正性。

第五，检察机关认为主要犯罪事实已经查清，但仍有部分证据需要补充完善，要求监察机关补充提供证据的，监察机关应当予以配合。根据《人民检察院刑事诉讼规则》第340条的规定，检察机关对监察机关或者公安机关移送的案件进行审查后，在人民法院作出生效判决之前,认为需要补充提供证据材料的,可以书面要求监察机关或者公安机关提供。在上述情况下,案件的主要证据与待证事实基本可以呼应,但为了避免出现证据瑕疵所导致的案件审理结果的不公正,仍然需要进一步对证据进行完善,从而使证据充分、全面。

当然,上述监察机关具体配合的事项,也体现了检察机关与监察机关相互制约的原则,即配合的过程中实现了制约,制约的过程中实现了配合。检察机关与监察机关相互制约是法治的基本原则。任何权力都存在腐化的可能,权力一旦腐化将会对人民群众的利益造成不利影响,这与监察制度追求反贪反腐,保卫人民利益的宗旨相悖。检察机关制约监察机关是制约监察权力的重要一环,正是基于监察机关与检察机关在腐败案件中存在交集与关联,检察机关的制约才更为有效。检察机关通过对监察机关调查结论的重新审查,有利于确保监察机关办案结果的准确性,避免错案发生,也避免监察机关的不当作为或不作为。

除了上述 5 种监察机关配合检察机关的情况,本条还规定了兜底情形,即检察机关依法提出的其他工作要求。当然,这些要求首先需要满足"依法"的条件,即属于检察机关的法定职责范围、案件办理过程中必须了解的事实等,并且需要监察机关配合才能够完成。这一兜底条款的设定为今后监察机关与监察机关之间的相互制约、相互配合提供了规范空间。

### 关联法条

《监察法》第 4 条第 2 款;《刑事诉讼法》第 56—60 条;《人民检察院刑事诉讼规则》第 73、74、263、332、335、336、340、341、343、363、393、410、422 条。

---

**第二百五十七条** 监察机关对于人民检察院依法退回补充调查的案件,应当向主要负责人报告,并积极开展补充调查工作。

### 条文主旨

本条是关于开展补充调查工作的规定。

### 条文解读

退回补充调查,是指经过审查后,检察机关认为监察机关移送的案件事实不清楚、证据不足,需要补充核实,因此退回监察机关补充调查。[①] 如出现证人证言、犯罪嫌疑人供述和辩解等与部分主要情节不一致;物证、书证等证据材料部分尚未鉴定;实施犯罪的时间、地点、手段、危害后果等尚未完全明确;可能出现漏罪及其相关证据尚未完整;等等。相较于自行补充调查,退回补充调查是先顺序的措施,考虑到了监察案件的敏感性、政治性,因此一般由监察机关自行补充调查,也是督促监察机关自我纠正。退回补充调查制度体现了检察机关对监察机关的制约与监督。本条主要包括两个方面的内容:

一方面,本条对监察机关的补充调查活动作出了总体性规定,提出了"积极开展补充调查工作"的基本要求。作为国家机关的重要组成部分,监察机关承担着腐败治理的重要任务,其理应秉持着"积极"的工作态度,尽快办理补充调查。那么,"积极开展补充调查工作"具体应当如何理解?根据《监察法》第54条第3款的规定,对于检察机关退回补充调查的案件,监察机关应当在1个月内补充调查完毕。

另一方面,对于人民检察院退回补充调查的案件,监察机关需要向主要负责人报告。向主要负责人报告有利于通过主要负责人层层压实责任,确保补充调查工作顺利开展而非流于形式。在实践中,退回补充调查工作由监察机关的案件审理部门负责承接。

### 关联法条

《监察法》第54条第2款;《刑事诉讼法》第170条;《人民检察院刑事诉讼规则》第256、343、346、349、367条。

---

**第二百五十八条** 对人民检察院退回补充调查的案件,经审批分别作出下列处理:

(一)认定犯罪事实的证据不够充分的,应当在补充证据后,制作补充调查报告书,连同相关材料一并移送人民检察院审查,对无法补充完善的证据,应当作出书面情况说明并加盖监察机关或者承办部门公章;

(二)在补充调查中发现新的同案犯或者增加、变更犯罪事实,需要追究刑事责任的,应当重新提出处理意见,移送人民检察院审查;

---

[①] 参见中共中央纪律检查委员会中华人民共和国国家监察委员会法规室编写:《〈中华人民共和国监察法〉释义》,中国方正出版社2018年版,第214页。

(三)犯罪事实的认定出现重大变化,认为不应当追究被调查人刑事责任的,应当在补充调查期限内重新提出处理意见,将处理结果书面通知人民检察院并说明理由;

(四)认为移送起诉的犯罪事实清楚,证据确实、充分的,应当说明理由,移送人民检察院依法审查。

### 条文主旨

本条是关于分类处理退回补充调查案件的规定。

### 条文解读

对于检察机关退回补充调查的案件,监察机关应当分情况进行处理。本条主要包含监察机关处理退回补充调查案件的三个方面的规则:

第一,监察机关在处理退回补充调查案件之前,都需要经过审批。

第二,退回补充调查中的一般规则。针对检察机关认为"认定犯罪事实的证据不够充分"(现有证据与待证事实无法形成呼应)的案件,监察机关在退回补充调查阶段的任务是补充相关证据,使认定犯罪事实的证据足够充分,让证据与待证事实形成呼应。这里需要注意的是,监察机关只需要补充证据不充分的部分而非全部。退回补充调查一般会出现以下两种情况:(1)监察机关认为需要补充调查。如果监察机关获得了新的证据,则需要在退回补充调查阶段完成两个程序要求:一是制作补充调查报告书。二是将补充调查报告书与补充证据的材料一同移送检察机关审查。如果监察机关无法获得新的证据,如出现不可抗力导致证据销毁或无法获取,监察机关则应制作情况说明。情况说明应当以书面形式呈现,内容细致翔实,说明清楚补充调查的过程以及证据无法补充或完善的理由。同时,情况说明需要加盖监察机关公章或者承办部门公章,加盖公章是为了提高书面情况说明的权威性,明确决定的责任主体。(2)监察机关认为不需要补充调查,即监察机关认为退回补充调查的案件犯罪事实清楚,证据确实、充分。其需要满足的条件为"犯罪事实清楚""证据确实、充分"。对此,监察机关需要作出理由说明,对检察机关所提出的事实不充分部分、证据与事实无法对应部分分别进行回应。理由说明需要以书面形式呈现,并移送检察机关依法审查。

第三,退回补充调查的特殊情况。退回补充调查阶段还会出现适用"重新提出处理意见"的两种特殊情况:(1)在补充调查中发现新的同案犯或者增加、变更犯罪事实,需要追究刑事责任的。适用这一情形需要满足两个条件。首先是出现"新的同案犯""增加犯罪事实""变更犯罪事实"等情况。"新的同案犯"是指案件中还存在其他犯罪嫌疑人。"增加犯罪事实"是指发现案件存在新的犯罪事实,并且这些犯罪事实在补充调查过程中发现有充足的新的证据支撑。"变更犯罪事实"是指虽然案件的犯罪事实与相关证据的关联性不足,但是相关证据却足以指向其他犯罪事实,此时犯罪事实会发生变更。其次是"新的同案犯""增加犯罪事实""变更犯罪事实"等达到需要追究刑事责任的程度,即已经产生了社会危害性,触犯了刑法规范。在满足上述条件后,监察机关需要重新根据新的同案犯的犯罪事实,或原案被调查人所增加的犯罪事实,或原案被调查人变更后的犯罪事实,分别提出处理意见,并在经过审批后,连同相关证据材料移送至检察机关。(2)在补充调查中发现所认定的犯罪事实出现重大变化,认为不应追究被调查人刑事责任的。在这种情况下,若追究被调查人的刑事责任,则可能会产生不公正的结果,不符合"以事实为依据,以法律为准绳"的基本要求,因此,适宜以不追究被调查人刑事责任为处理意见。此时,监察机关应当在补充调查期限内重新提出处理意见。重新提出处理意见应当作出充分的理由说明,确保重新提出的处理意见与相关的证据存在关联。程序上需要将处理结果以书面形式通知检察机关并说明理由。

### 典型案例

被告人谭某某,某县交通运输局原党组书记、局长。2010年至2018年,被告人谭某某在担任某县卫生和食品药品监督管理局局长、交通运输局局长期间,利用职务上的便利,在医疗设备采购、交通工程建设项目发包、审批、管理、招投标过程中,为他人谋取利益,累计收受20余名行贿人的贿赂款物共计500余万元。另外,被告人谭某某作为国家工作人员,其个人及家庭全部财产中有420余万元无法说明来源。2018年10月29日,县监察委员会将谭某某涉嫌受贿、巨额财产来源不明一案移送县人民检察院审查起诉。11月29日,该案因部分事实不清、证据不足退回县监察委员会补充调查。12月28日,县监察委员会补查重报。2019年1月28日,县人民检察院以谭某某涉嫌犯受贿罪、巨额财产来源不明罪提起公诉。3月28日,县人民法院作出判决,以谭某某犯受贿罪、巨额财产来源不明罪,判处有期徒刑11年6个月,并处罚金60万元。宣判后,谭某某服判未上诉。[1]

---

[1] 参见《青海省人民检察院第八批典型案例》,载青海省人民检察院网 2020 年 12 月 25 日,https://www.qh.jcy.gov.cn/c/www/sysjcyzdxal/47270.jhtml。

### 关联法条

《监察法》第54条第3款;《刑事诉讼法》第170条;《人民检察院刑事诉讼规则》第343、346、349、367条。

> **第二百五十九条** 人民检察院在审查起诉过程中发现新的职务违法或者职务犯罪问题线索并移送监察机关的,监察机关应当依法处置。

### 条文主旨

本条是关于处置审查起诉过程中发现新线索的规定。

### 条文解读

任何腐败行为都会对人民利益造成损害,必须要严厉打击。因此,即便是监察机关在调查阶段没有发现的职务违法或者职务犯罪,只要检察机关在审查起诉过程中发现新的职务违法或者职务犯罪问题线索,监察机关就有依法进行处置的义务。本条既体现了检察机关与监察机关工作中实事求是的工作态度,也体现了监察机关与检察机关之间相互配合的关系,共同贯彻严厉打击腐败的精神。

首先,检察机关在审查起诉过程中发现新的职务违法或者职务犯罪问题线索的,负有必须移送监察机关的义务。根据《人民检察院刑事诉讼规则》第349条的规定,人民检察院在审查起诉中又发现新的犯罪事实的,应当将线索移送监察机关或者公安机关。而这类新发现的职务违法或者职务犯罪的处理主体首先仍然是监察机关,这体现了监察调查与审查起诉之间的明确分工。对于检察机关移送的新的职务违法或者职务犯罪问题线索,监察机关负有依法处置的义务。即对案件进行调查,依法向有关单位和个人了解情况,收集、调取证据。若调查后发现确实存在新的职务违法或者职务犯罪,则依法进行处置,并且依法移送检察机关进行审查起诉;若调查后认为新的线索不构成新的职务违法或者职务犯罪,则向检察机关说明理由,可不进行处置。

其次,本条规定的是新的职务违法或职务犯罪问题之"线索",即不要求检察机关指出新发现的职务违法或职务犯罪的事实与证据之间的关联性,只需发现有线索能够证明可能存在新的职务违法或职务犯罪即可。检察机关移送线索时,应当将相关线索对应的证据一并移送,并作说明。

### 实务难点指引

本条仅规定"监察机关应当依法处置",未明确处置期限。通常来说,监察机关经过调查,认定被调查人涉嫌新的职务犯罪事实的,应当按照《监察法》和《监察法实施条例》的相关规定移送人民检察院。如果调查处置工作时间较长,法院已作出生效判决,监察机关应当另行移送审查起诉。①

### 关联法条

《人民检察院刑事诉讼规则》第266、349条。

---

**第二百六十条** 在案件审判过程中,人民检察院书面要求监察机关补充提供证据,对证据进行补正、解释,或者协助人民检察院补充侦查的,监察机关应当予以配合。监察机关不能提供有关证据材料的,应当书面说明情况。

人民法院在审判过程中就证据收集合法性问题要求有关调查人员出庭说明情况时,监察机关应当依法予以配合。

---

### 条文主旨

本条是关于案件审判过程中监察机关配合义务的规定。

### 条文解读

本条主要规定了在案件审判过程中,监察机关与检察机关、审判机关两个主体的配合义务,具体可从以下两方面加以理解:

一方面,监察机关与检察机关的配合。监察机关与检察机关的配合可以确保案件调查的公正性,尤其是事实调查的充分性。检察机关可以要求监察机关配合的有:(1)对证据进行补正。调查时的客观条件的制约,可能会导致监察机关所获得的证明部分事实的证据不够充分,这将会影响具体证据与犯罪行为之间的关联性,因此必须通过补正以确保二者之间的关联,避免后续发生法律适用错误的问题。(2)对证据进行解释。解释是指对取证程序上的非实质性瑕疵作出合理解释。如果检察机关在调

---

① 参见中共中央纪律检查委员会中华人民共和国国家监察委员会法规室编写:《〈中华人民共和国监察法实施条例〉释义》,中国方正出版社2022年版,第381页。

查中发现监察机关所提供的用以证明犯罪事实的部分证据存疑或存在瑕疵,那么对于存在疑问或瑕疵的证据,检察机关自己重新调查会造成司法资源浪费。此时,参与案件调查的监察机关对存疑证据或瑕疵证据作出解释便是最佳途径。(3)协助补充侦查。协助补充侦查是检察机关要求监察机关协助其对案件尚不明确的部分事实或证据进行再次调查。作为初始调查机关的监察机关,配合检察机关进行侦查,能够形成侦查合力,确保补充侦查的顺利开展。协助补充侦查可以由监察机关独立开展,也可以由监察机关与检察机关共同开展。

监察机关的配合义务属于法定义务,监察机关在配合过程中需要秉持积极态度。如果监察机关在配合过程中无法提供有关证据材料,或因不可抗力而造成部分证据无法获取,此时监察机关必须作出书面情况说明,书面情况说明需要具体、翔实、准确。

另一方面,监察机关与审判机关的配合。证据的合法性审查是人民法院在案件审理中的重要内容。若证据收集过程不合法,人民法院可以以非法证据规则排除证据的法律适用。为了确认证据是否合法,尤其是针对存疑证据或瑕疵证据,人民法院除了可以进行书面审查之外,还可以要求调查人员出庭说明情况。调查人员出庭,可以就证据收集的过程作出说明,亦可以对证据存疑或存在瑕疵的原因作出解释。作为证据收集过程的亲历者,调查人员出庭说明可以提高案件审理的效率,也对判断存疑或存在瑕疵的证据的程序是否合法起到至关重要的作用。因此,监察机关在人民法院要求其出庭说明情况时负有出庭配合的义务。

### 关联法条

《刑事诉讼法》第 59 条;《人民检察院刑事诉讼规则》第 340、410、422 条;《最高人民法院关于适用〈中华人民共和国刑事诉讼法〉的解释》第 135、136 条。

---

**第二百六十一条** 监察机关认为人民检察院不起诉决定有错误的,应当在收到不起诉决定书后三十日以内,依法向其上一级人民检察院提请复议。监察机关应当将上述情况及时向上一级监察机关书面报告。

---

### 条文主旨

本条是关于对不起诉决定提请复议的规定。

### 条文解读

根据《监察法》第 54 条第 4 款的规定,人民检察院对于有《刑事诉讼法》规定的不起诉的情形的,经上一级人民检察院批准,依法作出不起诉的决定。此时,若监察机关认为不起诉的决定有错误,可以向上一级人民检察院提请复议。本条是对该内容的进一步规定。

检察机关决定不起诉的情形主要有三种:(1)"应当"决定不起诉的,即法定不起诉案件。根据《人民检察院刑事诉讼规则》第365条和《刑事诉讼法》第16条的规定,法定不起诉情形如下:一是发现犯罪嫌疑人没有犯罪事实的;二是情节显著轻微、危害不大,不认为是犯罪的;三是犯罪已过追诉时效期限的;四是经特赦令免除刑罚的;五是属于刑法告诉才处理的犯罪,没有告诉或者撤回告诉;六是犯罪嫌疑人、被告人死亡的。(2)"可以"决定不起诉的,即酌定不起诉案件。这类案件中,检察机关对于是否提起公诉具有裁量权,既可以作出起诉决定,也可以作出不起诉决定,这主要是依据具体的案情以及犯罪嫌疑人的悔罪表现而决定。根据《人民检察院刑事诉讼规则》第370条的规定,人民检察院对于犯罪情节轻微,依照《刑法》规定不需要判处刑罚或者免除刑罚的,经检察长批准,可以作出不起诉决定。(3)存疑不起诉,又称证据不足不起诉。根据《人民检察院刑事诉讼规则》第367条的规定,人民检察院对于二次退回补充调查或者补充侦查的案件,仍然认为证据不足,不符合起诉条件的,经检察长批准,依法作出不起诉决定。人民检察院对于经过一次退回补充调查或者补充侦查的案件,认为证据不足,不符合起诉条件,且没有再次退回补充调查或者补充侦查必要的,经检察长批准,可以作出不起诉决定。"证据不足"主要是指:犯罪构成要件事实缺乏必要的证据予以证明的;据以定罪的证据存在疑问,无法查证属实的;据以定罪的证据之间、证据与案件事实之间的矛盾不能合理排除的;根据证据得出的结论具有其他可能性,不能排除合理怀疑的;根据证据认定案件事实不符合逻辑和经验法则,得出的结论明显不符合常理的。

由于不起诉决定涉及监察机关与检察机关的审查活动结果的差异,为防止不起诉权力的滥用,本条设置了监察机关的提出异议情形,体现了二者之间相互制约的关系,从而确保案件审理结果的公正性。监察机关针对不起诉决定提请复议的规则是:第一,受理主体是作出不起诉决定的检察机关的上一级检察机关。这是因为检察机关作出不起诉决定需要经过上一级检察机关批准。第二,提请复议的时间有所限制。监察机关应当在收到不起诉决定书后30日以内提请。作出时间限制是为了提高监察机关的工作效率,避免因监察机关拖延而造成案件当事人的利益受损。第三,提请复议的条件是监察机关认为不起诉决定错误。监察机关需要对复议申请作出理由说明,证明案件符合检察机关提请公诉的条件。第四,对于检察机关作出不起诉决定的案件,监察机关应当将检察机关作出不起诉决定的理由、监察机关提请复议的理由等事项均向上一级监察机关书面报告。这是监察机关对上负责的工作体制的体现。

### 关联法条

《监察法》第 54 条第 4 款;《刑事诉讼法》第 177、178 条;《人民检察院刑事诉讼规则》第 365、367、368、371、378、379、383、385 条。

> 第二百六十二条 对于监察机关移送起诉的案件,人民检察院作出不起诉决定,人民法院作出无罪判决,或者监察机关经人民检察院退回补充调查后不再移送起诉,涉及对被调查人已生效政务处分事实认定的,监察机关应当依法对政务处分决定进行审核。认为原政务处分决定认定事实清楚、适用法律正确的,不再改变;认为原政务处分决定确有错误或者不当的,依法予以撤销或者变更。

### 条文主旨

本条是关于移送起诉后未追究刑事责任时如何审核政务处分决定的规定。

### 条文解读

监察机关对政务处分决定进行审核是监察机关主动发现错误并自主纠正,是监察机关自我负责的态度的体现,亦是监察机关"以事实为依据,以法律为准绳"的实事求是的工作态度的体现。同样,《公职人员政务处分法》第 55 条也规定,监察机关发现本机关或者下级监察机关作出的政务处分决定确有错误的,应当及时予以纠正或者责令下级监察机关及时予以纠正。这将保障政务处分决定的公平正义,确保政务处分不被滥用,保持权力应用的克制性与谨慎性。本条主要包含三个方面的内容:

首先,监察机关依法对政务处分决定进行审核的前提包括:一是监察机关移送起诉后,出现检察机关作出不起诉决定,或审判机关作出无罪判决,或人民检察院退回补充调查后,监察机关不再移送起诉这三种情况。二是上述情况中,涉及对被调查人已生效政务处分事实的认定。无论是检察机关作出不起诉决定,还是审判机关作出无罪判决,抑或人民检察院退回补充调查后,监察机关不再移送起诉,都涉及案件事实认定的变更,如检察机关作出不起诉决定的因素包括检察机关发现犯罪嫌疑人没有犯罪事实,或出现"证据不足",例如:(1)犯罪构成要件事实缺乏必要的证据予以证明的;(2)据以定罪的证据存在疑问,无法查证属实的;(3)据以定罪的证据之间、证据与案件事实之间的矛盾不能合理排除的;(4)根据证据得出的结论具有其他可能性,不能排除合理怀疑的;(5)根据证据认定案件事实不符合逻辑和经验法则,得出的结论明显不符合常理的。而这些变更的事实中部分属于原政务处分决定的事实依据,当事实依据发生变更,原政务处分决定自然就需要重新审核,判断是否合法、合理。

其次,监察机关依法对政务处分决定进行审核的主要内容有:一是审核原政务处分决定所依据的事实是否发生变更,事实认定是否真实、客观,案件中的证据与受政务处分行为之间是否存在关联性。二是审核原政务处分决定是否正确,即受政务处分行为与政务处分规范之间的关联性是否合理,是否出现适用错误。

最后,监察机关对政务处分决定的审核有两种处理方式:一是认为原政务处分决定认定事实清楚、适用法律正确。这二者缺一不可,即必须同时存在认定事实清楚、适用法律正确两项要件。此时的处理方式是不改变原政务处分决定。同样,《公职人员政务处分法》第59条也作出了同样的规定,即复审、复核机关认为政务处分决定认定事实清楚、适用法律正确的,应当予以维持。二是认为原政务处分决定确有错误或者不当,即认定事实不清楚或出现错误等情况,以及法律适用错误或适用不当,此时的处理方式是依法予以撤销或者变更。依法撤销的情形包括:(1)政务处分所依据的违法事实不清或者证据不足。(2)违反法定程序,影响案件公正处理的。需要注意的是,必须同时满足"违反法定程序""影响案件公正处理"两大要件,如果"违反法定程序"但尚未"影响案件公正处理",则不需要撤销政务处分决定。[①] (3)超越职权或滥用职权作出政务处分决定。"超越职权"是指监察机关擅自处理法律法规所规定的职权范畴之外的事项;"滥用职权"是指监察机关未能正确、正当地履行其职权。依法变更的情形包括:(1)适用法律、法规确有错误的,如适用的法律失效、上位法与下位法适用错乱、此法与彼法适用错乱。(2)对违法行为的情节认定确有错误的,即在区分"情节轻微""情节较重""情节严重"等不同情节中发生错误。(3)政务处分不当的,即政务处分决定的裁量不当、不符合比例原则、存在畸轻或者畸重等问题。

**关联法条**

《刑事诉讼法》第16、177、178、180、181、200条;《人民检察院刑事诉讼规则》第365、367—372、376—379条;《最高人民法院关于适用〈中华人民共和国刑事诉讼法〉的解释》第295条。

---

① 参见秦前红编著:《〈中华人民共和国公职人员政务处分法〉解读与适用》,法律出版社2020年版,第183页。

> 第二百六十三条 对于贪污贿赂、失职渎职等职务犯罪案件,被调查人逃匿,在通缉一年后不能到案,或者被调查人死亡,依法应当追缴其违法所得及其他涉案财产的,承办部门在调查终结后应当依法移送审理。
> 
> 监察机关应当经集体审议,出具《没收违法所得意见书》,连同案卷材料、证据等,一并移送人民检察院依法提出没收违法所得的申请。
> 
> 监察机关将《没收违法所得意见书》移送人民检察院后,在逃的被调查人自动投案或者被抓获的,监察机关应当及时通知人民检察院。

### 条文主旨

本条是关于违法所得没收案件办理程序的规定。

### 条文解读

根据《监察法》第55条的规定,监察机关在调查贪污贿赂、失职渎职等职务犯罪案件过程中,被调查人逃匿或者死亡,有必要继续调查的,应当继续调查并作出结论。被调查人逃匿,在通缉1年后不能到案,或者死亡的,由监察机关提请人民检察院依照法定程序,向人民法院提出没收违法所得的申请。本条是该条的具体规定。人民群众对腐败深恶痛绝,如果不没收违法所得,将会严重影响我国反腐败斗争的效果。但是,没收违法所得涉及对公民财产权的处分。在法治国家之中,公权力处分私人财产必须要依法进行,因此,需要规范监察机关提请司法机关依法没收被调查人逃匿、死亡案件中的违法所得。适用本条须满足以下条件:

第一,本条主要适用的案件类型是贪污贿赂、失职渎职等职务犯罪案件。这类案件属于重点案件,往往会牵涉较多违法所得。贪污贿赂类犯罪主要是指我国《刑法》分则第八章中所规定的"贪污贿赂罪",包括贪污罪、挪用公款罪、受贿罪、行贿罪、巨额财产来源不明罪等。失职渎职类犯罪主要是指我国《刑法》分则第九章中所规定的"渎职罪",包括了滥用职权罪、玩忽职守罪、徇私枉法罪等。

第二,在满足案件类型的大前提下,本条适用的小前提是:(1)被调查人逃匿,在通缉1年后不能到案。"逃匿"是指犯罪嫌疑人、被告人为逃避监察调查和刑事追究潜逃、隐匿,或者在监察调查过程中脱逃。"通缉"是指监察机关通令缉拿应当留置却在逃的被调查人员归案。这里的"1年"是自通缉发布之日起计算。(2)被调查人死亡。这里的"死亡"是指生理死亡或自然死亡,即有证据能够证明被调查人生理机能终止,而不能理解为宣告死亡。宣告死亡是指被调查人下落不明,超过了法律规定的时间。犯罪嫌疑人、被告人因意外事件下落不明满2年,或者因意外事件下落不明,经有关机关证明其不可能生存,根据《最高人民法院、最高人民检察院关于适用犯罪嫌疑人、被告人逃匿、死亡案件违法所得没收程序若干问题的规定》第3条以及《人民检察院刑事诉讼规则》第513条的规定,通常不能理解"死亡",而应当理解为"逃匿"。

第三,在满足前两个前提之下,应当依法追缴被调查人违法所得及其他涉案财产。本条规定追缴的财产包括两类:一类是"违法所得"。根据《人民检察院刑事诉讼规则》第515条的规定,"违法所得"包括:(1)通过实施犯罪直接或者间接产生、获得的任何财产;(2)违法所得已经部分或者全部转变、转化为其他财产的,转变、转化后的财产应当视为"违法所得";(3)来自违法所得转变、转化后的财产收益,或者来自已经与违法所得相混合财产中违法所得相应部分的收益,也应当视为"违法所得"。另一类是"其他涉案财产"。根据《人民检察院刑事诉讼规则》第516条的规定,"其他涉案财产"是指与被调查人在贪污贿赂、失职渎职等职务犯罪案件中获得的非法利益有关联的财产,如非法持有的违禁品、供犯罪所用的本人财物。

第四,本条赋予了监察机关提出没收违法所得的意见权。虽然没收违法所得的主体不是监察机关,但是监察机关有提出没收违法所得的意见权。这是因为监察机关是案件的主要办理人,由其提出没收违法所得的具体意见具有合理性与可行性。具体而言,监察机关的主要任务是经集体审议出具《没收违法所得意见书》。之所以进行集体审议,是为了确保《没收违法所得意见书》的准确性。监察机关出具《没收违法所得意见书》后,应当连同案卷材料、证据等,一并移送检察机关依法提出没收违法所得的申请。

第五,本条设定了监察机关全程与检察机关保持联系的义务,这是检察机关与监察机关相互配合原则的体现。若《没收违法所得意见书》移送检察机关后出现在逃的被调查人自动投案或者被抓获的情形,监察机关有责任通知检察机关。

**关联法条**

《刑事诉讼法》第298—301条;《人民检察院刑事诉讼规则》第505、513、515、516、518、521—523、526、532条。

---

**第二百六十四条** 监察机关立案调查拟适用缺席审判程序的贪污贿赂犯罪案件,应当逐级报送国家监察委员会同意。

> 监察机关承办部门认为在境外的被调查人犯罪事实已经查清,证据确实、充分,依法应当追究刑事责任的,应当依法移送审理。
>
> 监察机关应当经集体审议,出具《起诉意见书》,连同案卷材料、证据等,一并移送人民检察院审查起诉。
>
> 在审查起诉或者缺席审判过程中,犯罪嫌疑人、被告人向监察机关自动投案或者被抓获的,监察机关应当立即通知人民检察院、人民法院。

### 条文主旨

本条是关于缺席审判案件办理程序的规定。

### 条文解读

缺席审判程序的意义在于确保司法程序的正常开展。现实中,贪污贿赂犯罪案件的被调查人往往会逃匿至境外。这对案件的调查与审理带来了极大的障碍,因为犯罪嫌疑人无法到案,会使得定罪量刑、赃款赃物的处置、被害人损失的补偿等无法顺利开展。缺席审判程序的建立体现了"正义既不会缺席,也不会迟到",既能及时治理犯罪,也能保障被害人权益与国家利益,捍卫法治尊严。同时,缺席审判程序奠定了海外追逃追赃工作的制度基础,能够有效推进反腐败斗争。那么,对于拟适用缺席审判程序的贪污贿赂犯罪案件,监察工作应当如何开展?本条对此作出了详尽的规定。

第一,对于拟适用缺席审判程序的贪污贿赂犯罪案件,监察机关不能直接开展调查,而必须要逐级报送国家监察委员会同意。由于拟适用缺席审判程序的贪污贿赂犯罪案件往往牵涉跨国调查,因此需要经过国家监察委员会同意。具体方式是"逐级报送"国家监察委员会同意。"逐级报送"是由我国监察体制的上级领导下级的特征所决定的,下级监察机关向上级监察机关负责,即下一级监察机关向上一级监察机关报送,以此类推直至国家监察委员会。

第二,在国家监察委员会同意后,监察机关对拟适用缺席审判程序的贪污贿赂犯罪案件进行立案调查。此类案件的调查与其他案件相同,都要做到查清犯罪事实,确保证据确实、充分。只要监察机关承办部门认为在境外的被调查人犯罪事实已经查清,证据确实、充分,并且事实与证据和相应的刑事责任之间能够相互呼应,具有关联性、合法性,那么就应当依法移送审理。出具《起诉意见书》应当经集体审议,这是为了确保案件审理的准确性,审议通过后连同案卷材料、证据等一并移送检察机关审查起诉。当然，此类案件的被调查人逃匿境外等因素导致调查难度上升，因此对于"犯罪事实清楚""证据确实、充分"的标准显然不及正常情况下的调查活动严格，但是被调查人逃匿境外等因素导致的证据瑕疵等问题，需要监察机关作出合理的解释。

第三，承办案件的监察机关在审查起诉或者缺席审判阶段有与检察机关、审判机关及时沟通联系的义务。依据本条之规定，移送起诉后，若在审查起诉阶段或缺席审判阶段中出现犯罪嫌疑人、被告人向监察机关自动投案或者被抓获的情形，监察机关有义务通知检察机关、审判机关。在审查起诉阶段，监察机关应当立即通知检察机关；在缺席审判阶段，监察机关应当立即通知检察机关、审判机关。"立即"是对监察机关通知工作的要求，要求时间上的及时、快速。而之所以作出这样的要求，是因为《刑事诉讼法》第295条规定，在审理过程中，被告人自动投案或者被抓获的，人民法院应当重新审理。《人民检察院刑事诉讼规则》第509条规定，审查起诉期间，犯罪嫌疑人自动投案或者被抓获的，人民检察院应当重新审查。《人民检察院刑事诉讼规则》第510条还规定，提起公诉后被告人到案，人民法院拟重新审理的，人民检察院应当商人民法院将案件撤回并重新审查。由此可见，只有监察机关及时通知，才能确保适用缺席审判的案件从特殊程序进入正常程序审理，进而避免适用特殊程序的审判方式对犯罪嫌疑人、被告人的程序性权利造成的影响。

## 典型案例

2021年12月9日，潜逃境外20年的"百名红通人员"程某某贪污案公开开庭审理。程某某案是我国首起适用刑事缺席审判程序审理的外逃被告人贪污案。程某某外逃前历任河南省漯河市委书记、豫港（集团）有限公司董事长等职，2001年2月逃往国外。2002年2月，国际刑警组织对其发布红色通报。2015年4月，中央追逃办将程某列为"百名红通人员"。国家监察体制改革后，该案由河南省郑州市监察委员会办理。2020年8月，河南省郑州市监察委员会将该案移送检察机关审查起诉。之后，河南省郑州市人民检察院向河南省郑州市中级人民法院提起公诉，提请适用缺席审判程序，以贪污罪追究程某某刑事责任。检察机关指控，程某某利用担任豫港（集团）有限公司董事长的职务便利，非法占有公款折合人民币共计308.88万余元。该案一经判决，意味着程某某不再是犯罪嫌疑人，而是由审判机关依法定罪量刑的罪犯。这向已经外逃和可能外逃的贪腐分子发出了强烈信号——无论逃到天涯海角，也逃脱不了法律的制裁。①

### 关联法条

《刑事诉讼法》第 291—297 条;《人民检察院刑事诉讼规则》第 505、509—511 条。

---

① 参见王卓:《以法治思维法治方式开展追逃追赃　刑事缺席审判第一案公开开庭审理》,载中央纪委国家监委网站,https://www.ccdi.gov.cn/toutun/202112/t20211209_157624_m.html,2025 年 6 月 1 日访问。

# 第六章 反腐败国际合作

## 第一节 工作职责和领导体制

> 第二百六十五条 国家监察委员会统筹协调与其他国家、地区、国际组织开展反腐败国际交流、合作。
>
> 国家监察委员会组织《联合国反腐败公约》等反腐败国际条约的实施以及履约审议等工作,承担《联合国反腐败公约》司法协助中央机关有关工作。
>
> 国家监察委员会组织协调有关单位建立集中统一、高效顺畅的反腐败国际追逃追赃和防逃协调机制,统筹协调、督促指导各级监察机关反腐败国际追逃追赃等涉外案件办理工作,具体履行下列职责:
>
> (一)制定反腐败国际追逃追赃和防逃工作计划,研究工作中的重要问题;
>
> (二)会同有关单位开展反腐败国际追逃追赃等重大涉外案件办理工作;
>
> (三)办理由国家监察委员会管辖的涉外案件;
>
> (四)指导地方各级监察机关依法开展涉外案件办理工作;
>
> (五)汇总和通报全国职务犯罪外逃案件信息和追逃追赃工作信息;
>
> (六)建立健全反腐败国际追逃追赃和防逃合作网络;
>
> (七)承担监察机关开展国际刑事司法协助的主管机关职责;
>
> (八)承担其他与反腐败国际追逃追赃等涉外案件办理工作相关的职责。

**条文主旨**

本条是关于国家监察委员会反腐败国际合作职责的规定。

**条文解读**

不管腐败分子逃到哪里,都要缉拿归案、绳之以法。只有深化反腐败国际合作,才能确保反腐败活动的触角无远弗届,将"天网"扩大,让腐败分子无处遁形。作为肩负反腐败任务的国家机关,监察机关自然是推进反腐败国际合作的重要主体。反腐败国际合作涉及国家与国家之间的合作,《监察法》第57条将国家监察委员会在反腐败国际合作中的职能定位为"统筹协调与其他国家、地区、国际组织开展的反腐败国际交流、合作,组织反腐败国际条约实施工作"。本条是对这一总体性规定的具体落实,主要包括以下三个方面:

第一,国家监察委员会统筹协调与其他国家、地区、国际组织开展反腐败国际交流、合作。根据《监察法》第58条的规定,国际交流、合作的领域主要包括引渡、移管被判刑人、遣返、联合调查、调查取证、资产追缴和信息交流等。引渡,是指我国根据双边条约、多边条约等请求外逃涉案人员所在地国协助将犯罪嫌疑人转移至我国国境内,由我国政府依法进行审判。移管被判刑人,是指外逃人员所在国根据本国法和我国提供的证据对外逃人员进行定罪判刑,并将外逃人员移交至我国服刑。遣返,是指根据双边条约、多边条约等,我国应国外政府的请求,将触犯外国法的人员遣送回国籍国。联合调查,是指我国与有关国家、地区和国际组织就反腐败案件的侦查、起诉或审判程序事由组成联合调查机构,并根据调查结果处理相关犯罪嫌疑人。调查取证,是指我国与其他国际法主体针对反腐败案件的犯罪情况等协同进行事实调查,并提取、保留和共享证据。资产追缴,是指通过国际合作追回犯罪嫌疑人转移至境外的涉案财产。信息交流,是指我国与有关国家、地区和国际组织共享有关腐败的案例、资料、先进经验、专业知识等。[①]

第二,国家监察委员会组织反腐败国际条约实施工作。一是组织反腐败国际条约的实施工作,如研究《联合国反腐败公约》等国际条约对我国的影响及其与我国法律制度的衔接方式;根据《联合国反腐败公约》等条约的要求,对我国反腐败制度建设提出修改、完善意见;组织研究、起草并提交人大修改条约中所涉及的我国重要法律,等等。二是组织反腐败国际条约的履约审议,如组织国内有关部门接受履约审议,督促有关部门做好自评工作,接受审议国对我国进行实地访问,等等。三是承担反腐败国际条约中涉及司法协助的中央机关有关工作,即具体承担《联合国反腐败公约》等条约中所涉及的与有关国家、地区和国际组织等进行交往时应发挥的中央国家机关职责,包括在引渡、移管被判刑人、遣返、联合调查等事务中,协助、组织和指导相关国家机构与国外相关机构进行联系、沟通和协作,并与对等机构进行反腐败工作的

---

① 参见中共中央纪律检查委员会中华人民共和国国家监察委员会法规室编写:《〈中华人民共和国监察法〉释义》,中国方正出版社2018年版,第227页。

交流和合作。①

第三，国家监察委员会关于反腐败国际追逃追赃、防逃协调方面的工作职责。一是制定反腐败国际追逃追赃和防逃工作计划，包括如何抓捕在逃人员、追回外逃赃物赃款以及完善防逃网络等。二是根据工作需要，会同公安机关、司法行政部门以及外事部门等组织协调、办理反腐败国际追逃追赃中出现的重大涉外案件。三是办理由国家监察委员会专属管辖的涉外案件。根据《监察法》和《监察法实施条例》的规定，我国采取管理权限与属地管辖相结合的原则，部分重大涉外案件由国家监察委员会专属管辖。四是指导地方各级监察机关依法开展涉外案件办理工作。在我国监察体制中，上级监察机关领导下级监察机关，国家监察委员会领导地方各级监察机关。尤其是涉外案件中往往涉及多部门的协同工作，需要由国家监察委员会加强指导。五是汇总和通报全国职务犯罪外逃案件信息和追逃追赃工作信息，即国家监察委员会需要对地方各级监察机关上报的数据进行汇总统计，并及时通报相关部门，比如职务犯罪涉案人员的外逃途径、外逃国家等信息，追逃追赃工作中涉案金额、工作进展等信息，从而确保案件办理的联动性，提高反腐败工作效率。六是建立健全反腐败国际追逃追赃和防逃合作网络，即促成与有关国家、地区和国际组织等在追逃追赃以及防逃工作等方面的合作，从而确保将犯罪分子捉拿归案。七是承担监察机关开展国际刑事司法协助的主管机关职责，即国家监察委员会是监察机关开展国际刑事司法协助活动的主管机关，负责日常审批与最后决定等，并协调相关部门的工作。

**关联法条**

《监察法》第57—59条；《国际刑事司法协助法》第6条。

---

**第二百六十六条** 地方各级监察机关在国家监察委员会领导下，统筹协调、督促指导本地区反腐败国际追逃追赃等涉外案件办理工作，具体履行下列职责：

（一）落实上级监察机关关于反腐败国际追逃追赃和防逃工作部署，制定工作计划；

（二）按照管辖权限或者上级监察机关指定管辖，办理涉外案件；

---

① 参见中共中央纪律检查委员会中华人民共和国国家监察委员会法规室编写：《〈中华人民共和国监察法〉释义》，中国方正出版社2018年版，第225页。

(三)按照上级监察机关要求,协助配合其他监察机关开展涉外案件办理工作;

(四)汇总和通报本地区职务犯罪外逃案件信息和追逃追赃工作信息;

(五)承担本地区其他与反腐败国际追逃追赃等涉外案件办理工作相关的职责。

省级监察委员会应当会同有关单位,建立健全本地区反腐败国际追逃追赃和防逃协调机制。

国家监察委员会派驻或者派出的监察机构、监察专员统筹协调、督促指导驻在单位反腐败国际追逃追赃等涉外案件办理工作,参照第一款规定执行。

### 条文主旨

本条是关于地方监察机关反腐败国际合作职责的规定。

### 条文解读

地方各级监察机关战斗在反腐败的第一线,是贯彻落实国家监察委员会关于涉外案件的工作安排与具体办理涉外案件的直接力量。由于涉外案件多涉及国际合作,这不仅需要与外事部门进行协作、互动,而且需要与国外对等部门进行交流、合作。虽然这些工作主要在中央国家机关的职责范围内,但地方各级监察机关在涉外案件中仍然发挥着不可取代的作用。因此,本条对地方各级监察机关的权限进行了专门规定,以充分发挥各级监察机关的主动性和积极性,集中力量打击腐败分子。

本条将地方各级监察机关定位为,"在国家监察委员会领导下,统筹协调、督促指导本地区反腐败国际追逃追赃等涉外案件办理工作"。这一角色定位有两个特点:一是在国家监察委员会的领导下履行具体职责,这体现出国家监察委员会统管涉外案件,以及监察体制上级领导下级的特征。二是地方各级监察机关是本地区办理反腐败涉外案件的主责机关,各地方监察机关是管理反腐败涉外案件的主要部门,要统筹协调、督促指导本地区的直接相关部门具体办理涉外案件。这一规定进一步理顺了地方各级监察委员会与具体业务部门之间的关系。

具体而言,地方各级监察机关的职责包括四个方面:一是贯彻落实上级监察机关的工作部署。反腐败涉外案件由国家监察委员会发挥统筹、协调的主导作用,需要通过各级国家监察委员会具体落实。地方各级监察委员会必须认真执行上级监察机关的工作部署,制订更加详细、具体的工作计划,从而使自上而下的涉外工作能够得到层层落实。二是具体办理涉外案件。根据《监察法实施条例》第48条的规定，各级监察委员会的管辖按照管理权限与属地管辖相结合的原则，并实行分级负责制。地方各级监察委员会对本辖区的部分涉外案件有管辖权限，并且要办理上级监察机关指定管辖的案件。三是协助配合其他监察机关。涉外案件容易牵涉复杂的线索和部门，乃至跨区域的政府部门，这往往不是单一部门能够顺利办理的。地方各级监察机关很可能需要协助正在办理涉外案件的其他监察机关，或者在办理涉外案件的过程中需要其他监察机关的协助。此时，在上级监察机关的协调、指导下，地方各级监察机关有义务配合其他地方监察机关办理涉外案件。四是信息的汇总通报。一方面，国家监察委员会承担着"汇总和通报全国职务犯罪外逃案件信息和追逃追赃工作信息"的职责，这要求地方各级监察机关首先汇总与通报本地区的相关工作信息，而后逐级汇总至国家监察委员会。另一方面，根据《监察法实施条例》第10条"地方各级监察委员会在同级党委和上级监察委员会双重领导下工作"的规定，地方各级监察委员会还需要将相关信息向其他有关部门进行通报。此外，本条还对地方各级监察机关的工作进行了兜底规定，即其还需要处理其他与涉外案件办理相关的工作。

本条还规定了"省级监察委员会""国家监察委员会派驻或者派出的监察机构""监察专员"等特殊主体的职责。本条强化了省级监察委员会的职责，要求省级监察委员会会同其他单位，建立健全本地区反腐败国际追逃追赃和防逃协调机制，这必然强化了省级监察委员会对本省内各级监察委员会的领导。这样有助于建立具有区域特色的反腐败机制，确保各级监察机关能够上下联动，从而形成机动灵活、反应迅速、高效负责的反腐败机制。国家监察委员会向全国各单位派驻或者派出的监察机构、监察专员，是我国反腐败制度建设的重要措施，这些机构和专员承担着与各级监察机关相同的职能。其不仅要对一般反腐败案件进行监察，而且要统筹协调、督促指导驻在单位的反腐败国际追逃追赃等涉外案件办理工作，相关部门需要积极配合他们的工作。

第二百六十七条　国家监察委员会国际合作局归口管理监察机关反腐败国际追逃追赃等涉外案件办理工作。地方各级监察委员会应当明确专责部门，归口管理本地区涉外案件办理工作。

国家监察委员会派驻或者派出的监察机构、监察专员和地方各级监察机关办理涉外案件中有关执法司法国际合作事项，应当逐级报送国家监察委员会审批。由国家监察委员会依法直接或者协调有关单位与有关国家（地区）相关机构沟通，以双方认可的方式实施。

### 条文主旨

本条是关于涉外案件归口管理的规定。

### 条文解读

本条第 1 款明确要求设立或确立涉外案件办理的归口管理主体。涉外案件是具有特殊性的案件,一般部门难以承担相关职责,需要设立专门的归口部门,并明确法定职责。在中央层面,国家监察委员会专设"国际合作局",具体承担《监察法实施条例》第 265 条规定的法定职责。在条线管理模式下,地方各级监察机关不一定要设立专门的归口管理部门,但需要明确专责部门,这一部门的职责就是具体履行地方各级监察委员会应当承担的对涉外案件的监察职责。各级归口部门是本级监察委员会办理涉外案件的具体执行机构,应当在上级部门的统筹领导下相互协作,共同完成工作任务。

本条第 2 款规定了各监察机关办理涉外案件时需要进行反腐败国际合作的审批方式。第一,遵循国家监察委员会审批原则。涉外案件的国际合作是中央机关才有权处理的事项,尽管国家监察委员会派驻或者派出的监察机构、监察专员和地方各级监察机关在具体工作中会处理涉外问题,但与有关国家机构的沟通、协作等只能由国家监察委员会或有关专职单位进行。如根据《国际刑事司法协助法》规定,非经中华人民共和国主管机关同意,外国机构、组织和个人不得在我国境内进行该法规定的刑事诉讼活动,我国境内的机构、组织和个人不得向外国提供证据材料和该法规定的协助。涉外事务是代表国家进行的国际交往事务,除国家监察委员会或有关专职单位依照法定职权外,其他任何单位都无权以国家名义对外交往。第二,遵循协调沟通、对等尊重的国际合作原则。涉外案件的国际合作是国家交往的具体化。国家交往应当遵守根本的国际法原则,需要按照和平共处五项原则等国际交往原则处理具体事务。在反腐败国际合作中,只有进行协调沟通,才能真正实现有效合作,而且应当遵循"平等互惠原则",达到"双方认可"这一标准。例如,根据《国际刑事司法协助法》第 4 条的规定,我国和外国按照平等互惠原则开展国际刑事司法协助。

### 关联法条

《国际刑事司法协助法》第 4 条。

> **第二百六十八条** 监察机关应当建立追逃追赃和防逃工作内部联络机制。承办部门在调查过程中，发现被调查人或者重要涉案人员外逃、违法所得及其他涉案财产被转移到境外的，可以请追逃追赃部门提供工作协助。监察机关将案件移送人民检察院审查起诉后，仍有重要涉案人员外逃或者未追缴的违法所得及其他涉案财产的，应当由追逃追赃部门继续办理，或者由追逃追赃部门指定协调有关单位办理。

## 条文主旨

本条是关于建立追逃追赃和防逃工作内部联络机制的规定。

## 条文解读

追逃追赃和防逃工作需要横向和纵向的多部门强力、迅速地进行内部联动，这样才能及时发现、处理并止损，尤其是启动特定程序还需要上报到国家监察委员会。为此，建立衔接有效、信息畅通、反馈及时的内部联络机制就极为重要。这种内部联络机制的目的，是使承办部门、主管部门、上级部门乃至国家监察委员会最大限度实现信息的无障碍沟通。一方面，各级监察机关内部能够有效沟通、协作；另一方面，上下级监察机关能够快速联动。这样，承办部门发现的新案情能够得到及时通报并处理，上级部门也能够得到最及时的信息，从而做出最恰当的反应。

作为内部联络机制的一部分，承办部门可以在发现案件的涉外性后及时请求追逃追赃部门的协助。在涉外案件的处理中，案件的涉外性未必第一时间出现，而是随着案件的深入调查逐渐显露。承办部门自身未必有权限直接处理相关问题，这就需要及时通过内部联络机制获取追逃追赃部门的协助。因此，本条规定了承办部门处理涉外案件的工作方法，也为追逃追赃部门确定了应当承担的法定职责。追逃追赃部门在承办部门处理涉外案件时提供工作协助，即便案件被移送人民检察院审查起诉，该部门仍然有职责独立处理或者指定有关单位处理尚未完结的涉外事务。这些职责就是前面条款中规定的具体职责。

## 第二节　国(境)内工作

> **第二百六十九条**　监察机关应当将防逃工作纳入日常监督内容,督促相关机关、单位建立健全防逃责任机制。
>
> 监察机关在监督、调查工作中,应当根据情况制定对监察对象、重要涉案人员的防逃方案,防范人员外逃和资金外流风险。监察机关应当会同同级组织人事、外事、公安、移民管理等单位健全防逃预警机制,对存在外逃风险的监察对象早发现、早报告、早处置。

### 条文主旨

本条是关于建立健全防逃责任机制的规定。

### 条文解读

本条坚持预防原则、防患于未然,将防逃制度纳入日常工作范围,并确定了重点工作事项。

第一,将防逃工作纳入监察机关的日常监督范围。监察工作是全面性、体系性的,要坚持治标与治本相结合,注重预防与惩罚相结合,防患于未然。尤其在涉外案件中,一旦出现涉案人员外逃或资金外流,往往需要花费很大成本才能追回,在时间、精力上比一般案件付出得要多。因此,建立日常预防机制,事前阻断人员外逃和资金外流的可能,就更加有意义。防逃工作的完善并非监察机关单独就能完成的,需要与各相关机关、单位协同合作。尤其是各类受监察人员的所在机关、单位等往往直接负责人员和资金的管理工作,故其应该负担起首要责任,将防逃机制作为自身制度建设的重要内容。监察机关则应当将防逃机制的建设情况纳入日常工作事项,督促相关机关、单位尽快建立起预防机制,并保证一旦发生人员外逃、资金外流,相关机制能够有效运行,最大限度降低反腐败的成本,最大程度维护党和国家的利益。

第二,防逃工作主要包括两个方面:一是以监察机关为中心的防逃方案制定。腐败案件千差万别又有共性,涉外反腐败案件核心问题的共性就是人员外逃和资金外流,而且任一案件都有可能发生这种情况。作为处理腐败案件的直接部门,监察机关要根据监察对象、重要涉案人员的特性,具体问题具体分析,制定专门的防逃方案。在人员外逃和资金外流未发生时,监察机关就要通过这些方案及时堵住漏洞,防患于未然。二是监察机关和其他相关机关、单位互相联合、精诚协作,将特定人员和资金流动的异常情况纳入防逃监控的范围,建立日常性的全天候防逃预警机制。无论案件是否已经被发现,一旦出现特定人员和资金的异常变化,就可以将其纳入外逃风险监控的范畴。通过内部互动和信息共享,监察机关等可以尽早判断这些外逃风险与腐败案件之间的关系,进而能够做到早发现、早报告、早处置。

**第二百七十条** 监察机关应当加强与同级人民银行、公安等单位的沟通协作,推动预防、打击利用离岸公司和地下钱庄等向境外转移违法所得及其他涉案财产,对涉及职务违法和职务犯罪的行为依法进行调查。

### 条文主旨

本条是关于预防和打击涉案财产外流的规定。

### 条文解读

资金外流是涉外反腐败案件的核心特征之一,在我国的金融管理模式下,资金外流主要借助离岸公司、地下钱庄等方式实现。有的腐败分子通过地下钱庄将非法资产转移至国(境)外;有的腐败分子通过离岸金融中心设立"空壳公司"或账户将赃款转存至国(境)外。地下钱庄不仅能够将一般资产转移到国外,而且在新形势下能够将犯罪所得转化为虚拟资产,进而借助虚拟货币点对点支付、无国界、匿名等特点,实现非法资产的跨国(境)转移,并最终在国外的虚拟货币交易场所变现。因此,预防、打击利用离岸公司和地下钱庄等向境外转移违法所得及其他涉案财产,就成为当前监察机关防逃工作的重点。预防和打击这些非法行为,不仅有助于遏制资金外流,而且可以限制腐败分子的作案手段,冲击腐败分子的侥幸心理,有助于增强犯罪预防效果。

这些预防和打击措施不是单纯的信息沟通问题,不可能由监察机关独立完成,而且对各有关部门职责权限、专业能力的协同利用,需要各专门部门的配合和协助。这一工作需要完成两项任务:一是通过人民银行等金融机构对监察对象、重要涉外人员等的资产在国内、国外的转移轨迹进行实时监控,从而阻断腐败分子利用离岸公司和地下钱庄等转移资产的渠道。一旦出现资金外流,便通过人民银行向境外金融机构等提出协查请求,搜集非法资产向国(境)外转移以及在不同国家和地区之间转移的线索与证据。二是一旦发现进行洗钱犯罪的离岸公司与地下钱庄或者其他犯罪行为,便联合公安等部门进行重点打击。同时,在预防和打击利用离岸公司与地下钱庄等渠道开展违法犯罪行为时可能会发现其他案件的线索,也有可能发现新的腐败案件。一旦出现这种情况,监察机关有权力及时介入,并依法展开调查。

### 关联法条

《银行外汇风险交易报告管理办法(试行)》第 3 条;《银行外汇展业管理办法(试行)》第 28 条。

---

**第二百七十一条** 国家监察委员会派驻或者派出的监察机构、监察专员和地方各级监察委员会发现监察对象出逃、失踪、出走,或者违法所得及其他涉案财产被转移至境外的,应当在二十四小时以内将有关信息逐级报送至国家监察委员会国际合作局,并迅速开展相关工作。

---

### 条文主旨

本条是关于外逃信息报告的规定。

### 条文解读

本条主要是对可能出现或已经出现的反腐败案件涉外情况的处理程序作出规定,包含三个方面的内容:第一,适用主体是所有腐败案件的调查机关,包括国家监察委员会派驻或者派出的监察机构、监察专员和地方各级监察委员会。第二,适用情况是发现监察对象出逃、失踪、出走,尤其是存在外逃国(境)外的可能性时,或者违法所得及其他涉案财产被转移至境外。第三,适用程序是 24 小时以内报送至国家监察委员会国际合作局。一方面,本条对报送程序规定了时间限制,这反映出程序的及时性要求。一旦出现人员外逃或资金外流的可能或局面,涉外案件处理的协同机制就需要联动起来。作为最高统筹协调和指导机关,国家监察委员会有权处理重大涉外问题,这就需要具体处理案件的监察机构在最短时间内报送信息以获得指示。另一方面,本条对报送方式和对象进行了专门规定,这反映出程序的法定化要求。报送方式是"信息逐级报送",这是由我国上级领导下级的监察体制特征所决定的。报送对象是国家监察委员会国际合作局,这是由该部门的职权以及内部联络方式决定的。国家监察委员会国际合作局是反腐败国际追逃追赃等涉外案件的归口管理部门,有权对涉外事务做出有针对性的回应。只有将相关信息在最短时间内报送至国家监察委员会,才能真正实现反腐的"一盘棋、一个调、一张网"。

---

**第二百七十二条** 监察机关追逃追赃部门统一接收巡视巡察机构、审计机关、执法机关、司法机关等单位移交的外逃信息。

监察机关对涉嫌职务违法和职务犯罪的外逃人员,应当明确承办部门,建立案件档案。

---

### 条文主旨

本条是关于外逃信息接收和外逃人员建档的规定。

### 条文解读

本条明确了监察机关对外逃信息进行统一接收、管理的权限。

第一,统一接收外逃信息的职责。在处理反腐败案件尤其是涉外案件时,及时接收、处理信息是完成任何工作的前提和基础。反腐败工作由监察机关统筹处理,但又不能仅靠监察机关,所有相关单位都有打击反腐败的职责。而且各个单位都有可能获得与腐败案件相关的信息,包括外逃信息。作为信息接收机关,监察机关需要及时获取、汇总并处理外逃信息,这样才能及时做出最有效的回应;作为信息提供机关,巡视巡察机构、审计机关、执法机关、司法机关等单位有责任移交外逃信息。信息的提供与接收需要明确的法定途径,本条明确了监察机关追逃追赃部门在信息接收上的专门职责,使其他掌握外逃信息的单位可以有的放矢,能够及时提交相关信息。国家监察委员会国际合作局归口管理涉外案件,地方各级监察委员会也应明确专责部门,因此相关单位在掌握外逃信息后应当及时向监察机关提供。

第二,建立案件档案的职责。涉外案件具有特殊性,而且即使案件被查明,追逃追赃等往往也需要较长时间才能办结,因此对档案管理有着更高要求。因此,监察机关需要明确具体承办建立完善案件档案的部门。国家监察委员会主要承办重大或特殊案件,其他监察机关根据职权或者上级指定承办其他案件。一旦出现涉外案件,就需要明确由特定监察机关作为承办机关,与此同时要及时建立案件档案。其中,国家监察委员会国际合作局、地方各级监察委员会的专责部门,在根据职权或上级指定确定是否办理涉外案件后,应当及时建立案件档案,明确、全面地记录案件相关信息。除根据法律法规进行信息汇总、通报和及时的共享外,负有建立案件档案职责的单位还应当根据保密制度的要求保障其不被泄露。

> **第二百七十三条** 监察机关应当依法全面收集外逃人员涉嫌职务违法和职务犯罪证据。

### 条文主旨

本条是关于全面收集外逃人员违法犯罪证据的规定。

### 条文解读

监察机关如何收集外逃人员涉嫌职务违法和职务犯罪证据，本条作出了原则性规定。

第一，证据收集工作必须依法开展。监察机关应根据《监察法》《监察法实施条例》《刑事诉讼法》等相关法律法规的要求，依法开展监察活动，包括收集、调取证据等。本条是监察法治原则在收集外逃人员相关证据方面的具体要求。监察机关收集外逃人员涉嫌职务违法和职务犯罪的证据，应该严格依法进行。收集、调取证据时，监察机关不仅要严格遵循法定职权的要求，而且要坚持尊重和保障人权的原则，避免出现非法证据。

第二，证据收集工作应当做到全面无遗漏。监察工作要坚持"以事实为依据，以法律为准绳"的主要原则，并符合《刑事诉讼法》对证据的基本要求。查明任何违法犯罪事实，都需要形成相互印证、完整稳定的证据链，并且符合真实性、合法性和关联性等要求，反腐败案件同样如此。一般刑事案件中可能出现物证、书证、证人证言、被调查人供述和辩解、视听资料、电子数据等多种证据。反腐败案件的特点之一在于，不少腐败分子的反侦察能力很强，善于隐匿证据，这就对监察机关的调查活动提出了更高的要求。涉外案件更为复杂，不仅牵涉众多个人、单位，而且牵扯国（境）外证据的收集。这就要求监察机关必须用更严格的标准查找外逃人员涉嫌职务违法和职务犯罪的蛛丝马迹，不冤枉一个好人，也不放过一个坏人。

全面收集外逃人员涉嫌职务违法和职务犯罪证据不可避免地会涉及收集国（境）外证据的问题。这不仅需要监察机关的积极作为，而且需要外事部门的协同配合。根据《国际刑事司法协助法》第25条的规定，办案机关需要外国就相关事项协助调查取证的，应当制作刑事司法协助请求书并附相关材料，经所属主管机关审核同意后，由对外联系机关及时向外国提出请求。因此，涉外案件的证据收集工作较为复杂、难度较大，需要多方面的协同配合。

> **第二百七十四条** 开展反腐败国际追逃追赃等涉外案件办理工作,应当把思想教育贯穿始终,落实宽严相济刑事政策,依法适用认罪认罚从宽制度,促使外逃人员回国投案或者配合调查、主动退赃。开展相关工作,应当尊重所在国家(地区)的法律规定。

### 条文主旨

本条是关于开展劝返工作的规定。

### 条文解读

根据《监察法》第5条的规定,国家监察工作应当遵循"惩戒与教育相结合,宽严相济"的基本原则。本条是对《监察法》宽严相济原则的贯彻,以期能够实现社会效果与法律效果的有机统一。在涉外尤其是出现人员外逃等情况的案件中,进行国外证据收集、国际追逃追赃的难度往往很大,所面临的问题和阻力可想而知。除了常规性的方式外,监察机关还应当坚持将思想教育贯彻始终,争取攻破犯罪嫌疑人的心理防线,促使外逃人员回国投案或者配合调查、主动退赃。这样不仅能够大大降低调查、外交等方面的成本,而且能够为国家减轻甚至挽回不少损失。需要注意的是,在对外逃人员适用认罪认罚从宽制度时,必须符合法定条件。《监察法》第34条规定的适用情形包括:自动投案,真诚悔罪悔过的;积极配合调查工作,如实供述监察机关还未掌握的违法犯罪行为的;积极退赃,减少损失的;具有重大立功表现或者案件涉及国家重大利益等情形。同时,从宽处罚还需要经领导人员集体研究,并报上一级监察机关批准,然后可以在移送人民检察院时提出相关建议。

> **第二百七十五条** 外逃人员归案、违法所得及其他涉案财产被追缴后,承办案件的监察机关应当将情况逐级报送国家监察委员会国际合作局。监察机关应当依法对涉案人员和违法所得及其他涉案财产作出处置,或者请有关单位依法处置。对不需要继续采取相关措施的,应当及时解除或者撤销。

### 条文主旨

本条是关于外逃人员归案、违法财产被追缴后处置工作的规定。

**条文解读**

本条对于外逃人员归案、违法所得及其他涉案财产被追缴后,如何处理后续事项作出了明确规定,主要包括三个方面的内容:

第一,本条规定了涉外案件承办部门的信息报送责任和程序。根据涉外案件信息汇总通报和归口管理的要求,承办案件的监察机关应当尽快将相关情况逐级上报给国家监察委员会国际合作局。这样,国家监察委员会和地方各级监察委员会等就可以迅速展开新工作。

第二,本条规定了处置归案涉案人员及其违法所得和其他涉案财产的权限。承办案件的监察机关当然可以依法根据职权对相关人员、财产进行处置。由于外逃人员归案等情况的出现,承办案件的监察机关可以根据案件调查阶段的实际情况,决定进一步程序的展开。针对尚未完全调查清楚的案件,承办案件的监察机关可以继续展开调查;针对已经调查清楚的案件,承办案件的监察机关可以根据调查结果决定是否移送人民检察院依法审查、提起公诉。同时,承办案件的监察机关还可以根据情况依法对相关财产作出处置,无权处置或者不宜处置的则请有关单位依法处置。例如,外逃人员归案后,一些尚未被发现的涉案财产被发现后,监察机关可以依法请求相关单位冻结。

第三,本条规定了不需要继续采取相关措施时,监察机关有及时解除或者撤销的义务。根据《监察法》《监察法实施条例》等法律法规的规定,监察机关在承办案件的过程中可以采取一系列强制措施,对被调查人员及其资产等进行处置。在涉外案件中,人员外逃很多时候会导致案件无法被完全查明,许多强制措施也有可能无法得到及时解除。例如,监察机关在调查案件时可以请求银行或者其他金融机构、邮政部门等对涉案财产进行冻结。《监察法》第26条第2款规定:"冻结的财产经查明与案件无关的,应当在查明后三日内解除冻结,予以退还。"一旦外逃人员归案,案件事实得以调查清楚,如果存在不需要继续冻结的情况,监察机关应当及时请求相关单位解除冻结。一般来说外逃人员所涉案件往往证据确凿,但如果最终调查发现外逃人员没有达到犯罪标准,也可以撤销相关案件。

## 第三节 对外合作

> **第二百七十六条** 监察机关对依法应当留置或者已经决定留置的外逃人员,需要申请发布国际刑警组织红色通报的,应当逐级报送国家监察委员会审核。国家监察委员会审核后,依法通过公安部向国际刑警组织提出申请。
> 
> 需要延期、暂停、撤销红色通报的,申请发布红色通报的监察机关应当逐级报送国家监察委员会审核,由国家监察委员会依法通过公安部联系国际刑警组织办理。

### 条文主旨

本条是关于办理红色通报程序的规定。

### 条文解读

国际刑警组织是重要的政府间国际执法合作组织,其成立宗旨在于保证和促进各国警方之间最广泛的相互支援与合作,建立和发展有助于有效预防和打击普通犯罪的各种机构和制度。1984年,国际刑警组织正式接纳中华人民共和国作为代表中国的唯一合法代表成为其成员国。我国还组建国际刑警组织中国国家中心局,以便开展与该组织成员国协查案件和交换犯罪情报的正常业务。

红色通报又称红色通缉令,是国际刑警组织发布的国际通报,其通缉对象是有关国家法律部门已发出逮捕令、要求成员国引渡的在逃犯。红色通报本身不具有直接强制力,但各成员国警察机构可据此逮捕和引渡逃犯。根据《国际刑警组织章程》的规定,缔约国如果发现犯罪嫌疑人在本国,应立即通知请求国的国家中心局,并对其采取国内法和国际条约所许可的措施,如临时逮捕、监视或限制行动,并最终决定是否进行引渡。国际刑警组织中国国家中心局十分重视同成员国执法机构的合作,多次通过国际刑警组织发布红色通缉令,并取得积极效果。

本条的适用对象是依法应当留置或已经决定留置的外逃人员。本条的适用程序是:第一,具体的涉外案件办理部门根据案件情况确定是否需要申请发布红色通报,确定后逐级报送国家监察委员会审核。第二,国家监察委员会审核后,依法通过公安部向国际刑警组织提出申请。第三,如果监察机关根据案件情况确定需要申请延期、暂停、撤销红色通报的,也需要按照上述程序办理。申请延期往往是因为外逃人员没有被发现或者及时归案;申请暂停或者撤销往往是因为监察机关在调查中发现了新证据或者新情况,外逃人员犯罪情节不清楚或者不构成犯罪,出于保障人权、节省警力以及维护国际信任关系等,及时请求国际刑警组织暂停或者撤销红色通报。

### 关联法条

《公安机关办理刑事案件程序规定》第 374—384 条。

---

**第二百七十七条** 地方各级监察机关通过引渡方式办理相关涉外案件的,应当按照《中华人民共和国引渡法》、相关双边及多边国际条约等规定准备引渡请求书及相关材料,逐级报送国家监察委员会审核。由国家监察委员会依法通过外交途径向外国提出引渡请求。

---

### 条文主旨

本条是关于通过引渡方式办理涉外案件的规定。

### 条文解读

引渡是指一国把在该国境内而被他国追捕、通缉或判刑的人,根据有关国家的请求移交给请求国审判或处罚。引渡制度是国际司法协助中的重要制度,也是国家有效行使属人管辖权和制裁犯罪的重要保障。地方各级监察机关在处理涉外案件时出现需要引渡的情况,为了及时、有效地将犯罪嫌疑人或罪犯引渡回国接受审判,需要通过以下程序开展工作。

其一,准备引渡请求书及相关材料。根据《引渡法》第 49 条的规定,地方各级监察机关应当根据我国与外逃人员所在国签订的双边或多边国际条约准备相关文书、文件和材料。对于没有与我国签订相关条约的国家,监察机关可以根据我国《引渡法》的规定准备请求书,并根据具体情况附加逮捕证、判决书以及必要的犯罪证据或者证据材料等。如果被请求国有特殊要求,在不违反我国法律的情况下,各监察机关应当按特别要求进行准备。

其二,将引渡请求书及相关材料逐级报送国家监察委员会审核。根据涉外案件的处理权限,国家监察委员会统筹协调与其他国家、地区、国际组织开展反腐败国际交流、合作,并且依法直接或者协调有关单位与有关国家(地区)相关机构沟通,以双方认可的方式实施。因此,涉及引渡的问题时,地方各级监察委员会无权处理相关事务,必须提交国家监察委员会。国家监察委员会应当对报送文件进行实质审核,具体审核内容包括引渡的必要性,引渡请求书的准确性,是否符合《引渡法》以及相关双边或多边国际条约的规定。

其三,依法通过外交途径正式提出引渡请求。国家监察委员会享有统筹协调涉外案件的职权,但具体引渡事务属于外事职权,还需要通过外交途径进行。根据《引渡法》第4条的规定,中华人民共和国和外国之间的引渡,通过外交途径联系。中华人民共和国外交部为指定的引渡联系机关。

### 关联法条

《监察法》第58条;《引渡法》第2—4、47—51条。

---

**第二百七十八条** 地方各级监察机关通过刑事司法协助方式办理相关涉外案件的,应当按照《中华人民共和国国际刑事司法协助法》(以下简称国际刑事司法协助法)、相关双边及多边国际条约等规定准备刑事司法协助请求书及相关材料,逐级报送国家监察委员会审核。由国家监察委员会依法直接或者通过对外联系机关等渠道,向外国提出刑事司法协助请求。

国家监察委员会收到外国提出的刑事司法协助请求书及所附材料,经审查认为符合有关规定的,作出决定并交由省级监察机关执行,或者转交其他有关主管机关。省级监察机关应当立即执行,或者交由下级监察机关执行,并将执行结果或者妨碍执行的情形及时报送国家监察委员会。在执行过程中,需要依法采取查询、调取、查封、扣押、冻结等措施或者需要返还涉案财物的,根据我国法律规定和国家监察委员会的执行决定办理有关法律手续。

---

### 条文主旨

本条是关于通过刑事司法协助方式办理涉外案件的规定。

### 条文解读

国际刑事司法协助,是指为实现刑事诉讼的目的,国家根据国际条约和国内法,相互应对方的委托代为履行某些刑事诉讼行为的活动,主要包括送达文书,调查取证,安排证人作证或者协助调查,查封、扣押、冻结涉案财物,没收、返还违法所得及其他涉案财物,移管被判刑人,以及其他协助等。本条主要包含两个方面的内容:一是地方各级监察机关通过国家监察委员会向外国提出刑事司法协助的具体程序;二是外国向我国提出刑事司法协助的职权与程序规定。

1. 地方各级监察机关向外国提出刑事司法协助的程序规定

首先,准备刑事司法协助请求书和相关材料。地方各级监察机关认为需要请求刑事司法协助的,应当及时准备刑事司法协助请求书和相关材料。根据《国际刑事司法协助法》第10条的规定,刑事司法协助请求书应当符合相关刑事司法协助条约的规定,没有规定的按照该法第13条的规定提出,同时需要在不违反我国法律的情况下符合被请求国的特殊要求。

其次,将刑事司法协助请求书及相关材料逐级报送国家监察委员会审核。根据《国际刑事司法协助法》第9条的规定,办案机关需要向外国请求刑事司法协助的,应当经所属主管机关审核同意后,由对外联系机关及时向外国提出请求。国家监察委员会就是统筹处理这一问题的主管机关,并应当对其进行实质审核,包括刑事司法协助的必要性,刑事司法协助请求书的准确性,是否符合《国际刑事司法协助法》以及相关双边及多边国际条约的规定。

最后,国家监察委员会审核通过后,可以依法直接或通过对外联系机关等渠道向外国提出刑事司法协助请求。对外联系机关应当及时向外国提出刑事司法协助请求,这是提交刑事司法协助请求的主要渠道。《对外关系法》第14条第2款规定:"中央和国家机关按照职责分工,开展对外交流合作。"国家监察委员会可以根据对外交往的一般原则与国外进行交流,包括向部分国家或地区提出刑事司法协助请求。这一规定提高了提出刑事司法协助请求的便捷性与效率。

2. 外国向我国请求进行刑事司法协助的程序性与职权性规定

首先,国家监察委员会是审核相关国际刑事司法协助请求的主管机关。根据我国《监察法》的基本规定,我国监察机关主要对公职人员行使监察权。国家监察委员会主管的国际刑事司法协助所涉及的,也应当是相关人员的犯罪行为。

其次,国家监察委员会应当对外国提出的刑事司法协助请求进行实质审查。根据《国际刑事司法协助法》第15条的规定,对外联系机关应当对外国的刑事司法协助请求进行形式和实质审查,只有符合要求的才能交由主管机关进行处理。国家监察委员会作为主管机关在接到请求后,应当予以进一步的实质审查,认为可以协助执行的,才会安排有关办案机关执行,认为不符合《国际刑事司法协助法》第4、15条以及刑事司法协助条约的,应当全部或部分拒绝协助;有特殊要求或需要补充材料的,可以通过对外联系机关要求请求国处理。

最后,外国刑事司法协助请求经审核合格后的处理机关。国家监察委员会审核认为合格后,可以作出决定并交由省级监察机关执行,或者根据具体情况转交其他有关主管机关,比如不在本部门职权范围内的事项可以交由公安机关或检察机关处理。省级监察机关接到工作安排后应当立即执行,或者交由下级监察机关执行,并将执行结果或者妨碍执行的情形及时报送国家监察委员会,以便及时通知外国相关情况。在执行过程中,需要依法采取查询、调取、查封、扣押、冻结等措施或者需要返还涉案财物的,承办机关应当根据我国法律规定和国家监察委员会的执行决定办理有关法律手续。

### 关联法条

《国际刑事司法协助法》第2、4、5、6、9—12、14、15、20—66条;《对外关系法》第39条。

---

**第二百七十九条** 地方各级监察机关通过执法合作方式办理相关涉外案件的,应当将合作事项及相关材料逐级报送国家监察委员会审核。由国家监察委员会依法直接或者协调有关单位,向有关国家(地区)相关机构提交并开展合作。

---

### 条文主旨

本条是关于通过执法合作方式办理涉外案件的规定。

### 条文解读

地方各级监察机关在办理案件时发现需要进行国际执法合作的,首先,应当基于必要的执法合作事项准备相关材料,并将这些材料逐级报送到国家监察委员会。其次,国家监察委员会在接收相关材料后,应及时进行实质审查,如审查开展执法合作的必要性、开展执法合作的条件是否具备,以及是否符合我国法律法规等。最后,国家监察委员会在审核后应当依法直接或者协调有关单位,向有关国家(地区)相关机构提交并开展合作。需要注意的是,国家监察委员会可以根据职权依法直接向有关国家(地区)相关机构提交执法合作申请并开展合作,也可以协调有关单位,向有关国家(地区)的相关机构提交并开展合作。之所以协调有关单位提交申请,是因为部分执法合作的事项属于有关单位与外国有关机关签署的双边合作协议或合作备忘录中的事项。

**关联法条**

《对外关系法》第39条;《反有组织犯罪法》第55条。

> **第二百八十条** 地方各级监察机关通过境外追诉方式办理相关涉外案件的,应当提供外逃人员相关违法线索和证据,逐级报送国家监察委员会审核。由国家监察委员会按照国际刑事司法协助法等规定直接或者协调有关单位向有关国家(地区)相关机构提交,请其依法对外逃人员调查、起诉、审判,移管被判刑人或者遣返外逃人员。

**条文主旨**

本条是关于通过境外追诉方式办理涉外案件的规定。

**条文解读**

境外追诉也称异地追诉,主要是指请求国向被请求国提供自己掌握的证据材料,协助被请求国依据本国(指被请求国)法律对逃犯提起诉讼。追逃国与逃犯所在地国没有签订引渡条约或者引渡条约遭遇法律障碍时,通常会采用境外追诉等替代措施。

地方监察机关在办理涉外案件时,可能出现需要境外追诉的情况,其适用程序与引渡、国际刑事司法协作等是一样的。略有差别的是,可以被境外追诉的外逃人员往往也违反了有关国家(地区)的法律。地方监察委员会在提请进行境外追诉时,需要提供外逃人员违反这些国家(地区)法律的线索或证据。这些内容同样由地方各级监察机关逐级上报到国家监察委员会。国家监察委员会应当对此进行实质审查,尤其是要确保相关线索和证据材料不会导致有关国家安全、社会公共利益等的重要信息外泄,从而影响我国的国家利益与社会公共利益。国家监察委员会审核后,可以直接或者协调有关单位向有关国家(地区)相关机构提交,请对方相关部门依法对外逃人员的犯罪情况进行调查、起诉、审判等,并能够移管被判刑人或者遣返外逃人员。有关国家(地区)在境外诉讼过程中需要我国提供协助的,我国有关部门可以根据《监察法》《国际刑事司法协助法》以及有关国际条约等提供必要的协助。

**关联法条**

《刑法》第10条;《国际刑事司法协助法》第62—66条。

> **第二百八十一条** 监察机关对依法应当追缴的境外违法所得及其他涉案财产,应当责令涉案人员以合法方式退赔。涉案人员拒不退赔的,可以依法通过下列方式追缴:
> （一）在开展引渡等追逃合作时,随附请求有关国家（地区）移交相关违法所得及其他涉案财产;
> （二）依法启动违法所得没收程序,申请由人民法院对相关违法所得及其他涉案财产作出没收裁定,请有关国家（地区）承认和执行,并予以返还;
> （三）请有关国家（地区）依法追缴相关违法所得及其他涉案财产,并予以返还;
> （四）通过其他合法方式追缴。

### 条文主旨

本条是关于追缴境外违法所得及其他涉案财产的规定。

### 条文解读

腐败案件的犯罪分子应当依法退赔犯罪所得,这样可以最大限度挽回腐败分子给党和国家造成的损失,其中包括在境外的违法所得或其他涉案财产。但由于境外执法面临一定困难,监察机关首先应当责令涉案人员以合法方式退赔,而且这也为涉案人员认罪认罚提供了途径。如果拒不退赔,监察机关可以采取其他法定方式追缴这些财产。

追缴主要有三种方式:一是随附式,即在通过引渡、司法协助、执法合作等方式进行国际合作时,依法随附请求有关国家（地区）移交相关违法所得及其他涉案财产,追逃的同时追赃。随附式追缴将追缴活动嵌入追逃追赃国际合作之中,可以在判定犯罪嫌疑人或罪犯存在违法犯罪行为的同时否定相关财产的合法性,这有利于追缴活动的开展,具有较大优势。二是启动违法所得没收程序。该方式以人民法院为主体,由人民法院依法作出针对违法所得及其他涉案财产的冻结、没收裁定,由有关国家（地区）承认和执行我国法院作出的违法所得及其他涉案财产的没收裁定,并向我国返还违法所得及其他涉案财产。这种追缴方式通常适用于与我国订立司法协助协议、双边条约的国家（地区）。三是依法直接请有关国家（地区）根据当地法律追缴相关违法所得及其他涉案财产,并返还我国。

### 关联法条

《刑事诉讼法》第298—301条。

# 第七章　对监察机关和监察人员的监督

> 第二百八十二条　监察机关和监察人员必须自觉坚持党的领导,在党组织的管理、监督下开展工作,依法接受本级人民代表大会及其常务委员会的监督,接受民主监督、司法监督、社会监督、舆论监督,加强内部监督制约机制建设,确保权力受到严格的约束和监督。

### 条文主旨

本条是关于坚持党的领导和接受各方监督的规定。

### 条文解读

要让监察权在法治轨道内运行,离不开有效的监督机制。《监察法》专设第 7 章"对监察机关和监察人员的监督",建构起了内部监督与外部监督协同的完整架构,目的是确保监察权受到严格的约束和监督。如何对监察机关和监察人员进行监督,本条作出了总体性规定,主要包括以下三方面的内容:第一,监察机关和监察人员必须自觉坚持党的领导,在党组织的管理、监督下开展工作。在党的领导下开展监察工作,本质上也是一种监督,比如对同级党委管理的干部采取留置措施,应报同级党委主要负责人审批。第二,监察机关和监察人员必须依法接受各方监督。本条明确列举的监督类型包括人大监督、民主监督、司法监督、社会监督、舆论监督。第三,监察机关应当加强内部监督制约机制建设。比如《监察法》第 63 条明确规定:"监察机关通过设立内部专门的监督机构等方式,加强对监察人员执行职务和遵守法律情况的监督,建设忠诚、干净、担当的监察队伍。"

### 关联法条

《宪法》第 1、3 条;《监察法》第 2、60、61、63 条;《监察官法》第 2、10 条;《中国共产党纪律检查委员会工作条例》第 1、4、12、18、30、50 条;《中国共产党纪律检查机关监督执纪工作规则》第

1、3、60—73 条。

> 第二百八十三条　各级监察委员会应当按照监察法第六十条第二款规定，由主要负责人在本级人民代表大会常务委员会全体会议上报告专项工作。
>
> 在报告专项工作前，应当与本级人民代表大会有关专门委员会、常务委员会有关工作机构沟通协商，并配合开展专题调查研究等工作。各级人民代表大会常务委员会审议专项工作报告时，本级监察委员会应当根据要求派出负责人列席相关会议，听取意见。
>
> 各级监察委员会应当认真研究处理本级人民代表大会常务委员会反馈的审议意见，并按照要求书面报告研究处理情况。本级人民代表大会常务委员会对专项工作报告作出决议的，监察委员会应当在决议规定的期限内，将执行决议的情况向其报告。

### 条文主旨

本条是关于向人大常委会报告专项工作的规定。

### 条文解读

根据《监察法》第 60 条第 2 款的规定，各级人大常委会听取和审议本级监察委员会的专项工作报告，是监察机关接受人大监督的重要方式之一。本条对此进行了细化。

首先，在报告专项工作前，监察委员会应当与本级人大有关专门委员会、常委会有关工作机构沟通协商，并配合开展专题调查研究等工作。例如，根据《各级人民代表大会常务委员会监督法》第 13 条第 3 款的规定，人大常委会听取和审议专项工作报告前，本级人大有关专门委员会或者常委会有关工作机构可以进行专题调查研究。此时，相应的监察委员会应配合开展专题调查研究工作。

其次，在报告专项工作时，具体的报告人是监察委员会主要负责人，这与人民政府向人大常委会报告专项工作略有不同。因为根据《各级人民代表大会常务委员会监督法》第 16 条第 1 款的规定，人民政府可以委托有关部门负责人向本级人大常委会报告专项工作。除由监察委员会主要负责人作报告外，监察委员会还应根据要求派出负责人列席相关会议，以便听取人大常委会的审议意见。

最后，在报告专项工作后，人大常委会应将审议意见向监察委员会反馈。在收到反馈后,监察委员会应当认真研究处理审议意见,并按照要求向人大常委会书面报告研究处理情况。根据《各级人民代表大会常务委员会监督法》第 17 条第 1 款的规定,人大常委会认为必要时,可以对专项工作报告作出决议。此时,监察委员会应当在决议规定的期限内,将执行决议的情况向人大常委会报告。

根据《各级人民代表大会常务委员会监督法》的规定并结合实际,各级人大常委会可以选择关系改革发展稳定大局、群众切身利益、社会普遍关注的重大问题,有计划地安排听取和审议本级监察委员会的专项工作报告。同时,监察委员会也可以向本级人大常委会要求报告专项工作。

**实践样本**

2024 年 12 月 22 日,在十四届全国人大常委会第十三次会议上,国家监察委员会主任刘金国代表国家监察委员会作《国家监察委员会关于整治群众身边不正之风和腐败问题工作情况的报告》。此系国家监察委员会成立以来,第二次向全国人大常委会进行专项工作报告。

**关联法条**

《监察法》第 60 条第 2 款;《各级人民代表大会常务委员会监督法》第 11—17 条;《全国人民代表大会常务委员会议事规则》第 34、35 条。

---

**第二百八十四条** 各级监察委员会应当积极接受、配合本级人民代表大会常务委员会组织的执法检查。对本级人民代表大会常务委员会的执法检查报告,应当认真研究处理,并向其报告研究处理情况。本级人民代表大会常务委员会对执法检查报告作出决议的,监察委员会应当在决议规定的期限内,将执行决议的情况向其报告。

---

**条文主旨**

本条是关于接受、配合人大常委会执法检查的规定。

**条文解读**

根据《监察法》第 60 条第 2 款的规定,各级人大常委会有权通过执法检查的方式,对本级监察委员会进行监督。本条对此进行了细化。执法检查,是指人大常委会根据工作需要,对关系改革发展稳定大局、群众切身利益、社会普遍关注的重大问题,有计划地对涉及监察工作的有关法律、法规实施情况进行有组织的法律法规实施情况的检查。在实践中,人大常委会的执法检查工作由本级人大有关专门委员会或者常委会有关工作机构组织实施。各级监察委员会应当积极接受与配合本级人大常委会组织的执法检查。

在执法检查结束后,执法检查组应当及时提出执法检查报告,由委员长会议或者主任会议决定是否提请常委会审议。对本级人大常委会的执法检查报告,监察委员会应当认真研究处理,并报告研究处理情况。通常来说,执法检查报告一般包括对所检查的法律、法规实施情况的评价,对执法检查中发现的问题和改进执法工作的建议,以及对有关法律、法规提出的修改完善的建议等内容。人大常委会如果认为有必要,还可以对执法检查报告作出决议。此时,监察委员会应当在决议规定的期限内,将执行决议的情况向人大常委会报告。

**关联法条**

《监察法》第 60 条第 2 款;《各级人民代表大会常务委员会监督法》第 31—37 条。

---

第二百八十五条 各级监察委员会在本级人民代表大会常务委员会会议审议与监察工作有关的议案和报告时,应当派相关负责人到会听取意见,回答询问。

本级人民代表大会常务委员会就与监察工作有关的重大问题,召开全体会议、联组会议或者分组会议进行专题询问的,监察委员会负责人应当到会,听取意见,回答询问。各级监察委员会应当及时向本级人民代表大会常务委员会提交专题询问中提出意见的研究处理情况报告。

监察机关对依法交由监察机关答复的质询案应当按照要求进行答复。口头答复的,由监察机关主要负责人或者委派相关负责人到会答复。书面答复的,由监察机关主要负责人签署。

**条文主旨**

本条是关于询问、专题询问和质询的规定。

### 条文解读

根据《监察法》第 60 条第 3 款的规定，县级以上各级人大及其常委会举行会议时，人大代表或常委会组成人员可依法就监察工作中的有关问题提出询问或者质询。本条对此进行了细化。

本条第 1 款是对回答询问的规定。在本级人大常委会审议与监察工作有关的议案和报告时，监察委员会应当派相关负责人到会听取意见，回答询问。此处的"相关负责人"，包括各级监察委员会的领导成员和部门负责人。

本条第 2 款是对专题询问的规定。全国人大常委会 2024 年 11 月修改《各级人民代表大会常务委员会监督法》时，对专题询问制度作出明确规定。概言之，各级人大常委会围绕关系改革发展稳定大局和群众切身利益、社会普遍关注的重大问题，可以召开全体会议、联组会议或者分组会议，进行专题询问。对于那些与监察工作有关的专题询问，监察委员会负责人应当到会，听取意见，回答询问。专题询问中提出的意见要交由监察委员会研究处理，监察委员会应及时向本级人大常委会报告研究处理情况。

本条第 3 款是对答复质询的规定。相较于询问，质询的程序要求更加严格。在内容上，质询案应当写明质询对象、质询的问题和内容。在主体上，全国人大常委会组成人员 10 人以上联名，省、自治区、直辖市、自治州、设区的市人大常委会组成人员 5 人以上联名，县级人大常委会组成人员 3 人以上联名，可以向常委会书面提出对本级监察委员会的质询案。对依法交由监察机关答复的质询案，监察机关应当按照要求进行答复。质询案的答复形式特定，分为口头答复与书面答复，两者的要求不同。其中，口头答复的，由监察机关主要负责人或者委派相关负责人到会答复；书面答复的，由监察机关主要负责人签署。

### 关联法条

《监察法》第 60 条第 3 款；《各级人民代表大会常务委员会监督法》第 46—54 条；《全国人民代表大会常务委员会议事规则》第 36—42 条。

---

**第二百八十六条** 各级监察机关应当通过互联网政务媒体、报刊、广播、电视等途径，向社会及时准确公开下列监察工作信息：

（一）监察法规；

（二）依法应当向社会公开的案件调查信息；

（三）检举控告地址、电话、网站等信息；

（四）其他依法应当公开的信息。

### 条文主旨

本条是关于监察工作信息公开的规定。

### 条文解读

监察机关依法公开相关监察工作信息，是现代法治国家的基本要求，体现了公共权力接受监督和政务公开透明的原则。为此，《监察法》第61条规定："监察机关应当依法公开监察工作信息，接受民主监督、社会监督、舆论监督。"在此基础上，本条对监察工作信息公开制度作出了更细致的规定。

第一，本条明确了公开监察工作信息的途径。监察机关公开监察工作信息的主要途径有互联网政务媒体、报刊、广播、电视等。

第二，本条明确了公开监察工作信息的要求，分别是"及时"和"准确"。其中，及时公开要求监察机关不得有意拖延，准确公开意味着监察机关公开的工作信息不得有误。

第三，本条明确了公开监察工作信息的范围。这是因为《监察法》第61条仅要求监察机关"依法公开监察工作信息"，至于公开哪些监察工作信息，则未予以具体规定。为此，本条列举了4类应当公开的监察工作信息，分别是监察法规，依法应当向社会公开的案件调查信息，检举控告地址、电话、网站等信息，以及兜底性质的其他依法应当公开的信息。

### 实务难点指引

监察机关与党的纪律检查机关实行合署办公的体制，而《中国共产党党务公开条例（试行）》第12条列举了纪律检查机关应当公开的党务信息：一是学习贯彻党中央大政方针和重大决策部署，坚决维护以习近平同志为核心的党中央权威和集中统一领导，贯彻落实本级党委、上级纪律检查机关工作部署情况；二是开展纪律教育、加强纪律建设，维护党章党规党纪情况；三是查处违反中央八项规定精神，发生在群众身边、影响恶劣的不正之风和腐败问题情况；四是对党员领导干部严重违纪涉嫌违法犯罪进行立案审查、组织审查和给予开除党籍处分情况；五是对党员领导干部严重失职失责进行问责情况；六是加强纪律检查机关自身建设情况；七是其他应当公开的党务。

**关联法条**

《监察法》第 61 条;《监察官法》第 7、10 条;《中国共产党党务公开条例(试行)》第 12 条;《纪检监察机关处理检举控告工作规则》第 8 条;《中国共产党纪律检查机关监督执纪工作规则》第 60 条。

---

**第二百八十七条** 各级监察机关可以根据工作需要,按程序选聘特约监察员履行监督、咨询等职责。特约监察员名单应当向社会公布。

监察机关应当为特约监察员依法开展工作提供必要条件和便利。特约监察员对监察机关提出的意见、建议和批评,监察机关应当及时办理和反馈。

---

**条文主旨**

本条是关于特约监察员制度的规定。

**条文解读**

2018 年 8 月 24 日,为深化国家监察体制改革,推动监察机关依法接受民主监督、社会监督、舆论监督,中央纪委国家监委印发了《国家监察委员会特约监察员工作办法》,建立了特约监察员制度。《监察法》对该制度予以固化确认,在第 62 条规定:"监察机关根据工作需要,可以从各方面代表中聘请特约监察员。特约监察员按照规定对监察机关及其工作人员履行职责情况实行监督。"在此基础上,本条对特约监察员制度进行了细化。

第一,特约监察员的选聘和名单公布。特约监察员的选聘应根据工作需要决定,按照事先明确的选聘程序进行。选聘完成后,应当及时公布相关名单。《监察法》第 62 条明确了可选聘的范围,即"从各方面代表中"。所谓"各方面代表",包括人大代表,政协委员,党政机关工作人员,各民主党派成员、无党派人士,企业、事业单位和社会团体代表,专家学者,媒体和文艺工作者,以及一线代表和基层群众等。需要注意的是,受到党纪处分、政务处分、刑事处罚的人员不得被聘请为特约监察员。

第二,特约监察员的监督、咨询职责。特约监察员的职责集中表现为,按照规定对监察机关及其工作人员履行职责情况实行监督,具体有五个方面的内容:一是对纪检监察机关及其工作人员履行职责情况进行监督,提出加强和改进纪检监察工作的意见、建议;二是对制定纪检监察法律法规、出台重大政策、起草重要文件、提出监察建议等提供咨询意见;三是参加国家监察委员会组织的调查研究、监督检查、专项工作;四是宣传纪检监察工作的方针、政策和成效;五是办理国家监察委员会委托的其他事项。

第三,监察机关应当为特约监察员依法开展工作提供必要条件和便利。一是提供物质保障,包括工作场所、履职津贴等;二是协调有关部门,定期向特约监察员提供有关刊物、资料,组织开展特约监察员业务培训;三是积极创造条件,包括组织特约监察员参加有关会议或者活动,定期开展走访、通报工作,交流情况,听取意见、建议,帮助特约监察员更好地了解本地监察工作,为特约监察员更好发挥作用做好服务;四是提供安全保障,对妨碍特约监察员履职甚至打击报复的,依规依纪依法严肃处理。

### 关联法条

《监察法》第 62 条;《监察官法》第 45 条;《国家监察委员会特约监察员工作办法》第 4—11 条。

---

**第二百八十八条** 监察机关实行严格的人员准入制度,严把政治关、品行关、能力关、作风关、廉洁关。监察人员必须忠诚坚定、担当尽责、遵纪守法、清正廉洁。

---

### 条文主旨

本条是关于监察人员准入制度和基本条件的规定。

### 条文解读

《监察法》第 65 条规定:"监察人员必须模范遵守宪法和法律,忠于职守、秉公执法,清正廉洁、保守秘密;必须具有良好的政治素质,熟悉监察业务,具备运用法律、法规、政策和调查取证等能力,自觉接受监督。"《监察官法》第 12 条第 1 款第 3 项进一步规定,担任监察官应当"具有良好的政治素质、道德品行和廉洁作风";第 14 条规定,"监察官的选用,坚持德才兼备、以德为先,坚持五湖四海、任人唯贤,坚持事业为上、公道正派,突出政治标准,注重工作实绩";第 37 条规定,"监察官的考核应当按照管理权限,全面考核监察官的德、能、勤、绩、廉,重点考核政治素质、工作实绩和廉洁自律情况"。这些规定在政治素养、品性德行、能力素质、各项作风、清正廉洁等方面,对监察人员提出了更高的要求。

在合署办公的背景下,对本条有关精神的准确把握,还要结合党内相关规定。具体来说,《中国共产党纪律检查委员会工作条例》第 47 条规定:"贯彻新时代党的组织路线,坚持党管干部,严把干部准入关,加强思想淬炼、政治历练、实践锻炼、专业训练,加强理论研究和学科建设,提高把握政策、监督执纪、做思想政治工作等能力,建设高素质专业化干部队伍。"与此类似,《中国共产党纪律检查机关监督执纪工作规则》第 61 条规定:"纪检监察机关应当严格干部准入制度,严把政治安全关,纪检监察干部必须忠诚坚定、担当尽责、遵纪守法、清正廉洁,具备履行职责的基本条件。"

为了达到这些标准,除了要对监察人员进行各方面的监督和有计划地开展政治、理论和业务培训外,更要从源头抓起,严格规范和落实监察人员的准入制度和基本条件。"监督别人的人首先要监管好自己,执纪者要做遵守纪律的标杆","只有把好纪检监察干部入口关,才能为纪检监察队伍不断注入源头清水。这是落实新时期好干部标准,打造忠诚干净担当的纪检监察铁军的现实需要"[①]。要加强监察机关自身建设,严明政治纪律,建设忠诚、干净、担当的高素质专业化监察队伍,就必须设置严格的监察人员准入机制。以"政治关"为例,监察人员作为行使监察权的公职人员,应当具备较高的政治素质。一般来说,政治素质主要包括政治方向、政治立场、政治观点、政治纪律、政治警觉性、政治鉴别力等内容。监察工作是专业性很强的工作,这就要求监察人员具备较高的业务能力,熟悉监察工作,如具备运用法律、法规和政策的能力,以及调查取证的能力等。

**关联法条**

《监察法》第 65 条;《监察官法》第 4、7、10、12—14、27、37 条;《公务员法》第 7、13 条;《中国共产党纪律检查委员会工作条例》第 47 条;《中国共产党纪律检查机关监督执纪工作规则》第 61—63 条。

**第二百八十九条** 监察机关应当建立信访举报、监督检查、调查、案件监督管理、案件审理等部门相互协调制约的工作机制。

监督检查和调查部门实行分工协作、相互制约。监督检查部门主要负责联系地区、部门、单位的日常监督检查和对涉嫌一般违法问题线索处置。调查部

---

[①] 中共中央纪律检查委员会中华人民共和国国家监察委员会法规室编写:《〈中国共产党纪律检查机关监督执纪工作规则〉释义》,中国方正出版社 2019 年版,第 192-194 页。

> 门主要负责对涉嫌严重职务违法和职务犯罪问题线索进行初步核实和立案调查。
> 
> 案件监督管理部门负责对监督检查、调查工作全过程进行监督管理，做好线索管理、组织协调、监督检查、督促办理、统计分析等工作。案件监督管理部门发现监察人员在监督检查、调查中有违规办案行为的，及时督促整改；涉嫌违纪违法的，根据管理权限移交相关部门处理。

### 条文主旨

本条是关于监察机关内部协调制约机制的规定。

### 条文解读

根据《监察法》第 39 条的规定，监察机关应当严格按照程序开展工作，建立问题线索处置、调查、审理各部门相互协调、相互制约的工作机制；还应加强对调查、处置工作全过程的监督管理，设立相应的工作部门履行线索管理、监督检查、督促办理、统计分析等管理协调职能。该规定对监察机关加强监察工作内部监督管理提出了总体要求，旨在强化监察机关自我监督和制约，把监察机关的权力关进制度的"笼子"。[①] 事实上，《监察法》第 5 章和《监察法实施条例》第 5 章均以整章形式对"监察程序"作出了专门规定，一个重要原因即在于健全完善监察机关内部分工制约机制。

本条既是对《监察法》第 39 条的进一步细化，也是为了与相关党内法规保持协调衔接。例如，根据《中国共产党纪律检查委员会工作条例》第 50 条第 1 款的规定，党的纪律检查委员会应当建立完善监督检查、审查调查、案件监督管理、案件审理相互协调、相互制约的工作机制，发挥内设干部监督机构、机关纪委等作用，加大监管和自我净化力度，坚决防治"灯下黑"。应当看到，监察机关的监督检查部门、调查部门，是其依法履职尽责的关键业务部门，是开展监察执法和监督调查处置的"一线部门"。一方面，必须赋予它们充分的权限和手段，对此《监察法》专门进行了规定、予以了授权；另一方面，它们也是监察机关履职尽责过程中可能发生问题的风险点，必须对其加强监督，通过设定法定的流程和机制，使相关部门相互协调、相互制约。总之，本条规定的核心在于，针对纪检监察工作中可能发生问题的关键点、风险点，将实践中行

---

[①] 参见中共中央纪律检查委员会中华人民共和国国家监察委员会法规室编写：《〈中华人民共和国监察法〉释义》，中国方正出版社 2018 年版，第 177 页。

之有效的自我监督做法上升为法律规范,明确规定严格的内部监督制约制度,从而防止和避免因权力过于集中而引发的有案不查、以案谋私等问题。准确理解和把握本条规定的含义,需要注意以下三个方面:

第一,监察机关的监督检查部门和调查部门之间是分工协作、相互制约的关系。监督执法工作是监察工作的主要内容,维护监督执法工作纪律是监察机关"打铁还须自身硬"的必然要求,也是监察工作经得起实践和历史检验的重要保证。该分工制约关系,旨在从内控机制层面出发,避免监察机关在监督监察和办案过程中可能存在的私存线索、串通包庇、跑风漏气、以案谋私等问题。

第二,监察机关的案件监督管理部门与上述两个部门之间,也要形成相互协调制约的工作机制,并负责对监督检查、调查工作全过程进行监督管理。《监察法》第63条规定:"监察机关通过设立内部专门的监督机构等方式,加强对监察人员执行职务和遵守法律情况的监督,建设忠诚、干净、担当的监察队伍。"此外,根据本条第1款的规定,案件审理部门与前述三个部门之间,同样要形成相互协调制约的工作机制。根据《中国共产党纪律检查机关监督执纪工作规则》第54条的规定,"坚持审查调查与审理相分离的原则,审查调查人员不得参与审理"。在监察机关内部设立案件监督管理部门、案件审理部门等,既是贯彻调查与审理相分离原则,也有利于在内部形成协调制约的工作机制。

第三,对监察人员违规办案行为,依本规定处理。需要注意的是,案件监督管理部门的职责包括监督和管理,关涉线索管理、组织协调、监督检查、督促办理、统计分析等多个方面。在对案件进行监督管理的过程中,如果发现监察人员存在违规办案行为,有两种处理方式:一是发现监察人员存在违规办案行为的,及时督促整改;二是对于涉嫌违纪违法的,不仅要及时督促整改,还要根据管理权限移交相关部门处理。

**关联法条**

《监察法》第39、63条;《中国共产党纪律检查委员会工作条例》第50条;《中国共产党纪律检查机关监督执纪工作规则》第11、12、23、54条。

---

**第二百九十条** 监察机关应当部署使用覆盖信访举报、线索处置、监督检查、调查、案件审理等监察执法主要流程和关键要素的监察一体化工作平台,推动数字技术融入监察工作,通过信息化手段加强对监督、调查、处置工作的全过程监督管理。

#### 条文主旨

本条是关于监察一体化工作平台的规定。

#### 条文解读

现代科学技术可以助力监察机关对外开展监督、调查、处置工作，比如为适应信息技术迅猛发展的新形势，2025年修改后的《监察法实施条例》新增信息化监督规定，即在第23条中明确要求，监察机关应当依法运用大数据、人工智能等信息化手段开展监察监督，促进及时预警风险、精准发现问题。监察机关也可以运用科技手段强化自身监管，此即本条规定的，监察机关应当部署使用覆盖监察执法主要流程和关键要素的监察一体化工作平台，通过信息化手段加强对监督、调查、处置工作的全过程监督管理。①

---

**第二百九十一条** 监察机关应当对监察权运行关键环节进行经常性监督检查，适时开展专项督查。案件监督管理、案件审理等部门应当按照各自职责，对问题线索处置、调查措施使用、涉案财物管理等进行监督检查，建立常态化、全覆盖的案件质量评查机制。

---

#### 条文主旨

本条是关于内部监督检查和案件质量评查的规定。

#### 条文解读

内部监督要做到针对性强，应特别注重对监察权运行关键环节的监督。监察权运行的关键环节，包括但不限于问题线索处置、调查措施使用、涉案财物管理，其指向案件质量评查机制的全覆盖。在监察机关监督权、调查权、处置权等相关职权运行的各项环节中，一些行为不同程度地涉及对公民人身自由、财产权利等的限制。如果不对监察权运行关键环节中的这些行为开展必要的监督检查，一方面，可能导致不合法或者不合理限制公民基本权利的情况发生；另一方面，由于对案件办理质量缺少准确

---

① 参见中央纪委国家监委法规室：《充分发挥监察法规的制度效能　推进监察工作规范化法治化正规化建设》，载《中国纪检监察报》2025年6月12日，第2版。

有效的衡量评判,即便案件办理过程中存在监察人员违规办案行为,也很难及时予以纠正弥补。本条规定的监督检查方式,包括经常性监督检查和专项督查两种,指向案件质量评查机制的常态化。信任不能代替监督,权力越大,风险就越大,就越要受到严格监督。除了建立内部部门相互协调制约的工作机制,强化案件监督管理部门的全过程监督管理外,监察机关内部也要进行经常性监督检查和专项督查。

### 关联法条

《监察官法》第 42、52—54 条;《公职人员政务处分法》第 63 条;《中国共产党纪律检查机关监督执纪工作规则》第 71 条。

> **第二百九十二条** 监察机关应当加强对监察人员执行职务和遵纪守法情况的监督,按照管理权限依法对监察人员涉嫌违法犯罪问题进行调查处置。

### 条文主旨

本条是关于加强对监察人员监督的规定。

### 条文解读

信任不能代替监督,在监察对象全面覆盖的背景下,监察人员同样属于监察对象。为此,根据《监察法》第 65 条的规定,监察人员应当自觉接受监督。本条是对监督的内容的明确。要准确理解本条,需要注意以下问题:对于监察人员涉嫌违法犯罪的问题,应当按照管理权限进行调查处置。一方面,对于监察人员执行职务和遵纪守法问题,如其实施了违法犯罪行为,主要由监察机关调查处置;另一方面,监察机关对于监察人员涉嫌违法犯罪问题的调查处置,同样要按照管理权限进行。例如,对于某省设区的市的监察委员会领导成员涉嫌违法犯罪问题的调查处置,因相关管理权限属于上一级监察机关,故应由省监察委员会进行立案调查和处置。

需要注意的是,同一监察机关内部监察人员的管理权限并不一致。对于管理权限在本级监察机关的监察人员,必须严格依法依规进行调查处置,不得以内部惩戒代替政务处分、刑事处罚。例如,根据《监察法实施条例》第 49 条第 1 款的规定,设区的市级以上监察委员会按照管理权限,依法管辖同级党委管理的公职人员涉嫌职务违法和职务犯罪案件。此时,如果符合法定情形,也可以依法采取提级管辖、指定管辖等办法。总之,要"充分发挥内设机关党委、纪委和干部监督机构作用,对反映纪检监察干部的问题线索认真核查,决不护短遮丑"①。

**关联法条**

《监察法》第65条;《监察官法》第42—54条。

---

第二百九十三条　监察机关及其监督检查、调查部门负责人应当定期检查调查期间的录音录像、谈话笔录、讯问笔录、询问笔录、涉案财物登记资料,加强对调查全过程的监督,发现问题及时纠正并报告。

对谈话、讯问和询问的同步录音录像,应当重点检查是否存在以下情形:

(一)以暴力、威胁等非法方法收集证据;

(二)未保证被调查人的饮食和必要的休息时间;

(三)谈话笔录、讯问笔录、询问笔录记载的起止时间与谈话、讯问、询问录音录像资料反映的起止时间不一致;

(四)谈话笔录、讯问笔录、询问笔录与谈话、讯问、询问录音录像资料内容存在实质性差异。

---

**条文主旨**

本条是关于对调查过程进行监督的规定。

**条文解读**

本条的目的在于强调监察机关及有关部门负责人对调查过程的监督职责,强化对调查全过程的监督。

第一,在检查主体方面,监察机关及其内设的监督检查、调查部门负责人都要履行定期检查职责。《中国共产党纪律检查机关监督执纪工作规则》第50条第1、2款分别针对"监督检查、审查调查部门主要负责人、分管领导"和"纪检监察机关相关负责人"对调查过程的监督作出规定。本条将上述两款合并规定,将"监察机关"与"监督检查、调查部门负责人"并列,旨在强调监察机关领导人员在此方面的职责;与此同时,本条将上述规则第50条第1款中的"分管领导"改为"监察机关",说明除监察机

---

① 《〈中国共产党纪律检查机关监督执纪工作规则〉学习问答》,中国方正出版社2019年版,第118－119页。

关分管领导外,其"主要负责人"也应注意处理好与此相关的工作事项。

第二,在检查内容方面,包括调查期间的录音录像、谈话笔录、讯问笔录、询问笔录、涉案财物登记资料。需要注意的是,2025 年修改后的《监察法实施条例》在本条新增了第 2 款,明确了对谈话、讯问和询问的同步录音录像的检查问题,即应对以下情形进行重点检查:以暴力、威胁等非法方法收集证据;未保证被调查人的饮食和必要的休息时间;谈话笔录、讯问笔录、询问笔录记载的起止时间与谈话、讯问、询问录音录像资料反映的起止时间不一致;谈话笔录、讯问笔录、询问笔录与谈话、讯问、询问录音录像资料内容存在实质性差异。

第三,在检查结果方面,强调定期检查、发现问题,及时纠正、及时报告,从而强化对调查全过程的监督。这主要是为了避免发生监察人员违规办案行为,同时避免调查过程中存在"非法方式收集证据"的情形。通过这些监督机制,可以有效管控风险点,防止出现将被审查调查人带离规定的谈话场所,中止关闭录音录像设备,打骂被审查调查人,非法取证等违规违纪违法行为。[1]

### 关联法条

《中国共产党纪律检查机关监督执纪工作规则》第 48、50 条。

---

**第二百九十四条** 对监察人员打听案情、过问案件、说情干预的,办理监察事项的监察人员应当及时向上级负责人报告。有关情况应当登记备案。

发现办理监察事项的监察人员未经批准接触被调查人、涉案人员及其特定关系人,或者存在交往情形的,知情的监察人员应当及时向上级负责人报告。有关情况应当登记备案。

---

### 条文主旨

本条是关于办理监察事项报告备案的规定。

### 条文解读

建立监察人员违规探听、干预监察案件的记录和报告制度,可以有效避免出现跑

---

[1] 参见中共中央纪律检查委员会中华人民共和国国家监察委员会法规室编写:《〈中国共产党纪律检查机关监督执纪工作规则〉释义》,中国方正出版社 2019 年版,第 159 页。

风漏气、以案谋私、办人情案等问题,①对于监督约束监察人员权力行使,防治监察人员腐败,维护公平正义具有重要意义。

打听案情、过问案件、说情干预等行为的本质是权力滥用行为,涉及超越职权违规过问,干预问题线索处置和案件处理,提出倾向性意见或具体要求对案件处理结果施加不当影响。根据《监察法》第 5 条的规定,监察机关办案必须严格遵照宪法和法律,以事实为根据,以法律为准绳,在适用法律上一律平等。一旦办案过程中出现打听案情、过问案件、说情干预的情况,将难以保证纪检监察案件办理结果的公正性,从而破坏纪检监察机关的公正性,甚至可能导致严重后果,如错案的发生,也可能使一些违纪违法人员逍遥法外,得不到应有的惩罚,破坏法律的严肃性和权威性。正因如此,《监察官法》第 46 条中亦规定了监察官不得打听案情、过问案件、说情干预。对于监察工作中出现的打听案情、过问案件、说情干预等行为,办理监察事项的监察官应当及时向上级报告;有关情况应当登记备案。同时,办理监察事项的监察官未经批准不得接触被调查人、涉案人员及其特定关系人,或者与其进行交往。对于上述行为,知悉情况的监察官应当及时向上级负责人报告;有关情况同样应当登记备案。

报告与登记备案均属于对监察机关工作过程监管的措施,主要是监察人员之间的监察机关内部监督。根据本条之规定,"应当"实际上是指遇到打听案情、过问案件、说情干预,接触被调查人、涉案人员及其特定关系人,或与被调查人、涉案人员及其特定关系人接触等情形,相关人员均有义务报告,并且本条还做了"及时"的要求,也就是要第一时间报告。这有利于从源头上防止人情案、关系案的产生,提高案件办理质量,从制度上震慑可能出现的打听案情、过问案件、说情干预等行为。

本条第 1 款明确了监察人员及时报告的情况,一般是向上级负责人报告。这里的"上级负责人",指的是调查组的组长,负责监督检查、调查部门的主要责任人,以及监察机关的负责人等人员。本条适用的情况是监察人员在非自己办理、参与、负责的监督、调查、处置等环节有打听案情、过问案件、说情干预等行为,这些均属于纪检监察案件办理过程中的违规操作。建立报告登记制度,有利于减少监察机关内部违规过问案件的情况,限制监察人员的不当行为,强化对监察人员的内部监督,督促监察人员正确行使监察权。

本条第 2 款明确了知情人报告的情况,尤其是知情的本案监察人员,一般是向上级负责人报告。本款中的知情人包括共同办理本案的其他监察人员、被调查人、涉案

---

① 参见中共中央纪律检查委员会中华人民共和国国家监察委员会法规室编写:《〈中华人民共和国监察法〉释义》,中国方正出版社 2018 年版,第 253 页。

人员、其他特定关系人等,范围比较广泛。本款存在两种适用情况:一种是接触被调查人、涉案人员及其特定关系人,这里是指未经批准的接触,是非正常的隐蔽接触;另一种是与被调查人、涉案人员及其特定关系人存在交往情形,这里是指一种未经批准的非正常交往。这两种情形均可能导致串通、掩盖事实或影响结果的公正性。"严管就是厚爱",这一方面有利于督促监察权的正确行使,是对监察人员的严格要求,另一方面也是对监察人员的保护。

针对以上两种影响纪检监察案件办理公正性的情况,监察人员均需要在报告后登记备案,做到全面、如实地记录,确保有据可查、全程留痕。登记备案制度是党的十八大以来我国反腐败工作规范化的表现形式之一,可以倒逼监察人员依法履职,在案件办理过程中严格遵守相关规定,确保公平公正,也可以为监察人员排除非法干扰提供制度支撑。

### 关联法条

《监察法》第66条;《监察官法》第46条;《中国共产党纪律处分条例》第142—144条;《中国共产党纪律检查机关监督执纪工作规则》第64条。

---

**第二百九十五条** 办理监察事项的监察人员有监察法第六十七条所列情形之一的,应当自行提出回避;没有自行提出回避的,监察机关应当依法决定其回避,监察对象、检举人及其他有关人员也有权要求其回避。

选用借调人员、看护人员、调查场所,应当严格执行回避制度。

---

### 条文主旨

本条是关于监察回避制度的规定。

### 条文解读

所谓回避,是指在符合法律规定的情形下,回避的监察人员不再参加所回避案件的监督、调查、处置等监察活动。回避制度的设计有助于提高监察机关办案质量,防止监察人员因为利益关系、人情因素等影响监察工作,从而保障监察人员秉公用权、公正用权。《监察法》第67条明确了监察人员应当回避的四种情形,分别为:是监察对象或者检举人的近亲属;担任过本案的证人;本人或者其近亲属与办理的监察事项有利害关系;有可能影响监察事项公正处理的其他情形。

本条对回避的人员作了限定,将回避的监察人员限定在"办理监察事项的监察人员",回避的监察人员必须与回避所指向的具体案件相关。同时,回避必须涉及特定的"监察事项"。例如,若某一监察人员担任过其他监察案件的证人,则不构成回避的理由。需要注意的是,适用回避制度的监察人员主要是指调查人员,但线索处置、日常监督、审理等环节中的纪检监察工作人员若存在可能影响案件办理的情形,也应当回避。监察人员回避后,不得参加有关调查、讨论、决定,也不得以任何形式对案件施加影响。[①] 需要说明的是,《监察法实施条例》在《监察法》的基础上,对回避人员的范围有所扩大,即选用借调人员、看护人员、调查场所,同样应当严格执行回避制度。

### 关联法条

《监察法》第 67 条;《监察官法》第 47 条;《公职人员政务处分法》第 47、48 条;《公务员法》第 77 条;《中国共产党纪律检查机关监督执纪工作规则》第 65 条;《公务员回避规定》第 13—15 条。

---

**第二百九十六条** 监察人员自行提出回避,或者监察对象、检举人及其他有关人员要求监察人员回避的,应当书面或者口头提出,并说明理由。口头提出的,应当形成记录。

监察机关主要负责人的回避,由上级监察机关主要负责人决定;其他监察人员的回避,由本级监察机关主要负责人决定。

---

### 条文主旨

本条是关于提出和决定回避的规定。

### 条文解读

根据《监察法实施条例》第 295 条第 1 款和本条第 1 款的规定,回避分为两种:一种是主动回避,即办理监察事项的监察人员知道自己具有应当回避的情形,主动向所在机关提出回避。另一种是依申请回避,即监察对象、检举人及其他有关人员认为办理监察事项的监察人员应当回避,则可以申请相关监察人员回避。从本条第 1 款的

---

[①] 参见中共中央纪律检查委员会中华人民共和国国家监察委员会法规室编写:《〈中华人民共和国监察法〉释义》,中国方正出版社 2018 年版,第 254—256 页。

规定可知,监察人员回避的提出方式,有书面提出、口头提出两种。也就是说,监察人员自行提出回避,或监察对象、检举人及其他有关人员申请监察人员回避,应当通过书面或口头的方式提出。但是,以口头方式提出的,应当形成书面记录,这既有利于保证监察工作的公正性,也有利于提高监察工作的效率。

根据本条第 2 款的规定,回避的决定程序,分为本级监察机关主要负责人决定与上级监察机关主要负责人决定两种。一般而言,监察人员的回避,由本级监察机关主要负责人决定;而监察机关主要负责人的回避,则由上级监察机关主要负责人决定。之所以监察机关主要负责人的回避由其上级监察机关决定,是因为"任何人不能做自己案件的裁判",这坚持了回避程序设计上的程序正义要求,保证了回避决定的权威性。

**关联法条**

《监察法》第 67 条;《监察官法》第 47 条;《公职人员政务处分法》第 47、48 条;《公务员法》第 77 条;《中国共产党纪律检查机关监督执纪工作规则》第 65 条;《公务员回避规定》第 13—15 条。

---

**第二百九十七条** 上级监察机关应当通过专项检查、业务考评、开展复查等方式,强化对下级监察机关及监察人员执行职务和遵纪守法情况的监督。

---

**条文主旨**

本条是关于上级监察机关监督下级监察机关的规定。

**条文解读**

监察机关内部监督存在多种方式,不只包括设立内部监督机构,还包括上级监察机关的监督,建立健全严格的内部工作制度,以及将监察权分别赋予不同的机构等,从而实现机构之间在权力行使时的互相制约。例如,在监察机关设立专门的干部监督机构,在监察机关内部实现监督和调查部门分设,"前台"和"后台"分离,对留置等审批程序和使用期限都有严格的限制,等等。本条是关于上级监察机关的监督的规定。

上级监察机关对下级监察机关及监察人员执行职务和遵纪守法情况的监督,包括但不限于以下三种方式:一是专项检查。所谓专项检查,是相对于平时考核而言的。《监察官法》第 36 条规定:"对监察官的考核,应当全面、客观、公正,实行平时考核、专项考核和年度考核相结合。"专项检查不仅是对监察人员进行考核的重要形式,也是上级监察机关对下级监察机关工作实际情况进行知悉、了解、领导、监督的重要过程。二是业务考评。熟悉监察业务、具备相关工作能力,是上级监察机关开展领导和监督工作的关键内容。《监察法》第 65 条规定,监察人员"必须具有良好的政治素质,熟悉监察业务,具备运用法律、法规、政策和调查取证等能力,自觉接受监督",其中就专门提到了监察业务问题。《监察官法》第 27 条第 1 款还专门将监察官的等级确定依据与其业务水平、工作实绩等挂钩。三是开展复查。所谓复查,指再一次进行检查或审核,是相对于初次检查而言的。在本条中,开展复查旨在强化上级监督的真实性、可靠性和权威性等。

### 关联法条

《监察法》第 10 条;《监察官法》第 36 条;《中国共产党纪律检查委员会工作条例》第 6、50 条。

---

**第二百九十八条** 监察机关应当对监察人员有计划地进行政治、理论和业务培训。培训应当坚持理论联系实际、按需施教、讲求实效,突出政治机关特色,建设忠诚干净担当、敢于善于斗争的高素质专业化监察队伍,全面提高监察工作规范化法治化正规化水平。

---

### 条文主旨

本条是关于监察机关开展培训的规定。

### 条文解读

《监察官法》第 30 条第 1 款规定:"对监察官应当有计划地进行政治、理论和业务培训。"同时,根据《中国共产党纪律检查委员会工作条例》第 6 条第 3 款的规定,上级纪委应当通过"开展政治和业务培训"的方式,加强对下级纪委的领导和监督。

在相关规定的基础上,本条明确了监察机关开展培训的三方面问题:第一,监察人员培训的内容,包括政治、理论和业务。为了建设高素质专业化监察队伍,推进监察工作法治化专业化水平,要着眼形势任务的需要,立足打基础、利长远,突出培训重点,落实培训责任。为此,本条专门提到要对监察人员有计划地进行政治、理论和业务培训。第二,监察人员培训的原则,包括理论联系实际、按需施教、讲求实效,突出政治机关特色等。近年来,各级纪检监察机关创新培训理念思路、方式方法,分级分类开展全员培训,围绕执纪执法新要求、工作规则和业务流程,组织学习政治理论,培训业务基本功,干部队伍整体素质和综合能力得到提升。本条规定总结提炼实践中行之有效的举措,要求强化对监察人员的培训,提高其专业化能力。第三,监察人员培训的目标,在于建设忠诚干净担当、敢于善于斗争的高素质专业化监察队伍,全面提高监察工作规范化法治化正规化水平。此外,根据《监察官法》第 30 条第 3 款的规定,监察官的培训情况,将被作为监察官考核的内容和任职、等级晋升的依据之一。

### 关联法条

《监察官法》第 29—32 条;《公务员法》第 66—68 条;《中国共产党纪律检查委员会工作条例》第 6 条第 3 款;《干部教育培训工作条例》第 14、19—23 条。

---

**第二百九十九条** 监察机关应当严格执行保密制度,控制监察事项知悉范围和时间。监察人员不准私自留存、隐匿、查阅、摘抄、复制、携带问题线索和涉案资料,严禁泄露监察工作秘密。

监察机关应当建立健全检举控告保密制度,对检举控告人的姓名(单位名称)、工作单位、住址、电话和邮箱等有关情况以及检举控告内容必须严格保密。

---

### 条文主旨

本条是关于监察机关保密制度的规定。

### 条文解读

本条第 1 款对执行保密制度作出了总体要求和禁止性规范。首先,本款明确提出,监察机关要严格执行保密制度,监察事项不施行保密制度的例外。保密纪律是监督执纪纪律的重要内容,纪检监察机关对党员、干部以及监察对象开展监督执纪执法,工作中会涉及党和国家秘密,如果保密上出现问题,就会给党和国家事业造成损失。《中国共产党纪律处分条例》第 144 条对泄露、扩散或者打探、窃取纪律审查等尚未公开事项,以及私自留存涉及纪律审查等方面资料的行为作出处分规定。其次,本款明确规定要控制监察事项知悉范围和时间。做此规定,是为了在审查调查工作中"加强保密,降低失密、泄密风险"。再次,本款详细规定了监察人员不准私自留存、隐匿、查阅、摘抄、复制、携带问题线索和涉案资料。因为这些行为都有重大泄密隐患，对于未经批准即私自进行的，无论其主观上是否有私心，都须严格禁止。最后，本款明确规定严禁泄露监察工作秘密。该规定是在上述规定的基础上进一步作出的补充规定，主要是为了强调严禁监督执法人员在任何场合，向任何人员，以任何方式泄露调查工作情况。

本条第 2 款确立了检举控告保密制度，要求监察机关严格保密检举控告人有关信息。作为一部专门规定纪检监察机关处理检举控告工作的党内法规，《纪检监察机关处理检举控告工作规则》第 47 条中明确规定"纪检监察机关应当建立健全检举控告保密制度，严格落实保密要求"，并列举了四项必须严格落实的保密具体要求，包括对检举控告人信息、检举控告内容严格保密等。本款对应的是上述规则所列举的四项保密要求中的第一项。除本款规定的保密要求外，另外三项保密要求是：严禁将检举控告材料、检举控告人信息转给或者告知被检举控告的组织、人员；受理检举控告或者开展核查工作，应当在不暴露检举控告人身份的情况下进行；宣传报道检举控告有功人员，涉及公开其姓名、单位等个人信息的，应当征得本人同意。

### 关联法条

《监察法》第 18 条；《监察官法》第 10、48 条；《中国共产党纪律处分条例》第 144 条；《纪检监察机关处理检举控告工作规则》第 47 条；《中国共产党纪律检查机关监督执纪工作规则》第 67 条。

---

**第三百条** 监察机关涉密人员离岗离职后，应当遵守脱密期管理规定，严格履行保密义务，不得泄露相关秘密。

---

### 条文主旨

本条是关于脱密期管理的规定。

### 条文解读

本条规定了监察人员脱密期管理制度。这是考虑到监察工作涉及大量国家秘密和工作秘密，必须严格防范人员流动导致的秘密流失风险，特别是监察人员在工作中接触到的秘密。为了切实落实本条规定，一方面，监察机关涉密人员自身要注意遵循相关规定，严格履行保密义务，在离岗离职后自觉遵守就业、出境等方面的限制性要求;另一方面,有关部门和单位也要切实担负起相关职责,加强对监察机关离岗离职的涉密人员的教育、管理和监督工作。参照《公务员法》《保守国家秘密法》等的有关规定,对处在脱密期的涉密人员,区分不同情形进行管理:一是涉密人员离岗(离开涉密工作岗位,未离开本机关、本单位)的,脱密期管理由本机关、本单位负责;二是涉密人员离开原涉密单位,调入其他国家机关和涉密单位的,脱密期管理由调入单位负责;三是属于其他情况的,由原涉密单位、保密行政管理部门或者公安机关负责。①

根据《保守国家秘密法》第46条的规定,脱密期管理的具体内容有四:一是机关、单位应当开展保密教育提醒,清退国家秘密载体;二是涉密人员在脱密期内,不得违反规定就业和出境,不得以任何方式泄露国家秘密;三是脱密期结束后,应当遵守国家保密规定,对知悉的国家秘密继续履行保密义务;四是涉密人员严重违反离岗离职及脱密期国家保密规定的,机关、单位应当及时报告同级保密行政管理部门,由保密行政管理部门会同有关部门依法采取处置措施。

**关联法条**

《监察法》第68条第1款;《公务员法》第86条第2项;《监察官法》第48条第2款;《保守国家秘密法》第46条;《中国共产党纪律检查机关监督执纪工作规则》第68条第1款。

---

**第三百零一条** 监察人员离任三年以内,不得从事与监察和司法工作相关联且可能发生利益冲突的职业。

监察人员离任后,不得担任原任职监察机关办理案件的诉讼代理人或者辩护人,但是作为当事人的监护人或者近亲属代理诉讼或者进行辩护的除外。

---

**条文主旨**

本条是关于监察人员离任后从业限制的规定。

**条文解读**

《监察法》第68条第2款规定:"监察人员辞职、退休三年内,不得从事与监察和司法工作相关联且可能发生利益冲突的职业。"在此基础之上,本条对监察人员离任

---

① 参见中共中央纪律检查委员会中华人民共和国国家监察委员会法规室编写:《〈中国共产党纪律检查机关监督执纪工作规则〉释义》,中国方正出版社2019年版,第216页。

后的从业限制提出了更具体的要求。

第一，本条的适用对象是辞职、退休的监察人员。事实上，我国法律法规对公务员、法官、检察官，都规定了离任后的从业限制要求。例如，《公务员法》第 107 条第 1 款规定，公务员辞去公职或者退休的，原系领导成员、县处级以上领导职务的公务员在离职 3 年内，其他公务员在离职 2 年内，不得到与原工作业务直接相关的企业或者其他营利性组织任职，不得从事与原工作业务直接相关的营利性活动。此外，《中国共产党纪律处分条例》《关于规范公务员辞去公职后从业行为的意见》《关于党政领导干部辞职从事经营活动有关问题的意见》等党内法规和规范性文件也对党员领导干部和公务员辞去公职后的从业作出明确限制。需要说明的是，本条规定的从业限制针对的是主动离职人员；而被动离职人员实际上难以利用影响力获利，因为其已经失去了信誉度。但是由于还可能利用信息差，因此还需要遵守保密义务。①

第二，时间限定是 3 年内。脱密期一般需要根据所从事工作和工作岗位的具体情形确定，一般从机关、单位批准涉密人员离开涉密岗位之日起计算。

第三，监察人员在辞职、退休 3 年内，如果打算从事的职业与监察和司法工作有关，且可能引致他人怀疑与原工作内容有利益冲突，应当事先征求原单位的意见。具体适用条件有二：一是与监察和司法工作相关，二是可能发生利益冲突。所谓"利益冲突"，是指公职人员所代表的公共利益与其自身的私人利益之间冲突，从而陷入抉择困境。这种冲突源于经济利益、职业利益、个人声誉、情感生活、家庭或其他个人利益，从而造成私人利益与公共职责之间的矛盾。如果不对利益冲突进行防范，就可能引发公职人员为了私人利益而牺牲公共利益的问题，从而产生腐败。②

第四，监察人员离任后不得从事与监察和司法工作相关联且可能发生利益冲突的职业，通常仅有 3 年的时间限制。但本条第 2 款中规定，"监察人员离任后，不得担任原任职监察机关办理案件的诉讼代理人或者辩护人"，这意味着对离任的监察人员而言，担任原任职监察机关办理案件的诉讼代理人或者辩护人是被永久禁止的。当然，本款也有例外情形，即作为当事人的监护人或者近亲属代理诉讼或者进行辩护。

**关联法条**

《监察法》第 68 条第 2 款；《公务员法》第 107 条；《监察官法》第 49 条；《中国共产党纪律检查机关监督执纪工作规则》第 68 条。

---

① 参见中共中央纪律检查委员会中华人民共和国国家监察委员会法规室编写：《〈中华人民共和国监察法〉释义》，中国方正出版社 2018 年版，第 258 页。

② 参见马怀德主编：《中华人民共和国监察法理解与适用》，中国法制出版社 2018 年版，第 247 页。

**第三百零二条** 监察人员应当严格遵守有关规范领导干部配偶、子女及其配偶经商办企业行为的规定。

### 条文主旨

本条是关于规范监察人员家属经商办企业行为的规定。

### 条文解读

规范领导干部配偶、子女及其配偶经商办企业行为,是全面从严治党、从严管理监督干部的重要举措。为了规范领导干部配偶、子女及其配偶经商办企业行为,中央和地方均出台了许多规定。对此,习近平总书记指出,"对规范领导干部配偶、子女及其配偶经商办企业问题,国家法律和党内法规都有明确规定,关键是要落实到位,让规矩起作用"①。根据本条的规定,对于有关规范领导干部配偶、子女及其配偶经商办企业行为的规定,无论是党内法规还是国家法律,无论是中央规定还是地方规定,监察人员都应当严格遵守。

### 关联法条

《监察官法》第 50 条;《中国共产党纪律处分条例》第 107 条。

---

**第三百零三条** 监察机关及其工作人员在履行职责过程中应当依法保护企业产权和自主经营权,严禁利用职权非法干扰企业生产经营。需要企业经营者协助调查的,应当依法保障其人身权利、财产权利和其他合法权益,避免或者尽量减少对涉案企业正常生产经营活动的影响。

监察机关查封、扣押、冻结以及追缴涉案财物,应当严格区分企业财产与经营者个人财产,被调查人个人财产与家庭成员财产,违法所得、其他涉案财产与合法财产。

查封经营性涉案财物,企业继续使用对该涉案财物价值无重大影响的,可以允许其使用。对于按规定不应交由企业保管使用的涉案财物,监察机关应当

---

① 本报记者:《不断推进党的自我革命的生动实践——规范领导干部配偶、子女及其配偶经商办企业行为工作综述》,载《人民日报》2022 年 6 月 21 日,第 4 版。

> 采取合理的保管保值措施。对于正在运营或者正在用于科技创新、产品研发的设备和技术资料等，一般不予查封、扣押，确需调取违法犯罪证据的，可以采取拍照、复制等方式。

### 条文主旨

本条是关于依法保障企业合法权益的规定。

### 条文解读

企业正常的生产经营行为，以及企业经营者的人身权利、财产权利和其他合法权益，受到《宪法》和法律的保护。习近平总书记2018年11月1日在民营企业座谈会上的讲话指出，"纪检监察机关在履行职责过程中，有时需要企业经营者协助调查，这种情况下，要查清问题，也要保障其合法的人身和财产权益，保障企业合法经营。对一些民营企业历史上曾经有过的一些不规范行为，要以发展的眼光看问题，按照罪刑法定、疑罪从无的原则处理，让企业家卸下思想包袱，轻装前进"[①]。在此背景下，《监察法》第43条第3款明确规定："监察机关及其工作人员在履行职责过程中应当依法保护企业产权和自主经营权，严禁利用职权非法干扰企业生产经营。需要企业经营者协助调查的，应当保障其人身权利、财产权利和其他合法权益，避免或者尽量减少对企业正常生产经营活动的影响。"在《监察法》相关规定的基础上，本条对依法保障企业合法权益提出了更具体的要求。

理解和适用本条规定，需要注意以下四个问题：第一，依法保护企业产权和自主经营权。比如严禁利用职权非法干扰企业生产经营，应当避免或者尽量减少对涉案企业正常生产经营活动的影响。第二，依法保护企业经营者的合法权益。比如需要企业经营者协助调查的，应当依法保障其人身权利、财产权利和其他合法权益。第三，提高查封、扣押、冻结以及追缴涉案财物的精准性。例如，查封经营性涉案财物，如果企业继续使用对该涉案财物价值无重大影响的，可以允许其使用；再如，监察机关查封、扣押、冻结以及追缴涉案财物，应当严格区分企业财产与经营者个人财产，被调查人个人财产与家庭成员财产，违法所得、其他涉案财产与合法财产。第四，对正在运营或者正在用于科技创新、产品研发的设备和技术资料的特殊保护，即一般不予查封、扣押，确需调取违法犯罪证据的，可以采取拍照、复制等方式。

---

① 习近平：《在民营企业座谈会上的讲话》，载《人民日报》2018年11月2日，第2版。

## 关联法条

《监察法》第43、69、74条;《民营经济促进法》第58—70条。

---

**第三百零四条** 监察机关根据已经掌握的事实及证据,发现涉嫌严重职务违法或者职务犯罪的监察人员可能实施下列行为之一的,经依法审批,可以在具备安全保障条件的场所对其采取禁闭措施:

(一)继续实施违法犯罪行为的;

(二)为被调查人或者涉案人员通风报信等泄露监察工作秘密的;

(三)威胁、恐吓、蓄意报复举报人、控告人、被害人、证人、鉴定人等相关人员的;

(四)其他可能造成更为严重的后果或者恶劣影响的行为。

---

## 条文主旨

本条是关于采取禁闭措施情形的规定。

## 条文解读

禁闭措施是2024年12月修改《监察法》时新增的内部监督措施。禁闭措施的创制意义在于进一步加强对监察机关及其工作人员的监督与管理,体现了严厉打击监察人员严重职务违法或者职务犯罪行为的决心,是"刀刃向内"的措施。《监察法》对采取禁闭措施的情形有所规定,即第64条第1款中明确规定,"监察人员涉嫌严重职务违法或者职务犯罪,为防止造成更为严重的后果或者恶劣影响,监察机关经依法审批,可以对其采取禁闭措施"。不过,该规定不太具体,于是本条对禁闭措施的适用情况作出了详细规定。

第一,禁闭措施的适用对象是涉嫌严重职务违法或者职务犯罪的监察人员。换言之,如果监察人员涉嫌职务违法,但尚达不到"严重"的程度,便不能对其采取禁闭措施。再者,对于监察人员以外的其他公职人员、监察对象,如果涉嫌严重职务违法或者职务犯罪,可依法对其采取留置、管护等监察强制措施,但不得采取禁闭措施。

第二,监察人员应有可能造成更为严重的后果或者恶劣影响的行为。本条进行了列举式的规定,主要包括:继续实施违法犯罪行为,为被调查人或者涉案人员通风报信等泄露监察工作秘密,威胁、恐吓、蓄意报复举报人、控告人、被害人、证人、鉴定人等相关人员,以及兜底性质的其他可能造成更为严重的后果或者恶劣影响的行为。需要说明的是,监察人员是否具有此类行为,应当结合已经掌握的事实及证据得出结论。

第三,禁闭措施的采取应经依法审批。从《监察法》第64条第1款和本条的用语来看,监察机关在禁闭措施的使用上具有裁量空间,即这两个条款使用的是"可以"而非"应当",这意味着在符合上述前置条件的情况下,在多种惩治性手段都能实现目标时,可以经过综合考量,选择适用禁闭措施。此外,禁闭措施应在具备安全保障条件的场所采取。

### 关联法条

《监察法》第64、74条。

---

**第三百零五条** 采取禁闭措施时,调查人员不得少于二人,应当向被禁闭人员宣布《禁闭决定书》,告知被禁闭人员权利义务,要求其在《禁闭决定书》上签名、捺指印。被禁闭人员拒绝签名、捺指印的,调查人员应当在文书上记明。

禁闭的期限不得超过七日,自向被禁闭人员宣布之日起算。

---

### 条文主旨

本条是关于采取禁闭措施的程序的规定。

### 条文解读

根据本条第1款的规定,在对监察人员采取禁闭措施时,应当由不少于2人的调查人员向被禁闭人员宣布《禁闭决定书》,告知被禁闭人员权利义务。被禁闭人员的权利包括获得饮食、休息和安全保障,申请将禁闭措施变更为责令候查措施等;其义务主要是配合监察机关调查。同时,调查人员应要求被禁闭人员在《禁闭决定书》上签名、捺指印。被禁闭人员拒绝签名、捺指印的,调查人员应当在文书上记明。本条第2款明确了禁闭的期限,即不超过7日,起算时间是向被禁闭人员宣布之日。

### 关联法条

《监察法》第50、64条。

> **第三百零六条** 采取禁闭措施后,应当在二十四小时以内通知被禁闭人员所在单位和家属。当面通知的,由有关人员在《禁闭通知书》上签名。无法当面通知的,可以先以电话等方式通知,并通过邮寄、转交等方式送达《禁闭通知书》,要求有关人员在《禁闭通知书》上签名。有关人员拒绝签名的,调查人员应当在文书上记明。
>
> 因可能伪造、隐匿、毁灭证据,干扰证人作证或者串供等有碍调查情形而不宜通知的,应当按规定报批,记录在案。有碍调查的情形消失后,应当立即通知被禁闭人员所在单位和家属。

### 条文主旨

本条是关于采取禁闭措施后履行通知义务的规定。

### 条文解读

《监察法》第 64 条是对禁闭措施的规定,该条第 3 款规定:"本法第五十条的规定,适用于禁闭措施。"这是一个典型的引致性规定,可以避免相关条款的冗长。与此不同的是,本条参照《监察法》第 50 条的规定,明确了采取禁闭措施后履行通知义务的要求。

根据本条第 1 款的规定,监察机关在采取禁闭措施后,应当在 24 小时内通知被禁闭人员所在单位和家属,当然无法通知的除外。通知被禁闭人员所在单位和家属,是对相关主体知情权和监督权的保障,比如根据《监察法实施条例》第 110 条的规定,被禁闭人员的近亲属有权申请将禁闭措施变更为责令候查措施。监察机关履行通知义务,通常应当当面通知,要求有关人员在《禁闭通知书》上签名。若因特殊原因无法当面通知,可以先以电话等方式通知,并通过邮寄、转交等方式送达《禁闭通知书》,要求有关人员在《禁闭通知书》上签名。有关人员拒绝签名的,调查人员应当在文书上记明。

当然,根据本条第 2 款的规定,如果通知被禁闭人员所在单位和家属,可能出现伪造、隐匿、毁灭证据,干扰证人作证或者串供等有碍调查的情形,监察机关可以不通知,但应当按规定报批,记录在案。一旦这些有碍调查的情形消失后,监察机关应当立即通知被禁闭人员所在单位和家属。

## 关联法条

《监察法》第50、64条。

---

**第三百零七条** 对被禁闭人员不需要继续采取禁闭措施的,应当按规定报批后解除禁闭或者变更为责令候查措施。禁闭期满的,应当按规定报批后予以解除。

解除禁闭措施的,调查人员应当向被禁闭人员宣布解除禁闭措施的决定,由其在《解除禁闭决定书》上签名、捺指印;变更为责令候查措施的,应当向被禁闭人员宣布变更为责令候查措施的决定,由其在《变更禁闭决定书》上签名、捺指印。被禁闭人员拒绝签名、捺指印的,调查人员应当在文书上记明。

解除禁闭措施或者变更为责令候查措施的,应当及时通知被禁闭人员所在单位和家属、申请人。调查人员应当与交接人办理交接手续,并由其在《解除禁闭通知书》或者《变更禁闭通知书》上签名。无法通知或者有关人员拒绝签名的,调查人员应当在文书上记明。不得因办理交接手续延迟解除或者变更禁闭措施。

在禁闭期满前,对被禁闭人员采取管护、留置措施的,按照本条例关于采取管护、留置措施的规定执行。

---

## 条文主旨

本条是关于解除或变更禁闭措施的规定。

## 条文解读

根据本条第1款的规定,解除禁闭措施的情形有二:一是监察机关认为不需要继续采取禁闭措施的,此时应当按规定报批后解除禁闭或者变更为责令候查措施;二是禁闭期满的,此时应当按规定报批后予以解除。需要注意的是,无论是不需要继续采取禁闭措施而解除,还是因期满而解除,均须按规定报批后才能予以解除。

根据本条第2款的规定,监察机关决定解除禁闭措施,应当由调查人员向被禁闭人员宣布解除禁闭措施的决定,并由被禁闭人员在《解除禁闭决定书》上签名、捺指印。如果是将禁闭措施变更为责令候查措施,调查人员应当向被禁闭人员宣布变更为责令候查措施的决定,由其在《变更禁闭决定书》上签名、捺指印。被禁闭人员拒绝在《解除禁闭决定书》或《变更禁闭决定书》上签名、捺指印的,调查人员应当在文书上记明。

根据本条第3款的规定,监察机关决定解除禁闭措施或者变更为责令候查措施的,应当及时通知被禁闭人员所在单位和家属、申请人。之所以规定要通知"申请人",是因为根据《监察法实施条例》第100条的规定,被禁闭人员的近亲属有权向监察机关申请变更为责令候查措施。如果是基于被禁闭人员近亲属的申请,而将禁闭措施变更为责令候查措施,自然要通知该申请人。此种通知表现为调查人员应当与交接人办理交接手续,交接人则应在《解除禁闭通知书》或者《变更禁闭通知书》上签名。当然,如果无法通知或者有关人员拒绝签名,则调查人员应在文书上记明。

根据本条第4款的规定,监察机关可以在禁闭期满前,对被禁闭人员采取管护、留置措施。事实上,《监察法》第64条第2款中也有相关规定,即"监察机关经调查发现被禁闭人员符合管护或者留置条件的,可以对其采取管护或者留置措施"。需要注意的是,监察机关决定对被禁闭人员采取管护、留置措施,应当在禁闭期满前进行,否则将因超期禁闭而构成违法。同时,是否应当对被禁闭人员采取管护、留置措施,以及管护、留置措施的具体适用,应按照《监察法》和《监察法实施条例》对管护、留置的相关规定进行。

### 关联法条

《监察法》第64、69、74条。

---

**第三百零八条** 被调查人及其近亲属、利害关系人认为监察机关及其工作人员存在监察法第六十九条第一款规定的有关情形,向监察机关提出申诉的,由监察机关案件监督管理部门依法受理。监察机关应当自受理申诉之日起一个月以内作出处理决定。

前款规定的利害关系人,是指与有关涉案财产存在利害关系的自然人、法人或者其他组织。

---

### 条文主旨

本条是关于申诉受理和处理期限的规定。

### 条文解读

根据《监察法》第 69 条第 1 款的规定，监察机关及其工作人员有违反法律法规、侵害被调查人合法权益的行为，比如应当解除查封、扣押、冻结措施而不解除，此时，被调查人及其近亲属、利害关系人有权向该机关申诉。申诉权的权利主体包括被调查人、被调查人的近亲属、被调查人的利害关系人。赋予被调查人之外的近亲属、利害关系人申诉权，实际上是扩大了权利保障的范围，为被调查人的权利救济提供了更多方式。其中，"近亲属"是指夫、妻、父、母、子、女、同胞兄弟姊妹；"利害关系人"是指与有关涉案财产存在利害关系的自然人、法人或者其他组织。

对于被调查人及其近亲属、利害关系人提出的申诉，由监察机关案件监督管理部门依法受理。这是考虑到监察机关案件监督管理部门负有对监察措施的使用进行监督检查的职责。为此，《监察法实施条例》将该部门规定为申诉的受理和办理部门，这样可以使权利救济渠道和保障责任更加明确。[①] 此外，2025 年修改前的《监察法实施条例》第 272 条规定，申诉应当"按照法定的程序和时限办理"。与此不同的是，修改后的本条第 1 款明确了申诉的处理期限，即"监察机关应当自受理申诉之日起一个月以内作出处理决定"。

### 关联法条

《监察法》第 69 条；《中国共产党纪律检查委员会工作条例》第 39 条第 2 款；《中国共产党纪律检查机关监督执纪工作规则》第 59 条。

---

**第三百零九条** 监察机关案件监督管理部门受理申诉后，应当组织成立核查组，对申诉反映的问题进行核实。根据工作需要，核查组可以调阅相关措施文书等材料，听取申诉人意见和承办部门工作人员的情况说明。案件监督管理部门应当集体研究，提出办理意见，经审批作出决定。

---

### 条文主旨

本条是关于申诉处理程序的规定。

---

[①] 参见中共中央纪律检查委员会中华人民共和国国家监察委员会法规室编写：《〈中华人民共和国监察法实施条例〉释义》，中国方正出版社 2022 年版，第 450 页。

### 条文解读

监察机关在受理申诉后如何处理,《监察法》并未作出规定。但在《中国共产党纪律检查机关监督执纪工作规则》中有相关安排,即第59条第2款规定,"申诉办理部门成立复查组,调阅原案案卷,必要时可以进行取证,经集体研究后,提出办理意见,报纪检监察机关相关负责人批准或者纪委常委会会议研究决定,作出复议复查决定"。

结合上述规定并根据本条的规定,监察机关应当按照以下程序处理申诉:第一,监察机关案件监督管理部门在受理申诉之后,应当组织成立核查组,由核查组具体负责对申诉反映的问题进行核实。第二,核查组在核实过程中,可以根据工作需要,调阅相关措施文书等材料,听取申诉人意见和承办部门工作人员的情况说明。第三,案件监督管理部门经集体研究后提出办理意见,报纪检监察机关相关负责人批准或者纪委常委会会议研究决定。

### 关联法条

《中国共产党纪律检查机关监督执纪工作规则》第59条。

---

**第三百一十条** 监察机关应当自申诉处理决定作出之日起七日以内,向申诉人送达申诉处理决定书,要求其在申诉处理决定书上签名。申诉人拒绝签名的,工作人员应当在文书上记明。

---

### 条文主旨

本条是关于送达申诉处理决定书的规定。

### 条文解读

监察机关依法作出申诉处理决定后,应当及时向申诉人送达申诉处理决定书。根据本条的规定,申诉处理决定书的送达应在申诉处理决定作出之日起7日内完成。监察机关在送达时,应要求申诉人在申诉处理决定书上签名;申诉人拒绝签名的,工作人员应当在文书上记明。与该规定不同的是,根据《中国共产党纪律检查机关监督执纪工作规则》第59条第2款的规定,申诉处理决定除了应当告知申诉人,还应抄送相关单位,并在一定范围内宣布。

### 关联法条

《中国共产党纪律检查机关监督执纪工作规则》第 59 条。

---

**第三百一十一条** 申诉人对申诉处理决定不服的,可以自收到申诉处理决定书之日起一个月以内向上一级监察机关申请复查。上一级监察机关应当进行核实,并自收到复查申请之日起二个月以内作出处理决定。

---

### 条文主旨

本条是关于申诉人申请复查的规定。

### 条文解读

上级监察机关领导下级监察机关,因此申诉人对监察机关作出的申诉处理决定不服,可以向上一级监察机关申请复查。为了督促申诉人尽快行使申请复查的权利,避免相关监察工作处在不确定的状态中,申诉人如果想要申请复查,需要自收到申诉处理决定书之日起 1 个月以内提出申请。对于复查申请,上一级监察机关应当受理并开展核实工作,并自收到复查申请之日起 2 个月以内作出处理决定。如果原处理决定正确,则应作出维持原处理的决定;需要改变处理决定的,则应作出新的处理决定。[①]

### 关联法条

《中国共产党纪律检查机关监督执纪工作规则》第 59 条。

---

**第三百一十二条** 监察机关应当加强留置场所管理和监督工作,依法规范管理、使用留置场所。

留置场所应当建立健全保密、消防、医疗、防疫、餐饮及安保等方面安全制度,制定突发事件处置预案,采取安全防范措施,严格落实安全工作责任制。

---

① 参见中共中央纪律检查委员会中华人民共和国国家监察委员会法规室编写:《〈中国共产党纪律检查机关监督执纪工作规则〉释义》,中国方正出版社 2019 年版,第 185 - 186 页。

> 发生被强制到案人员、被管护人员、被留置人员或者被禁闭人员死亡、伤残、脱逃等办案安全事故、事件的,应当及时做好处置、处理工作。相关情况应当立即报告监察机关主要负责人,并在二十四小时以内逐级上报至国家监察委员会。

### 条文主旨

本条是关于留置场所安全管理和办案事故处理报告的规定。

### 条文解读

留置是十分重要的调查措施,留置场所的设置、管理和监督要有一套严密、细致的制度来加以规范。[1] 鉴于此,本条第 1 款对留置场所的安全管理和监督工作提出总体要求,即监察机关及其工作人员应当依法规范管理、使用留置场所。实践中,为了加强对留置场所的管理和监督工作,中央纪委国家监委出台了《监察机关留置场所管理办法(试行)》,二十届中央纪委四次全会明确提出对该办法进行修改。[2]

本条第 2 款对留置场所的安全管理提出了具体要求,明确留置场所应当建立健全保密、消防、医疗、防疫、餐饮及安保等方面安全制度。同时,还要针对各种可能发生的突发事件制定处置预案,并采取有效的安全防范措施,确保安全工作责任制得到严格落实。

本条第 3 款规定了监察办案时发生安全事故、事件的处理要求。一旦发生被强制到案人员、被管护人员、被留置人员或者被禁闭人员死亡、伤残、脱逃等办案安全事故、事件,监察机关应当及时进行处置、处理。对于需要进行救治的,应当及时送医接受治疗;相关人员逃脱的,应当及时开展抓捕工作。此外,发生安全事故、事件后,调查人员应当立即向监察机关主要负责人报告相关情况,监察机关则应在 24 小时内逐级上报至国家监察委员会,以便包括国家监察委员会在内的上级监察机关及时掌握相关情况,并对安全事故、事件的处理情况进行指导和监督。此外,根据《中国共产党纪律检查机关监督执纪工作规则》第 70 条第 2 款的规定,发生严重安全事故的,省级

---

[1] 参见中共中央纪律检查委员会中华人民共和国国家监察委员会法规室编写:《〈中华人民共和国监察法〉释义》,中国方正出版社 2018 年版,第 135–136 页。

[2] 参见李希:《深入推进党风廉政建设和反腐败斗争 以全面从严治党新成效为推进中国式现代化提供坚强保障——在中国共产党第二十届中央纪律检查委员会第四次全体会议上的工作报告》,载《中国纪检监察》2025 年第 5 期。

纪检监察机关主要负责人应当向中央纪委作出检讨,并予以通报、严肃问责追责。

### 关联法条

《监察法》第24、74条;《中国共产党纪律检查委员会工作条例》第54条;《中国共产党纪律检查机关监督执纪工作规则》第69、70条。

---

**第三百一十三条** 监察机关在维护监督执法调查工作纪律方面失职失责的,依法追究责任。监察人员涉嫌严重职务违法、职务犯罪或者对案件处置出现重大失误的,既应当追究直接责任,还应当严肃追究负有责任的领导人员责任。

监察机关应当建立办案质量责任制,对滥用职权、失职失责造成严重后果的,实行终身责任追究。

---

### 条文主旨

本条是关于监督执法责任制的规定。

### 条文解读

《监察法》第70条规定:"对调查工作结束后发现立案依据不充分或者失实,案件处置出现重大失误,监察人员严重违法的,应当追究负有责任的领导人员和直接责任人员的责任。"在该规定的基础上,本条对监察机关的监督执法责任制作出了更具体的规定。

一方面,本条第1款确立了"一案双查"的原则。"一案双查"制度既是办案质量责任机制,又是监督机制,还是问责机制,能够有效推动监察机关落实主体责任和监督责任。在办案过程中,监察人员涉嫌严重职务违法、职务犯罪或者对案件处置出现重大失误的,既要按照"谁办案谁负责"的逻辑,追究该监察人员的"直接责任",也要追究负有责任的领导人员的"领导责任"。需要注意的是,根据《监察法》第70条和本条的规定,追究领导人员的"领导责任",前提是该领导人员负有责任。

另一方面,本条第2款明确了终身责任追究的要求。根据《中国共产党问责条例》第16条的规定,"实行终身问责,对失职失责性质恶劣、后果严重的,不论其责任人是否调离转岗、提拔或者退休等,都应当严肃问责"。因此,监察机关应当建立办案质量责任制,对滥用职权、失职失责造成严重后果的,实行终身责任追究。

**关联法条**

《监察法》第 70 条;《监察官法》第 54 条;《中国共产党纪律检查委员会工作条例》第 55 条;《中国共产党问责条例》第 4—6 条;《中国共产党纪律处分条例》第 39 条;《中国共产党纪律检查机关监督执纪工作规则》第 71—73 条。

# 第八章 法律责任

> 第三百一十四条 有关单位拒不执行监察机关依法作出的下列处理决定的,应当由其主管部门、上级机关责令改正,对单位给予通报批评,对负有责任的领导人员和直接责任人员依法给予处理:
> (一)政务处分决定;
> (二)问责决定;
> (三)谈话提醒、批评教育、责令检查,或者予以诫勉的决定;
> (四)采取调查措施的决定;
> (五)复审、复核决定;
> (六)监察机关依法作出的其他处理决定。

**条文主旨**

本条是关于不执行监察机关处理决定责任追究的规定。

**条文解读**

根据《监察法》的规定,监察机关依法履行监督、调查、处置职责且有权作出处理决定,对于监察机关针对监察对象依法作出的处理决定,有关单位拒不执行的,则应承担相应的法律责任。规定本条的目的在于保障监察机关作为国家监察专责机关行使监察职能的权威性,保证监察活动的顺利开展。

监察机关作出的处理决定,一般是指监察机关依据《监察法》第52条规定,根据监督、调查结果对监察对象所作出的处置决定。对此,本条进一步细化规定,监察机关的处理决定包括政务处分决定,问责决定,谈话提醒、批评教育、责令检查或者予以诫勉的决定,采取调查措施的决定,复审、复核决定和监察机关依法作出的其他处理决定。政务处分决定,是指监察机关在监督、调查的基础上,对违法的公职人员依照法定程序作出警告、记过、记大过、降级、撤职、开除等有关政务处分的决定。问责决定,是指监察机关在监督、调查的基础上,对不履行或者不正确履行职责行为负有责任的领导人员,按照管理权限对其直接作出问责处理的决定。谈话提醒、批评教育、责令检查或者予以诫勉的决定,是指监察机关在监督、调查的基础上,对有职务违法行为但情节较轻的公职人员,按照管理权限,直接或者委托有关机关、人员,对其作出谈话提醒、批评教育、责令检查或者予以诫勉的决定。采取调查措施的决定,是指监察机关经初步核实,确认监察对象涉嫌职务违法犯罪且需要追究法律责任时,对其作出采取有关讯问、询问、强制到案、责令候查、留置、管护、搜查、调取、查封、扣押、勘验检查等调查措施的决定。复审、复核决定,是指监察对象对监察机关作出的涉及本人的处理决定不服,依法向监察机关申请复审、复核,由监察机关作出有关复审、复核的决定。监察机关依法作出的其他处理决定,是指监察机关在监察职能范围内可以作出的除上述所列处理决定之外的其他处理决定。

### 关联法条

《监察法》第52、71条;《公职人员政务处分法》第61、62条;《中国共产党纪律处分条例》第70、71条。

> **第三百一十五条** 监察对象对控告人、申诉人、批评人、检举人、证人、监察人员进行打击、压制等报复陷害的,监察机关应当依法给予政务处分。构成犯罪的,依法追究刑事责任。

### 条文主旨

本条是关于报复陷害责任追究的规定。

### 条文解读

控告、申诉、批评、检举和作证是宪法、法律赋予和规定的公民权利与义务。控告人、申诉人、批评人、检举人和证人均应依法受到严格保护,而监察人员作为从事监察活动的直接工作人员,其行使职权同样应依法受到严格保护。对于监察对象针对控告人、申诉人、批评人、检举人、证人和监察人员进行打击、压制等报复陷害的行为,监察对象应承担相应的法律责任。规定本条的目的在于保障公民在监察活动中的合法权益,保证监察人员依法行使职权而不受非法侵害。

监察对象为了逃避制裁或者因受到制裁后的怨恨,可能会对触动其利益的相关人员进行报复陷害。这些相关人员包括控告人、申诉人、批评人、检举人、证人和监察人员。而报复陷害的手段往往以打击、压制为主。所谓"打击",是指监察对象出于报复陷害的目的,利用职权直接或者间接损害控告人、申诉人、批评人、检举人、证人和监察人员合法权益的行为,抑或没有利用职权直接或者间接损害控告人、申诉人、批评人、检举人、证人和监察人员合法权益,而是采取如殴打谩骂、威逼恐吓、围攻阻挠等打击行为。所谓"压制",是指监察对象出于报复陷害的目的,利用职权直接或者间接损害控告人、申诉人、批评人、检举人、证人和监察人员合法权益的行为,如在工作中进行各种形式的刁难、迫害或者搁置等压制行为。一旦监察对象有上述行为,则应承担相应的法律责任,即受到政务处分;构成犯罪的,应承担刑事责任,受到刑法制裁。同时,《公职人员政务处分法》亦有相关规定。《公职人员政务处分法》第32条第3项规定,"对依法行使批评、申诉、控告、检举等权利的行为进行压制或者打击报复的",属应当给予政务处分的违法行为;第62条第3项规定,"对检举人、证人或者调查人员进行打击报复的",属应依法给予处理的违法行为。就监察对象而言,其行为属于情节严重情形时则需承担政务责任受到政务处分。所谓"构成犯罪",需结合《刑法》的相关规定来加以理解。《刑法》第254条规定,"国家机关工作人员滥用职权、假公济私,对控告人、申诉人、批评人、举报人实行报复陷害的,处二年以下有期徒刑或者拘役;情节严重的,处二年以上七年以下有期徒刑"。就监察对象而言,其行为若构成犯罪则需承担刑事责任,受到刑法制裁。

**关联法条**

《宪法》第41条;《监察法》第73条;《监察官法》第57条;《刑法》第254、308条;《公职人员政务处分法》第32、62条;《中国共产党纪律处分条例》第88条。

---

**第三百一十六条** 控告人、检举人、证人采取捏造事实、伪造材料等方式诬告陷害的,监察机关应当依法给予政务处分,或者移送有关机关处理。构成犯罪的,依法追究刑事责任。

监察人员因依法履行职责遭受不实举报、诬告陷害、侮辱诽谤,致使名誉受到损害的,监察机关应当会同有关部门及时澄清事实,消除不良影响,并依法追究相关单位或者个人的责任。

---

**条文主旨**

本条是关于诬告陷害责任追究的规定。

### 条文解读

控告、检举和作证是宪法、法律赋予和规定的公民权利与义务。控告人、检举人和证人应当正确行使权利和履行义务，不得采取捏造事实、伪造材料等方式对监察对象进行诬告陷害。对于控告人、检举人和证人对监察对象所进行的诬告陷害行为，控告人、检举人、证人应承担相应的法律责任。同样地，监察人员依法履行职责受到法律严格保护，对于监察人员因依法履行职责遭受不实举报、诬告陷害、侮辱诽谤，致使名誉受到损害的，监察机关应当会同有关部门及时澄清事实，消除不良影响，并依法追究相关单位或者个人的责任。规定本条的目的在于保障监察对象在监察活动中的合法权益，保证监察人员依法行使职权，不受非法侵害。

就本条第1款规定而言，控告人、检举人和证人对监察对象进行诬告陷害，严重破坏政治生态，污染社会风气，扰乱社会秩序，浪费监察机关精力和监督执纪、审查调查资源，应当予以严厉查处，从而营造风清气正的政治生态，保护广大党员干部干事创业的积极性。所谓"诬告陷害"，是指控告人、检举人、证人故意通过捏造事实、伪造虚假材料等方式向监察机关进行告发，意图使监察对象受到名誉损害或者党纪国法等责任追究的行为。但是，对于监察活动中的控告人、检举人、证人而言，其并不一定具有国家公职人员的身份。因而，根据本条第1款规定，如果诬告陷害人本人是国家公职人员，则由监察机关依法给予政务处分；如果诬告陷害人本人不是国家公职人员，则移送诬告陷害人单位或其他有关机关处理。对于控告人、检举人、证人的诬告陷害行为，构成犯罪的，应当依法追究刑事责任。《刑法》第243条规定，"捏造事实诬告陷害他人，意图使他人受刑事追究，情节严重的，处三年以下有期徒刑、拘役或者管制；造成严重后果的，处三年以上十年以下有期徒刑"。

就本条第2款规定而言，监察人员依法行使职权受到法律严格保护。及时为遭受不实举报、诬告陷害、侮辱诽谤的监察人员澄清正名，为敢于担当者撑腰鼓劲，是监察机关的一项重要职责。在具体办案过程中，监察人员可能会面临来自利益触动者的不实举报、诬告陷害、侮辱诽谤，导致监察人员名誉受到损害。对此，监察机关应运用好纪律和法律两种武器，严肃查处针对监察人员的不实举报、诬告陷害、侮辱诽谤行为，充分保证监察人员依法行使职权不受非法侵害。相关诬告陷害事实一经查实，监察机关应当会同有关部门及时澄清事实，积极消除不良影响，相关单位或者个人应当承担相应的法律责任。

### 实务难点指引

需要注意的是，实践中应当正确区分诬告陷害和报复陷害行为，以及诬告陷害和错告、检举失实等行为。就诬告陷害行为和报复陷害行为而言，两者在主观上同为故意，但在客观上诬告陷害主要表现为意图通过捏造事实、伪造虚假材料等方式使监察对象受到名誉损害或者党纪国法等责任追究，而报复陷害行为在客观上主要表现为通过滥用职权来以权谋私。就诬告陷害行为和错告、检举失实等行为而言，两者在主观上存在不同，诬告陷害行为是一种故意通过捏造事实、伪造虚假材料等方式侵犯他人正当权利，应受责任追究的违法行为，而错告、检举失实等行为并不具备这样的主观故意。同时，在责任追究方面，还应当注意刑事责任、政务责任与党纪责任追究的衔接。

**典型案例**

2015年12月至2021年3月，孙某某在先后担任哈尔滨市公安局某分局局长和哈尔滨市某区纪委书记、监委主任期间，为使自身在提拔时获得竞争优势以及发泄对他人提任职务的不满，捏造事实，虚构举报人，撰写举报信60余封，指使他人向黑龙江省纪委监委、哈尔滨市纪委监委等相关单位邮寄，反映哈尔滨市公安局6名党员干部行贿受贿、贪污、搞不正当男女关系等问题。经查，孙某某涉嫌诬告陷害罪，同时还存在其他严重违纪违法问题并涉嫌犯罪。2023年9月，黑龙江省纪委监委依据《中国共产党纪律处分条例》《公职人员政务处分法》《行政机关公务员处分条例》相关规定，给予孙某某开除党籍、开除公职处分。2023年12月，富锦市人民检察院将孙某某涉嫌诬告陷害等犯罪案件依法向人民法院提起公诉。①

**关联法条**

《监察官法》第58条;《刑法》第243条;《公职人员政务处分法》第53、62条;《公务员法》第99条;《监察法》第73条;《治安管理处罚法》第50条;《纪检监察机关处理检举控告工作规则》第29、39—45条。

**第三百一十七条** 监察机关应当建立健全办案安全责任制。承办部门主要负责人和调查组组长是调查安全第一责任人。调查组应当指定专人担任安全员。

地方各级监察机关履行管理、监督职责不力发生严重办案安全事故、事件

---

① 参见黑龙江省纪委监委:《黑龙江通报7起惩治诬告陷害典型案例》，载中央纪委国家监委网站，https://www.ccdi.gov.cn/yaowenn/202406/t20240613_354575_m.html。

> 的,或者办案中存在严重违规违纪违法行为的,省级监察机关主要负责人应当按规定向国家监察委员会作出检讨,并予以通报、严肃追责问责。
>
> 案件监督管理部门应当对办案安全责任制落实情况组织经常性检查和不定期抽查,发现问题及时报告并督促整改。

### 条文主旨

本条是关于办案安全责任制的规定。

### 条文解读

办案安全是纪检监察工作的底线,具有极端重要性。依规依纪依法安全办案不仅是依规治党与依法治国有机统一的内在要求,同时也是办案工作顺利进行的根本保障,直接关系到案件查办的政治效果、社会效果和纪法效果。办案安全事故的发生会严重影响纪检监察机关的公信力,影响审查调查工作深入开展,影响全面从严治党、党风廉政建设和反腐败工作大局。对此,既要追究相关人员的直接责任,也要追究有关领导的责任。规定本条的目的在于落实监察机关办案安全责任制,强化对监察机关及其工作人员依法行使职权的监督管理。

就本条第1款规定而言,监察机关办案安全责任制是根据"谁主办、谁负责,谁审批、谁负责"等原则建立的相关责任人在监察活动中对办案安全层层负责的制度,而建立健全办案安全责任制就是要明确安全第一责任人和调查组专人专责。当前,反腐败斗争已经取得压倒性胜利,但反腐败工作的复杂性和严峻性不容忽视。监察机关及其工作人员必须牢固树立依规依纪依法安全办案是办案工作生命线的理念,将确保不发生安全事故的要求放在第一位,将办案安全体现在审查调查全过程、各环节,绝不能出现任何纰漏。对此,本条规定,监察机关应当建立健全办案安全责任制,明确承办部门主要负责人和调查组组长是调查安全第一责任人,调查组应当指定专人担任安全员,办案安全责任主体更加清楚,职责更加明晰。

就本条第2款规定而言,在具体的办案工作中发生严重办案安全事故和严重违规违纪违法行为造成恶劣政治影响的,必须予以责任追究。对此,本条规定明确要求对发生严重办案安全事故、事件的,或者办案中存在严重违规违纪违法行为的,省级监察机关主要负责人应当向国家监察委员会作出检讨,并予以通报、严肃问责追责,体现了一把手在调查安全工作中的主体责任。通过严格责任追究,督促各级监察机关及其负责同志在思想上高度重视办案安全,在实践中强化监督管理、筑牢思想防线,提高办案人员依规依纪依法安全办案的责任心、预见性和判断力,守住办案安全底线。

就本条第3款规定而言,案件监督管理部门对办案安全责任制落实情况进行经常性检查和不定期抽查是排查隐患、堵塞漏洞,有效防范、化解、管控各种安全风险的重要措施,有利于将安全文明办案各项要求落深落细落实,严格把好办案安全关。对此,本条规定案件监督管理部门应当对办案安全责任制落实情况组织经常性检查和不定期抽查,发现问题及时报告并督促整改,明确案件监督管理部门是落实办案安全责任制的主管部门,突出了安全监督管理的主要工作内容。案件监督管理部门可以通过查看审批文书及其书面材料、驻点值班、实地检查和查看监控录像等方式,对措施使用情况进行监督检查。

**关联法条**

《监察法》第70、74条;《监察官法》第52条;《公职人员政务处分法》第63条;《刑法》第139条之一;《中国共产党纪律检查机关监督执纪工作规则》第28、43、70条。

---

**第三百一十八条** 监察人员在履行职责中有下列行为之一的,依法严肃处理;构成犯罪的,依法追究刑事责任:

(一)贪污贿赂、徇私舞弊的;

(二)不履行或者不正确履行监督职责,应当发现的问题没有发现,或者发现问题不报告、不处置,造成严重影响的;

(三)未经批准、授权处置问题线索,发现重大案情隐瞒不报,或者私自留存、处理涉案材料的;

(四)利用职权或者职务上的影响干预调查工作的;

(五)违法窃取、泄露调查工作信息,或者泄露举报事项、举报受理情况以及举报人信息的;

(六)对被调查人或者涉案人员等逼供、诱供,或者侮辱、打骂、虐待、体罚或者变相体罚的;

(七)违反规定处置查封、扣押、冻结的财物的;

(八)违反规定导致发生办案安全事故、事件,或者发生安全事故、事件后隐瞒不报、报告失实、处置不当的;

(九)违反规定采取强制到案、责令候查、管护、留置或者禁闭措施,或者法定期限届满,不予以解除或者变更的;

(十)违反规定采取技术调查、限制出境措施,或者不按规定解除技术调查、限制出境措施的;

　　(十一)利用职权非法干扰企业生产经营或者侵害企业经营者人身权利、财产权利和其他合法权益的;

　　(十二)其他职务违法和职务犯罪行为。

### 条文主旨

本条是关于监察人员违法履职责任追究的规定。

### 条文解读

规定本条的目的在于强化对监察人员依法行使职权的监督管理,维护监察机关的形象和威信。基于此,本条共列举了12项监察人员在履行职责过程中违法行使职权的行为。

一是贪污贿赂、徇私舞弊的行为。所谓"贪污贿赂",是指监察人员利用本人职责范围内的权限或者本人职务、地位所形成的便利条件,采取侵吞、窃取、骗取等非法手段将涉案财物据为己有,或者利用金钱、财物等收买其他依法从事公务的人员以谋取不正当利益的行为。所谓"徇私舞弊",是指监察人员为了私利,采用欺骗或者其他不正当方式违法犯罪的行为,包括监察人员利用本人职责范围内的权限或者本人职务、地位所形成的便利条件,为自己或者他人谋取私利,袒护或者帮助违法犯罪的人员掩盖错误事实,以逃避制裁,或者利用职权陷害他人的行为。

二是不履行或者不正确履行监督职责,应当发现的问题没有发现,或者发现问题不报告、不处置,造成严重影响的行为。主要是指监察人员玩忽职守,致使国家、集体和人民的利益遭受严重影响的行为。所谓"不履行",是指监察人员应当履行且有条件、有能力履行职责,但违背职责没有履行的行为。所谓"不正确履行",是指监察人员在履行职责的过程中,违反职责规定,马虎草率、粗心大意导致职责履行不正确。所谓"造成严重影响",是指造成实际的损害后果,既包括财物上的损失,也包括财物损失以外的其他利益损失。比如损害了监察机关的公信力,妨碍了监察机关职责的正常履行等。

三是未经批准、授权处置问题线索,发现重大案情隐瞒不报,或者私自留存、处理涉案材料的行为。监察机关对具体案件查办中的问题线索、涉案材料应当按照有关规定严格管理。所谓"问题线索",是指在监察机关查办具体案件过程中,有关涉案人员交代、检举、揭发的被调查人以外的其他监察对象违法犯罪问题线索，以及被调查人交代、检举、揭发的其他监察对象不涉及本案的违法犯罪问题线索等。所谓"涉案材料"，是指在具体案件查办过程中形成的，与案件有关的所有书面资料、图片影像资料，以及留存在电脑、移动硬盘等存储介质中的电脑资料。

四是利用职权或者职务上的影响干预调查工作的行为。监察人员应当依法行使职权，不得利用职权或者职务上的影响干预调查工作。监察人员利用职权或者职务上的影响干预调查工作的情形，主要包括监察人员利用职权或者职务上的影响力，在线索处置、日常监督、调查审理等各个环节中打听案情、过问案件、干预说情等。

五是违法窃取、泄露调查工作信息，或者泄露举报事项、举报受理情况以及举报人信息的行为。主要是指监察人员故意窃取其不应掌握的调查工作信息，向不应知悉调查工作信息的他人泄露其在调查工作中已掌握的信息，或者监察人员向不应知悉举报事项、举报受理情况以及举报人信息的他人泄露其在履职过程中所掌握的上述信息。

六是对被调查人或者涉案人员逼供、诱供，或者侮辱、打骂、虐待、体罚或者变相体罚的行为。在这种情形下，被调查人或者涉案人员往往迫于压力或者在被欺骗的情况下提供相关口供、线索等，虚假陈述的可能性非常大，容易对案件的侦办造成阻碍，也容易造成假案、错案。并且，侮辱、打骂、虐待、体罚或者变相体罚被调查人、涉案人员，会对被调查人或者涉案人员的生命、身体健康造成损害，本身就是违法行为。

七是违反规定处置查封、扣押、冻结的财物的行为。所谓"财物"，是指与案件相关的现金、古玩、奢侈品、不动产、有价证券等。对于查封、扣押、冻结的财物，监察机关应当设立专用账户、专门场所，并由专门人员妥善保管。监察人员擅自将查封、扣押、冻结的财物任意使用，属于违反规定处置涉案财物的情形，应当依法予以处理。

八是违反规定导致发生办案安全事故、事件，或者发生安全事故后隐瞒不报、报告失实、处置不当的行为。办案安全是纪检监察工作的底线，具有极端重要性。监察人员在具体案件查办过程中要严格依规依纪依法，保障办案安全，对于发生被调查人死亡、伤残、逃跑等安全事故的，不得在办案安全事故发生后隐瞒不报、报告失实、处置不当。对于在具体案件查办过程中有失职渎职等违法犯罪行为，违反规定导致发生办案安全事故，或者发生安全事故后隐瞒不报、报告失实、处置不当的，应当依法予以处理。

九是违反规定采取强制到案、责令候查、管护、留置或者禁闭措施，或者法定期限届满，不予以解除或者变更的。强制到案、责令候查、管护、留置或者禁闭是监察机关针对涉嫌严重职务违法或职务犯罪的被调查人所采取的调查措施。《监察法》对强制到案、责令候查、管护、留置或者禁闭措施的批准程序、期限、安全保障等内容都作了明确规定。对于监察人员违反规定采取强制到案、责令候查、管护、留置或者禁闭措施，或者法定期限届满，不予以解除或者变更的行为，应当依法予以处理。

十是违反规定采取技术调查、限制出境措施，或者不按规定解除技术调查、限制出境措施的行为。《监察法》第 31 条规定，"监察机关调查涉嫌重大贪污贿赂等职务犯罪，根据需要，经过严格的批准手续，可以采取技术调查措施，按照规定交有关机关执行。批准决定应当明确采取技术调查措施的种类和适用对象，自签发之日起三个月以内有效；对于复杂、疑难案件，期限届满仍有必要继续采取技术调查措施的，经过批准，有效期可以延长，每次不得超过三个月。对于不需要继续采取技术调查措施的，应当及时解除"；第 33 条规定，"监察机关为防止被调查人及相关人员逃匿境外，经省级以上监察机关批准，可以对被调查人及相关人员采取限制出境措施，由公安机关依法执行。对于不需要继续采取限制出境措施的，应当及时解除"。对于监察人员违反规定采取技术调查、限制出境措施，或者不按规定解除技术调查、限制出境措施的行为，应当依法予以处理。

十一是利用职权非法干扰企业生产经营或者侵害企业经营者人身权利、财产权利和其他合法权益的行为。2024 年在修改《监察法》时将第 5 条"保障当事人的合法权益"调整为"保障监察对象及相关人员的合法权益"，进一步明确对监察对象及相关人员合法权益的保护。对于监察人员利用职权非法干扰企业生产经营或者侵害企业经营者人身权利、财产权利和其他合法权益的行为，应当依法予以处理。

十二是其他职务违法和职务犯罪行为。此项规定是关于监察人员其他职务违法和职务犯罪行为的兜底性规定。除了前 11 项规定的情形外，对于监察人员在履行职责过程中的其他职务违法和职务犯罪行为，也应当追究其相应的法律责任。

**关联法条**

《监察法》第 5、31、33、69 条；《公务员法》第 59 条；《监察官法》第 52 条；《中国共产党纪律检查机关监督执纪工作规则》第 71 条。

---

**第三百一十九条** 对监察人员在履行职责中存在违法行为的，可以根据情节轻重，依法进行谈话提醒、批评教育、责令检查、诫勉，或者给予政务处分。构成犯罪的，依法追究刑事责任。

### 条文主旨

本条是关于监察人员违法行为处理方式的规定。

### 条文解读

对监察人员违法行使职权的责任追究,要运用好监督执纪"四种形态",既要坚持一切从实际出发、严管与厚爱结合、激励与约束并重,又要综合考虑事实证据、思想态度和量纪执法标准,精准适用每一种形态。对监察人员在履行职责中存在违法行为的情形,可以根据情节轻重,依法进行谈话提醒、批评教育、责令检查、诫勉,或者给予政务处分。构成犯罪的,依法追究刑事责任。规定本条的目的在于强化监察人员的责任意识,督促监察人员规范和正确行使国家监察权。

所谓"情节轻重",是指监察人员在履行职责过程中存在的违法行为的情节轻重程度。如果监察人员在履行职责过程中存在的违法行为情节轻微,不需承担政务责任,则可根据所涉问题轻重程度采取谈话提醒、批评教育、责令检查、诫勉等处理方式。谈话提醒,主要针对的是问题轻微,不需要追究政务责任的情形,即谈话提醒针对的是存在苗头性、倾向性问题,需要对监察人员进行谈话提醒的情形。批评教育,主要针对的是问题轻微,不需要追究政务责任的情形,即批评教育针对的是存在苗头性、倾向性问题,需要要求监察人员进行改正的情形。责令检查,主要针对的是问题轻微,不需要追究政务责任的情形,即责令检查针对的是存在苗头性、倾向性问题,需要监察人员对自己的错误作出书面检查的情形。诫勉,主要针对的是存在苗头性、倾向性问题,需要通过诫勉对监察人员进行教育、警示的情形。如果监察人员在履行职责过程中存在的违法行为属于《公职人员政务处分法》所明确规定的应当进行政务处分的违法行为,则应当严格依法追究其政务责任。监察人员在履行职责过程中存在的违法行为构成犯罪的,则应当严格依法追究其刑事责任。

### 关联法条

《公务员法》第 57、61 条;《监察官法》第 7 章。

---

**第三百二十条** 监察机关及其工作人员在行使职权时,具有下列情形之一的,受害人可以申请国家赔偿:

(一)违法采取管护、禁闭措施,或者依照法定条件和程序采取管护、禁闭措

施,但是管护时间、禁闭时间超过法定时限,其后决定撤销案件的;

(二)采取留置措施后,决定撤销案件的;

(三)违法没收、追缴或者违法查封、扣押、冻结财物造成损害的;

(四)违法行使职权,造成被调查人、涉案人员或者证人身体伤害或者死亡的;

(五)其他侵犯公民、法人和其他组织合法权益造成损害的。

受害人死亡的,其继承人和其他有扶养关系的亲属有权要求赔偿;受害的法人或者其他组织终止的,其权利承受人有权要求赔偿。

### 条文主旨

本条是关于监察赔偿的规定。

### 条文解读

《监察法》第76条规定,"监察机关及其工作人员行使职权,侵犯公民、法人和其他组织的合法权益造成损害的,依法给予国家赔偿"。国家赔偿是指国家机关及其工作人员行使职权对公民、法人或者其他组织的合法权益造成损害,依法应给予的赔偿。监察机关及其工作人员行使职权对公民、法人或者其他组织的合法权益造成损害是由于其存在违法行使职权的行为,故监察机关因其履行职责对公民、法人或者其他组织构成侵权时,应当承担国家赔偿责任。规定本条的目的在于救济和保护公民、法人或者其他组织的合法权益,督促监察机关及其工作人员依法开展监察活动。基于此,本条第1款共列举了5项属于监察机关及其工作人员行使职权对公民、法人或者其他组织合法权益造成损害,受害人可以申请国家赔偿的情形。当然,如果受害人死亡的,其继承人和其他有扶养关系的亲属有权要求赔偿;受害的法人或者其他组织终止的,其权利承受人有权要求赔偿。这与《国家赔偿法》第6条的规定保持了一致。

一是违法采取管护、禁闭措施,或者依照法定条件和程序采取管护、禁闭措施,但是管护时间、禁闭时间超过法定时限,其后决定撤销案件的情形。管护是监察机关针对涉嫌严重职务违法或者职务犯罪的自动投案人员;在接受谈话、函询、询问过程中,交代涉嫌严重职务违法或者职务犯罪问题的人员;在接受讯问过程中,主动交代涉嫌重大职务犯罪问题的人员所采取的调查措施。禁闭是监察机关针对监察人员涉嫌严重职务违法或者职务犯罪,为防止造成更为严重的后果或者恶劣影响所采取的调查措施。《监察法》对管护和禁闭措施的批准程序、期限、安全保障等内容都作了明确规定。对于违法采取管护、禁闭措施，或者依照法定条件和程序采取管护、禁闭措施，但是管护时间、禁闭时间超过法定时限，其后决定撤销案件的，受害人可以在法定范围和期限内依照法定程序提出国家赔偿请求。

二是采取留置措施后，决定撤销案件的情形。留置是监察机关针对涉嫌职务违法或职务犯罪的被调查人所采取的调查措施。若留置之后的调查结果表明没有证据证明被调查人存在违法犯罪行为，根据《监察法》第52条第2款规定，"监察机关经调查，对没有证据证明被调查人存在违法犯罪行为的，应当撤销案件，并通知被调查人所在单位"。监察机关即应当实事求是地撤销案件，纠正错误，并通知被调查人所在单位，恢复其名誉和合法权益。对此，受害人可以在法定范围和期限内依照法定程序提出国家赔偿请求。

三是违法没收、追缴或者违法查封、扣押、冻结财物造成损害的情形。根据《监察法》第28条规定，监察机关在调查过程中，可以调取、查封、扣押用以证明被调查人涉嫌违法犯罪的财物、文件和电子数据等信息；对调取、查封、扣押的财物、文件，监察机关应当设立专用账户、专门场所，确定专门人员妥善保管，严格履行交接、调取手续，定期对账核实，不得毁损或者用于其他目的。违法没收、追缴或者违法查封、扣押、冻结财物造成财物损害的，属于违反规定处置查封、扣押、冻结财物的行为，受害人亦可以在法定范围和期限内依照法定程序提出国家赔偿请求。

四是违法行使职权，造成被调查人、涉案人员或者证人身体伤害或者死亡的情形。监察机关及其工作人员在办案期间要严格依纪依法，保障办案安全，对于发生被调查人、涉案人员或者证人身体伤害或者死亡等安全事故的，应当认真应对、妥善处置、及时报告。监察机关及其工作人员在办案过程中违法行使职权，导致被调查人、涉案人员或者证人身体伤害的，应当依照有关规定追究有关单位领导和相关责任人员的法律责任，受害人可以在法定范围和期限内依照法定程序提出国家赔偿请求；导致被调查人、涉案人员或者证人死亡的，其继承人和其他有扶养关系的亲属可以在法定范围和期限内依照法定程序提出国家赔偿请求。

五是其他侵犯公民、法人和其他组织合法权益造成损害的情形。此项规定是监察机关及其工作人员行使职权时，存在其他侵犯公民、法人或者其他组织合法权益造成损害的情形，受害人可以申请国家赔偿的兜底性规定。除了前4项规定的情形外，对于监察机关及其工作人员在行使职权中的其他侵权情形，受害人可依法提出国家赔偿请求。

**关联法条**

《宪法》第41条；《监察法》第76条；《国家赔偿法》第6条。

> **第三百二十一条** 监察机关及其工作人员违法行使职权侵犯公民、法人和其他组织的合法权益造成损害的,该机关为赔偿义务机关。申请赔偿应当向赔偿义务机关提出,由该机关负责复审复核工作的部门受理。
>
> 赔偿以支付赔偿金为主要方式。能够返还财产或者恢复原状的,予以返还财产或者恢复原状。

### 条文主旨

本条是关于赔偿义务机关和赔偿方式的规定。

### 条文解读

根据《国家赔偿法》第 2 条第 2 款的规定,赔偿义务机关应当依法及时履行赔偿义务。《监察法实施条例》第 321 条第 1 款明确了监察赔偿的赔偿义务机关,即监察机关及其工作人员违法行使职权侵犯公民、法人和其他组织的合法权益造成损害的,该机关为赔偿义务机关。

在具体的赔偿工作中,如果赔偿请求人向赔偿义务机关申请了国家赔偿,则由该机关负责复审复核的部门进行受理。由《监察法》第 56 条的规定可知,复审、复核是监察救济的基本形式,即监察对象对监察机关作出的涉及本人的处理决定不服的,可依法向作出该决定的监察机关申请复审,以及向上一级监察机关申请复核。《监察法实施条例》第 321 条第 1 款之所以规定由监察机关负责复审复核工作的部门受理赔偿请求,一是考虑到办理国家赔偿案件涉及对监察机关行使职权合法性的审查判断,与复审复核工作职责密切相关;二是因为监察机关坚持复审复核与调查审理分离,原案调查、审理人员不得参与复审复核,由负责复审复核工作的部门受理赔偿申请,有利于客观公正办理赔偿事项。[①]

《国家赔偿法》第 4 章对赔偿方式和计算标准作出了专门规定。就赔偿方式而言,国家赔偿以支付赔偿金为主要方式;能够返还财产或者恢复原状的,予以返还财产或者恢复原状。此外,全国人大常委会 2010 年 4 月 29 日对《国家赔偿法》进行修改时,新增了精神损害赔偿的规定,即"致人精神损害的,应当在侵权行为影响的范围内,为受害人消除影响,恢复名誉,赔礼道歉;造成严重后果的,应当支付相应的精神

---

[①] 参见中共中央纪律检查委员会中华人民共和国国家监察委员会法规室编写:《〈中华人民共和国监察法实施条例〉释义》,中国方正出版社 2022 年版,第 467 页。

损害抚慰金"。根据《监察法实施条例》第321条第2款的规定,监察赔偿以支付赔偿金为主要方式;能够返还财产或者恢复原状的,予以返还财产或者恢复原状。

**关联法条**

《监察法》第56条;《国家赔偿法》。

# 第九章 附 则

> 第三百二十二条 本条例所称监察机关,包括各级监察委员会及其派驻或者派出监察机构、监察专员,以及再派出的监察机构、监察专员。

**条文主旨**

本条是关于监察机关范围的规定。

**条文解读**

在《监察法实施条例》中,"监察机关"一词共出现400余次。究竟何为"监察机关",本条进行了阐释:

一是各级监察委员会,即经各级人大产生的行使国家监察权的国家机关,包括作为最高监察机关的国家监察委员会,也包括省、自治区、直辖市、自治州、县、自治县、市、市辖区设立的监察委员会。

二是派驻或者派出监察机构、监察专员。根据《监察法》第12条第1款的规定,各级监察委员会可以向本级中国共产党机关、国家机关、中国人民政治协商会议委员会机关、法律法规授权或者委托管理公共事务的组织和单位以及辖区内特定区域、国有企业、事业单位等派驻或者派出监察机构、监察专员。

三是再派出的监察机构、监察专员。根据《监察法》第12条第2、3款的规定,经国家监察委员会批准,国家监察委员会派驻本级实行垂直管理或者双重领导并以上级单位领导为主的单位、国有企业的监察机构、监察专员,可以向驻在单位的下一级单位再派出;国家监察委员会派驻监察机构、监察专员,可以向驻在单位管理领导班子的普通高等学校再派出;国家监察委员会派驻国务院国有资产监督管理机构的监察机构,可以向驻在单位管理领导班子的国有企业再派出。再派出的监察机构、监察专员同样属于监察机关。

### 关联法条

《监察法》第 12、13 条。

---

**第三百二十三条** 本条例所称严重职务违法,是指根据监察机关已经掌握的事实及证据,被调查人涉嫌的职务违法行为情节严重,可能被给予撤职以上政务处分。

本条例所称重大职务犯罪、重大贪污贿赂等职务犯罪,是指具有下列情形之一的职务犯罪:

(一)案情重大、复杂,涉及国家利益、重大公共利益或者犯罪行为致使公共财产、国家和人民利益遭受特别重大损失的;

(二)被调查人可能被判处十年有期徒刑以上刑罚的;

(三)案件在全国或者本省、自治区、直辖市范围内有较大影响的。

---

### 条文主旨

本条是关于严重职务违法,重大职务犯罪、重大贪污贿赂等职务犯罪范围的规定。

### 条文解读

《监察法实施条例》中多处使用了"严重职务违法""重大职务犯罪""重大贪污贿赂等职务犯罪"等表述。例如,根据《监察法实施条例》第 99 条第 1 款的规定,对被调查人采取强制到案措施的前提条件之一,是监察机关正在"调查严重职务违法或者职务犯罪"。此时,准确理解"严重职务违法"便显得尤为重要。再如,根据《监察法实施条例》第 183 条的规定,监察机关采取技术调查措施,只能是"根据调查涉嫌重大贪污贿赂等职务犯罪需要"。可以说,对"重大贪污贿赂等职务犯罪"的理解,关涉技术调查措施的采取。

有鉴于此,本条第 1 款对"严重职务违法"进行了定义,即根据监察机关已经掌握的事实及证据,被调查人涉嫌的职务违法行为情节严重,可能被给予撤职以上政务处分。本条第 2 款则对"重大职务犯罪、重大贪污贿赂等职务犯罪"的情形进行了列举,主要有:案情重大、复杂,涉及国家利益、重大公共利益或者犯罪行为致使公共财产、国家和人民利益遭受特别重大损失;被调查人可能被判处 10 年有期徒刑以上刑罚;

案件在全国或者本省、自治区、直辖市范围内有较大影响。

**关联法条**

《监察法》第 21、23、24、25、31、37、42、48、59、64 条。

---

**第三百二十四条** 本条例所称同种罪行和不同种罪行,应当以罪名区分,但属选择性罪名或者在法律、事实上密切关联的犯罪,应当认定为同种罪行。

---

**条文主旨**

本条是关于如何区分同种罪行和不同种罪行的规定。

**条文解读**

《监察法实施条例》第 246 条对"积极配合调查工作"的情形进行了列举,其中包括"主动交代监察机关尚未掌握的犯罪事实,与监察机关已掌握的犯罪事实属不同种罪行"和"主动交代监察机关尚未掌握的犯罪事实,与监察机关已掌握的犯罪事实属同种罪行"。如何理解此处的"同种罪行"和"不同种罪行",本条予以了明确,即同种罪行和不同种罪行,应当以罪名区分,但属选择性罪名或者在法律、事实上密切关联的犯罪,应当认定为同种罪行。例如,徇私舞弊发售发票、抵扣税款、出口退税罪属于选择性罪名,实施其中两种以上行为构成犯罪的,应当认定为同种罪行。与此类似,最高人民法院印发的《关于处理自首和立功若干具体问题的意见》中亦有规定,"属同种罪行还是不同种罪行,一般应以罪名区分";"犯罪属选择性罪名或者在法律、事实上密切关联,如因受贿被采取强制措施后,又交代因受贿为他人谋取利益行为,构成滥用职权罪的,应认定为同种罪行"。

**关联法条**

《关于处理自首和立功若干具体问题的意见》。

---

**第三百二十五条** 本条例所称近亲属,是指夫、妻、父、母、子、女、同胞兄弟姊妹。

### 条文主旨

本条是关于近亲属范围的规定。

### 条文解读

对于近亲属的范围,我国民事、行政、刑事立法及相关司法解释均有规定,但这些规定又有不同。比如《民法典》第1045条第2款规定:"配偶、父母、子女、兄弟姐妹、祖父母、外祖父母、孙子女、外孙子女为近亲属。"《最高人民法院关于适用〈中华人民共和国行政诉讼法〉的解释》第14条第1款规定:"行政诉讼法第二十五条第二款规定的'近亲属',包括配偶、父母、子女、兄弟姐妹、祖父母、外祖父母、孙子女、外孙子女和其他具有扶养、赡养关系的亲属。"《刑事诉讼法》第108条第6项规定:"'近亲属'是指夫、妻、父、母、子、女、同胞兄弟姊妹。"考虑到《监察法实施条例》属于公法,且监察程序应当同刑事司法程序相衔接,为此本条对近亲属范围的规定,与《刑事诉讼法》的相关规定保持了一致。具体来说,《监察法实施条例》规定的近亲属包括:与自己有合法关系的配偶、与配偶生下的子女、自己的父亲与母亲、与自己生于同一父母的兄弟姐妹。

### 关联法条

《监察法》第50、67、69条;《刑事诉讼法》第108条第6项。

---

**第三百二十六条** 本条例所称以上、以下、以内,包括本级、本数。

---

### 条文主旨

本条是关于如何界定"以上""以下""以内"的规定。

### 条文解读

一方面,《监察法实施条例》规定的"以上""以下""以内"包括本级,比如第132条第1款中规定的"省级以上监察机关在调查期间",既包括国家监察委员会也包括省级监察委员会。另一方面,《监察法实施条例》规定的"以上""以下""以内"包括本数,比如第222条第1款中规定的"应当成立由二人以上组成的审理组",既可以是2人组成审理组,也可以是3人或更多的人组成审理组。

> **第三百二十七条** 期间以时、日、月、年计算,期间开始的时和日不算在期间以内。本条例另有规定的除外。
>
> 按照年、月计算期间的,到期月的对应日为期间的最后一日;没有对应日的,月末日为期间的最后一日。
>
> 期间的最后一日是节假日的,以节假日结束的次日为期间的最后一日。但被调查人被采取责令候查、管护、留置或者禁闭措施的期间应当至期满之日为止,不得因节假日而延长。

### 条文主旨

本条是关于期间及其计算方式的规定。

### 条文解读

若期间的计算单位是年、月、日或者时,那么其开始计算的当日、当时不计入期间,而是从下一日、下一时开始计算。

本条第 2 款和第 3 款必须结合起来理解,这两款规定的是期间的最后一日,若过了该日,那么期间就届满。若期间是按照年、月计算的,那么到期月的对应日期是最后一日。若没有对应日,则月末日为该期间的最后一日。例如,2021 年 2 月没有 30 日,那么就以该月的末日作为最后一日,即 2021 年 2 月 28 日。若期间的最后一日是节假日,则节假日过后的第一天是该期间的最后一天。例如,若诉讼时效的最后一天是 2021 年 10 月 2 日,而 2021 年国庆节放假 7 天,即 2021 年 10 月 1—7 日为节假日,那么诉讼时效的最后一天应当为 2021 年 10 月 8 日。但是,值得注意的是,为了充分保障公民权利,被调查人被采取责令候查、管护、留置或禁闭措施的期间应当至到期之日为止,不得因节假日而延长。

> **第三百二十八条** 本条例由国家监察委员会负责解释。

### 条文主旨

本条是关于本条例解释权的规定。

### 条文解读

《监察法实施条例》的制定主体是国家监察委员会。本条明确本条例的解释权属于国家监察委员会，遵循了"谁制定、谁解释"的法律解释基本原则。

---

**第三百二十九条　本条例自发布之日起施行。**

---

### 条文主旨

本条是关于本条例施行日期的规定。

### 条文解读

《立法法》第 61 条明确规定："法律应当明确规定施行日期。"此处的"施行日期"就是"法律的生效时间，是指法律何时开始生效"[①]。可以说，有关生效时间的规定，乃是我国法律文本的必备内容和重要组成部分。常见的法律生效时间的规定方式有以下两种：一是规定"自公布之日起施行"，即法定主体依照法定程序公布法律后法律便生效；二是明确规定自何时起施行，即为法律的生效设定了一个具体的日期。通常来说，假若实践中的法规范需求尤为紧迫，立法者便会把法律生效时间确定为"自公布之日起施行"，或是在通过数天后施行，促使所立之法尽快生效以满足迫切的法规范需求。

2021 年 9 月 20 日，国家监察委员会发布第 1 号公告，公布了《监察法实施条例》，其中规定"本条例自发布之日起施行"，该条例便自 2021 年 9 月 20 日起施行。2025 年 6 月 1 日，国家监察委员会发布第 2 号公告，公布了修订后的《监察法实施条例》，为此，该条例修改的内容应当自 2025 年 6 月 1 日起施行。此外，2024 年 12 月通过的《全国人民代表大会常务委员会关于修改〈中华人民共和国监察法〉的决定》，同样是自 2025 年 6 月 1 日起施行。《监察法实施条例》是《监察法》的配套立法，修改后的《监察法实施条例》与修改后的《监察法》自同一天起施行，有利于维护监察法律制度体系的统一。

---

[①] 全国人大常委会法制工作委员会国家法室编著：《中华人民共和国立法法释义》，法律出版社 2015 年版，第 178 页。